KB201971

출애굽기 로드맵 II

홍림의 마음

넓고 붉은 숲이라는 중의적 의미를 닮고 있는 〈홍림〉은, 세상을 향해 그리스도인들이 추구해야할 사유와 그리스도교적 행동양식의 바람직한 길을 모색하고자 노력하고 있습니다. 폭넓은# 독자층#을 향해 열린 시각으로 이 시대 그리스도인의 역할 고민을 감당하며, 하늘의 소망을 품고 사는 은혜 받은 '붉은 무리'紅林:홍림로서의 숲을 조성하는데 〈홍림〉이 독자 여러분과 함께하고자 합니다.

하임 바이블 아카데미 03

출애굽기 로드맵 II

지은이 김재구
펴낸이 김은주

초판 1쇄 인쇄   2019년 03월 14일
초판 1쇄 발행   2019년 03월 20일

펴낸곳 홍   림
등록번호 제312-2007-000044호
등록일자 2007.10.12
주소 서울특별시 서대문구 거북골로 14길 60
전자우편 hongrimpub@gmail.com
전화 070-4063-2617
팩스 070-7569-2617

전자우편 hongrimpub@gmail.com
블로그 http://blog.naver.com/hongrimpub
페이스북 https://www.facebook.com/hongrimbook
트위터 http://mobile.twitter.com/@hongrimpub
카카오스토리 https://story.kakao.com/#hongrimbook
인스타그램 https://www.instagram.com/hongrimpub

값은 표지에 있습니다.
ISBN 978-89-6934-019-1 (94230)
      978-89-6934-013-9 (세트)

이 도서의 국립중앙도서관 출판예정도서목록(CIP)은 서지정보유통지원시스템 홈페이지(http://seoji.nl.go.kr)와 국가자료종합목록시스템(http://www.nl.go.kr/kolisnet)에서 이용하실 수 있습니다. (CIP제어번호 : CIP2019009249)

출애굽기 로드맵 II

김재구 지음

일러두기

1. 이 책은 개역개정 성경을 사용하는 것을 원칙으로 하되, 필요할 시에는 원어 성경
   에 비추어 일부 사역을 제공하였다.
2. 히브리어와 헬라어 단어와 문장을 원어로 표기할 때는 한글 음역을 제공하여 원어
   를 모르는 독자들도 읽을 수 있게 하였다.
3. 참고자료에 대한 인용은 미주로 처리하여, 각 부별로 정리하여 제시하였다.
4. 이 책에 사용한 어미 표기는 '-하다'체를 원칙으로 하되 필요에 따라서는 '-합니다'체
   를 혼용하였다.

하임 바이블 아카데미 시리즈의 정신

하임(Heim)은 한글로는 '하나님의 임재'의 줄임말이며 히브리어로는 '생명'(חיים)이라는 뜻이다. 말씀을 통하여 하나님의 임재를 누리고 생명의 길로 나아간다는 의미를 가지고 있다. 하임 바이블 아카데미 시리즈는 '하임'이라는 이름이 품고 있는 이러한 뜻을 이루기 위해 구약과 신약 66권을 하나님께서 의도하신 바대로 연구하여 깨닫고, 깨달은 말씀을 삶으로 살며 전하기 위한 것이다. 이를 통해 이 시대에 안타깝게 공허한 말로 변해 버린 말씀을 다시 육신이 되게 하여 이 땅에 삼위일체 하나님께서 꿈꾸셨던 하나님 나라가 임하는 길을 예비하기 위함이다.

하임 바이블 아카데미 시리즈의 주요한 특징은 구약성경의 순서를 기존의 한글성경이 가지고 있는 순서에 준하여 주해해 나가는 것이 아니라, 히브리어 원전의 순서에 따라 주해해 나간다는 것이다. 그 이유는 우리가 사용하고 있는 한글 성경의 모든 내용이 히브리어 원전(마소라 사본)에서 옮겨 왔다는 점에서 히브리어 원전의 순서를 존중하여 그 의미를 파악하는 것이 필요하기 때문이다: (1)

오경(토라/תוֹרָה): 창세기-신명기, (2) 예언서(느비임/נְבִיאִים): 전기예언서: 여호수아, 사사기, 사무엘상·하, 열왕기상·하 (룻기는 성문서), 후기예언서: 이사야, 예레미야, 에스겔, 열두 소예언서(호세아, 요엘, 아모스, 오바댜, 요나, 미가, 나훔, 하박국, 스바냐, 학개, 스가랴, 말라기), (3) 성문서(케투빔/כְּתוּבִים): 시편, 욥, 잠언, 룻, 아가, 전도서, 애가, 에스더, 다니엘, 에스라, 느헤미야, 역대기상·하. 신약성경은 현재의 순서대로 주해해 나가는 것을 원칙으로 한다.

하임 바이블 아카데미 시리즈의 또 다른 특징은 성경의 흐름을 연결시켜 간다는 점이다. 성경 각 권 안에서의 흐름뿐만 아니라, 각각의 성경들이 어떤 의미를 가지고 서로 긴밀하게 연결되어 있는지를 면밀하게 연구함으로 읽는 이들의 신앙과 삶의 위치를 볼 수 있게 한다는 것이다. 자신의 신앙과 삶의 위치를 봄으로 나아가야 할 방향과 목적지를 파악해 볼 수 있다는 장점이 있다. 이러한 과정을 통해서 말씀과 삶의 일체화를 추구하는 것이 이 시리즈의 목적이다.

들어가는 말

　　창세기를 통과하며 천지창조의 이상이 이 땅에 실현될 수 있는 길이 열렸다. 그것은 다름 아닌 하나님의 뜻을 실현할 한 민족의 탄생으로 인해 가능해진다. 이스라엘, 즉 '하나님과 및 사람들과 겨루어 이긴 자'(창 32:28)라는 이름 속에는 결코 배타성이 아닌, 세상을 향한 포용성이 들어있다. 그리고 이 이름 속에는 신앙의 승리가 내포되어 있다. 하나님을 향한 절대적인 순종과 사람을 향한 용서와 관용이 바로 그것이다. 이제 이 백성이 그 걸음을 움직이기 시작한다. 주어진 공간을 그러한 신앙의 승리로 가득 채우기 위하여 약속의 땅을 향하여 나아가는 것이다.

　　하지만 그 출발이 결코 쉽지만은 않은 것은 이 세상은 그런 삶의 원리를 싫어하는 사람들로 가득 하기 때문이다. 설사 힘없고, 연약한 사람들이 순종, 용서, 관용이라는 자비와 긍휼 그리고 정의와 공의가 물결치는 세상을 원한다 할지라도 이들에게는 그것을 이룰만한 힘이 없고, 정작 힘과 권력을 가진 자들은 그런 세상을 원하지 않는다는 것이다. 이미걸어야 할 길이 다 주어져 있는 백성이 팽창할 대로 팽창하여 터져나가기 직전까지 간 상태에서 그것을 막으려는 세상의 힘은 오히려 그 거대해진 무리를 자신들의 유익을 위해 역이용하려고 시도한다. 이것이 우리가 살아가고 있는 세상이며, 출애굽기는 그런 점에서 이런 세상의 축소판이라고 해도 과언이 아닐 것이다. 애굽과 이스라엘은 세상과 하나님의 백성이라는 대립관계를 보여주며, 세상과 하나님의 뜻이 어떻게 충돌하고 있는지 또한 보여주고 있다.

출애굽기는 창세기의 선조들의 이야기로부터 수백 년의 세월이 흐른 다음의 이야기를 다루고 있다. 그 공백이라면 자신의 정체성을 충분히 상실할 수 있는 기간이기도 하다. 이런 점에서 출애굽기는 창세기에서 주어진 하나님의 백성 이스라엘의 정체성을 다시 한 번 각인시키는 길이 주어질 것이며, 그것이 이루어질 때 하나님의 백성 이스라엘은 연합의 이상을 가지고 자신들이 머물러 있던 땅을 박차고 나갈 것이다. 그러므로 출애굽기의 전반부는 쉬지 않고 역사하시는 하나님의 놀라운 손길이 숨쉬고 있으며, 그러한 하나님의 권능을 체험한 자들의 이야기이다. 그리고 후반부는 그 사람들이 맡아야 할 사명이 무엇이며, 마침내 실현해야 할 이상이 무엇인가를 되새기는 시간이 될 것이다. 이러한 이상은 이미 창세기에서 주어졌으나, 그 때는 거대한 민족으로서 체험한 것이 아니라, 족장들과 가족의 단계에서 이루어진 것이며, 인간의 생명으로 치면 태아의 단계라고 할 수 있을 것이다. 그 태아가 수많은 후손들로 확장되었으며, 태아기에 주어졌던 그 이상이 수많은 사람들의 가슴 속에 정신으로 자리 잡아야 할 단계에 온 것이다.

이스라엘이 애굽을 탈출하여 시내산에 도착하였다는 것이 태아에서 수많은 후손으로, 가족에서 민족으로, 혈연 공동체인 부족에서 신앙공동체인 나라로의 전이를 보여주는 전환점이 된다. 시내산에서 이스라엘은 탈출한 노예의 신분에서 하나님의 백성이라는 고귀한 사명자의 신분으로 전환된다. 바로를 위하여 노동하던 존재에서 하나님을 위하여 세상을 섬기는 존재로의 탈바꿈이다. 율법을 받고, 성막을 건축하는 것이 바로 그 길을 향한 걸음의 시작을 알리는 본격적인 신호탄이 되는 것이다.

이 책의 전체적인 구성은 4부로 이루어져 있다. 서론격인 제1부는 "출애굽기는 어떤 책인가?"라는 제목으로 문학적인 구성과 더불어 전체의 내용을 개관한다. 본론격인 제2부는 "출애굽기는 어떤 내용인가?"라는 질문을 중심으로 전체 구조를 열한 부분으로 나누어 세세하게 설명한다. 이 본론에 해당하는 각 부분은 '1. 이야기 전체를 한 눈에 읽기,' '2. 이야기의 문학적 구조 따라 읽기' 그리고 '3. 이야기의 세부적인 주제 따라 읽기'라는 세 단계를 거치며 동일한 범위를 다른 방식으로 세 번을 보는 것을 통해 독자의 이해도를 높이는 방식으로 구성된다. 세 번의 반복은 또한 우리의 기억에도 현저한 도움을 주기에 삶에 적용하기 용이하게 할 것이라 확신한다. 결론격인 제3부는 "출애굽기의 구조와 메시지는 무엇인가?"라는 질의를 통해 본론에서 논의된 내용을 중심으로 출애굽기 전체의 구성을 일목요연하게 정리해 제시하고 출애굽기 전체의 메시지를 드러낸다. 부록격인 제4부는 "출애굽기가 제시하는 이상적인 미래상은 무엇인가?"라는 질문을 통해 출애굽기에 드러난 주제와 메시지가 이스라엘의 미래는 물론 현재의 우리 그리스도인들이 어떤 미래를 이루어야 하는지에 대한 소명을 다시 한 번 돌아보게 하는 장이 될 것이다.

이 책이 현재의 형태가 될 때까지 끊임없이 빛을 비쳐주신 하나님 아버지께 감사와 찬양을 올려 드린다. 새롭고 참신한 것은 아버지의 은혜로 인한 것이며, 미진하고, 진부한 것은 필자의 부족함임을 고백한다. 그리고 이 책이 나오기까지 애써주신 분들에게 감사를 드린다. 먼저 부족한 글을 세상의 빛을 볼 수 있도록 꼼꼼하게 살펴서 멋진 책으로 출판해 주신 홍림 출판사의 김은주 편집장님께도 깊은 감사를 드린다. 또한 하임 바이블 아카데미 성경 강의에 참여하였던 모든 분들의 동참과 열정, 질의, 응답 그리고 기도들이 모여 이 책이 더 나아질 수 있었음에 모두에게 감사를 드린다. 사랑하는 가족들의 지원과 응원 그리고 기도는 늘 든든한 후원임을 전하고 싶다. 항상 삼위 하나님을 향한 동일한 믿음으로 동역자로서 그리고 서로에게 꼭 맞는 배필로서 사랑과 지원을 아끼지 않는 현숙하고 유능한 아내(심희엽)에게 감사한다. 함께함이 진정한 행복이라고 전하고 싶다. 그리고 이젠 대학 2학년으로 미국에서 열정적으로 학업에 임하고 있는 사랑하는 귀한 딸 연주에게 감사한다. 학교생활에 여념이 없을 터인데도 수시로 안부를 묻고, 건강을 염려해 주며 기도해 주는 딸이 있어서 행복하다고 말하고 싶다. 이제는 자신의 길을 찾아 기나긴 여정을 시작한 사랑하는 아들 영훈이에게도 감사하며, 하나님과 함께 삶의 의미와 목적을 찾기를 기도한다. 이 책이 아직 하나님을 깊이 알지 못하는 연주와 영훈이에게 하나님을 알아 가는데 도움이 되기를 바라는 마음 간절하다. 그리고 이 책을 꼭 필요로 하는 사람들이 읽을 수 있기를 하나님께 기도드린다.

전능하신 하나님 감사드립니다. 모든 영광은 다 아버지의 것입니다.

2019년 1월

원송동 작은 골방에서

축약어(Abbreviations)

AB	Anchor Bible
ABD	*The Anchor Bible Dictionary*
ACSup	Amsterdamse Cahiers Sup.
BA	*The Biblical Archaeologist*
BI	*Biblical Interpretation*
Bib	*Biblica*
BR	*Bible Review*
BibRes	*Biblical Research*
BS	*Bibliotheca Sacra*
BTB	*Biblical Theology Bulletin*
BucR	Bucknell Review
BWANT	Beiträge zur Wissenschaft vom Alten und Neuen Testament
BZAW	Beihefte zur Zeitschrift f? die Alttestamentliche Wissenschaft
CBC	Cambridge Bible Commentary
CBQ	*Catholic Biblical Quarterly*
CTM	*Concordia Theological Monthly*
DS	*Dominican Studies*
DSB	Daily Study Bible
EI	*Eretz-Israel*
EvQ	*Evangelical Quarterly*

ExpTim	*The Expository Times*
HBT	Horizons in Biblical Theology
HSM	Harvard Semitic Monographs
HTR	*Harvard Theological Review*
HUCA	*Hebrew Union College Annual*
ICC	International Critical Commentary
IDB	*The International Dictionary of the Bible*
Int	*Interpretation*
JAOS	*Journal of The American Oriental Society*
JBL	*Journal of Biblical Literature*
JBQ	*Jewish Bible Quarterly*
JETS	*Journal of the Evangelical Theological Society*
JJS	*Journal of Jewish Studies*
JPS	Jewish Publication Society
JSOT	*Journal for the Study of the Old Testament*
JSOTSup	Journal for the Study of the Old Testament, Supplement Series
NAC	The New American Commentary
NICOT	The New International Commentary on the Old Testament
OBT	Overtures to Biblical Theology
OTL	The Old Testament Library
OTS	Old Testament Studies

SBEC	Studies in the Bible and Early Christianity
SBT	Studies in Biblical Theology
SJOT	Scandinavian Journal of the Old Testament
SR	Studies in Religion/Sciences Religieuses
ST	Studia Theologica
TynBul	Tyndale Bulletin
TD	Theology Digest
TDOT	Theological Dictionary of the Old Testament
TOTC	Tyndale Old Testament Commentaries
TZ	Theologische Zeitschrift
UBC	Understanding the Bible Commentary
USQR	Union Seminary Quarterly Review
VT	Vetus Testamentum
VTSup	Vetus Testamentum, Supplement
WBC	Word Biblical Commentary
WBCom	Westminster Bible Companion
ZAW	Zeitschrift f? die Alttestamentliche Wissenschaft

II권 차례

I권 차례

제 2 부

출애굽기는 어떤 내용인가?

VI. 중심: 시내산 언약과 율법수여
(출 19:1-24:11)

1. 이야기 전체를 한 눈에 읽기

이제 드디어 출애굽기의 중심이라 할 수 있는 시내산에 도착하였다. 이스라엘 구원의 목표가 예배로 귀결된다면 그 예배의 본질이라 할 수 있는 삶의 법을 듣는 장소인 것이다. 하나님의 말씀대로 그대로 사는 것이 예배라고 한다면 살아야 할 구체적인 말씀이 없다면 예배는 성립될 수 없는 것이다. 그러므로 이스라엘은 반드시 하나님의 말씀을 받는 장소를 거쳐야 하는 것이다. 그 예배하는 삶을 완성시키는 길이 시내산에서 주어지는 것이다.

이스라엘은 이미 출애굽기 18장에서 '하나님의 산'에 도착한 것으로 되어 있다: "모세의 장인 이드로가 모세의 아들들과 그의 아내와 더불어 광야에 들어와 모세에게 이르니 곧 모세가 하나님의 산에 진 친 곳이라"(출 18:5). 하나님의 산은 모세의 소명 이야기에서 나타났으며 그곳에서는 '하나님의 산 호렙'이라고 명명된다(출 3:1). 그러나 출애굽기 18장과 구별된 다른 이야기가 시작된다는 점을 강조하기 위해 19장에서는 다시 한 번 이스라엘이 도착한 장소를 전한다.

> 이스라엘 자손이 애굽 땅을 떠난 지 삼 개월이 되던 날 그들이 시내 광야에 이르니라 그들이 르비딤을 떠나 시내 광야에 이르러 그 광야에 장막을 치되 이스라엘이 거기 산 앞에 장막을 치니라(출 19:1-2).

이스라엘이 르비딤에서 출발한 것으로 되어 있는 것을 보면 이 구절은 직접적으로 물 결핍으로 인한 맛사와 므리바 사건과 아말렉과의 전쟁이 있었던 르비딤인 출애굽기 17장과 연결된 것으로 보인다. 그렇다면 18장은 어떤 면에서는 '삽입 장'으로 구별할 수 있을 것이다. 광야여정에서 시내산 도착으로, 구원에서 율법수여로 방향을 전환시키는 역할이라 할 수 있다. 그 전환이 원활하게 이루어져 이제 출애굽기 19장 이후는 하나님의 법을 부여받는 이야기가 진행된다는 점에서 드디어 이스라엘이 하나님의 백성으로 온전하게 거듭나는 순간이 된 것이다.

이스라엘은 이런 의미를 가지고 있는 시내산에 셋째 달이 시작되는 시점에 도착한다. 이 날짜를 통해 출애굽한지 며칠 정도가 지났는지를 추적해 볼 수 있다. 첫째 달 14일 밤에 유월절과 더불어 탈출이 이루어졌다. 한 달을 30일로 친다면 첫째 달의 16일이 지나고, 둘째 달 30일이 지난 것이다. 그리고 셋째 달 첫 날이 되었으니 출애굽한지 47일째라고 할 수 있다. 이 날짜가 중요한 이유는 이스라엘 전통 속에 시내산에 도착하여 하나님께로부터 율법을 받은 날에 대한 기억 때문이다. 47일째 모세가 하나님께서 임재해 계신 시내산에 올라가 명령을 받고 이스라엘 백성에게 내려와 전하고(출 19:3-9), 삼일을 정결하게 하여 하나님의 임재와 법(십계명)의 수여를 기다린다(출 19:10-15). 그리고 셋째 날에 하나님께서 우레와 번개와 빽빽한 구름 가운데 임재 하셔서 말씀을 선포하신다(출 19:16-25). 하나님께서 이스라엘 민족 전체를 모아 놓으시고 선포한 말씀이 바로 십계명인 것이다(출 20:1-17). 이 날짜들을 다 계산하면 정확하게 출애굽한지 50일째쯤 되는 것이다. 이스라엘은 유월절, 무교절이 있는 그 일주일 동안에 맞이하게 되는 안식일 다음날부터 50일을 세어서 오순절을 기념한다. 이스라엘 전통 속에 오순절은 바로 이스라엘이 시내산에서 하나님의 율법을 받은 날이 되는 것이다.[162] 즉 오순절은 율법과 밀접하게 연관이 있는 절기가 되는 것이다.

하나님께서 이스라엘에게 율법을 부여하신 이유는 분명하다. 이스라엘이 모세의 중재를 통해 하나님의 뜻을 전달 받았고 그 뜻에 따르겠다는 일차적인 의견표시를 하였기 때문이다.

세계가 다 내게 속하였나니 너희가 내 말을 잘 듣고 내 언약을 지키면 너희는 모든 민족 중에서 내 소유가 되겠고 너희가 내게 대하여 제사장 나라가 되며 거룩한 백성이 되리라 이 말을 이스라엘 자손에게 전할지니라 (출 19:5-6).

이것이 하나님께서 이스라엘을 구원하신 목표이다. 만약 이스라엘이 이 하나님의 뜻에 따르지 않겠다면 'No'라고 응답할 수 있다. 그러나 이스라엘은 이 뜻에 일치된 길을 걷겠다는 결의로 이구동성으로 'Yes'라고 응답을 한다.

백성이 일제히 응답하여 이르되 여호와께서 명령하신 대로 우리가 다 행하리이다 모세가 백성의 말을 여호와께 전하매(출 19:8).

이렇게 하여 시내산에서 셋째 날까지 정결하게 준비한 이스라엘에게 하나님께서 십계명을 선포하신다. 십계명의 의의는 모세의 중재를 통해서 전달된 것이 아니라, 이스라엘 백성 전체가 함께 하나님께 직접 부여받은 법이라는 점이다. 십계명을 하나님의 음성으로 직접 들은 백성들은 두려움과 공포 가운데 사로잡힌다. 우레와 번개와 나팔소리와 산의 연기가 어우러진 웅장함과 거대한 위력에 압도된 것이다. 그래서 백성들이 모세에게 간청한다. 더 이상 하나님께서 직접 말씀하시지 않게 하여 달라고 하며 모세가 하나님께 나아가 말씀을 듣고 그 말씀을 전해주면 듣고 행하겠다는 것이다. 하나님의 음성을 백성들이 직접 듣게 하신 이유 또한 이와 다르지 않다. 하나님 경외를 통하여 법을 철저히 준수함으로 범죄하지 않게 하시려는 의도인 것이다(출 19:18-20). 이 요청이 수락되어 모세는 하나님께서 계신 흑암으로 가까이 나아가고 백성들은 그 모세를 통해 전해질 법을 기다린다(출 19:21).

그렇다면 여기서 한 가지 해결하고 넘어가야 할 것이 있다. 그것은 이스라엘 민족 전체가 함께 들은 십계명과 모세가 하나님께 나아가 듣는 법은 어떤 공통점과 차이점이 있는가 하는 것이다. 분명 십계명은 모든 율법의 가장 핵심적인 기본이 되는 법이라는 것에는 이견이 없다. 그러나 십계명과 그 이후에 주신 법의 관계성에 대해서는 여러 가지 이견이 존재한다. 일반적으로는 십계명은 어느 시대에나 적용될 수 있는 법이고, 그 후에 주어진 세세한 법조항들은 십계명과는 다른 시대에 만들어진 것으로 주로 가나안에서 정착생활을 할 때 만들어진 법들로 시내산에서 주어진 것으로 기록하고 있다는 것이다. 그 이유는 세세한 조항들이 광야시대에 맞는 법이라기보다는 정착 생활을 하며 겪을 수 있는 내용들이라는 점을 든다. [163] 구체적으로는 다음과 같은 조항들을 예로 들 수 있다.

> 사람이 밭에서나 포도원에서 짐승을 먹이다가 자기의 짐승을 놓아 남의 밭에서 먹게 하면 자기 밭의 가장 좋은 것과 자기 포도원의 가장 좋은 것으로 배상할지니라(출 22:5).

> 너는 여섯 해 동안은 너의 땅에 파종하여 그 소산을 거두고 일곱째 해에는 갈지 말고 묵혀두어서 네 백성의 가난한 자들이 먹게 하라 그 남은 것은 들짐승이 먹으리라 네 포도원과 감람원도 그리할지니라(출 23:10-11).

이 법들은 분명 밭과 포도원이라는 땅을 소유하고 살아가는 사람들에게 적당한 법이다. 광야를 유랑하는 백성들에게는 소용이 없다. 하지만 이러한 내용으로 인해 십계명과 세세한 법 조항들이 긴밀한 연관성이 없다고 단언하는 것은 불합리하다. 왜냐하면 시내산에서 주신 법은 광야만을 목적으로 주신 법이 아니라 이스라엘의 목적지인 가나안 땅에 들어가서 지킬 법을 주시는 것이기 때문이다. 그리고 광야는 거쳐 가는 길목이지 목적지가 아니다.

이와 같은 분리보다는 오히려 십계명은 가장 기본이요 기초가 되는 것으로 모든 법 조항들을 축약해 놓은 것이고, 그 십계명 열 가지를 어떻게 삶에 적용하여 살아가야 하는가를 구체적으로 제시하고 있는 것이 모세를 통해 전달해 주시는 세세한 계명의 의미라고 이해함이 올바를 것이다. 이러한 연관성이 십계명과 그 후에 주어진 세세한 계명들과의 공통점이면서 또한 차이점이라 할 수 있다. 차이점은 십계명은 어느 시대, 어느 민족, 어느 장소에서든지 불변의 권위를 가지고 반드시 행해야 할 법이라는 점에서 최고의 권위를 갖고 있다면 세세한 계명은 상황에 따라 그 적용이 변할 수 있다는 점이다. 하지만 또한 십계명이란 기본법을 시대와 민족, 장소라는 상황에 맞게 적용하여 탄력성 있게 확대시킨 것이 세세한 계명들이란 점에서 분명한 공통점이 있다. 그러므로 십계명과 그 후에 주어지는 세세한 계명들은 결코 별개가 아니라, 동일한 내용의 확장판이라고 할 수 있다.[164]

이처럼 일명 '언약법전'(the Law of Covenant, 출 24:7 언약서)이라고 불리는 출애굽기 20:22-23:33절까지는 십계명의 내용을 바탕으로 구체적인 실행들을 담고 있다. 먼저 우상을 만들지 말라는 명령이 주어지며, 바른 예배에 대한 길을 제시하고(출 20:22-26), 다음은 안식년에 행해야 할 종 해방법을 다룬다(출 21:1-11). 그 다음은 주로 사람과 사람 사이에 벌어지는 살인과 폭력, 그리고 동물이 행하는 폭력(뿔로 받는 것)에 대한 규정이 자리 잡는다(출 21:12-36). 주로 사용되는 단어가 '치다'(נכה 나카)라는 단어가 반복적으로 사용된다(출 21:12, 15, 18, 19, 20, 22, 26, 27). 짐승에 대해서는 '받는다'(נגח 나가흐)라는 단어가 사용된다

(출 21:28, 29, 31, 32, 35, 36). 이렇게 폭력에 대한 내용이 마감되며 그 다음은 도둑질과 손해를 끼친 것에 대한 배상에 관한 내용이 자리 한다(출 22:1-17). 이 부분에는 역시 '배상'(שׁלם 샬람)이란 단어가 주류를 이룬다 (출 22:3, 4, 5, 6, 7, 9, 11, 12, 13, 14, 15). 그리고 그 배상의 끝 규정은 처녀성을 파괴한 것에 대한 납폐금(מהר 마호르/신부를 데려올 때 지불하는 돈)을 다루고 있다. 이 납폐금 지불도 결국은 손해를 끼친 것에 대한 배상의 다른 말이 될 것이다(출 22:16-17). 그 다음은 무당, 짐승과 교합하는 자와 우상 숭배자를 죽이라는 명령이 주어지고(출 22:18-20), 가난한 자에 대한 학대 금지와 전당물에 대한 규정 그리고 하나님께 바치는 것을 속이지 말 것에 대한 내용이 주어진다(출 22:21-31). 그리고 재판에 공정해야 할 것을 규정하는 내용(출 23:1-9), 안식년과 안식일에 대한 규정 (출 23:10-13) 그리고 순례를 행해야 할 절기와 다른 신을 숭배하지 말고 우상은 다 부수라는 명령으로 마감한다(출 23:14-33). 이렇게 다양한 내용들이 복잡하게 얽혀 있는 듯 보이지만 그 배열에 일정한 규칙성이 있다는 점을 감지할 수 있을 것이다. 우상에 대한 조항과 안식년에 대한 규례로 시작하고, 다시 안식년과 우상에 대한 규례로 마감하고 있다는 점이다. 그 중간에는 사람과 사람 사이에 지켜야 할 규례들이 자리하고 있다. 즉 테두리는 하나님과 사람의 관계에 대한 조항들이, 중간에는 사람과 사람에 대한 관계조항들이 자리하고 있는 것이다.

이렇게 십계명을 구체화 시키는 세세한 계명들을 모세를 통해서 이스라엘에게 들려준 후에 이 내용을 서면으로 언약서를 만들어 하나님과 이스라엘이 짐승의 피로 서약을 하는 것으로 언약식이 체결된다(출

24:1-8). 그리고 그 언약의 결론으로 이스라엘의 대표자들이 시내산 중턱까지 올라가 하나님 앞에서 먹고 마시는 의식이 치러진다(출 24:9-11). 이제 하나님과 함께 먹고 마시는 한 가족이 되었다는 것을 확증 하는 것이다. 이와 같이 하여 드디어 하나님은 이스라엘의 하나님이 되시고, 이스라엘은 하나님의 백성이 되는 배타적이고 절대적인 언약이 맺어진다. 이러한 배열 또한 십계명(출 20:1-17)과 언약법전(출 20:22-23:33)을 중심에 두고 언약에 대한 서론(출 19장)과 결론(출 24장)으로 그 테두리를 이루고 있다는 점에서 의도성 있는 배열이라 할 수 있다. 그 구체적이고 명확한 구조는 다음 부분에서 다룰 것이다.

2. 이야기의 문학적인 구조 따라 읽기

이미 살펴본 대로 시내산에서의 언약과 율법수여 부분은 테두리에서 중심으로 역방향으로 평행과 대칭되는 구조인 교차대칭구조를 이루고 있다. 시내산에서 언약을 준비하는 의식이 이루어지는 것을 출발로(출 19장), 십계명과 언약법전이 주어지고(20-23장) 그리고 마지막으로 언약이 체결되는 의식으로 마감된다(24장). 테두리에는 언약의식 준비와 체결이 자리 잡고 중심에는 언약법이 자리 잡고 있는 구도인 것이다. 그 구체적인 도식은 다음과 같다.[165]

A. 출 19:1-25 언약의 준비

B. 출 20:1-17 십계명

C. 출 20:18-21 하나님의 임재에 대한 이스라엘의 반응

B'. 출 20:22-23:33 언약법전(24:7 - 언약서)

A'. 출 24:1-11 언약의 체결

A와 A'은 언약체결 의식이라는 주제로 그 공통점들이 뚜렷하게 제시되고 있다는 점에서 그 관련성이 분명하게 드러난다.[166)]

	언약의 준비(출 19:7-8)	언약의 체결(출 24:3, 7)
1	모세가 와서	모세가 와서
2	백성의 장로들을 불러 그들 앞에 진술하였다	백성에게 전했다
3	여호와께서 명령하신 그 모든 말씀을	여호와의 모든 말씀과 모든 율례들을
4	백성이 일제히 응답하여	그들이 한 소리로 응답하여
5	이르되 여호와께서 명령하신대로 우리가 다 행하리이다	이르되 여호와께서 말씀하신 모든 것을 우리가 행하리이다

이 두 부분은 이와 같은 언약체결과 관련된 언어적인 연관성은 물론이거 니와 주제적인 면에서도 유사성을 드러낸다. 출애굽기 19:5-6절에서 하 나님께서는 모세를 통해 이스라엘을 향한 소망을 내비치셨다: "너희가 내 말을 잘 듣고 내 언약을 지키면…너희가 내게 대하여 제사장 나라가 되

며 거룩한 백성이 되리라." 언약을 맺는 이유는 바로 이런 백성으로의 성
장을 이루는 것이다. 제사장 나라에 대한 소망이 출애굽기 24:1-11절에
이스라엘의 대표가 된 청년들이 여호와께 소로 번제와 화목제를 드리는
제사를 집행하고(24:5), 모세는 제물의 피를 제단과 백성들에게 뿌리고
(24:7-8), 어른 대표자들은 하나님 앞에 나아가 하나님을 뵙고 그 앞에서
먹고 마신다(24:11). 이러한 상황은 제사장을 위임할 때의 장면을 연상케
한다(레 8:23, 24, 30). 이는 이스라엘이 언약을 맺는 장면이 흡사 제사장
나라로서의 의식을 치르는 것과 같은 의미를 제공해 주고 있다는 점에서
의미가 깊다.[167] 이처럼 시작과 끝은 하나님의 소망이 이스라엘에게 실현
되고 있다는 점을 느끼게 한다.

　　　B와 B'은 십계명과 언약법전이 평행관계로 연결되어 드러나며
법이라는 점에서 공통점이 뚜렷하다. 그리고 그 관련성은 이미 언급하였
듯이 십계명이 시대나, 민족이나, 장소를 초월하여 지켜야 할 가장 기본
법으로 주어져 있다면 언약법전의 세세한 계명들은 그 십계명을 시대와
민족과 장소에 최적화하여 적용할 수 있는 내용들이란 점을 들 수 있다.
이는 곧 십계명을 어떻게 적용할 것인가에 대한 구체적인 예를 제시해 주
고 있다는 점에서 중요성이 있다. 십계명과 세세한 계명들의 구조를 통한
연관성 비교는 다음과 같다.

십 계 명 (출 20:1-17)	언 약　법 전 (출 20:22-23:33)
1. 다른 신을 두지 말라 2. 우상을 만들지 말라 3. 여호와의 이름 모독치 말라	A. 20:22-26 우상을 만들지 말고, 올바른 예배 행하라

4. 안식일 기억하여 지키라	B. 21:1-11 안식년에 행해야 할 종 해방법 (6, 7의 조합)
5. 네 부모를 공경하라 6. 살인하지 말라 7. 간음하지 말라 8. 도둑질하지 말라 9. 거짓 증거 하지 말라 10. 이웃의 것 탐내지 말라	C. 21:12-22:20 이웃에 대한 폭력(치다)과 배상에 관한 법 C'. 22:21-23:9 이웃과 이방 나그네에 대한 선행(연민)에 관한 법
4. 안식일 기억하여 지키라	B'. 23:10-13 안식년과 안식일에 행해야 할 법 (6, 7의 조합)
1. 다른 신을 두지 말라 2. 우상을 만들지 말라 3. 여호와의 이름 모독치 말라	A'. 23:14-33 우상을 부수고, 여호와를 진심으로 예배하라

　　이처럼 언약법전은 하나님과 사람과의 관계를 다루는 계명들을 테두리로 삼고(십계명의 1-4계명) 중심에는 사람과 사람 사이의 관계를 다루는 계명들로(십계명의 5-10계명) 구성하여 십계명을 재해석하여 적용하고 있다. 시대와 나라별로 이러한 적용은 약간의 차이를 보일 것이 분명하다. 예를 들면 아직도 주인과 종이라는 계급질서가 그대로 존속하고 있는 나라나 부족들이 안식년에 행해야 할 내용과 주종의 계급질서는 사라졌지만 기업에서의 상하관계가 형성되어 있는 공동체에서 행해야 할 안식년 법은 그 세세한 적용에서 차이를 보일 것이기 때문이다. 그러므로 세세한 법 적용에 대한 항목들은 여기에 기록된 것이 다가 아니라 가장 기본적인 적용법을 보여주는 것이라는 점을 인지해야 할 필요가 있다. 이와 같은 방식으로 해석해서 적용해야 함을 보이는 것이지, 이 적용이 모

든 것이라는 점을 전하고자 함이 아닌 것이다. 예를 들어 구덩이에 대한 다음의 경우를 생각해 보자.

사람이 구덩이를 열어두거나 구덩이를 파고 덮지 아니하므로 소나 나귀가 거기에 빠지면 그 구덩이 주인이 잘 보상하여 짐승의 임자에게 돈을 줄 것이요 죽은 것은 그가 차지할 것이니라(출 21:33-34).

이 법 조항은 십계명의 사람과 사람 사이에 벌어질 수 있는 부분을 다루고 있다. 굳이 이 내용을 분류하자면 다른 사람의 재산에 손해를 끼치고, 보상을 소홀히 한다면 탈취와 같다는 점에서 "도둑질 하지 말라"라는 항목에 포함시킬 수 있을 것이다. 법 적용 부분에 기록된 내용이 이것밖에 없다고 하여 "이것이 다" 라고 섣부른 판단을 하여 시내산 법의 미진함을 거론한다면 그것은 빙산의 일각만 보고 "다 보았다"라고 주장하는 것과 같은 오류를 범할 수 있다. 위에 적힌 내용은 가장 기본적인 내용을 다룰 뿐이다. 사건은 수많은 복잡한 경우로 확장될 수 있다. 예를 들면, 구덩이를 판 사람이 뚜껑을 덮어 두었는데 그 뚜껑이 바람에 날라 갔을 경우도 있을 수 있고, 누군가가 몰래 뚜껑을 가져간 경우도 발생할 수 있으며, 또는 어떤 사람이 그 뚜껑을 잠시 빌려간 사이에 사건이 발생할 수도 있다. 이렇게 기록된 성문법을 여러 상황에 따라 재해석 하여 적용하는 구전법을 미쉬나라 하고 그것을 기록한 것을 탈무드라고 한다.[168] 이처럼 시내산에서 주신 세세한 계명들은 모든 판례를 다 기록한 것이 아니라 어떤 판례든지 바르게 해석하고 적용하는 기본적인 길을 제시하고 있는 것이다. 언약법전의 구조를 세세하게 설명하는 내용은 다음 부분인 '이야기의 세부적인 주제 따라 읽기'에서 주어질 것이다.

　　C(출 20:18-21)는 언약과 율법수여 이야기의 중심을 이루고 있는 내용으로 언약의 엄숙성을 강조하고 계명 준수를 독려하기 위한 의미를 갖고 있다는 점에서 테두리 전체를 포용하는 내용이라 할 수 있다.

A. 출 20:18-19 뭇 백성이 우레와 번개와 나팔 소리와 산의 연기를 본지라 그들이 볼 때에 떨며 멀리 서서 모세에게 이르되 당신이 우리에게 말씀하소서 우리가 들으리이다 하나님이 우리에게 말씀하시지 말게 하소서 우리가 죽을까 하나이다	십계명을 들은 반응 ↓
B. 출 20:20 모세가 백성에게 이르되 두려워하지 말라 하나님이 임하심은 너희를 시험하고 너희로 경외하여 범죄하지 않게 하려 하심이니라	경외함(순종함)으로 범죄치 않게 하려 (계명들의 목적)
A'. 출 20:21 백성은 멀리 서 있고 모세는 하나님이 계신 흑암으로 가까이 가니라	↑ 언약법전을 듣기 위해

십계명이 하나님의 음성으로 모든 백성에게 주어질 때의 그 장엄함과 웅장함은 백성들에게 두려움을 제공한다. 이 속에는 하나님의 음성을 직접 듣는 것조차 인간에게는 공포 그 자체 라는 것을 의도성 있게 전해 준다. 그 깊은 의미는 역시 그 말씀을 거역하는 불순종이 어떤 결과에 이르게 할 것인가에 대한 암시까지 내포하고 있다고 할 수 있다. 그것은 결국 두려움을 줌으로 공포를 조장하려는 목적이 아니라, 이를 통해 하나님을 경외하는 순종을 이룸으로 범죄치 않게 하려는 의도인 것이다. 즉 공포가

목적이 아니라, 살리려는 것이 목적인 것이다. 두려움과 공포에 초점을 맞추면 폭군 같은 하나님 상을 그리게 될 것이지만, 어떻게든 살리시려는 하나님의 진심에 초점을 맞추면 하나님의 긍휼하심에 부딪치게 될 것이다. 하나님의 긍휼하심을 맛보는 자는 자기 의를 내세워 공포를 몰아내려는 율법주의가 아닌, 기쁨의 자원하는 예배를 이룰 것이다. 그 길은 멀리 있는 것이 아니라 하나님의 계명을 기뻐하며 삶으로 이루는 것이다. 그러므로 중심에 위치한 하나님을 경외하는 것은 십계명을 통하여 언약법전의 의미를 깨닫고 삶 속에서 지켜 행함으로 성취될 것이다. 그러할 때 하나님과 이스라엘의 언약은 그 어느 누구도 끊을 수 없는 결속 가운데 거할 것이며, 이스라엘은 하나님께서 뜻하신 정체성(하나님의 소유, 제사장 나라, 거룩한 백성)을 세상을 향하여 이루는 존재가 될 것이다.

3. 이야기의 세부적인 주제 따라 읽기

1) 언약의 준비(출 19장)

시내산에서 이스라엘과 하나님의 만남은 하나님의 백성의 역사에서 획기적인 한 획을 긋는다. 이스라엘은 늘 하나님의 계획안에 있었던 민족이다. 그것은 창세기의 기나긴 역사와 출애굽기 1:1-7절까지의 창조 성취의 선언 속에서도 극명하게 드러나고 있다. 그리고 곳곳에서 이스라엘을 하나님께서는 '내 아들, 내 장자'라고 부르신다. 드디어 이스라엘이 시내산에서 하나님을 만난다. 이 만남으로 인해 이스라엘의 정체성이 새롭게 변한다.

(1) 이스라엘의 새로운 정체성(출 19:1-8)

　　모세가 하나님이 계신 산으로 올라가고, 하나님께서 모세를 불러서 말씀을 주신다. 먼저 주시는 말씀은 언약을 맺을 마음이 있는가를 질문하시는 것이다. 마음의 준비도 되어 있지 않은 사람들을 향하여 무작정 언약을 맺자고 하실 수는 없는 것이기에 먼저 의사를 타진해 보시는 것이다. 언약을 맺는데 있어서 가장 중요한 것이 있다면 언약을 맺는 당사자들이 서로를 분명하게 알아야 할 필요성이다. 신뢰감이 없는 당사자와 언약을 맺는다는 것은 도박과도 같이 무모한 일이다. 그러므로 언약에는 신실함이 중요한 요소가 된다. 이것을 아시는 하나님께서 애굽에서부터 이곳 시내산까지 이스라엘을 데려오시며 하나님이 누구이신가를 역력히 알 수 있는 사건들을 통해 보여주셨다. 즉 하나님에 대한 신뢰도를 최선을 다해 높여 주셨다. 그리고 그 모든 노력의 과정을 한 마디로 요약하신다.

> 내가 애굽 사람에게 어떻게 행하였음과 내가 어떻게 독수리 날개로 너희를 업어 내게로 인도하였음을 너희가 보았느니라(출 19:4).

이 한 절 속에 하나님께서 그동안 행하신 모든 행적이 고스란히 녹아있다. 독수리가 새끼들이 날 수 있도록 훈련시키는 장면과 같이 하나님께서 날 수 없는 존재들을 날개로 받아서 이곳까지 데려오셨다는 것이다. 그리고 이스라엘은 그러한 하나님의 은혜를 목격했고, 체험한 것이다. 하나님이 누구이신가에 대한 신뢰도 문제는 결코 의심의 여지가 없다. 이와 같이 하나님께서는 하나님의 은혜를 깊이 체험한 사람들을 향하여 언약을 제의하시는 것이다. 이제 드러나야 할 것은 하나님의 이러한 은혜에 대한 이스라엘의 반응이며, 결단이다. 하나님의 백성이 되는 새로운 정체성을 신실하게 받아들일 준비가 되었느냐를 살피실 것이다.

하나님께서는 단 두 절로 이루어진 이스라엘의 새로운 정체성을 부여하신다. '바로의 종'이었고 고통스런 신음 속에 살았지만 그 정체성을 버릴 수 없었던 이스라엘에게 새로운 정체성이 주어지고 있으며, 그렇게 살 것인가를 묻고 있는 것이다.

> 세계가 다 내게 속하였나니 *너희가 내 말을 잘 듣고 내 언약을 지키면* 너 희는 모든 민족 중에서 *내 소유*가 되겠고 너희가 내게 대하여 *제사장 나 라*가 되며 *거룩한 백성*이 되리라 너는 **이** 말을 **이스라엘** 자손에게 전할 지니라(출 19:5-6).

이 속에는 이스라엘의 정체성을 규정하는 세 가지의 표현들이 등장한다. '내 소유, 제사장 나라, 거룩한 백성'이 바로 그것들이다. 이 세 가지를 먼 저 세세하게 규명해 볼 필요가 있다. 왜냐하면 이 요청에 응답해야 하기 때문이다. 하겠다는 응답이 주어져야 이러한 길을 이루어갈 수 있는 구체 적인 길을 제시하는 하나님의 법을 살펴볼 수 있기 때문이다. 만약 이스 라엘이 거부한다면 십계명을 비롯한 세세한 계명들을 전해주는 그 다음 진도는 나갈 필요조차 없을 것이다.

먼저 이 세 가지 단어들의 의미를 알아보기 전에 하나님이 이러 한 백성을 필요로 하는 이유를 살펴보는 것이 먼저일 것이다. "세계가 다 내게 속하였나니"라는 표현이 바로 그것이다. 히브리어 원전에는 6절 맨 마지막에 등장하는 표현이지만 한글 해석에는 가장 먼저 주어지고 있다. 오히려 먼저 해석해 주는 것이 이스라엘이 갖게 될 정체성의 의미를 더욱 선명하게 한다는 점에서 장점이 있다. 이 표현은 하나님께서 품으신 뜻을 선언하고 있는 것이다. 하나님은 구원자이시기 이전에 이 우주의 창조자이시라는 것이다. 이 한 단어 속에 창세기가 농축되어 있을 수 있다. 창세기는 하나님께서 한 민족인 이스라엘만을 창조하신 분이 아니심을 분명하게 증거 한다. 만약 이스라엘만의 하나님이시면, 하나님은 단순히 구원자에 지나지 않는다. 그러나 이스라엘을 구원하신 하나님은 이 우주의 창조자이시다. 그렇다면 이 우주 안에 존재하는 모든 피조물, 그리고 이 지구상에 존재하는 모든 사람, 가족, 부족, 민족, 국가가 다 하나님의 것이다. 바로 이 신학적인 조명으로부터 이스라엘과 하나님의 특별한 관계는 시작된다.[169]

이스라엘의 구원과 창조가 연결된다. 이스라엘의 구원이 천지창조의 6일과 일치된다는 신학이 가능해진다. 이스라엘의 구원이 이스라엘의 특수성과 선택을 강조하고 있다면, 천지창조는 인류가 연관되어 있는 거대한 하나님의 구원사가 된다. 즉, 이스라엘의 구원과 인류의 구원이 일치되는 것이다. 이것은 이스라엘의 특수소명을 밝히는 것인데, 이스라엘의 구원과 선택은 세계를 구원코자 하시는 하나님의 시작이라 할 수 있다. 이스라엘을 출애굽시킬 때 하나님께서 그들을 '내 아들 내 장자'(출4:22)라고 칭하시는 것도 같은 맥락이 될 것이다. 장자를 먼저 불러내시는 것은 둘째, 셋째 아들들을 인도하시려는 계획으로 볼 수 있기 때문이다. 이러한 사실이 이스라엘과의 언약준비에서 나타난 "세계가 다 내게 속하였나니"라는 하나님의 선포로 확실해지는 것이다.

[1] 내 소유

내 소유(סְגֻלָּה 세굴라)라는 단어는 소유가 아니었던 자를 부르는 명칭이 아니라, 소중하고, 귀중한 보배로운 것을 지칭할 때 사용되는 단어이다. 이 단어가 하나님의 백성 이스라엘을 지칭하는 것에 구약성경에서 5번 사용되고(신 7:6; 14:2; 26:18; 시 135:4; 말 3:17), 그 외에 두 번 더 나타나는데 보배로운 보석을 지칭할 때 사용될 뿐이다(대상 29:3; 전 2:8). 이처럼 하나님의 '소유'라는 개념은 사람이 가장 소중히 여기는 보석과도 같은 존재라는 것을 의미하는 것이다. 세계가 다 하나님께 속하였다는 말은 모든 민족이 다 하나님의 것이라는 신학이 형성된다. 그런데 하나님께서는 특별히 모든 민족 중에서 이스라엘을 자신의 보배로운 소유로 택하셨다. 특별히 택하셨다는 것은 특별한 소임이 있다는 것을 말해준다: "내가 땅의 모든 족속 가운데 너희만을 알았나니 그러므로 내가 너희 모든 죄악을 너희에게 보응하리라"(암 3:2). 즉, 이스라엘은 하나님의 것이며, 온 세상을 위한 하나님의 계획을 포괄하는 사명으로 부름 받은 백성이라는 것이다. 이것은 다음의 단어가 더욱 분명하게 규명해 준다.

[2] 제사장 나라

'제사장 나라'는 히브리어로는 '제사장들'이라는 복수형을 사용하고 있다. 그러므로 '제사장들의 나라'(מַמְלֶכֶת כֹּהֲנִים 맘레케트 코하님)라는 칭호는 이스라엘 백성 한 사람 한 사람이 하나님 앞에 제사장으로서 섬기는 나라를 의미한다. 곧 "지배하는 나라가 아니라 섬기는 나라"가 되도록 부름 받는다. 하나님께서 이스라엘을 선택하신 것은 세상으로부터 격리되는 삶을 살게 하기 위해서가 아니라 세상 속에서 섬기는 삶을 살게 하기 위해서이다. 하나님을 섬긴다는 것은 곧 세상을 섬기는 것을 의미한다. 이스라엘은 하나님과 다른 나라들 사이를 중재하는 역할로 헌신해야 하고, 마치 제사장이 신앙공동체 안에서 행하는 것과 마찬가지의 역할을 여러 민족들 사이에서 수행해야만 한다(사 61:6). 특히 제사장들이 하나님의 법을 맡은 자로서의 사명까지도 담당한다는 점에서(신 31:9-12; 렘 18:18) 여호와에 대한 지식을 온 세상에 퍼지게 하는데 헌신하는 역할도 담당한다(사 2:1-4; 미 4:1-3). 여기서는 성직자 중심의 세계관은 애초에 하나님의 계획 속에 있었던 것이 아님을 살펴 볼 수 있다. 그러므로 레위기는 "내가 거룩하니 너희도 거룩할지어다"(레 19:2)라는 말씀을 통해 이스라엘 제사장으로 위임된 자들의 사명은 곧 이스라엘이 걸어가야 할 제사장들의 나라를 이루는 길로 이끌어야 함을 의미한다(롬 15:16). 이러한 제사장들의 나라는 궁극적으로 하나님 앞에서 다음과 같은 백성을 세우기 위한 목적이 있다.

[3] 거룩한 백성

거룩한 백성(קָדוֹשׁ גּוֹי 고이 콰도쉬)은 이스라엘이 반드시 이루어야 할 본질적인 모습이다. 하나님의 소유나 제사장 나라는 모두 거룩함을 지향해야 한다. 이것은 차후의 시내산의 법규들을 이끌고 나갈 대 주제로 자리 잡는다. 특별히 하나님을 만나기 위한 준비에서 '성결' 즉 '거룩'(קָדוֹשׁ 콰도쉬)은 필수적인 것이다(출 19:10, 14). 그리고 시내산 율법 속에도 "너희는 내게 거룩한 사람이 될지니"(출 22:31)가 포함되어 있고, 출애굽기를 지나 레위기 속에는 '거룩한 백성'이라는 주제가 전체를 관통한다.

이는 이스라엘이 거룩한 백성이 되어 세계를 하나님께 거룩한 세상으로 만드는 사명이 부여되어 있음을 보여 주는 것이라 하겠다. 이러한 거룩에 대한 사명은 이미 출애굽기 19:10-15절에 하나님을 만나기 위한 준비를 하는 과정에서도 잘 드러나고 있다. 그리고 거룩한 삶에 대한 길은 역시 레위기에 상세하게 제시되어 있다.

또한 그러한 거룩의 길을 통해 이루고자하는 목적도 드러난다. 레위기 8-9장에는 제사장 위임식이 나타나고 있다. 그 위임식이 끝나고 제사장의 사명이 시작되어 백성들의 죄악을 사하는 제의를 시행하며 하나님께서 약속하신 것은 "여호와의 영광이 너희에게 나타나리라"(레 9:6) 는 것이다. 그 약속처럼 제사장들이 위임과 속죄의 제사를 다 마치고 나아와 백성들에게 손을 들어 축복하매 여호와의 영광이 온 백성에게 나타났고 백성들이 저절로 엎드려 여호와께 경배했다(레 9:23-24). 아론계 제사장들이 백성들에게 전할 축복의 메시지는 민수기 6:24-26절에 잘 나타나 있다.

여호와는 네게 복을 주시고 너를 지키시기를 원하며 여호와는 그 얼굴을 네게 비추사 은혜 베푸시기를 원하며 여호와는 그 얼굴을 네게로 향하여 드사 평강 주시기를 원하노라

제사장들의 나라로 부름 받은 이스라엘이 해야 할 사명이 바로 이것이다. 세상을 향하여 죄사함과 거룩의 길을 제시하고, 축복을 전하는 삶이다. 그러한 삶을 통해 여호와의 영광이 드러나는 것이다. 그리고 온 세상이 여호와 앞에 저절로 무릎 꿇는 예배가 이루어지는 역사인 것이다.

[4] 이스라엘의 응답

이 세 가지 이스라엘의 정체성은 이제 신약성경에서 교회 공동체의 정체성으로 전이된다. 이스라엘과 연속성을 갖고 있는 오늘의 교회는 하나님의 백성이 오래 전에 부름 받은 그 사명을 자신의 것으로 받아들여야 한다. 그리고 하나님께서 이루고자 하셨던 그 뜻을 실현하는 종말론적인 공동체임을 자각해야만 한다.

그러나 너희는 택하신 족속이요 왕 같은 제사장들이요 거룩한 나라요 그의 소유가 된 백성이니 이는 너희를 어두운 데서 불러 내어 그의 기이한 빛에 들어가게 하신 이의 아름다운 덕을 선포하게 하려 하심이라(벧전 2:9).

위에서 제시된 이 세 가지의 이스라엘의 정체성은 하나님께서 제시하신 조건을 따르는 것에 의해 이루어질 것이다. "너희가 내 말을 잘 듣고, 내 언약을 지키면" 그와 같이 될 수 있다는 것이다. 이스라엘은 여기에 한 목소리로 일제히 응답한다.

백성이 일제히 응답하여 이르되 여호와께서 명령하신 대로 우리가 다 행하리이다(출 19:8).

그러나 하나님께는 이 응답의 진의가 더 중요하다. 성급한 대답은 곧 불순종으로 연결되기 때문이다. 그래서 하나님께서는 이러한 하나님의 소유, 제사장들의 나라 그리고 거룩한 백성이 된다는 것이 어떤 삶의 길을 걷는 것인지를 명확하게 알려주시기 위해 그러한 삶을 삼일 동안 살게 하신다. 여기 또다시 삼일이 등장한다. 삼일은 사람에게 생각할 충분한 시간과 삶의 결정을 내릴 수 있는 알맞은 기간이다. 그 삼일 동안 다음의 세가지의 구별된 삶으로 부르신다.

(2) 삼일 동안의 정체성에 맞는 삶의 준비(출 19:9-15)

이 삼일 동안의 준비는 이스라엘이 거룩하신 하나님을 만나는 준비가 되기도 한다. 하나님의 백성이 된다는 것은 거룩하신 하나님과 매일을 함께 생활하는 것을 의미하는 것이다. 그 속에는 영광스러움도 들어있지만, 그만큼의 위험성도 내포하고 있다. 거룩하신 하나님의 거룩과 일치되지 않는다면 소멸될 수도 있다는 위험도 함께한다. 이스라엘이 시내산에 임재하신 거룩하신 하나님을 한 번 뵙기 위한 거룩의 준비는 다음과같다.

1	출 19:10-11	<u>오늘과 내일</u> 그들을 성결하게 하며, 옷을 빨게 하고 준비하게 하여 <u>셋째 날</u>을 기다리게 하라 이는 셋째 날에 나 여호와가 시내산에 강림할 것이니라	시간의 성별 (절기포함)	"내가 거룩하니 너희도 거룩할지어다"를 가르치는 레위기의 축소판이라고 할 수 있다.
2	출 19:12-13	주위에 <u>경계</u>를 정하고 삼가 산에 오르거나 그 <u>경계를 침범하지 말라</u>	공간의 성별 (성막, 진안)	
3	출 19:14-15	백성이 성결하게 하여 자기 옷을 빨고 <u>여인을 가까이 하지 말라</u>	삶의 성별 (생활윤리)	

이렇게 삼일 동안 하나님을 만나기 위한 거룩의 준비는 레위기를 직접 살아보게 함으로 하나님의 백성이 되겠다는 서약은 이러한 삼일

의 삶이 평생이 되고, 영구한 삶의 길이 되어야 한다는 것을 깨닫게 하기 위함이다. 그리고 하나님의 이 요청을 받아들이는 것은 이러한 삶을 살겠다는 결단인 것이다. 하나님은 결코 인간을 정신없이 만들어서 언약서에 서명을 하게 만드시는 분이 아니시다. 사람이 모든 정황들과 미래까지도 깊이 숙고해본 후에 신중한 결정을 하게 만드는 분이시다. 그 결정이 세상을 변화시키는 능력이 되기를 바라시기 때문이다.

(3) 시내산에서의 언약체결 준비(출 19:16-25)

드디어 셋째 날 아침이 되었다. 모세가 거룩으로 준비된 백성들을 이끌고 진에서 나와 시내산 기슭에 섰다. 산에 연기가 자욱하고 여호와께서 불기둥 가운데서 강림하시니 온 산이 크게 진동하고, 이스라엘 백성들도 두려워 모두 떤다. 여호와의 임재로 가득한 산이 세 단계로 구별되며 거룩의 단계로 나누어진다. 모세가 올라가 하나님을 만나는 곳은 아론과 모세만이 올라가서 하나님을 만날 수 있다(출 19:24). 그리고 산 중턱의 경계는 성별된 제사장들이 백성들이 올라오지 못하도록 구별하여 지키게 한다(출 19:22-23). 그리고 백성들은 산기슭에 머물러 있어서 경계를 파괴하지 말아야 한다(출 19:17-21). 이렇게 질서롭게 이스라엘이 정돈되어 있어야 할 것을 하나님께서 모세를 통하여 말씀해 주신다. 그리고 그것이 말씀대로 이루어졌을 때 하나님께서 이스라엘을 향하여 법을 선포하신다. 이제 순서적으로 들어야 할 하나님의 말씀이 무엇이며, 그 언약이 무엇인지를, 그리고 언약 속에 포함된 율례와 규례들이 무엇인지를 들어야 할 것이다.

2) 십계명(출 20:1-17)

(1) 고대근동의 법과 시내산에서 주신 하나님의 법

　　법은 어떤 공동체나 나라에 반드시 필요한 정신을 의미한다는 점에서 그 존재만으로도 중요하다. 어떤 법을 가지고 있느냐에 따라 그 나라의 정체성이 달라지기 때문이다. 고대 근동의 법 중에서 가장 유명한 법전을 들라고 한다면 단연 함무라비 법전일 것이다. 가장 오래된 법전은 아니지만 가장 완전한 형태로 보존된 법전이라 할 수 있다. 기원전 1750년경에 만들어진 함무라비 법전 이전에도 여러 법전들이 존재 했는데 가장 먼저 만들어 진 것으로 보이는 기원전 2400년경의 메소포타미아 도시 국가 가운데 하나인 라가시의 왕인 우르카기나가 만든 '우르카기나 개혁'이라 불리는 법전, 기원전 2200년경 우르 제 3왕국의 우르남무 왕이 만든 '우르남무 법전,' 기원전 2000년경에 이신의 왕인 리피트 이슈타르가 만든 '리피트 이슈타르 법전,' 기원전 1900년경에 도시 국가인 에슈눈나에서 만든 '에슈눈나 법전' 등이 있다. 이중 처음 세 개는 수메르 인에 의해 만들어졌고, 맨 마지막의 에슈눈나 법전 만 아카드인에 의해 만들어진 것이다.[170] 이러한 법들이 이미 이 땅에 존재했음에도 불구하고 달라진 것이 없다는 점은 커다란 아쉬움으로 남는다. 만약 이 나라들이 각자의 법을 가지고 세상을 천국으로 이루는데 성공적이었다면 이스라엘도, 시내산도 필요 없는 사항이 되었을 것이다. 비록 시내산 법은 이러한 법전들 보다 후대에 태동된 법이지만 차이점이 무엇인가를 분명하게 안다면 그 위대한 가치를 깨달을 수 있다. 그것이 이스라엘과 세상 제국들을 가르는 선이 될 것이기 때문이다. 이는 단순히 고대근동의 법들과 언약법에 평행적으로 나타나는 유사점들을 비교하는 것으로는 별 의미가 없다.[171) 인간사 어디에나 유사점들은 존재하기 때문이다. 유사점 속에 드러나는 현저한 차이점에 초점을 맞추어야 한다.

　　　고대 근동 특히 함무라비 법전에 대한 크뤼제만(F. Crüsemann) 의 견해는 경청해 볼만 하다. 그는 고대 근동의 법전들은 서론과 결론에 그것들이 군주들의 업적임을 보여주는 대목들이 등장한다는 점을 지적 한다. "(이것은) 탁월한 군주 함무라비가 정한 올바른 판결이다. (이것으 로) 그는 이 나라에 확고한 도덕과 바른 행실이 자리 잡게 하였다"는 것으 로 함무라비 법전의 결론부분은 시작한다(XLVII 2-8)는 것이다. 그리고 함무라비는 여러 번 법을 새긴 것들을 가리켜 '나의 돌기둥'이라고 부른다 (XLVIII 6-7, 10-11, 15 등)는 점에 기초하여 분명 법전이 인간 기원임을 드 러낸다는 것이다. 우리는 일반적으로 마르둑 신이 함무라비에게 구체적 인 법전과 그 내용을 수여한 것으로 오해할 때가 있지만 엄밀하게 세세한 법규가 주어진 것이 아니라 법을 문서로 선포할 수 있는 임무와 권한을 준 것이라는 점은 분명하다: "마르둑이 나에게 사람들을 향도하고 이 나라에 도덕을 세우라는 임무를 주었으므로 나는 이 나라에 법과 정의를 가르쳤 다"(V 14-22).[172) 인간에게서 기원한 법과 정의가 얼마나 올바른 길을 향 할 수 있겠으며, 인간의 한계와 욕망을 극복할 수 있을 것인가가 의문으로 남는다. 외형은 선의로 포장하여 인간의 관대함과 위대함을 선전할 수 있 을지는 모르지만 인간의 한계와 욕망이 전적으로 다 숨겨질 수는 없다. 그 것은 함무라비 법전의 의도와 실행의 차이점을 통해 드러난다.

이 법전의 가장 큰 목적은 왕국의 모든 사람들을 균일하게 대우하기 위함이었다. 함무라비는 법전의 앞부분에서 그가 의도한 바를 이렇게 밝히고 있다. "정의가 온 나라에 퍼지게 하기 위해, 사악한 자들을 없애기 위해, 강한 사람이 약한 사람을 못살게 굴지 못하도록 하기 위해, 과부와 고아가 굶주리지 않게 하기 위해, 평민이 악덕 관리에게 시달리지 않게 하기 위해"서라고 말이다.……형벌은 당사자의 재산, 계층, 그리고 성별에 기반을 두고 있다. 부유한 자는 가난한 자보다, 노예가 아닌 자는 노예보다, 남자는 여자보다 더 유리한 위치에 있었다.[173]

결국 계급질서라는 벽을 극복하지 못하였고, 성별의 차이 또한 법 적용의 차이를 가져온다. 이러한 것이 봉합되는 길로 가기보다는 더 크게 틈이 갈라지는 길로 나아가는 것은 역시 고대나 현대나 법이 권력자의 손에서 만들어진다는 점을 들 수 있다. 물론 출애굽기의 언약법 안에도 종에 대한 법에서 주인이 종에게 폭력을 가했을 때 종이 하루나 이틀을 연명하면 주인이 형벌을 면하고 그 자리에서 죽으면 형벌을 받는다는 점에서 종과 주인의 차별성이 있음을 인식할 수 있다(출 21:20-21). 그럼에도 이 언약법에는 원수와 미워하는 자의 짐승에게까지도 자비를 베풀어야 한다는 조항(출 23:4)을 통해 감정까지도 다스려야 함을 보임으로 이 법이 도달해야 할 완성이 있음을 보이고 있다. 이 법은 마침내 인간의 죄가 사함 받는 시대인 신약에서 산상수훈의 법으로 완전케 될 것을 기대하고 있는 것이다.[174] 즉 출애굽기의 언약법은 끝이 아니라 시작이라는 점에서 고대 근동의 법들과의 차이점이 있다는 것이다. 세상의 그 어떤 법도 이와 같은 완성에 도달한 법이 없다.

크뤼제만은 함무라비 법전의 전문과 세세한 법조문들이 신이 제정한 것이 아니라 왕에게서 유래되었다는 것을 드러내며, 그래서 고대 근동의 법들은 모두 그것들을 제정한 왕의 이름으로 되어있다고 한다. 그리고 그리스나 로마의 경우도 다름없이 법은 인간에 의해 제정된 것이라는 사실에 동의한다는 점을 드러낸다(잘류코스, 드라콘, 솔론 등에 의한 초기 법제정과 고르틴에 의한 법 참조). 이것은 법을 신이 직접 제정한 것이라고 선포하는 이스라엘의 정신과는 현저하게 다른 것이라고 할 수 있다는 것이다.[175] 이스라엘은 자신들의 법을 모세라는 중재자를 통해 하나님께서 주셨다는 것에 이의를 제기하지 않는다. 다윗이 정한 전리품의 법(삼상 30:21-25), 에스겔서에 나오는 약간의 변형된 제의 법들(겔 44장)을 제외하면 구약성경의 법조문의 거의 99%가 모세의 중재를 통해 하나님으로부터 주어진 것이다.

그리고 하나님께로부터 법을 받는 이야기는 오경의 중심에 위치하고 있으며, 그 분량에 있어서도 그 어떤 이야기도 따르지 못할 만큼의 거대한 규모를 가지고 있다. 출애굽기 19장부터 민수기 10장까지 50장에 걸쳐 나타나며, 무려 출애굽기, 레위기, 민수기라는 세 권의 성경에 펼쳐져 있다. 이 방대한 법들은 이스라엘 역사에서 중요한 한 산인 시내산과 밀접하게 연관되어 있는데, 정작 그 산의 정확한 위치에 대해서는 아직도 아무도 장담할 수 없다는 것은 아이러니한 일이다. 물론 시내 광야의 예벨무사(모세의 산)를 시내산으로 인정하여 지금도 성지순례를 행하고 있지만 그 확실성은 아직 미지수이다.[176] 이스라엘이 그 산의 위치를 상세하게 묘사하지 않는 데는 분명 그만한 이유가 있을 것이다.

크뤼제만은 하나님의 산과 하나님의 법이 이렇게 결합되면서 이스라엘은 새로운 국면을 시작한다고 본다. 고대근동의 관례는 법은 왕으로부터 기인하는 것이며, 그로 인해 법의 배후에는 국가의 신적 권위가 작용하고 있고, 이와 같은 현상은 제의의 경우에도 유사성이 있다는 것이다. 그러나 이스라엘의 법제정은 전혀 다른 길을 걸어가는데 시내산은 시간적으로나 공간적으로 국가의 권력이 미치지 못하는 유토피아적, 지리적인 장소라는 점을 부각시킨다. 하나님께서 제정한 법과 이 산의 결합은 이스라엘 국가의 재난 때문에 더욱 가속화되기는 하였지만 그럼에도 시내산은 어느 한 국가의 권력과 결부되지 않았다는 점은 특별하다는 것을 인정한다. 그리고 시내산은 단순히 전통과 관습이 만들어진 터전이 아닌 진정한 법의 중심으로 여겨지고 오히려 시내산을 권력의 도구로 삼으려는 모든 인간적인 술수들을 무력화 시켰다는 점을 강조한다.[177] 이렇게 되는 중요한 요인들이 분명히 있을 것이다. 크뤼제만은 그 동인들을 다음과 같이 나열한다.

가장 중요한 첫 번째 동인으로서의 북이스라엘의 멸망, 그에 대한 반응으로서의 신명기적 운동, 포로기의 신학적 도전 그리고 끝으로 페르샤 제국의 신격화 가능성 등, 이것들이 토라가 시나이에 이르는 단계들의 배경을 이루는 기본적인 역사적 상황들이다. 군주의 법과 군주의 제의에 대한 대안으로 한 장소가 창출되었다. 이 하나님에 의한 구원 바로 그것이 언제나 거기로부터 오는 그 자리로 제의와 법이 옮겨짐으로써, 토라 자체가 결정적으로 중요한 구원의 형상이 되었다. 수많은 민족들에게는 멸망을 뜻했던 강대국에의 예속에도 불구하고 매우 실제적인 이스라엘의 생존은 어떤 권력으로부터 도 벗어나고, 그렇기 때문에 어떤 권력보다도 상위에 있는 장소 곧 허구적인 과거의 허구적인 한 장소와 결합되었다.[178]

이처럼 크뤼제만은 시내산이라는 장소를 고대 이스라엘 특히 북 이스라엘의 포로와 그로 인한 유다의 반성 그리고 포로기와 그 이후의 상 황이 하나님의 법으로 돌아가야 한다는 당위성으로 인한 신학적인 발명 으로 치부한다는 점은 과한 발상이라 할 수 있다. 그럼에도 그 산이 안고 있는 신학적인 중요성에 대해서는 잘 말하고 있다. 시내산은 국가에도, 왕권에도, 그리고 그 어떤 제국에도 예속되지 않는 신성한 권능을 표출시 키고 있다. 국가나 왕권에 의해 법이 탄생된 것이 아니라 이스라엘이라는 나라가 그 곳에서 그 지고의 법으로 인해 탄생되었다는 것은 토라의 법은 이 땅의 모든 권위 위에 있다는 점을 피력하기에 충분하다. 그러므로 이 스라엘은 그 어떤 장소를 지나 왔든지 관계없이 그 중에 한 장소는 반드 시 시내산이어야만 한다. 가나안 정착 시대에도, 왕조시대에도, 포로기 와 그 이후의 페르시아 시대에도 언제나 유효한 권위가 되어야 하는 것이 다. 포로기와 페르시아 시대를 거치며 오경이 현재와 같은 형태가 되었다 는 것은 인정할 수 있지만 그 점이 그 때가서야 시내산이 비로소 창조되 었다는 것을 뜻하는 것은 결코 아니라는 점이다. 페르시아 시대에 이방의 왕권에의 예속이 아니라 하나님의 법으로의 전향이 필요했듯이 이미 그 전인 출애굽 때 애굽의 문화와 풍습과 규례로부터 벗어나 하나님의 법으 로의 새 출발이 필요했던 것이 먼저요 원조인 것이다. 그러므로 시내산은 가장 먼저 출애굽 전통과 맞닿아 있는 것이다.

그렇지만 그 산이 반드시 가시적일 필요는 없다는 점에서 성경이 그 장소의 정확한 위치를 의도적으로 흐리고 있는지도 모른다. 만약 이스라엘의 정신적인 기원이 이루어진 장소가 이스라엘의 궤도 안에서 정확하게 주어진다면 그 때 이스라엘 예배에 어떤 일이 벌어질 것인가는 불을 보듯 뻔하다. 인간의 종교심은 늘 보이는 것을 따라가는 성향이 있기 때문이다. 출애굽기에서 시내산은 이스라엘이 머물러 있어야 할 장소가 아니라 그들이 반드시 거쳐 가야 할 장소이다. 그리고 그 산에 임하셨던 하나님 또한 거기에 머물지 않으시고, 이스라엘과 함께 여행을 시작하셨다는 점에서 시내산은 기억 속에서는 반드시 남아 있어야 하지만, 가시적인 면에서 존재할 필요는 없다. 왜냐하면 시내산의 정신이 성막으로 옮겨져 이스라엘과 함께 하기 때문이다.

(2) 이스라엘 법의 특징

하나님께서 주신 이스라엘 법의 특징이 무엇일까? 물론 세계 다른 나라들의 법들과의 비교를 통한 차이점을 질문하는 것이다. 이스라엘 법조항의 특징은 세세한 법률조항들이 결코 이야기와 분리되지 않는다는 사실이다.[179] 이야기의 중간 중간에 법조문이 끼어져 있는 형태가 아니라 이야기와 법조문들이 분리할 수 없게 유기적으로 결합되어 있다는 것이다. 즉, 이야기와 법조항이 일체가 되어서 온전한 완성을 이룬다는 사실이다. 이것은 세계의 그 어느 곳에서도 유례를 찾아볼 수 없는 이스라엘 고유의 특징이다. 위에서 예를 든 고대의 다른 나라들이 법조문만을 담고 있는 법률집을 가지고 있는 것에 비해 고대 이스라엘은 이야기와 독립된 법전이 존재하지 않는다는 것이다. 출애굽기의 법은 다음의 구조에서 보여주듯이 이야기와 결코 분리되지 않는다. [180)

출 1-11장	12-13 장	14-19 장	20:1- 17	20: 18-21	20:22- 23:33	24: 1-18	25:1- 31:18	32:1- 34:35	35:1- 40:38
이야기	법 유월절 무교절 초태생	이야기	법 십계명	이야기	법 계약법전	이야기	성막법 성막 건축지시	이야기	성막법 성막 건축실행

이러한 다양한 이야기와 율법의 상관관계를 통해 한 가지 질문에 대답해야 한다. 이야기와 율법의 이러한 조합은 무엇을 의미하는 것일까? 그 질문은 또 다른 방향에서 이야기가 율법을 위해 헌신하는가, 아니면 율법이 이야기를 위해서 헌신하는가라는 질문으로 축소될 수 있다. 그대답은 이 두 가지 요소가 주종이나 종속관계라기보다는 상호보완의 관계로 풀어야 할 필요가 있다. 그 구체적인 예로 율법과 이야기의 문학적인 결합이 갖는 신학적인 의미에 대해서 열 가지 정도로 고찰한 프레다임의 견해를 살펴보는 것이 도움이 될 것이다. [181)

	열 가지 의미	설 명
1	율법과 이야기의 주체는 모두 하나님이시다.	이야기는 율법의 배후에 계시는 하나님을 보다 완전하게 이해할 수 있게 하며, 율법은 하나님의 말씀의 핵심을 보여주고, 이야기 속에 묘사된 하나님의 모습을 더욱 분명하게 드러낸다.

2	율법은 이야기와 결합되어 하나님의 은총의 선물임을 분명하게 드러낸다.	이야기를 통해서 율법이 인격적이고 은혜로우신 하나님의 뜻에 기초하고 있음을 알 수 있다. 이야기는 율법이 근본적으로 선물이지 짐이 아니라는 점을 보여 주는데 도움을 준다. 이를 통해 이야기도, 율법도 항상 이스라엘 백성을 복되게 하는 것을 최고의 목표로 삼는다는 공통점이 드러난다.
3	이야기는 율법 전체가 갖고 있는 인격적인 측면을 잘 간직하고 있다.	이야기와 멀어지면 율법은 비인격적인 것, 특히 율법주의로 전락될 수 있다. 그러나 이야기는 율법을 주신 분이신 하나님과 그의 백성 사이의 생생하고도 역동적인 관계를 드러내며 하나님의 율법의 인격적이고 상호관계적인 특징을 증거한다.
4	이야기와 율법의 결합은 하나님의 행동과 인간의 응답이 서로 밀접하게 관련되게 만든다.	이야기는 하나님께서 이스라엘을 위하여 행하신 위대하신 일들을 전해준다. 율법은 사람들이 하나님께서 그들을 위해 행하신 것들에 응답하는 하나의 방식이 된다. 하나님은 이야기를 통해 사람들을 구속으로 이끄시고, 율법은 사람 편에서의 역할 수행인 것이다. 세상을 하나님께서 의도하신 세상으로 바꾸는 것은 하나님의 구원행동(이야기)과 인간의 순종(율법행함)이 하나 된 시너지즘(synergism; 신인협동설)[182]으로 가능하다는 것이다.
5	율법과 이야기의 결합은 창조신학이 출애굽기의 중심 주제임을 보여준다.	이야기 속에는 하나님의 놀라운 창조를 통해 이루어지는 하나님 보시기에 좋았더라는 우주적인 질서가 나타난다. 그 우주적인 질서는 우리가 살아가는 사회의 질서로 전이되어야 하는데 율법이 바로 그것을 이루는 수단이라는 것이다. 출애굽기의 중심에 위치한 율법은 이처럼 하늘에서 이루신 창조질서를 이 땅에서도 이루어지게 하는 길이다.
6	이야기 속의 하나님의 행동방식은 율법을 통해 이스라엘의 삶에 드러나야 한다.	율법은 이야기 속에 묘사된 하나님의 행동에 대한 주석이라 할 수 있다. 이야기 속에서 하나님은 이스라엘을 향한 사랑과 자비로 구원해 주셨다. 이스라엘도 이와 동일하게 곤경에 처한 사람들에게 사랑과 자비를 보여주어야 한다(출 23:9). 그러므로 율법의 주요 내용은 항상 이야기 속에 나타난 하나님의 행동에 맞추어 이해되어야 한다.

7	율법에 대한 순종의 동기는 이야기 속에 잘 설명되어 있다.	율법에 대한 순종은 추상적인 명령이 아니라, 역사적인 경험에서 비롯된 것이다. "나는 너희를 애굽 땅 종 되었던 집에서 구원하여낸 너의 하나님 여호와라"는 하나님의 자기 소개방식은 이스라엘도 율법을 통해 자비롭고 정의로운 방식으로 연약한 자들을 위한 삶을 살아야 함을 강조하는 것이다(출 22:21, 23:9).
8	율법이 이야기의 한 부분이 된다는 것은 그것이 인간 삶으로부터 분리나 단절되는 것이 아님을 의미한다.	율법이 사람들을 신앙공동체의 구성원이 되게 하는 수단이 아니라, 이미 구속함을 받은 사람들에게 주어지는 것이란 점에서 율법을 떠난 삶은 상상할 수 없다. 즉 구원받은 자의 삶은 율법을 벗어나는 순간 의미를 상실하는 것이다. 그러므로 율법은 하나님의 구원이라는 이야기를 가진 사람들에게 가능한 한 최선의 삶을 목표로 주어진 것이 되는 것이다.
9	율법과 이야기의 결합은 율법에 대한 순종이 하나님의 행하심에 대한 또 다른 형태의 증거(witness)가 되는 것이다.	이스라엘은 감사의 노래를 부를 뿐만 아니라, 율법에 대한 순종을 통해서도 하나님과 그 하나님의 놀라운 행적들을 사람들에게 널리 드러낼 수 있다. 이처럼 이야기를 반복하고, 율법에 순종하는 것은 하나님과 그 분의 구원행동에 대한 서로 다르지만 연관된 증거방식이 된다.
10	율법과 이야기, 이 두 장르는 오랜 전승과정을 거치면서 토라(תּוֹרָה 가르침)라는 하나의 통일체가 되었다.	토라, 즉 오경은 율법과 이야기로 이루어진 가르침(토라의 뜻)이 되었다. 이렇듯 두 형태의 결합으로 이루어진 가르침은 신앙적인 삶의 형성에 관해 매우 기본적인 어떤 것을 말한다. 이 가르침은 이스라엘의 민족 정체성을 형성하는 역할을 하며, 하나님을 믿는 사람이 어떤 종류의 사람이며, 어떤 삶의 형태를 취하여야 하는 가를 제시해준다.

고대 근동의 법들이 함무라비 법전에서 드러나듯이 지켜야 할 법전만 제시하고 있다는 점은 익히 잘 알려져 있는 사실이다. 그 법전들에는 이야기가 없다. 이야기가 없다는 것은 그들의 신들이 행해준 구원사

가 없다는 것과 같은 것이다. 하지만 이스라엘 백성에게 주신 하나님의 법은 결코 독립적이지 않다. 이야기가 앞서며, 그 이야기는 모두 하나님께서 행해주신 구원사와 놀라운 행적들을 전하는 것이다. 법은 다름 아닌 그 놀라운 은혜를 체험한 사람들에게 주신 삶의 길인 것이다. 그런 점에서 법은 결코 버거운 짐이 아니라, 구원 받은 행복한 삶을 지키고, 확장하는 길인 것이다: "내가 오늘 네 행복을 위하여 네게 명하는 여호와의 명령과 규례를 지킬 것이 아니냐"(신 10:13). 그러기에 기쁨으로 그 법을 행할 수 있는 것이다.

　　이와는 반대로 바로의 법이 이스라엘에게 고역의 노동이 되고 무거운 짐이 될 수밖에 없었던 것은 바로는 이스라엘과 어떤 은혜의 이야기도 만든 적이 없기 때문이다. 바로의 자비와 긍휼을 느낄 수 있는 이야기가 없고, 오직 이스라엘이 겪은 것은 바로의 억압적이고, 폭군적인 명령밖에는 없기에 그의 법은 비인격적인 고통만 창출할 뿐이다. 그러므로 이야기와 법은 동일한 성품의 연결인 것이다. 자비로 구원하신 하나님의 법은 곧 그 자비의 실현을 의미한다. 그러나 억압의 이야기 밖에 없는 바로의 법은 곧 억압이 가중된 고통의 짐만 되는 것은 당연하다. 하나님의 법은 지키면 지킬수록 모두가 행복한 세상을 만들어 간다면, 바로의 법은 지키면 지킬수록 고통의 신음소리만 더욱 높아져 간다는 것이다. 그러므로 하나님의 법은 기쁨과 자발성으로 지키게 되지만, 바로의 법은 아무리 강력한 힘으로 강제화 할지라도 해방과 탈출만을 간절히 고대할 뿐이다.

　　이와 같이 하나님께서 주신 시내산의 법이 이 세상에 유례가 없는 이야기와 법이 조합된 것이란 점은 결국 이 세상에 어떤 부족도, 민족도, 제국도 이루어 내지 못한 나라를 세우시려는 하나님의 소망의 표출인 것이다. 하나님께서는 이야기에 바탕을 둔 율법준행을 통해서만 하나님께서 꿈꾸시는 모두가 복되고, 행복한 기쁨으로 가득 찬 세상이 가능해질 수 있다는 것을 아신다(신 5:33; 6:24; 10:12-13; 12:12, 18; 14:28-29; 16:11, 13-15; 26:11). 하나님의 구원행동이 들어가 있는 이야기는 하나님께서 꿈꾸는 세상을 위한 출발선이 되며 힘을 제공하는 것이라면, 인간의 역할이 들어 있는 율법은 인간을 그 출발선에 세워 달려갈 방향을 부여하는 것이라 할 수 있다.

(3) 십계명 이해[183]

성경에서 '법'이나 '율법' 하게 되면 사람들이 가장 많이 떠올리는 것이 바로 십계명이다. 이는 십계명이 율법의 대표적인 위치를 점하고 있다는 것을 반증하는 것이라 하겠다. 이점은 이스라엘의 전통에서도 동일하다는 것을 느껴볼 수 있다. 법 중에서 하나님께서 이스라엘 민족에게 친히 손가락으로 돌판에 새겨서 주신 법은 십계명이 유일무이하다: "여호와께서 시내산 위에서 모세에게 이르시기를 마치신 때에 증거판 둘을 모세에게 주시니 이는 돌판이요 하나님이 친히 쓰신 것이더라"(출 31:18). 한글로 '친히'라고 번역된 히브리어는 '베에쯔바'(בְּאֶצְבַּע)로 '에쯔바'(אֶצְבַּע)가 손가락이란 뜻이며, '베'(בְּ)는 전치사로 도구와 수단의 뜻으로 번역해야 하기에 '손가락으로'라고 하는 것이 본래의 뜻이 된다. 동일한 내용을 회상하는 신명기는 '친히'를 '손으로'라고 번역하고 있다(신 9:10). 통일성 있게 모두 '손가락으로'라고 동일하게 번역해 주어야 하는 것이다. 여기서 번역의 잘잘못을 따지려는 것이 목적이 아니라, '손가락으로'라는 방식에 대한 강조점이 무엇인가라는 것이다. 하나님께서 손가락으로 직접 써 주신 법이다. 열 가지 재앙 사건에서 티끌이 이가 되는 재앙을 경험한 후에 애굽의 요술사들이 흉내 낼 수 없게 되자 "이는 하나님의 권능(אֶצְבַּע 에쯔바/손가락)이니이다"(출 8:19)라는 선포를 한다. 그리고 재앙들의 연속은 또한 하나님의 손이 행하는 것이라고 한다(출 7:5; 9:15). 이를 통해 짐작해 볼 수 있듯이 손이나 손가락이 권능 혹은 능력을 의미한다는 점에서 십계명은 하나님의 권능의 또 다른 표현이라 할 수 있다. 하나님의 손가락이 애굽을 뒤집듯이, 손가락으로 쓰신 말씀 또한 살아 있고 활력이 있어 능히 이스라엘의 삶을 뒤집을 수 있다(히 4:12). 말씀으로만 하셔도 충분함에도 권능의 손가락으로 돌에 새겨 주셨다. 이는 곧 이와 같은 방식으로 이스라엘 백성의 마음판에 하나님께서는 능력의 손가락으로 법을 새기시기를 소망하신다는 것으로 해석해도 무방할 것이다. 그 정도로 십계명은 이스라엘 백성의 삶에 중요한 의미를 가지고 있는 것임을 알 수 있게 한다. 돌판에 새겨주시듯 그 법을 주야로 묵상하며 지켜 행함으로 마음판에 새기느냐 아니냐에 따라 민족의 운명이 달라지게 되는 것이다..

　　　이와 같은 십계명의 의미는 망국으로 가고 있는 이스라엘의 죄를 드러내는 예언자들의 선포 속에 십계명이 농축적으로 요약되어 나타나고 있다는 것을 통해 입증된다. 특히 북이스라엘의 망국 전에 나타난 호세아 선지자와 남유다의 망국 전에 등장한 예레미야 선지자의 선포를 살펴보면 분명하게 알 수 있다.

이스라엘 자손들아 여호와의 말씀을 들으라 여호와께서 이 땅 주민과 논쟁하시나니 이 땅에는 진실도 없고 인애도 없고 하나님을 아는 지식도 없고 오직 저주와 속임과 살인과 도둑질과 간음뿐이요 포악하여 피가 피를 뒤이음이라(호 4:1-2).

너희가 도둑질하며 살인하며 간음하며 거짓 맹세하며 바알에게 분향하며 너희가 알지 못하던 다른 신들을 따라가며(렘 7:9).

북이스라엘이나, 남유다나 결국 망국으로 가는 이유는 동일하다. 그들의 행동 모두는 가장 중요하며, 기초가 되는 십계명을 삶으로 이루어내지 못하고, 그 반대의 길로 갔다는 점이다. 이처럼 삶의 모든 행위들은 십계명으로 모두 해석될 수 있다는 점에서 십계명은 단순한 열 가지를 의미하는 것이 아니라 모든 것이 종합된 판단의 시금석이 되는 열 가지라는 점을 알 수 있다.

'십계명'(עֲשֶׂרֶת הַדְּבָרִים 아세레트 하데바림/열 가지 것, 일, 말씀, 계명 등; 출 34:28), 즉 '열 가지 계명'이라는 단어가 처음으로 등장한 부분은 출애굽기 20장이 아니고 금송아지 사건으로 두 돌 판이 깨진 뒤에 새롭게 주어진 돌 판을 지칭할 때 처음으로 사용되었다(출 34:28). 십계명이 일반적인 표현임에도 불구하고 각 종파마다 십계명을 나누는 방법에는 약간씩 차이가 난다. [184]

	유대인 (탈무드)	가톨릭과 루터교 (어거스틴)	동방교회와 개신교회 (필로)
1	나는 너를 애굽 땅 종 되었던 집에서 인도하여 낸 네 하나님 여호와니라 (출 20:2)	나 외에 다른 신을 두지 말고, 형상을 만들지 말라 (출 20:3-6)	나 외에 다른 신을 두지 말라(출 20:3)
2	나 외에 다른 신을 두지 말고, 형상을 만들지 말라 (출 20:3-6)	여호와의 이름을 망령되어 일컫지 말라(출 20:7)	하나님의 형상을 만들지 말라(출 20:4-6)
3	여호와의 이름을 망령되어 일컫지 말라(출 20:7)	안식일을 구별하여 거룩하게 지키라(출 20:8-11)	여호와의 이름을 망령되어 일컫지 말라(출 20:7)
4	안식일을 구별하여 거룩하게 지키라(출 20:8-11)	부모공경(출 20:12)	안식일을 구별하여 거룩하게 지키라(출 20:8-11)
5	부모공경(출 20:12)	살인하지 말라(출 20:13)	부모공경(출 20:12)
6	살인하지 말라(출 20:13)	간음하지 말라(출 20:14)	살인하지 말라(출 20:13)
7	간음하지 말라(출 20:14)	도둑질 말라(출 20:15)	간음하지 말라(출 20:14)
8	도둑질 말라(출 20:15)	거짓 증거 말라(출 20:16)	도둑질 말라(출 20:15)
9	거짓 증거 말라(출 20:16)	이웃의 아내를 탐내지 말라(출 20:17)	거짓 증거 말라(출 20:16)
10	이웃의 재물 탐내지 말라 (출 20:17)	이웃의 재물을 탐내지 말라 (출 20:17) - 10계명	이웃의 재물 탐내지 말라 (출 20:17)

각 종파별로 강조점의 차이가 십계명의 열 가지 내용을 다르게 분류하게 한다고 할 수 있다. 그럼에도 약간의 문제점들을 제시하고 있음도 알아야 할 필요가 있다. 유대교는 하나님께서 행해주신 일이 모든 법의 출발선이라는 것을 인식하고 있다는 점에서 올바른 선 위에 서 있다

는 것은 분명하다. 그러나 하나님께서 애굽 땅 종 되었던 집에서 구원하신 분이라는 내용은 선포의 내용이라면, 그 다음의 내용들은 명령형으로 되었다는 점에서 구별선이 분명함에도 이를 간과하고 선포이며 전문이라 할 수 있는 애굽 땅에서 구원하신 하나님에 대한 부분을 제 1계명으로 분류하였다는 점에서 아쉬움이 있다.

가톨릭의 분류법은 다른 신과 우상제조 금지를 동일한 제 1계명으로 보고, 열 가지를 맞추기 위해 마지막 계명을 무분별하게 나누고 있다는 점에서 문제점이 드러난다. 출애굽기에서 분명하게 마지막 계명이 "네 이웃의 집을 탐내지 말라"라고 명령이 먼저 나오고 그 다음에 이웃의 집에 포함된 재산의 내용을 서술하고 있다. 그 첫 번째가 이웃의 아내이고 그 다음이 남종, 여종, 소나 나귀 그리고 각종 재산으로 이어진다(출 20:17). 신명기에 가서야 "네 이웃의 아내를 탐내지 말라"가 앞서고 그 다음이 "네 이웃의 집이나 밭이나 남종 여종을 탐내지 말라"(신 5:21)는 내용이 이어진다. 그렇다면 아내와 재물들은 이웃의 집을 탐내지 말라에 공통적으로 포함되는 내용이란 점에서 분리되어서는 안 되는 내용인 것임을 알 수 있다.

이와 같은 방식은 유대교에도 유사한데 다른 신을 두지 말라는 것과 우상제조 금지 규정이 가톨릭의 분류법처럼 한 계명(제2계명)으로 인식된다는 점이다. 그 이유는 이 두 가지는 동일한 것의 상세한 설명이기 때문이라는 것이다. 다른 신이 다양한 우상의 모습으로 드러나고 있는 것이기에 동일한 계명의 부연 설명이라고 본다. 그러나 이 두 계명은 명백하게 구별되어야 한다. 그 이유는 다른 신이라고 할 때 그 신들이 존재한다고 생각하든지, 아니든지 이스라엘의 하나님인 여호와와 별개의 신들이 될 것이다. 이와는 다르게 "너를 위하여 우상을 만들지 말라"는 것은 이 우상에 여호와 하나님에 대한 형상도 포함된다는 점에서 차별성이 있다. 시내산에서 이스라엘이 만든 금송아지는 출애굽의 하나님을 비겨서 만들어낸 우상이라는 점이 이를 증거한다: "아론이 그들의 손에서 금고리를 받아 부어서 조각칼로 새겨 송아지 형상을 만드니 그들이 말하되 이스라엘아 이는 너희를 애굽 땅에서 인도하여 낸 너희의 신이로다 하는지라"(출 32:4). 그러므로 여호와 외에 다른 신들은 이스라엘의 하나님을 제외한 모든 신들을, 우상제조 금지는 여호와의 형상까지도 포함된 것이란 점에서 분명한 차이점이 존재한다. 그리고 한 단계 더 나아가면 "나 외에는 다른 신들을 네게 두지 말라"는 이스라엘과 하나님의 내재적 관계성을 강조하는 것이라면, "너를 위하여 우상을 만들지 말라"는 이스라엘과 하나님의 초월적 관계성을 강조하는 것이라 할 수 있다. "네게 두지 말라"(לֹא יִהְיֶה־לְךָ 로 이흐예-레카)로 번역된 부분에서 "두게 하다"(לְהְיֶה)라는 표현은 주로 결혼 서약에서 사용되는 것으로 배타적이고 독점적인 신실함에 대한 명령인 것이다(신 24:2; 삿 14:20; 삼하 12:10; 호 3:3; 룻 1:13).[185] 호세아서는 특히 하나님과 이스라엘이 실현해야 할 신실한 부부관계에 중요한 실례가 된다: "그에게 이르기를 너는 많은 날 동안 나와 함께 지내고 음행하지 말며 '다른 남자를 따르지 말라'(לֹא תִהְיִי לְאִישׁ 로 티흐이 레이쉬) 나도 네게 그리하리라 하였노라"(호 3:3). 여기서 "따르지 말라"는 "두지 말라"는 것과 동사의 남성과 여성이라는 성의 차이가 있을 뿐 같은 단어들이라는 점에서 부부라는 내재적 관계성에 대한 강조점이 강하게 부각되고 있다는 점을 알 수 있다. 그러나 "우상을 만들지 말되 하늘에 있은 것, 땅에 있는 것, 물 속에 있는 어떤 형상도 만들지 말라"는 것은 하나님은 이 세상에 존재하는 그 어떤 것으로도 완전하게 표현할 수 없는 초월자시라는 점이 강조된다. 어떤 한 형상으로 하나님을 표현하려는 것은 명백한 왜곡이 되고 말 것이며, 아무리 많은 형상을 만들어 다 합한다 해도 눈에 보이는 것으로는 결코 하나님을 온전하게 계시할 수 없다. 그리고 여호와의 형상이 아닌 다른 형상들을 만들어 섬기는 것도 역시 초월적 하나님을 벗어나 삶을 왜곡된 길로 걷게 하는 지름길이 되고 말 것이다.

마지막으로 개신교가 따르는 전통은 출애굽기 20:2절의 "나는 너희를 애굽 땅 종 되었던 집에서 구원하여낸 너의 하나님 여호와라"는 하나님의 은혜에 대한 서술을 십계명 전체의 전문으로 보고, 규정을 지키는 행동의 근거로 삼는다는 점에서 법의 출발을 잘 보여주고 있다고 하겠다. 하나님의 은혜를 누린 사람들만이 법의 가치를 깨닫고, 법속에서 하나님의 성품을 바라보며, 닮아가는 삶을 살아갈 수 있기 때문이다. 그리고 그 뒤를 이어 명령형으로 주어진 내용을 따라서 열 가지를 분류하고 있다는 점에서 가장 이상적인 분류라 할 수 있다.

먼저 십계명의 전문의 의미를 살펴보는 것이 필요하다. 그 속에는 십계명의 정신은 물론이요, 지켜야 할 당위성 그리고 지킬 수 있는 길이 주어지기 때문이다.

하나님이 이 모든 말씀으로 말씀하여 이르시되 나는 너를 애굽 땅 종 되었던 집에서 인도하여 낸 네 하나님 여호와니라(출 20:1-2).

율법의 출발은 한 구절로 요약된 하나님의 행하심에 대한 이야기라는 점은 의미가 깊다. 율법의 출발이 무언가를 "하라"나 "하지 말라"는 명령으로 시작하지 않는다는 것은 율법의 목적이 법조항 자체에 있지 않다는 것을 보여주는 증거이다. 이스라엘에게 처음으로 주신 법조항인 십계명이 규정으로 시작하지 않고, 이야기로 시작하고 있다는 점은 하나님의 법은 하나님의 행하심의 동일한 한 양상임을 증거하고 있는 것이다. 하나님의 은혜로부터 시작하는 율법은 동일한 선물을 뜻하는 것이기 때문이다. 그러므로 율법을 지키는 것은 구원의 수단이 아니라 구원받은 자의 삶을 말하는 것이다. 하나님의 백성이 되게 하는 수단이 아니라, 하나님의 백성이 걸어가야 할 신앙적인 삶을 만드는 데 필요한 가르침의 역할을 수행한다. 애굽 땅 종 되었던 집에서 인도하였다는 것은 하나님은 이스라엘이 종이 되기를 원치 않으신다는 의미가 들어가 있다. 그렇다면 이 법을 주시는 이유는 이스라엘 백성 개개인이 더 이상 종살이로 돌아가지 않게 하기 위한 목적이 들어 있다는 것이다. 이 법을 신실하게 지키며 살아갈 때 어느 누구도 그와 같은 고통스런 삶으로 돌아가지 않을 것이며, 반복하지 않을 수 있다는 것이다. 그런 뜻을 품고 있는 분이 바로 이 법을 주신 하나님이시라는 점 또한 반드시 인식해야 한다. 이처럼 이야기 속에서 하나님을 만난 사람은 법을 행함으로 그 하나님의 뜻을 실현하는 길로 나아가는 것이다. 신명기에서 세세한 법조항들을 다루고 있는 12-26장의 부분에서 특히 실천이 쉽지 않은 부분이 등장할 때마다 십계명의 이 전문이 등장하는 것 또한 우연은 아닐 것이다. 하나님의 이 이야기를 기억해야 아무리 실천이 어려운 법조문이라 할지라도 기꺼이 행할 수 있는 힘이 주어지기 때문이다.

네 동족 히브리 남자나 히브리 여자가 네게 팔렸다 하자 만일 여섯 해 동안 너를 섬겼거든 일곱째 해에 너는 그를 놓아 자유롭게 할 것이요 그를 놓아 자유하게 할 때에는 빈 손으로 가게 하지 말고 네 양 무리 중에서와 타작 마당에서와 포도주 틀에서 그에게 후히 줄지니 곧 네 하나님 여호와께서 네게 복을 주신 대로 그에게 줄지니라 너는 애굽 땅에서 종 되었던 것과 네 하나님 여호와께서 너를 속량하셨음을 기억하라 그것으로 말미암아 내가 오늘 이같이 네게 명령하노라(신 15:12-15).

너는 객이나 고아의 송사를 억울하게 하지 말며 과부의 옷을 전당 잡지 말라 너는 애굽에서 종 되었던 일과 네 하나님 여호와께서 너를 거기서 속량하신 것을 기억하라 이러므로 내가 네게 이 일을 행하라 명령하노라 (신 24:17-18).

네가 밭에서 곡식을 벨 때에 그 한 뭇을 밭에 잊어버렸거든 다시 가서 가져오지 말고 나그네와 고아와 과부를 위하여 남겨두라 그리하면 네 하나님 여호와께서 네 손으로 하는 모든 일에 복을 내리시리라 네가 네 감람나무를 떤 후에 그 가지를 다시 살피지 말고 그 남은 것은 객과 고아와 과부를 위하여 남겨두며 네가 네 포도원의 포도를 딴 후에 그 남은 것을 다시 따지 말고 객과 고아와 과부를 위하여 남겨두라 너는 애굽 땅에서 종 되었던 것을 기억하라 이러므로 내가 네게 이 일을 행하라 명령하노라(신 24:19-22).

이렇게 잊을만하면 한 번씩 하나님의 은혜 체험에 대한 기억을 상기시키는 것이 안전하다. 애굽 땅에서 종 되었을 때에는 아무것도 자신의 것이라 주장할 수 없는 삶이었다. 생명도, 가족도, 시간까지도 모두 주인의 것이었다. 그러한 노예의 삶에서 구원해 주시고, 또한 수많은 누릴 것을 값없이 부여해 주셨다. 그러나 이런 과거의 은혜를 잊어버리면 다른 사람들을 노예화시키고, 객과 고아와 과부를 억압하는 세상을 만들고 말 것이다. 이스라엘은 결코 그러한 세상으로 돌아가서도, 만들어서도 안 된다. 이러한 반복적인 강조점은 과거를 상기시켜 현재를 새롭게 함으로 미래를 기대케 하려는 것이다. 그러므로 하나님의 법은 하나님의 은혜를 체험하지 않은 사람은 결코 그 목적 그대로를 실현할 수 없다는 점 또한 이러한 반복에서 느껴볼 수 있다. 은혜가 없이는 강제가 되고, 한 순간에 율법주의로 전락하여 기쁨이 아닌 무거운 짐이 되어 삶을 피폐하게 만들 것이기 때문이다. 그리고 거기에서 그치지 않고 다른 이를 정죄함으로 공동체 또한 감옥으로 만들어 버리게 된다. 이스라엘은 여호와께서 자비를 베푸신 것처럼 동일하게 자비를 베풀어야 한다. 하나님의 백성은 늘 자신의 삶을 항상 새로운 방식으로 하나님의 뜻에 맞추고자 노력해야 함을 의미한다. 그리고 하나님의 지속적인 은혜로우신 행동은 그와 같은 삶의 비전을 계속해서 공급해 줄 것이다.

이러한 은혜를 체험한 사람 중에서도 특히 십계명은 목표로 두고 있는 계층이 있다. 즉 먼저 듣고 실행해야 하는 사람들인 것이다. 제4계명인 안식일 계명은 "너나 네 아들이나 네 딸이나 네 남종이나 네 여종이나 네 가축이나 네 문안에 머무는 객이라도 아무 일도 하지 말라"고 명하고 있다. 여기서 '너'라고 지칭된 존재는 아들과 딸들이 있고, 남종과 여종 그리고 가축들과 식객들까지 그 집에 머물 수 있는 역량이 있는 존재라는 것을 알 수 있다.[186] 즉 부유하며 권력을 가지고 있는 자들이 먼저 솔선수범하여 계명을 준수해야 한다는 것을 의미한다. 그래야 아랫사람들에게까지 파급효과가 미쳐지며 수월하게 법을 지키는 사회가 될 수 있다는 것이다. 만약 부유층과 권력자들이 안식일을 지키지 않는다면 가난하거나 권위로 그들에게 종속되어 있는 사람들은 안식일을 쉽게 지킬 수 없을 것이다.

그리고 제5계명인 "네 부모를 공경하라"는 계명을 살펴보면 이들이 어떤 세대인지 짐작케 한다. 고대 이스라엘은 보통 3-4대가 어우러져 가정 공동체를 이루고 있다. 핵가족 시대를 살아가는 요즘의 상황에서는 잘 이해가 가지 않는 규모이다. 그 3-4대로 이루어진 가족 공동체 안에서 "네 부모를 공경하라"는 계명은 분명 이미 늙어버린 1세대가 아닌 부모를 모시고 살아가며 가정에서 가장 큰 영향력을 발휘하는 2세대라 할 수 있다. 2세대는 연로한 부모를 모시고, 자녀들과 손주들을 두고 있는 그 집안의 중추적인 역할을 하는 존재들인 것이다. 이처럼 하나님의 법은 가장 영향력이 있는 세대를 향하여 먼저 기득권이 아닌, 섬김을 이룰 것을 명령하고 있는 것이다.

물론 형편이 어떠하든지 어떤 계층의 사람이든지 남녀노소 모두 안식일도, 부모공경도 반드시 이루어야 하는 삶의 법이지만, 먼저 힘 있고 영향력 있는 사람들이 솔선수범하여 지켜 나간다면 사회 전반으로 하나님의 법이 손쉽게 제 역량을 발휘할 수 있을 것이 분명하다. 아래에서의 개혁보다, 위에서의 개혁이 더 사회변화를 신속하게 이룰 수 있다는 점이 이를 뒷받침한다. 그럼에도 최소한 우리는 일정 나이가 되면 남자든 여자든 한 집안의 가장이 된다는 점에서 혹은 혼자 살아갈 때라도 자신을 책임지는 존재가 되어야 한다는 점에서 하나님의 법이 대상으로 하는 '너'는 우리 모두가 되는 것이다. 특히 자신이 영향력을 끼치는 위치에 있는 사람이라면 더욱 더할 것이다. 그러므로 하나님께서 가장 먼저 부여해 주신 십계명은 모든 세대, 모든 사람들을 위한 법이기에 지금도 주의 깊게 배우고 익히며 묵상함으로 삶이 되게 하여야 하는 생명의 법인 것이다.

그리고 십계명이 '너'라는 단수형의 어투를 사용하여 개개인에게 전달하는 형식을 취하고 있기는 하지만 주요 관심사는 결코 개인의 행복에만 머무르지 않고, 공동체의 건강과 공동의 선을 이루는데 초점을 맞추고 있다는 점은 분명하다. 개개인을 너라고 지칭하는 것은 공동체 속에 숨어서 희석되어 버린 개인을 의미하는 것이 아니라, 그 공동체 속에서 자신의 소명을 분명하게 깨닫고 행해야 하는 각 사람의 책임을 부각시키는 의미이다. 그리고 십계명 전체는 하나님의 구원행동에 의해 창조된 백성을 파괴하는 길로 나아가게 하는 행위들을 제어하고, 막아내며, 바꾸어 나감으로 공동체를 바르게 하는 목표를 갖고 있다. 그러므로 "십계명은 세상의 질서를 유지하는 데 기여하며, 무질서의 세력을 억누름으로써 창조세계가 혼돈으로 되돌아가지 못하게 하는 역할을 수행한다." [187)

그러나 무수히 많은 사람들이, 비그리스도인은 물론이요 그리스도인들까지도 율법의 강제력에 부정적인 반응을 보이는 경우가 있다. 수많은 법률규정들은 사람들의 숨을 막히게 하고, 심지어 하나님이 까다로운 분이라는 비판을 하게도 만든다. 하지만 이미 율법과 이야기의 조합을 통해 우리는 많은 부분을 해결한 상태이다. 아무나에게 주신 것이 율법이 아니라, 하나님의 은혜를 깊이 체험하고 하나님을 주로 고백하는 사람들에게 주는 것이란 점에서 잘못된 비평들을 피해갈 수 있다.

[1] 제 1 계명 "너는 나 외에는 다른 신들을 네게 두지 말라"

이 계명이 다신적인 세계관 속에서 살아가는 사람들에게 주어졌다는 점에서 의미가 있다. 세상은 한꺼번에 여러 명의 신을 섬기는 것에 대하여 그리 거부반응을 일으키지 않는다. 이스라엘은 다른 신의 존재를 인정하든 하지 않든 상관없이 오직 여호와만 섬기는 백성이 되어야 한다. 즉 일심으로 하나님에게만 모든 충성을 다 드려야 한다는 것이다. 다른 신들의 위험성은 분명하다. 다른 신들이 설사 인간의 상상에 의해 만들어진 존재일지라도 하나님의 백성이 여호와께 불충성할 수 있도록 만들기에 충분하다는 점이다.

이와 같은 의미를 살펴볼 때 첫째 계명은 분명히 하나님과의 내재적인(immanent) 관계성을 강조하는 계명이라 할 수 있다. 이스라엘은 하나님이라는 남편에 대해 신실함과 정절을 반드시 지켜야 한다. 이는 하나님께서 이스라엘을 그와 같은 사랑으로 이끄셨기에 이스라엘에게도 동일한 독점적인 사랑을 바라시는 것이다. 모든 법의 우선은 하나님과의 깊은 관계가 일 순위라는 것을 알려주고 있는 것이다.

어떤 신이 와서 시험과 이적과 기사와 전쟁과 강한 손과 편 팔과 크게 두려운 일로 한 민족을 다른 민족에게서 인도하여 낸 일이 있느냐 이는

다 너희의 하나님 여호와께서 애굽에서 너희를 위하여 너희의 목전에서 행하신 일이라 이것을 네게 나타내심은 여호와는 하나님이시요 그 외에는 다른 신이 없음을 네게 알게 하려 하심이니라(신 4:34-35).

하나님께서는 이처럼 전심을 다해 이스라엘을 이끄셨고, 이제 이스라엘에게 일편단심의 사랑을 기대하시기에 첫 계명은 이스라엘과 이루고 싶으신 내밀한 관계를 강조하는 것이라 할 수 있다. 이 관계성이 바로 서 있어야 세상 속에서 이루어야 할 법을 바르게 이룰 수 있을 것이기 때문이다.

여호와 하나님 이외에 다른 신들은 분명 여호와와는 다른 성품과 이념을 가진 존재들일 것이다. 물론 그 존재들 모두를 거슬러 올라가면 동일한 한 존재인 악의 실체라 할 수 있는 사탄이 드러날 것이다. 그러기에 다른 성품과 다른 이념을 갖고 있다는 것은 다른 길로 이끌어 갈 것임에 틀림없다. 이스라엘을 구원하신 하나님이 남편이 되시면 이스라엘은 무엇을 통해서든 가장 행복한 공동체를 이룰 수 있다. 그러나 하나님과 다른 성품, 다른 이념을 가졌다는 것은 곧 틀렸다는 것이며, 오류임이 명백하다. 이는 이스라엘이 다른 신들을 따라간다는 것은 곧 구원자 하나님과의 관계가 상실되는 것이며, 결국에는 구원받기 전의 상태로 돌아가 버리고 만다는 것을 의미한다. 그러므로 여호와 하나님의 구원을 체험한 이스라엘에게 가장 중요한 계명이라 할 수 있는 첫 계명은 하나님과의 내재적 관계성을 돈독하게 지킬 수 있는 길이 주어지고 있는 것이다. 이를 통해 하나님의 성품을 닮아가는 것이다.

(2) 제 2 계명 "너를 위하여 새긴 우상을 만들지 말고 또 위로 하늘에 있는 것이나 아래로 땅에 있는 것이나 땅 아래 물 속에 있는 것의 어떤 형상도 만들지 말며 그것들에게 절하지 말며 그것들을 섬기지 말라 나 네 하나님 여호와는 질투하는 하나님인즉 나를 미워하는 자의 죄를 갚되 아버지로부터 아들에게로 삼사 대까지 이르게 하거니와 나를 사랑하고 내 계명을 지키는 자에게는 천 대까지 은혜를 베푸느니라"

"나 외에 다른 신이 있게 하지 말라"는 제1계명과 지금 이 제2계명은 동일한 명령의 다른 표현이라고 생각하는 사람들이 많다. 그러나 이두 계명이 하나님을 향한 일심의 예배를 촉구하는 것에 있어서는 동일할지라도 하나님의 성품에 대한 증거에 있어서만큼은 다른 극을 향하고 있다는 점을 주지해야 한다. 그 다른 극점이 곧 이 두 계명이 서로 독립적인계명들임을 드러내는 요소라 할 수 있다. 제1계명이 이스라엘과 하나님의 관계에서 친밀한 '내재적인 관계성(immanent relationship)'을 강조하는 계명이라면, 제2계명은 이스라엘과 하나님의 근접할 수 없는 '초월적인 관계성(transcendental relationship)'을 증거하고 있는 것이다. 신상금지 규정은 그것이 여호와의 것이든지 아니면 다른 신의 것이든지 상관없이 금지되지만, 이스라엘 주변 문화권에서는 흔히 통용되던 종교적인 관행이다. 이 명령은 경배할 목적으로 형상을 만드는 것을 금하고 있다. 성막과 성전은 지성소 안에 위치한 그룹들과 같은 아주 많은 예술 작품을 담고 있으며, 이를 분명히 허락하고 있다(출 25:18-20).[188] 이처럼 모든 형상이 금지되는 것은 아니지만 하나님의 위치를 찬탈하는 형상에 대해서는 결코 예외가 없다. 이점에서 이스라엘은 고대 근동의 다른 나라들과 철저하게 구별되어야 할 필요가 있다.

도무지 움직이지도 못하고, 듣지도 못하고, 말도 못하며, 느끼거나 생각도 하지 못하는 조각상이 무엇이 두려워서 금지하는가는 조각상들의 형상보다 그 형상이 품고 있는 잘못된 이념이 문제로 작용한다. 움직이지도 못하고 아무 것도 할 수 없는 신상을 숭배한다는 것은 하나님의 본성과 하나님과 세상 사이의 관계에 관한 많은 것을 부정하는 결과를 초래한다. 이는 우상을 만들지 말라는 명령에 덧붙여 특히 하늘에 있는 것, 땅에 있는 것, 물 속에 있는 것의 그 어떤 형상도 만들지 말라고 하는 강조점을 통해 알 수 있다. 이것은 하나님을 피조물로 전락시키는 오류를 범하는 것이다. 금송아지 사건에서 드러났듯이 하나님을 풀 먹는 짐승의 형상으로 만들었다는 것은 명백한 하나님의 성품과 능력에 대한 왜곡을 조장한다.

> 그들이 호렙에서 송아지를 만들고 부어 만든 우상을 경배하여 자기 영광을 풀 먹는 소의 형상으로 바꾸었도다 애굽에서 큰 일을 행하신 그의 구원자 하나님을 그들이 잊었나니 그는 함의 땅에서 기사와 홍해에서 놀랄 만한 일을 행하신 이시로다(시 106:19-22).

물론 민수기에 나타나는 하나님의 힘이 들소와 같다는 표현처럼 이 땅에 존재하는 것이 하나님의 어떤 일면을 비유할 수는 있다: "하나님이 그들을 애굽에서 인도하여 내셨으니 그의 힘이 들소와 같도다"(민 23:22). 그렇다고 하나님이 들소는 아닌 것이다. 들소가 하나님에 대해 어떤 한 부분을 드러낼 수 는 있지만 '들소=하나님'은 결코 성립될 수 없는 것이다. 금송아지 사건의 해결점으로 하나님께서 자신의 성품을 계시하실 때 그 어떤 형상에도 비유하지 않으셨다는 것은 하나님은 이 세상에 존재하는 어떤 것으로도 정의 내릴 수 없는 초월적인 주권자시라는 점을 강조하는 것이라 할 수 있다.

> 여호와께서 그의 앞으로 지나시며 선포하시되 여호와라 여호와라 자비롭고 은혜롭고 노하기를 더디하고 인자와 진실이 많은 하나님이라 인자를 천대까지 베풀며 악과 과실과 죄를 용서하리라 그러나 벌을 면제하지는 아니하고 아버지의 악행을 자손 삼사 대까지 보응하리라(출 34:6-7).

그러나 이 표현도 하나님의 성품을 표현하는 일부에 지나지 않는다. 그러니 이 세상에 어떤 형상이 이러한 하나님의 성품을 완전하게 표현해 낼 수 있을 것인가? 결코 없을 것이다. 이 세상에 존재하는 그 어떤 피조물의 형상도, 혹은 인간이 상상하여 만들어 낸 것일지라도 결코 하나님의 그 성품과 능력을 완전하게 드러낼 수는 없는 것이다. 그러므로 우상은 결코 하나님이 될 수도, 하나님을 표현할 수도 없는 것이며 단지 왜곡된 하나님 상만 제시해줄 뿐이라는 점에서 결코 용인될 수 없는 것이다. 천지를 창조하시고, 역사의 주인 되시는 하나님이 한갓 무용지물인 나무나 돌, 금속 덩어리와 같이 여겨질 것이다. 금송아지만 보아도 금송아지는 부서지고, 갈아져서 흔적도 없이 사라짐에도 그 어떤 음성도 발하지 못한다. 그러한 것이 어찌 역사를 주관하시는 살아계신 하나님을 드러낼 수 있을 것인가(사 44-45장)? 우상을 배격하는 것에는 또한 하나님이 어떤 한 형상으로 고정되어 어떤 특정한 장소에 매여 있을 수 있는 분이 아니시기 때문이다. 피조세계의 모든 부분이 하나님의 것이며 하나님은 이스라엘

뿐만 아니라 열방과 우주를 다스리시는 분이시며, 이 모든 피조물의 예배를 받으시는 분이시다.[190] 그러므로 이스라엘은 결코 여호와 하나님을 비겨서 은으로나 금으로 자신들을 위하여 결코 신상을 만들어서는 안 된다 (출 20:23).

이런 점들을 고려할 때 하나님을 비겨서 형상을 만드는 것 이외에 섬길 우상을 만드는 것도 역시 다른 신들과 마찬가지로 사탄의 도구나 사탄이 지향하는 세계의 입구라 할 수 있다. 사탄은 창조주 하나님과 피조세계 사이의 구별점을 흐리게 만듦으로 피조세계 전체가 하나님께 마땅히 드려야 할 영광을 가로채게 한다. 그 구체적인 한 예가 신격화된 애굽의 바로 왕이다. 살아있는 우상인 것이다. 애굽에는 바로 외에도 수많은 우상들이 존재한다. 그리고 이스라엘은 이러한 우상숭배의 파괴력을 이미 잘 알고 있는 사람들이다. 우상들로 가득한 애굽에서 이들이 겪었던 일들만 기억하여도 우상숭배의 병폐는 분명하게 드러난다. 하나님의 성품과 능력은 온데간데없고 오직 한계 속에 살아가는 굴절된 인간의 욕망이 신격화되어 있는 것이다. 이러한 명백한 오류가 하나님의 열정이라 할 수 있는 질투의 원인이 된다. 생명이 아닌 죽음의 그림자를 던지는 헛된 것들에 대한 하나님의 분노인 것이다. 그럼에도 이들이 시내산에서 우상을 만들었다는 것은 인간이 얼마나 쉽게 우상숭배에 빠질 수 있는가를 단적으로 보여주는 예라 하겠다.

이 세상에 이러한 하나님의 성품과 능력을 완전하게 드러내 주신 살아계신 하나님의 형상은 예수 그리스도 밖에는 없으시다. 예수님이 하나님의 보이지 않는 형상이라고 하는 신약성경의 선포는 그래서 진리이다(골 1:15). 인간의 몸을 입으신 예수님은 참으로 하나님을 가장 잘 드러내 주신 분이시다. 그 외에는 하나님의 성품과 능력을 완전하게 계시한 어떤 존재도 없다. 그러므로 과거로부터 현재까지 인간 스스로가 메시아라 자처하며 하나님 행세를 하는 존재들은 마땅히 파기해야 할 허상일 뿐이다. 그러므로 어떤 형상이든지 우상을 만들지 말라는 것은 하나님의 초월적인 성품과 능력을 인간의 왜곡된 한계 속에 가두어서는 안 된다는 것을 뜻한다. 하나님은 우리를 구원하시며 함께하시고, 동행하시기 위해 우리에게 오신 내재적 하나님이시지만 우리의 모든 한계를 초월하신 전능자 하나님이심을 기억해야 하는 것이다. 이 내재성과 초월성의 균형을 맞추지 못하면 불균형의 극단으로 넘어갈 수 있다. "나 외에 다른 신을 네게 두지 말라"의 내재적인 하나님만 바라보면 인본주의라는 늪에 빠질 수 있고, 어떤 형상으로도 비길 수 없는 초월적인 하나님만 강조하면 신비주의라는 다른 극단에 빠질 수 있다.

　　첫 번째로 주어졌던 다른 신을 두지 말라는 것이나, 두 번째의 우상을 만들지 말라는 것에 대한 분명한 이유에 대해서는 세세한 율법조항을 다루는 언약법전을 설명할 때 더욱 상세하게 주어질 것이다. 그리고 이렇게 내재적이고 초월적인 하나님 상에 대한 건전한 균형을 이룰 때 '여호와의 이름'은 분명한 권위를 가지고 다가오게 될 것이다.

(3) 제 3 계명 "너는 네 하나님 여호와의 이름을 망령되게 부르지 말라 여호와는 그의 이름을 망령되게 부르는 자를 죄 없다 하지 아니하리라"

　　이름은 그 안에 인격이 포함되어 있는 것이다. 이름은 그 이름을 가진 자를 그대로 표현하는 한 방식이다. 출애굽기는 하나님의 이름에 지

대한 관심을 가지고 있다. 그것은 하나님의 백성이 태동하는 시점에서 당연한 귀결이라 여겨진다. 하나님의 백성에게 있어서 가장 중요한 것은 바로 하나님의 정체성이기 때문이다. 하나님의 정체성이 곧 자신들의 정체성을 정의하는 것이기에 출애굽기는 하나님의 자기소개를 비롯하여 천하에 자신의 이름을 알리고자 하시는 갈망을 가지고 계신다(출 3:13-15; 9:16). 하지만 하나님의 이름을 하찮은 표현으로 사용한다면 그의 이름은 그 사용되는 차원으로까지 추락할 것이다. 그 결과 사람들이 하나님의 존엄성이나 그 분의 성품을 올바로 깨닫지 못하는 일이 발생하게 된다. 이것은 결국 선교의 부정적인 차원으로까지 나아가기에 심각성이 있다.

> 일반적으로 사람들은 이 구절이 뜻하는 바를 하나님의 이름, 즉 'God'을 'G-d'라 쓰고 욕설이나 저주의 말에 하나님의 이름을 들먹임으로써 신성을 모독해선 안 된다는 가르침 정도로 이해한다. 하지만 이러한 죄가 살인과 간음, 도둑질, 우상숭배 등을 금하는 십계명에 포함될 만큼 그렇게 심각한 죄인지에 대해서는 의문을 남긴다. 반면 이 구절의 원전은 이기적이거나 사악한 동기를 정당화하기 위해 '하나님'을 이용하지 말아야 한다는 뜻을 담고 있다.[191]

이러한 부정적인 명령은 하나님의 긍정적인 면으로 극복될 수 있는데 그것은 다름 아닌 하나님의 이름을 찬양하는 것이다. 그러므로 하나님의 이름을 잘못 사용하지 말 것을 명하는 계명은 하나님을 찬양하는 길로 나아가면 자연스레 방지될 수 있는 성질의 것이다. 이 점에서 시편은 독보적이다. 많은 시편들이 다양한 면에서의 하나님의 이름을 찬양한다(시 18:49; 20:7; 22:22; 34:3; 45:17; 48:10; 69:30; 86:9; 96:2-3). 다니엘과 세 친구의 이야기는 하나님을 우습게 여기며 조롱하던 정복자인 제국의 왕의 입에서도 여호와 하나님을 향한 찬미를 뽑아내는 삶을 이야기한다. 이처럼 금지 명령은 그 반대되는 믿음의 행동을 통하여 더욱 긍정적인 효과를 얻을 수 있다.

처음 세 계명들인 다른 신을 두지 않고, 우상을 만들지 않으며, 여호와의 이름을 망령되이 일컫지 않는 삶을 살아간다면 자연스레 다음의 과정으로 나아갈 수 있다. 그것은 다름 아닌 안식을 누리는 삶이다.

(4) 제 4 계명 "안식일을 기억하여 거룩하게 지키라 엿새 동안은 힘써 네 모든 일을 행할 것이나 일곱째 날은 네 하나님 여호와의 안식일인즉 너나 네 아들이나 네 딸이나 네 남종이나 네 여종이나 네 가축이나 네 문안에 머무는 객이라도 아무 일도 하지 말라 이는 엿새 동안에 나 여호와가 하늘과 땅과 바다와 그 가운데 모든 것을 만들고 일곱째 날에 쉬었음이라 그러므로 나 여호와가 안식일을 복되게 하여 그 날을 거룩하게 하였느니라"

일주일의 한 날을 구별한다는 것은 '공간의 성소'에 버금가는 '시간의 성소'를 만드는 것이란 점에서 중요하다. 사람들은 주어진 모든 시간이 자신의 소유인 것처럼 행동할 때가 많다. 그러나 그것은 시간의 주인이신 하나님을 무시하는 행동이며 또한 삶의 의미를 짓밟는 태도이다.

하나님의 안식은 창조질서 안에 일/휴식의 리듬을 집어넣으신 하나님의 행동에 해당된다. 창조세계는 모든 사람들이 그러한 리듬을 존중할 때에만 비로소 하나님께서 의도하신 본래의 모습을 간직할 수 있다.[192]

안식일을 거룩하게 구별하여 지킨다는 것은 하나님의 창조질서에 맞춘 매일의 삶을 산다는 것을 의미한다. 칠일 째 안식일만 따로 존재하는 달력은 없다. 일상의 6일이 지나야 칠일 째의 안식일이 오듯이 6일의 삶이 무너진 안식일 준수는 존재할 수 없다는 것이다. 그러므로 안식일을 잘 지킨다는 것은 6일의 삶에서 온전한 하나님의 뜻과 질서가 이루어졌다는 것을 의미하는 것이다. 이러한 삶의 리듬이 결국 하나님께서 의도하신 세상을 선도하는 길을 활짝 열 것을 기대해 볼 수 있다.

오경에서 지켜야 할 절기에 관하여 전체적으로 말하고 있는 부분인 레위기는 안식일을 그 출발선으로 갖는다(레 23-25장; 참조, 민 28-29장). 안식일은 6일 동안 하던 일들을 단순히 멈추는 차원이 아니다. 만약에 단순히 일을 멈추고 휴식을 취하는 것이 주요한 목적이었다면 서로서로 겹치지 않게 날들을 정해서 쉬면되는 것이다. 자녀들은 월요일, 종들은 화요일, 짐승들은 수요일 그리고 객들은 목요일을 안식하는 날로 정하여 교대로 쉬면 집안일은 일대로 돌아가며 휴식이라는 목적 또한 달성할 수 있을 것이다. 이스라엘 백성 전체가 공동으로 지키는 안식일은 그 차원을 넘어선다는 것을 인식해야 할 필요가 있다. 이에 대한 해밀턴의 언급은 참고할 만하다.

하지만 안식일 준수의 주요한 목적과 동기는 이 날을 쉼으로써 이스라엘 백성들이 창조의 일을 하신 후에 이 날에 쉬신 여호와를 그들의 모델로 취하는 것이다(창 2:2-3). 그러므로 이 명령은 "내가 말한 대로 하라"만이 아니라 "내가 한 대로 하라"이다.[193]

그러므로 안식일 준수는 일만 멈춘다는 차원이 아니라 오직 모든 주권을 하나님께 돌리는 진정한 예배이며 또한 그 예배를 삶으로 이루겠다는 결단의 서약까지 내포되어 있는 것이다. 이것은 창세기의 천지창조의 이념 속에 그대로 드러난다.

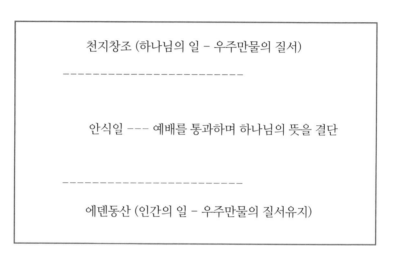

천지창조를 통해 하나님께서 만들어 주신 세상의 질서를 이 땅에서 맡아, 유지하며, 확장시키는 사명이 인간에게 주어져 있다. 그것을 실행할 작은 공간이 바로 에덴동산이었다. 에덴동산은 하나님의 손에서 완성된 것이면서 또한 인간에 의해 최종적인 완성을 향한 확장이 필요하다. 이처럼 안식일을 통과하며 창조의 역사 속에서 나타난 하나님께서 행하신 모든 일들을 배우고, 묵상하고, 깨달아 삶의 실천으로 연결되게 하겠다는 결단이 일어나는 것이다.

하나님께서는 창세기의 지극히 추상적인 안식일의 개념을 출애굽기에서 만나를 통해서 구체적이며 실천적인 모습으로 알려주신다. 하나님의 천지창조의 질서와 안식일은 직결되어 안식일 예배를 통과하며 인간은 자신의 소명이 무엇인지를 배우게 된다. 이것은 하나님께서 만드신 우주의 질서를 이 땅 위에서 인간이 이루어 내는 것이다. 안식일은 하나님의 역사를 회상하고, 기억하고, 찬양하며, 그 사명을 이어받는 소명 결단의 시간이다. 만나를 통한 진정한 안식일의 훈련은 6일 동안의 삶 가운데 하나님의 정의와 공의가 실현되지 못한다면 결코 안식일을 바르게 지킬 수 없음을 볼 수 있다. "많이 거둔 자도 남음이 없고, 적게 거둔 자도 모자람이 없는 세상"을 하나님의 백성은 6일 동안에 이루어야 한다. 그렇지 않으면 어떻게 모두가 안식을 누리는 날을 만들 수 있을 것이며, 하나님의 창조질서를 찬양하는 한 날을 만들 수 있을 것인가! 만나의 이야기는 안식일을 지키기 위한 6일의 삶을 강조한다. 각자가 먹을 만큼만 욕심내지 않고, 서로가 서로를 돌봐주는 평등의 세상을 만들 것을 말한다. 그러할 때 안식일에 부유한 자나, 가난한 자나, 종이나, 자유인이나, 심지어는 집안의 짐승들까지도 쉼을 얻는 평등과 평화의 순간이 회복되는 것이다. 이렇게 6일의 정의와 공의가 안식일을 공동체 모두가 지킬 수 있게 하는 길을 연다. 그러므로 안식일을 거룩하게 구별하여 지킨다는 것은 삶의 최소 단위인 일주일을 하나님께 성별하는 것과 같은 것이다.

안식일이 십계명에서 위치한 장소만 살펴보아도 그 중요성이 입증된다. 다른 신을 섬기고, 우상숭배와 하나님의 이름을 망령되이 일컫는 것은 하나님께서 이루신 창조질서의 멸시를 의미한다. 그런 경우에는 결코 안식일 준수는 있을 수 없다. 안식일 준수가 없다는 것은 결국 그 다음에 벌어져야 할 올바른 길들이 차단되는 것임을 상기할 필요가 있다.

	십계명(출 20:1-17; 신 5:6-21)	사명의길
하나님께서 행하신 일을 기억할 때	나는 너를 애굽 땅 종 되었던 집에서 인도하여 낸 네 하나님 여호와니라 1. 나 외에 다른 신을 두지 말라 2. 새긴 우상을 만들지 말라 3. 여호와의 이름을 망령되게 부르지 말라 (이 명령들이 무너질 때 하나님과 하나님께서 행하신 일들은 인간의 삶 속에서 사라져 버린다)	말씀하신 대로 그대로 이루어질 때 ↓
안식일 예배로 향하고	4. 안식일을 기억하여 거룩히 지키라	안식일 예배 통해서
인간이 행할 일로 나아간다	5. 네 부모를 공경하라 6. 살인하지 말라 7. 간음하지 말라 8. 도둑질 하지 말라 9. 거짓 증거 하지 말라 10. 네 이웃의 소유를 탐내지 말라	↓ 말씀대로 행함으로 하나님이 보시기에 심히 좋은 세상 이루기

호세아 4:1-3절은 그러한 상황을 정확하게 보여주고 있다. 하나님을 아는 지식이 상실되며, 오직 저주, 속임, 살인, 도둑질, 간음, 포악이 만연한다. 이 사이에 안식일을 지키는 예배는 생각조차 할 수 없다는 점에서 안식일 자체가 사라져버린다. 결국 안식일에 일어나는 창조질서에 대한 계속적인 사명의 결단과 소명고백이 없이는 십계명의 다섯 번째부터 열 번째의 사회정의는 이룰 수조차 없는 것이 되어 버리고 만다.

신명기의 십계명 규정에서 안식일 계명은 어떤 의미에서 하나님과의 관계성을 규정할 뿐만 아니라, 동시에 인간적 영역의 책임들을 취급하고 있다는 점에서 하나님 관련 계명으로부터 이웃 관련 계명으로 건너가는 교량이며 십계명의 중심이다.[194]

안식일은 하나님께서 행하신 일을 기억하고 묵상하는 날이다. 이것은 6일 동안 밤낮으로 주의 행하심을 기념하는 것을 통해 가능해진다. 그리고 하나님의 창조질서는 단순히 창조하셨다는 의미가 아니라 세상의 혼돈과 악의 세력을 몰아내셨다는 점에서, 우리에게는 세상의 악과의 씨름이 시작되며 결국 악인이 무너지고, 의인이 흥왕하는 세상을 만들어 가는 것이다.

이것은 지금 주일에 이루어져야 할 것과 동일하다. 주일은 예수님께서 악의 세력을 이기시고 부활하신 날이다. 즉, 죄악의 굴레인 죽음을 이기신 날이다. 우리는 주일에 주님께서 우리를 위해 이루신 것을 기억하고 묵상하며, 이 땅에서 죄악의 모양까지도 제거하는 삶을 통해 주어진 6일 동안의 삶 가운데 예수 그리스도께서 이루신 부활의 승리를 심어 가는 것이다.

십계명은 출애굽기에도 신명기에도 제시된다. 그 안에 안식일을 지켜야만 하는 이유는 다르게 제시된다. 출애굽기는 하나님의 창조와 직결되고(출 20:8-11), 신명기는 하나님의 구원과 직결된다(신 5:12-15). 그렇다면 창조와 구원은 결코 다른 사건이 아님을 알 수 있다. 세상을 창조하신 것은 세상의 무질서로부터 구해내신 사건이 되는 것이다. 이를 통해 창조와 구원은 하나가 되며, 예수 그리스도의 십자가의 구원사건은 결국 우리에게는 구원과 더불어 새로운 창조가 이루어진 것임을 알 수 있다. 이것은 바울의 선포인 "그리스도 안에 있으면 새로운 피조물이라 보라 새 것이 되었도다"(고후 5:17)라는 고백 속에서도 알 수 있다.

안식일의 올바른 의미에 대한 가르침은 예수님의 사역에서 두 드러지게 드러나고 있는 점이기도 하다. 완고하고 완악한 마음에서 나온 안식일 준수에 대한 율법주의에 대해 예수님께서는 "안식일에 선을 행하는 것과 악을 행하는 것, 생명을 구하는 것과 죽이는 것, 어느 것이 옳으냐"(막 3:4)는 질문을 통해 본래의 의미를 벗어난 잘못된 규정주의를 버려야 할 것을 강조하고 계신다. 이것은 "모세의 율법을 폐하지 않기 위해서 안식일에도 할례를 행하는 일이 있는데 하물며 (안식일에) 사람의 전신을 건전케 한 것을 정죄하느냐"(요 7:23)는 예수님의 일침 속에서도 잘 드러난다. 이를 통해 그 당시의 지배층의 편의주의적인 안식일 적용을 살펴볼 수 있다. 그리고 이와 같은 안식일에 대한 율법적인 편협한 태도에 대해 예수님께서는 38년 동안 병으로 누워있는 병자를 고치신후 "내 아버지께서 이제까지 일하시니 나도 일한다"(요 5:17)라는 말씀을 통해 선행과 긍휼을 베푸는 일은 안식일에도 끊임없이 행해져야 할 것을 강조하고 계신다. 그러므로 안식일의 올바른 적용은 단지 일을 하지 않는다는 수동적인 의미의 법이 아닌 하나님의 일을 적극적인 순종으로 행하는 능동적인 참여라 하겠다.

(5) 제 5 계명 "네 부모를 공경하라"

흥미롭게도 부모를 공경하라는 계명은 사람과 사람 사이에 지켜야 할 계명에서 맨 첫 계명이 된다. 부모 공경에 대한 계명은 이처럼 하나님 사랑과 이웃 사랑을 연결하는 징검다리 역할을 맡고 있다는 점에서 그 중요성을 인식해야 할 필요가 있다. 사람은 부모뿐만 아니라 모든 사람을 존중하고 사랑하는 삶을 살아야 한다. 그런데 여기서 모든 사람을 존중하라는 계명이 아닌 부모 공경이 주어지고 있다는 것은 단순히 어른을 공경해야 한다는 차원을 넘어설 것을 짐작케 한다. 특히 이스라엘은 하나님의 장자이고, 하나님을 부모로 인식하는 신앙관을 가지고 있다는 점에서 살펴보아야 할 것이다. 고대 이스라엘의 신앙 교육이 특별한 교사들에 의해서 이루어지기 보다는 가정에서 가장이 된 부모로부터 전이되어 진다는 점에서 부모의 권위는 소중한 것이다(출 13:8, 14-16). 그 권위가 무너질 때 신앙교육 자체도 무너지기 십상이기 때문이다. 그러므로 "네 부모를 공경하라"는 첫째 의미는 가정의 권위에 관한 문제이며, 또한 하나님의 권위에 관한 문제까지도 내포하고 있는 것이다. 웬함(G. Wenham)은 이에 대해 적절하게 설명하고 있다.

> 이는 부모 공경이 이스라엘과 같은 전통사회에서 인간의 가장 기본적인 의무이기 때문이 아니라, 자녀들을 향한 부모의 역할과 권위는 인간을 향한 하나님의 권위와 역할을 반향하고 있기 때문이다. 하나님께서 인류를 지으시고 그것을 계속해서 유지해 나가시듯이, 부모 역시 아이들을 낳고 양육하고 있다. 이 두 상황에서 모두 인간은 한편으로는 하늘의 하나님을 공경하고 다른 한편으로는 땅의 부모를 공경함으로써 보답해야 한다.[195]

눈에 보이는 부모를 공경한다는 것은 가정의 질서가 바르게 서 있다는 것을 의미하며, 하나님을 향한 경외 또한 쉽게 이루어 나갈 수 있는 길이 되는 것이다. 그러므로 이 계명 속에는 부모들의 책임 또한 들어가 있다는 것을 느끼게 한다. 삼, 사대가 함께 생활하는 대가족 제도에서 가장이 제 역할을 해내지 못한다면 하나님의 권위까지도 망가뜨릴 수 있다는 경각심을 가져야 하는 것이다. 현대 사회는 이러한 파괴의 절정을 달려가고 있다고 해도 과언이 아니다. 부모들이 제 역할을 해 내지 못하여 파괴되고 무너진 가정들이 과반수에 이른다. 특히나 핵가족화 된 상황에서 부모의 삶이 추락하면 그 삶을 보완해줄 존재 자체가 없다는 점에서 대가족제도보다 취약성에 노출되어 있는 것이다. 부모세대가 무작정의 공경을 강요해서는 결코 하나님께서 뜻하신 의도를 이루어낼 수 없다. 부모는 하나님의 권위를 대행하는 자로서 책임 있게 행동하고, 자녀들은 하나님을 공경하듯 부모를 공경할 때 가정질서는 물론 사회질서까지도 신앙 안에서 바르게 서나갈 것이다. 교회는 물론 어떤 신앙공동체든지 그런 부모를 세우는 교육과 자녀들을 이끄는 교육을 결코 게을리 하지 말아야 한다.

그렇다고 연로하여, 건강이나 정신력이 현저히 쇠퇴한 부모를 무시하라는 것은 결코 아니다. 이 계명은 이렇게 독립적으로 생활할 수 있는 능력이 없는 부모에 대한 존중과 배려, 돌봄까지도 행해야 할 것을 가르치고 있는 것이다. 부모 공경에 관해서는 신약성경의 에베소서 6:1-3절에도 잘 드러나 있다.

자녀들아 주 안에서 너희 부모에게 순종하라 이것이 옳으니라 네 아버지와 어머니를 공경하라 이것은 약속이 있는 첫 계명이니 이로써 네가 잘되고 땅에서 장수하리라

부모를 공경하는 사람이 잘되고, 땅에서 장수하는 복이 주어진다고 한다. 이는 "하나님을 대신하여 생명을 주신 부모를 공경하는 것은 곧 생명의 주인이신 하나님을 공경하는 것이나 마찬가지이기 때문이다."[196] 에베소서는 이렇게 살아가는 사람에게 하나님께서 기꺼이 생명의 기쁨을 주시지 않겠느냐는 확신으로 가득한 것이다.

(6) 제 6 계명 "살인하지 말라"

　　　　인간의 생명은 하나님에 의해서 창조된 것이다. 그러므로 하나님만이 인간의 생사여탈권을 쥐고 계신 유일한 주권자이시다. 인류 최초의 살인인 가인이 아벨을 죽이는 사건부터 부당한 살인은 시작되었고, 하나님은 그러한 살인에 대하여 결코 간과하지 않으셨으며 벌을 내리셨다. 그 벌이 공동체를 떠나 유리하는 삶이란 점에서 살인은 함께 사는 삶을 파괴한다는 것을 인식케 한다. 노아 홍수 후에 하나님께서 주신 삶의 법이 다른 사람의 피를 흘리지 말 것에 대한 금지라는 점에서 살인금지는 그 유래가 오랜 것이다. 그 이유는 하나님이 자기 형상대로 사람을 지으셨다는 점을 강조함으로 생명의 숭고함과 하나님의 권위가 인간 생명에 포함되어 있다는 것을 드러낸다. 이처럼 살인금지 명령은 생명의 가치와 소중함을 드러내며, 이를 취하는 것은 하나님의 주권을 넘보는 인간 교만의 극치라는 점을 드러낸다.

그렇지만 살인이 허용되는 경우가 있다. 하나님께서 허락하신 전쟁의 경우(신 20:10-18)와 법적으로 사형이 적용될 수 있는 범죄행위가 발생했을 경우이다(출 21:15-17). 그 구체적인 증거로 "살인하지 말라"에 사용된 '살인하다'라는 히브리어 단어는 '라짜흐'(רצח)로 구약성경에 46번 사용되는데 거룩한 전쟁에서의 살인이나, 범죄로 인한 합법적인 사형 판결에서의 살인과 같은 경우에는 결코 사용되지 않는 단어란 점을 들 수 있다. 그러므로 이 계명은 전반적으로 불법적인 살인 행위 즉 증오심, 분노, 악의 혹은 사리사욕 등의 나쁜 마음을 품고 고의로 다른 사람을 죽이는 경우에 적용되는 것이라 할 수 있다(삿 20:4; 왕상 21:19; 시 62:3; 94:6; 사 1:21; 렘 7:9; 호 4:2; 6:9).[197] 특히 다른 사람의 생명을 빼앗는 범죄행위에 대해서는 가장 중형이라 할 수 있는 사형 판결로 다스린다. 그 이유는 피가 땅을 오염시킨다는 점을 들 수 있는데 무고한 죽음으로 인한 피가 땅을 적시면 땅이 더러워지게 되는데 그 오염은 그 피를 흘리게 한 자의 피가 아니면 속함을 받을 수 없기 때문이다(민 35:35). 그 정도로 사람의 생명과 사람이 살아가는 땅은 밀접하게 연관되어 있다는 것을 논증하고 있는 것이며, 땅이 사람을 보호하듯 그렇게 사람들 또한 서로를 보호해야 하는 것이 삶의 방식임을 강조하는 것이라 할 수 있다.

그럼에도 동일한 '라짜흐'(רצח)가 사용됨에도 살인죄로 다스리지 않는 유일한 경우가 있다. 이 단어가 가장 많이 사용된 부분인 민수기 35장의 경우를 들 수 있는데 이 한 장에 무려 19번이나 나타난다(민 35:6, 11, 12, 16[2], 17[2], 18[2], 19, 21[2], 25, 26, 27, 28, 30[2], 31). 고의성이나 악의가 없이 우연히 사람을 밀치거나, 보지 못하고 무엇을 던졌거나 하여 사람을 죽인 경우에 따른 것이다. 이럴 경우는 신속하게 도피성으로 피신하여 생명을 지킬 수 있다(민 35:25). 그러므로 하나님의 법은 동일한 살인이 벌어졌을지라도 무차별적으로 법을 적용하여 판결하는 것이 아님을 가르친다. 그렇게 하여야 또 다른 안타까운 생명의 피가 땅에 흐르지 않을 것이기 때문이다.

신약성경의 산상수훈에는 구약의 "살인하지 말라"는 법의 완성을 꾀하고 있다. 형제에게 노하는 자마다 심판을 받게 되고, 형제에게 라가(바보, 멍청이)라 하는 자는 공회에 잡혀가게 되고, 미련한 놈이라 하는 자는 지옥 불에 들어가게 된다는 것이다(마 5:22). 사람을 죽이는 것만이 살인행위가 아니라 그 사람의 인격을 모독하는 것 또한 살인행위와 같다고 규정함으로 살인에 대한 범위의 완성이 이루어진다. 이러한 규정은 완전한 하나님 나라 천국을 이루는 초석이 되기에 반드시 필요한 것이다. 칼을 들고 직접 행하지 않으면 된다는 태도에서 마음속까지 다스림으로 입술의 말까지 달라지는 세상이 되어야 함을 뜻하는 것이다. 애굽 땅 종되었던 집에서 구원함을 받은 이스라엘은 "살인하지 말라"까지 지킬 수 있었다면 이제 십자가의 보혈의 공로로 영원한 구원을 값없이 받은 그리스도인들은 "마음속에서 일어나는 분노는 물론 입술의 말까지도 다스릴 수 있는 존재가 된 것"이다. 이처럼 은혜의 크기는 삶의 크기로 다가오는 것이다.

(7) 제 7 계명 "간음하지 말라"

가정은 믿음을 배울 수 있는 가장 기초가 되는 공동체이다. 부부는 서로간의 신의를 통해서 신랑 되신 하나님의 신실하심을 배우고, 자식은 부모의 모습을 통해 어버이 되시는 하나님의 사랑을 체험하게 된다. 가정이 부서진다는 것은 이러한 신앙의 기초를 상실하는 것과 같은 것이다. 가정을 깨는 가장 쉬운 길이 바로 간음이라는 일탈이다. 한 번의 외도일 뿐인데 그에 따르는 대가는 처절하리만치 심각하다. 남편이든, 아내든 어느 쪽이든 간음은 관계 자체를 산산이 부서뜨리는 위력이 있다.

이처럼 간음은 믿음의 최소 단위인 가정을 파괴하는 주범이다. 헌신과 사랑이 기초되어야 할 관계가 육체와 순간적인 쾌락으로 바뀌어 버린 것이다. 이러한 간음이 얼마나 심각한 것인가는 하나님께서 자신과 이스라엘의 관계의 파괴가 이스라엘이 저지르는 간음이라는 점을 지적하는 것에서 드러난다. 배우자에 대한 신의를 저버리고, 다른 사람을 향하여 몸과 마음을 헌신하게 됨으로 관계가 파괴되어 결별이 선언될 수밖에 없게 만드는 것이 바로 간음이라는 것이다. 이처럼 결혼관계를 깨뜨리는 행동이 심각한 문제라는 것은 그러한 행동에 대하여 사형이 선고된다는 사실을 통해서 확인된다(신 22:22). 간음에 대한 법적용은 왕도 예외가 될 수 없다(삼하 12:13).

신약성경의 산상수훈의 법에는 이 간음에 대한 법 역시 확장되어 완성을 기하고 있다. 특히 가정의 안녕에 지대한 영향력을 갖고 있는 남성을 향하여 더욱 강력하게 결혼의 신실함을 지킬 것을 명령하고 있는 것을 볼 수 있다. 남자가 '음욕을 품고' 여자를 보는 것 자체가 이미 마음으로 간음한 것으로 간주하는 것이다. 이제 간음은 육체의 행동에서 마음의 동기로 옮겨와 있다. 이 법에 따르면 요즘의 세태에 성행하고 있는 몰카(몰래 여성이나 남성의 신체를 찍는 행위)도 이 범주에 포함되는 것이 틀림없다. 이미 마음으로 음욕을 품고 카메라를 들이대고 있는 것이기 때문이다. 이에 대해 산상수훈의 법은 과격하지만 강력하게 눈이 실족케 하면 빼버리고, 손이 실족케 하면 찍어버리라고 촉구하고 있다. 이것을 문자적으로 해석해서는 안 되겠지만 눈으로 보고, 손으로 행동하는 것을 철저하게 금해야 하는 것을 의미하는 것이다. 눈으로 보지 않아야, 행하는 손으로 옮겨가지 않을 것이란 점에서 먼저 보는 것을 제어해야만 행동을 바르게 할 수 있다는 것을 인식해야 할 필요가 있다. 이렇게까지 강력하게 촉구하는 이유는 차라리 신체 일부가 없더라도 천국에 들어가는 것이 신체를 다 가지고 지옥 불에 던져지는 것보다는 낫기 때문이다.

인간의 간악함은 간음도 합법적으로 할 수 있는 길을 만든다는 점에서 산상수훈은 한 걸음 더 나아간다. 신명기 법에 모세는 이혼하려거든 여자에게 이혼 증서를 주어서 내 보낼 수 있다고 하였다.

사람이 아내를 맞이하여 데려온 후에 그에게 수치되는 일이 있음을 발견하고 그를 기뻐하지 아니하면 이혼 증서를 써서 그의 손에 주고 그를 자기 집에서 내보낼 것이요 그 여자는 그의 집에서 나가서 다른 사람의 아내가 되려니와(신 24:1-2).

애초에 이 법은 여성의 권리를 보호하기 위한 목적으로 주어진 것이다. 남자들이 아무렇게나 아내를 버림으로 버려진 여성들이 재혼할 수 없게 되어 삶을 유지할 수 없게 되는 경우가 생김으로 인한 것이다. 합법적인 이혼이 아님으로 재혼하게 되면 간음의 법에 걸리게 되고, 재혼한 남자 또한 법 위반으로 위험해 질 수 있다. 그래서 합법적으로 이혼증서를 줌으로 간음의 법에 저촉되지 않게 재혼하여 살아갈 수 있게 한 것이다.

그러나 문제는 이혼 사유가 되는 '수치 되는 일'에 대한 해석의 차이이다. 예수님 당시에 율법해석에 권위가 있는 유명한 두 학파가 있었다. 샴마이(Shammai) 학파와 힐렐(Hillel) 학파로 이 중 힐렐 학파는 힐렐의 손자가 가말리엘이라는 점에서 바울 또한 이 학파 사람임을 짐작케 한다(행 22:3). 샴마이 학파는 수치되는 일은 음란을 의미하는 것이고 그 외에는 어떤 것도 적용될 수 없다고 한다. 그리고 아합의 아내인 이세벨도 간음 이외에는 이혼할 수 없다고 규정한다. 그러나 힐렐 학파는 만약 수치되는 일이 간음이라면 이혼증서가 필요 없고 돌에 맞아 죽는 사형이 적용되기에 다르게 해석해야 한다고 본다. 이들은 법을 관대하고 포괄적으로 적용하는 특징이 있었기에 수치되는 일을 가능한 광범위하게 적용하려 하였다. 예를 들면 요리를 잘 못해서 음식을 태운 것, 음식에 소금을 많이 쳐 불쾌하게 한 것, 아내의 평범한 외모, 혹은 더 아름다운 여자에게 반하게 되어 아내에게 관심이 없어진 것, 머리를 가리지 않고 공중 앞에 나가는 것, 거리에서 다른 남자와 말하는 것, 수다스러운 것, 남편 앞에서 시부모에게 무례하게 행하는 것, 까다롭게 행동하는 것 그리고 다투기 좋아하는 것 등의 경우에까지 적용한다.[198] 요세푸스에 의하면 이것이 그 당시의 일반적인 태도였고, 힐렐 학파는 모세를 통해 주신 율법을 어떠한 이유로든 자기 아내와 이혼하고 싶어 하는 남자에게 알맞게 적용했다고 한다.[199] 샴마이 학파와 힐렐 학파 중에 어떤 것이 사람들의 입맛에 더 잘 맞았을지는 쉽게 판단해 볼 수 있다. 자신들의 욕망에 손을 들어 주는 쪽을 선호했을 것이 분명하다. 그렇다면 힐렐 학파는 이혼법이라는 모세를 통해 주신 법을 이용해서 사람들이 간음을 합법적으로 행할 수 있는 길을 열어준 것이라 할 수 있다. 이처럼 하나님의 법도 올바르게 해석하여 적용하지 않으면 얼마든지 인간의 육체적인 욕구를 충족시켜주는 쪽으로 나가게 할 수 있다는 경각심을 가져야 한다. 예수님은 이 수치 되는 일을 음행의 연고라고 못박으셨고 그렇지 않음에도 아내를 버리고 다른 사람과 결혼하는 것은 곧 간음이라 일침을 놓으셨다(마 19:9).

참으로 복잡한 삶의 정황을 살아가며 이혼의 수많은 다양한 이유를 가지고 있는 현대인들에게는 먼 거리에 있는 법처럼 느껴질 수 있다. 그리고 예수님의 법이 아니라, 힐렐의 해석을 따라가고픈 유혹에 빠질 수 있다. 그러나 분명한 것은 그리스도인들의 결혼은 "하나님께서 짝지워 주신 것을 사람이 나눌 수 없다"(창 2:24; 마 19:6)는 말씀처럼 먼저 하나님의 계획안에 있는 결혼을 이루어야 한다. 그리고 하나님의 말씀을 앞세우며 신앙으로 서로를 세워가는 가정이 될 때 간음을 걱정하고 염려하는 가정이 아니라, 그런 파산의 지경에 있는 가정들까지도 하나님의 뜻으로 바르게 세워가는 삶을 살아갈 것이다.

(8) 제 8 계명 "도둑질하지 말라"

사람은 자신에게 주어진 재능을 발휘하며 살아갈 때 보람을 느끼며 행복감도 느낄 수 있다. 죄가 없었던 시절이었던 에덴동산에서도 아담은 에덴을 경작하며 지키는(창 2:15)삶을 살았다. 그렇다면 '일'은 인간의 죄로 인해 발생한 것은 아니라는 것이다. 물론 먹고 살기 위해 억지로 행하는 '노동'은 죄의 산물일지라도, 하나님을 위한 신성한 노동은 죄가 없었을 때에도 있었다는 점을 살펴볼 때 '일'은 인간 창조의 한 부분이라 할 수 있다. 인간은 일을 통해 자신의 존재의미를 더욱 분명하게 인식할 수 있다는 점도 일의 긍정적인 부분을 보여준다. 이와 같은 일은 소명이 되고 또한 예배가 되는 긍정적인 것이다. 그러나 도둑질은 사람의 보람된 삶은 물론 그가 행하는 일의 존엄성을 파괴한다. 인간은 놀이와도 같은 일을 통해 육체적인 생활에 필요한 열매를 얻고 정신적인 부분을 고양할 수 있는 삶의 보람을 얻을 수 있다. 이 두 가지가 조화를 이룰 때 육체와 정신이 하나님께서 인간의 삶에 의도하신 창조질서 속에서 보람된 안식을 얻을 수 있다. 그러나 도둑질은 이러한 창조질서를 파괴하는 주범이 된다.

도둑질은 크게 두 가지 종류로 분류될 수 있는데 첫째는 물건에 대한 도둑질이고, 둘째는 사람을 도둑질 하는 것이다. 사람을 도둑질 하는 것은 유괴 혹은 납치라고 할 수 있다. 물건을 도둑질하는 경우는 발각되었을 경우 배상으로 처벌이 끝나지만, 사람을 납치하거나 유괴한 경우는 가장 가혹한 형벌인 사형을 피할 수 없다: "사람을 납치한 자가 그 사람을 팔았든지 자기 수하에 두었든지 그를 반드시 죽일지니라"(출 21:16). 여기서 '납치하다'는 히브리어 '가나브'(גָּנַב 훔치다/도둑질하다)로 "도둑질하지 말라"에서 "도둑질하다"에 쓰인 단어와 같다. 즉 유괴와 납치는 곧 사람을 훔치고 도둑질하는 것이다. 왜 동일한 도둑질인데 물건을 훔치는 것은 배상으로 끝나지만, 사람을 유괴, 납치하는 것은 사형이라는 극형으로 심판하는가? 재물을 훔치는 것은 대부분 경제적으로 가난한 사람들이 저지르는 생계형 범죄가 대부분이고 사람의 생명에는 해를 끼치지 않지만, 사람을 훔치는 행동은 하나님의 형상으로 창조된 존재인 인간의 존엄성을 파괴하는 범죄 행위이기 때문이라 보기도 한다.[200] 하지만 재물을 훔치는 것도 결코 미화되어서는 안 되며 때로 그로 인해 소중한 것을 잃은 사람들이 스스로 목숨을 끊기도 한다는 점에서 그에 대한 재판은 심도 있게 행해야 할 또 다른 부분이라 여겨진다.

현대 사회에는 이 도둑질에 대한 범위도 광범위하게 확대될 필요가 있다. 저작권에 대한 인식이 높아지고 그에 대한 법도 강화되어 간다는 점에서 다른 사람의 아이디어나 글들 그리고 디자인들을 도용하는 것 또한 매우 주의를 해야 할 부분이 된다. 그리고 일상생활을 해 나가며 자영업을 하는 사람들은 고객들이 현금결재하기를 선호하는데 그것이 카드 수수료를 지불하지 않기 위한 것이라면 상관없지만 세금을 내지 않기 위한 것이라면 그리스도인의 경우 결코 행해서는 안 된다. 그리스도인의 경우에 현금결재를 하면 10% 할인을 해 준다는 말에 솔깃해서도 안 된다. 그것이 때로 자신이 국가에 마땅히 지불해야 할 세금을 내지 않기에 받는 할인이 될 수도 있기 때문이다. 광범위하게 이 모든 것이 다 도둑질에 해당되는 것이다. 이러한 것에 주의를 기울이며 살아가노라면 도둑질에 대한 의식에서 한 단계 더 전진해 나갈 수 있다. 단지 다른 사람의 것을 훔치지 않았다는 것에서 안도하는 삶이 아니라, 마땅히 나누어야 할 것을 주지 않았다는 것도 도둑질에 포함된다는 의식이다. 그러한 삶에 대한 것은 레위기에도 주어져 있다.

너희가 너희의 땅에서 곡식을 거둘 때에 너는 밭 모퉁이까지 다 거두지 말고 네 떨어진 이삭도 줍지 말며 네 포도원의 열매를 다 따지 말며 네 포도원에 떨어진 열매도 줍지 말고 가난한 사람과 거류민을 위하여 버려 두라 나는 너희의 하나님 여호와이니라(레 19:9-10; 23:22).

하나님께서 우리에게 주신 것의 일부는 다른 사람에게 나누어야 할 것이 포함되어 있다는 것을 인식해야만 한다. 그러나 현대 사회의 풍요에 대한 잘못된 인식은 도둑질보다 오히려 더 위험한 결과를 양산하고 있다. 물질과 편리함을 가져다주는 기기에 대한 집착, 무분별하고 무절제한 삶의 방식, 그로부터 비롯되는 먹고, 마시고, 입는 데서의 엄청난 소비는 지구의 다른 편에는 굶주림과 결핍에 시달리게 하는 원흉이 된다. 그렇다면 지구 저쪽편의 것을 이쪽 편에서 힘과 권력으로 도둑질한 것이 될 수도 있다. 현재 누리는 풍성함과 부의 축적이 우리가 알지도 못하고, 보지도 못한 어느 누군가의 희생으로 이루어지고 있다면 깊이 자각해야 할 부분일 것이다.

(9) 제 9 계명 "네 이웃에 대하여 거짓 증거하지 말라"

거짓 증거는 한 사람을 파괴시키는 것으로 시작하지만, 단순히 거기에 머물지 않는다. 한 사람이 거짓 증거로 파멸에 이르면, 한 가정이 부서지게 되고, 그와 연계된 공동체가 커다란 타격을 입게 된다. 그 구체적인 예는 나봇의 포도원 사건에서 벌어졌다(왕상 21장). 나봇이란 사람의 포도원을 남편이 차지하게 하려고 아합 왕의 아내 이세벨은 두 명의 거짓 증인을 세워서 나봇이 하나님과 왕을 저주하였다고 증거하게 하였다(왕상 21:8-10). 이로 인해 나봇이 죽고, 그 가족은 분명 해체되었을 것이며, 그와 같은 죄에 빠진 아합 왕조 또한 파멸을 면치 못한다. 연쇄반응처럼 계속해서 점층 되며 무너지는 현상이 벌어지는 것이다.

이와 같은 현상을 막기 위해 거짓 증거인 위증에 대한 벌 또한 결코 가볍지 않다. 자신이 위증함으로 다른 사람이 받게 되는 벌을 동일하게 받는 것이다. 위증으로 인해 벌금형이 떨어졌다면 동일한 벌금을, 태형을 받게 되면 동일한 태형을 또한 사형 판결을 받게 되면 동일한 사형으로 심판하게 되어있다. 한 마디로 눈에는 눈, 이에는 이, 생명에는 생명으로 갚는 '탈리온'(talion 동해보복법) 법칙이 적용되는 것이다(신 19:15-21). 위증에 대한 벌이 무겁다는 것은 아예 위증에 대한 마음조차 먹지 못하게 하려는 의도가 강하다고 할 수 있다. 이와는 반대로 증인이 되어 어떤 사람의 누명을 벗겨주어야 함에도 침묵으로 일관하는 경우도 있다. 이런 경우도 역시 거짓 증거에 포함되어 벌을 받게 된다.

만일 누구든지 저주하는 소리를 듣고서도 증인이 되어 그가 본 것이나 알고 있는 것을 알리지 아니하면 그는 자기의 죄를 져야 할 것이요 그 허물이 그에게로 돌아갈 것이며(레 5:1).

이렇게 거짓 증거와 불의한 침묵이 가득한 세상이라면 서로를 신뢰할 수 없기에 정말 불안하여 살 수 없는 세상이 될 수 있다. 하나님께서는 하나님의 백성들이 그와 같은 불합리한 세상을 살기 원치 않으신다. 오히려 그런 것이 자취를 감춘 세상을 만들기를 소망하시는 것이다.

이와 같이 거짓 증거는 물론 불의한 침묵까지 사라진다면 진실이 바탕이 된 사회가 형성될 수 있다. 이 계명이 신뢰성에 바탕을 둔 정의로운 공동체를 세우는 것을 가능케 할 수 있기 때문이다. 서로가 서로를 믿고 깊이 신뢰할 수 있는 사회상을 기대할 수 있는 것이다. 이렇듯 이 계명은 개인의 차원을 뛰어넘어 신뢰가 형성된 공동체를 관심하고 있다는 점에서 공동의 행복과 선을 향하고 있다고 할 수 있다. 이를 위해 이 계명은 먼저 다른 사람을 대할 때 어떤 일이 있어도 끝까지 진실할 것을 요구하고 있다. 만약 이에서 한 걸음 더 나아간다면 거짓 증거를 금지하는 그 금지 명령에만 초점을 맞추는 것이 아니라 이웃에 대하여 선한 말을 하고 선행을 행하는 것으로 확대되어 서로의 행복을 고양시키는 방향으로 나아가는 전진이 가능할 것이다.

산상수훈은 거짓 증거에 관한 내용은 없지만 입술에서 나오는 헛 맹세는 물론이거니와 어떠한 형태의 맹세도 하지 말 것을 가르치고 있다(마 5:33-37). 거짓 증거는 자신은 물론 다른 사람을 해칠 수 있듯이, 맹세도 역시 자신은 물론 다른 사람까지 고통에 빠뜨릴 수 있는 것이란 점에서 동일한 위험성을 내포하는 것이라 할 수 있다. 왜 맹세가 필요한가? 그것은 다른 사람이 자신을 믿어주지 않기에 무언가 자신보다 더 큰 것을 걸고 자신이 원하는 것을 이루려 하는 것이다. 예수님께서는 도무지 맹세하지 말라는 말씀을 통해 맹세가 필요 없는 신뢰가 가득한 세상을 이루라는 명령을 주시는 것이다. 그리스도인들이 이루어야 할 세상이 바로 이런 곳이다. 아닌 것은 '아니다'라고 분명하게 말하고, 맞는 것은 '맞다'라고 명백하게 말하는 세상이 이루어지면 '맹세'도 '거짓 증거'도 사라지는 세상인 하나님 나라가 될 것이다.

(10) 제 10 계명 "네 이웃의 집을 탐내지 말라 네 이웃의 아내나 그의 남종이나 그의 여종이나 그의 소나 그의 나귀나 무릇 네 이웃의 소유를 탐내지 말라"

만약 이 명령처럼 "탐내지 말라"는 것이 단순히 마음 자세라는 내면의 문제만을 다룬다면 웬함의 말대로 법정에 세울 수 없는 법이다.[201] 왜냐하면 사람의 내면에서 일어나고 있는 일을 판단하고 심판할 수 있는 분은 하나님밖에 없으실 것이기에(시 139:2) 어떤 사람도 확신 있게 다른 사람의 내면을 재판할 수 없을 것이기 때문이다. 그러나 인간 내면의 탐심은 결코 그 자리에 멈추어 서서 조용히 관망만 하지 않는다는 점에서 탐심도 충분히 시각적으로 바라볼 수 있다. 왜냐하면 탐심은 인간 내면에 깊이 숨어 있는 불만족을 교묘하게 자극하여 죄악 된 행동으로 쉽게 표출되게 하기 때문이다.

창세기의 선악과 사건은 인간 탐심이 표출된 최초의 사건이며 전형적인 사건이라 할 수 있다. 선악과는 인간을 유혹하는 최고의 매력을 표출한다.

> 여자가 그 나무를 본즉 먹음직도 하고 보암직도 하고 지혜롭게 할 만큼 탐스럽기도 한 나무인지라 여자가 그 열매를 따먹고 자기와 함께 있는 남편에게도 주매 그도 먹은지라(창 3:6).

여기서 "탐스럽기도 하다"에 쓰인 단어가 히브리어 '하마드'(חָמַד)이다. 제10계명의 "탐내지 말라"에서 '탐내다'라는 단어 또한 동일한 단어 '하마드'(חָמַד)이다. 그렇다면 선악과 사건에서 드러난 것처럼 인간의 탐심은 인간 내면에 그대로 머물러 있지 않고 분명히 행동으로 드러난다는 것을 알려주는 것이다. 여기서 탐심이 발동하는 단계 또한 중요하다. "여자가 그 나무를 본즉"에서 드러나는 것처럼 시작은 '보는 것'(רָאָה 라아)에서부터 라는 점을 알 수 있다. 그리고 마음에서 '탐이 나고'(חָמַד 하마드), 행동으로 옮겨서 '따 먹는다.' 여기서 '따 먹는다'는 히브리어는 '취하다'를 뜻하는 '라콰흐'(לְקַח)이며 이는 손으로 '가지는 것'을 의미한다.

이와 같은 예를 한 가지 더 들자면 가나안 땅에 진군해 들어간 이스라엘 백성 중 한 명인 아간의 이야기이다. 여리고 성 전투에서 취하지 말아야 할 전리품을 몰래 숨긴 아간이 자신의 죄가 발각되었을 때의 자백을 들어보면 알 수 있다.

> 아간이 여호수아에게 대답하여 이르되 참으로 나는 이스라엘의 하나님 여호와께 범죄하여 이러이러하게 행하였나이다 내가 노략한 물건 중에 시날 산의 아름다운 외투 한 벌과 은 이백 세겔과 그 무게가 오십 세겔 되는 금덩이 하나를 <u>보고</u> <u>탐버어</u> <u>가졌나이다</u> 보소서 이제 그 물건들을 내 장막 가운데 땅 속에 감추었는데 은은 그 밑에 있나이다 하더라(수 7:20-21).

아간은 시날 산 아름다운 외투와 은덩이와 금덩이를 '보고'(רָאָה 라아), '탐내어'(חָמַד 하마드), '가졌다'(לְקַח 라콰흐)고 한다. 눈으로 보는 것이 시작이며 그리고 마음에 탐심이 일어나고, 마침내 손으로 취하는 행동이 벌어지는 것이다. 아담과 하와에게서 일어났던 순서 그대로라는 점이 심각성을 더해준다. 그리고 장소와 시간에 있어서도 태초의 인간이 에덴이라는 선물로 주신 땅에서 삶을 시작하자마자 벌어졌고, 이스라엘이 약속의 선물인 가나안 땅에 들어가자마자 동일한 사건이 벌어졌다는 점에서 땅을 잃게 만드는 주요인이 마음속의 탐심임을 짐작케 한다. 산상수훈에서 눈을 빼내고, 손을 찍어버리라는 과격한 명령이 주어지는 이유를 짐작케 하는 것이다. 이처럼 탐심은 속에만 머물러 있지 않고 행동으로 돌출된다는 점에서 위험성이 있다. 물론 시작은 마음속에서 일어나는 탐심을 다스리지 못함으로 인해 잘못된 행동이 벌어진다는 점에서 먼저는 마음이요, 다음은 행동이라는 순서는 분명하다.

탐심의 결과가 무엇일까를 미리 추측해 보면 열 번째 계명이 다른 계명들과 밀접하게 연관되어 있다는 점을 발견할 수 있게 되고, 그 중요성을 인식하게 된다. 탐내지 말 것의 범위를 보면 먼저 이웃의 집, 아내, 남종, 여종 그리고 짐승들이다. 이러한 것을 가지려면 어떻게 하여야 할까? 그렇다. 이웃을 죽여야 한다. 그래야 그의 집도, 아내도, 종들과 짐승들을 차지할 수 있을 것이기 때문이다. 다윗이 밧세바라는 여인을 차지하기 위해 그 남편인 우리아를 죽여야 했듯이 주인이 있는 물건을 갖기 위해서는 그와 같이 행해야 할 것이다. 다윗의 범죄 속에는 결국은 탐나는 것을 갖기 위해 그 속에는 살인도, 간음도, 도둑질도 그리고 거기에는 넓은 의미의 거짓 증거도 포함되어 있다. 이처럼 탐심을 바로 잡지 못하면 사람과 사람 사이에 이루어져야 할 이와 같은 계명 전체가 무너지는 결과에 봉착하게 되는 것이다. 그러므로 탐심은 마지막 계명에 위치하고 있지만 전체를 뒤흔들 수 있는 위력을 가졌다는 점에서 반드시 바로 잡아야 할 것이 된다. 그러나 인간 내면에서 벌어지는 일이라는 점에서 어느 누구도 쉽게 통제할 수 없다는 약점을 가지고 있다. 어떤 재판관도 일이 벌어지기 전에 탐심을 제어하고 재판할 수 없기 때문이다. 그러므로 인간에게는 결코 답이 없다는 것을 알 수 있다.

그러나 아담, 아간 그리고 다윗의 경우에서 우리는 탐심을 다스릴 수 있는 해답을 찾을 수 있다. 아담이 아내의 말을 듣고 선악과를 먹었다. 그의 아내는 왜 이러한 유혹에 빠졌을까? 그것은 다름 아닌 하나님의 말씀이 아닌, 뱀의 말을 따라감으로 벌어진 일이다. 아담은 뱀의 말을 따라간 그의 아내의 말을 들음으로 결국 탐심에 무너지고 만다(창 3:17). 아간 또한 분명하게 주어진 하나님의 말씀을 무시했다. 여리고 성에서 전투가 시작되기 전에 하나님께서 그 성의 모든 것은 온전히 바치고 어떤 것도 취하지 말라고 명령하셨다(수 6:17-18). 그러나 그는 하나님의 말씀을 버리고, 자신의 욕망에 따라 움직였다. 다윗 또한 밧세바를 탐하여 취하고 우리아를 죽이는 일련의 행동들이 여호와의 말씀을 업신여겼기 때문이다(삼하 12:9). 이 세 경우 모두 한 가지가 무너졌기에 벌어지는 일들이다. 즉 하나님과의 관계성에서 심각한 금이 간 것이다. 하나님의 말씀을 거역한다는 것은 다른 신, 우상숭배 그리고 여호와의 이름을 멸시하는 행동인 것이다. 다른 말을 따르는 것은 결국 다른 신을 따르는 것이며, 그 자체가 우상숭배인 것이다. 결국 탐심은 인간 스스로의 힘으로는 결코 통제할 수 없으며, 하나님의 말씀을 가득히 마음에 채우는 것밖에는 승리의 길이 없다.

여호와의 율법은 완전하여 영혼을 소성시키며 여호와의 증거는 확실하여 우둔한 자를 지혜롭게 하며 여호와의 교훈은 정직하여 마음을 기쁘게 하고 여호와의 계명은 순결하여 눈을 밝게 하시도다 여호와를 경외

하는 도는 정결하여 영원까지 이르고 여호와의 법도 진실하여 다 의로
우니 금 곧 많은 순금보다 더 사모할 것이며 꿀과 송이꿀보다 더 달도다
(시 19:7-10).

　　　여호와의 율법의 완전함과 그 위력을 드러내 주는 것이 시편 19
편이다. 이곳에서 하나님의 말씀인 율법을 '금 곧 많은 순금보다 더 사모
할 것'에서 '사모하다'라고 번역된 히브리어 단어가 '하마드'(חָמַד 탐내다)
이다. 이는 곧 물질적인 것을 탐내는 것에서 하나님의 법을 탐내는 것으
로 가득할 때 인간 탐심은 가장 고상한 방향을 향하여 나아가며 마침내
마음까지도 바르게 다스리는 삶을 살게 된다는 것을 증거하고 있는 것이
다. 율법의 매력에 빠져 살아가는 사람의 고백인 시편 19편의 결론이 이
를 입증해 주고 있다.

　나의 반석이시요 나의 구속자이신 여호와여 내 입의 말과 마음의 묵상
　이 주님 앞에 열납되기를 원하나이다(시 19:14).

하나님의 법을 탐하며 살아갈 때 드디어 입술에서 나가는 말은 물론이요,
마음속의 생각까지도 하나님께서 받으실만한 것이 된다는 것이다. 여기
서 '열납되다'는 히브리어 '라쫀'(רָצוֹן)으로 레위기에서는 '기쁘게 받으심이
되다'라는 뜻으로 번역된다(레 1:3; 19:5; 22:19-21). 레위기에서 하나님께
서 기쁘시게 받으심이 되게 하기 위해서는 반드시 제물이 흠이 없어야 한
다(레 1:3, 10; 3:1, 6). 이는 곧 하나님의 법을 주야로 묵상하며 그 법을 따
라 살아갈 때 마음속에서 일어나는 생각까지도 흠이 없어짐으로 하나님

께서 기쁘게 받으시는 제물이 되는 삶이 된다는 것이다.

이처럼 마지막 계명은 사람의 마음을 다스리는 길이 반드시 필요하다는 것을 인식시킴으로 신약성경의 산상수훈으로 연결될 수 있는 고리를 갖는다는 점에서 의미가 깊다. 구약시대에는 이 마음을 절대적으로 모두 다스릴 수 있는 시절은 아닐지라도 최소한 그러한 단계까지 나아가야 함을 제시함으로 하나님의 법의 완성이 어디인가를 가르치고 있다는 것이다. 지금 그리스도인들은 산상수훈의 법을 통해 마음은 물론, 모든 행함의 동기까지도 온전해야 함을 배우고 실행하는 삶을 사는 것이다. 음욕을 품고 여자를 보는 것에서 마음속의 것을 다스려야 함을 가르치고 (마 5:27-28), 기도, 구제, 금식을 행함에 있어서 보이려고 하는가, 기쁨으로 하는가의 동기까지도 살펴야 함을 가르친다(마 6:1-18). 여기까지 전진하기 위해 우리에게는 차근차근 구약의 법부터 삶으로 이루어야 할 소명이 있다는 점에서 이처럼 십계명은 좋은 출발선이 된다.

이상과 같이 살펴본 바에 의하면 십계명은 인간의 모든 상황에 그대로 들어맞는 법들의 총합은 아니다. 이것은 하나님과 인간에 대한 가장 기본적인 행위를 진술하고 있는 것으로 하나님 사랑과 이웃 사랑의 정신을 가지고 우리 앞에 다가오는 문제들과 유혹들을 극복할 필요가 있다는 점을 가르친다. 그러므로 십계명은 지금도 알맞은 해석과 적용을 기다리는 열려진 정경이라 할 수 있다. 이스라엘 백성은 십계명을 통해서 가장 쉽게 하나님과의 교제를 이루는 길로 나아갈 수 있으며, 또한 사람들과의 관계를 바르고 돈독하게 하는 길로 나아갈 수 있다. 그러므로 십계명은 하나님의 법의 모든 것은 아닐지라도 모든 것을 해석할 수 있는 기초를 제공해 준다는 점에서 그 중요성이 큰 것이다.

그럼 이 법을 어떻게 삶의 바탕으로 삼을 수 있을까? 10가지 재앙을 기억하면 하나님의 전능하심과 은혜로우심을 기억할 수 있고 이 기본이 되는 법에 자신을 매어 놓을 수 있다. 애굽 땅 종 되었던 그 집에서 10가지 재앙을 일으키시며 이스라엘을 구원하셨다는 것을 기억하면, 이스라엘은 자신의 삶의 길을 이끌어줄 10가지 계명을 준수할 수 있다. 그러나 광야의 모진 환경 속에서 그 하나님을 잃어버리면 10번이나 하나님을 시험하다가 결국은 망하는 길로 가고 말게 될 것이다(민 14:22). 결국 애굽의 바로에게 내려졌던 10가지 재앙은 도리어 하나님의 전능하심을 잃어버리고 그의 10가지 계명을 멸시한 그의 백성에게로 그 방향을 틀게 되는 것이다(신 28:27). 이러한 오류를 범하지 않게 하기 위해 다음의 사항은 이스라엘에게도 그리고 우리에게도 매우 중요한 의미를 갖는다.

3) 하나님의 임재에 대한 이스라엘의 반응(출 20:18-21)

하나님께서 법을 들려주실 때 쉽게 잊어버리는 인간의 속성을 잘 아시기에 귀로만의 교육을 하지 않으신다. 최초의 법인 십계명을 주실 때 시청각 교육을 동원하신다. 눈으로 보고, 마음에 새기게 하려는 것이다. 눈으로 보는 것은 귀로 듣기만 하는 것보다 더욱 생생한 교육이 될 수 있다. 특히 법은 반드시 지켜 행해야 한다는 점에서 생생할수록 더 나을 것이다.

이스라엘 백성들이 우레와 번개와 나팔소리와 산의 연기를 보았다. 그 장엄함은 두려움으로 다가온다. 그들이 멀리에 서 있었음에도 불구하고 눈과 귀에 들어온 광경은 그들의 마음을 압도한다. 이에 대한 이스라엘의 반응과 하나님의 응답은 과거로부터 현재까지 하나님의 백성들이 마음에 품어야 할 자세라 할 수 있다. 백성들은 이구동성으로 모세가 말하기를 소망한다. 모세가 하나님의 말씀을 듣고 전해 주면 자신들이 듣겠다는 것이다. 그리고 하나님께서 직접 말씀하시지 않게 해 달라고 부탁한다. 시내산에 도착하자마자 모세가 하나님의 말씀을 듣고 백성들에게 와서 전해 주었을 때 백성들은 한 목소리로 "여호와께서 명령하신대로 우리가 다 행하리이다"(출 19:8)라고 자신 있게 응답했을 때와는 사뭇 다른 반응이다. 이것이 바로 귀로만 듣는 것과 눈으로 보는 것의 차이점이라 할 수 있다. 이사야의 이야기 속에 성전에서 거룩하신 하나님의 현존에 부딪쳤을 때 그의 입에서 가장 먼저 나온 말은 "화로다 나여 망하게 되었도다"(사 6:5)라는 탄식이었다. 욥의 이야기 속에도 하나님에 관해 귀로만 들었을 때에는 자신의 항변을 당차게 쏟아 붓던 욥이(욥 3-31장) 하나님을 눈으로 직접 본 후에는 입을 닫고 티끌과 재 가운데서 회개하는 존재가 되는 변화가 생겼다(욥 38-42장). 예수 그리스도의 은혜의 시대를 살아가는 현대 그리스도인들에게는 하나님의 현존이 어느 정도의 위력인지에 대한 안타까운 무감각증이 있다. 이는 곧 은혜를 가벼이 여기는 현상으로 나아가게 한다는 점에서 고쳐져야 할 부분이다.

하나님께서는 의도적으로 가장 기초가 되는 법만큼은 온 백성이 직접 보고 듣기를 원하셨다. 살아계신 하나님의 음성을 듣는 것이 아니라, 눈으로 보게 만듦으로 내면에 강력하게 새겨지게 하시려는 것이며 또한 하나님의 말씀을 어기는 것이 어떤 결과에 이르게 될지를 느끼게 하려는 것이라 할 수 있다. 하나님의 말씀을 눈으로 보는 것만도 죽음의 두려움에 사로잡히게 한다면 그 말씀에 대한 거역이 어떤 결론에 이르게 될지에 대한 경각심을 심어주는 것이다. 즉 하나님께서는 감정의 영역에서의 두려움이 의지의 영역인 경외로 승화되어 말씀에 바르게 응답하는 백성이 되기를 소망하시는 것이다.[202] 그러므로 이것은 위협하려는 것이 아니라, 살리려는 것이다. 모세라는 지도자는 그러한 하나님의 뜻을 분명하게 인지하고 있는 사람이다.

모세가 백성에게 이르되 두려워하지 말라 하나님이 임하심은 너희를 시험하고 너희로 경외하여 범죄하지 않게 하려 하심이니라(출 20:20).

신명기에서 모세가 이 동일한 사건을 회상하며 이스라엘 신세대에게 전하는 말씀 속에는 이스라엘의 이러한 반응에 대하여 하나님께서 모세에게 말씀하신 내용을 통해 하나님의 분명한 의도 또한 되새기게 한다.

여호와께서 너희가 내게 말할 때에 너희가 말하는 소리를 들으신지라 여호와께서 내게 이르시되 이 백성이 네게 말하는 그 말소리를 내가 들은즉 그 말이 다 옳도다 다만 그들이 항상 이같은 마음을 품어 나를 경외하며 내 모든 명령을 지켜서 그들과 그 자손이 영원히 복 받기를 원하노라(신 5:28-29).

하나님께서 공포심까지 조장할 수 있는 장엄함 속에 임재하셔서 말씀을 주신 이유는 분명 공포가 목적이 아니라, 하나님을 경외함으로 계명을 지킴으로 자손대대로 영원히 복을 누리기를 원하시기 때문이다. 이를 위해 시각적인 드라마를 연출하신 것이다. 그리고 하나님께서 궁극적으로 원하시는 것은 백성들과 얼굴과 얼굴을 맞대고 교제하시는 것임을 십계명을 직접 백성들에게 선포하시며 또한 드러내신 것이라 할 수 있다. 그러나 백성들이 그 거룩하심을 아직은 견딜 수 없다. 하나님께서 백성들의 말이 옳다고 하신 것은 곧 거룩하신 하나님이 부정한 인간과 접촉되는 순간 그 인간들이 견딜 수 없다는 것을 아시기 때문이다. 예수 그리스도께서 이 땅에 오셔서 우리의 죄를 다 사하시기까지는 하나님께서 어쩔 수 없이 우리를 위하여 자신을 흑암 가운데 숨기실 수밖에 없다. 그것이 인생을 살리는 길이기 때문이다.

> 백성은 멀리 서 있고 모세는 하나님이 계신 흑암으로 가까이 가니라(출 20:21).

여기서 흑암으로 번역된 히브리어 단어는 '아라펠'(עֲרָפֶל)로 구약성경에 15번 나타나며 '깊은 어둠'을 뜻하는 것으로 그 절반 이상인 8번이나 하나님께서 자신을 숨기심과 연관되어 사용된다(신 4:11; 5:22; 삼하 22:10; 왕상 8:12; 대하 6:1; 욥 22:13; 시 18:9; 97:2). 이 단어는 또한 솔로몬의 성전 봉헌 의식에서도 하나님께서 자신을 의도적으로 숨기시는 마음을 표현할 때 사용된다.

그 때에 솔로몬이 이르되 여호와께서 캄캄한(עֲרָפֶל 아라펠) 데 계시겠다 말씀하셨사오나 내가 참으로 주를 위하여 계실 성전을 건축하였사오니 주께서 영원히 계실 처소로소이다 하고(왕상 8:12-13; 대하 6:1).

성전의 지성소도 결국은 하나님께서 자신을 숨기시는 장소가 된다. 인간의 죄가 다 사함 받으므로 성전의 휘장이 위에서 아래로 찢어져 우리가 담대히 보좌 앞으로 나아갈 수 있는 길이 활짝 열리기까지는(마 27:51; 히 4:16; 10:19-20) 이렇게 하나님께서는 특별한 대표자들을 통하여, 말씀하시고 그 말씀을 전하게 하신다. 그러나 이제 십자가의 은혜가 주어진 이 시대에는 우리 모두가 하나님 앞에서 두려움과 공포 없이 말씀을 듣는 새 시대가 된 것이다. 하나님은 더 이상 흑암 가운데가 아닌 우리 가운데 임재하여 계시는 것이다(엡 2:11-22). 하지만 시내산에서는 하나님은 캄캄한 흑암 가운데서 이스라엘의 대표자인 모세를 통해 말씀하실 수밖에 없으시다. 아직은 백성들이 하나님의 현존을 감당할 수 없기 때문이다. 이제 모세가 하나님 앞으로 나아가 백성들에게 주신 십계명을 어떻게 삶속에 구체화 시키며 살아갈 것인가에 대한 세세한 적용법들을 듣는다. 듣고 난 후에는 백성들에게 생생하게 전해야 한다.

4) 언약법전(출 20:22-23:33)

출애굽기 20:22-23:33절까지는 일반적으로 '언약법전'(הַבְּרִית סֵפֶר 쎄페르 하베리트/The Book of the Covenant)이라는 명칭으로 불린다. 개역개정판 한글성경에는 학자들의 전문용어인 '언약법전'이라는 말

대신에 '언약서'(언약의 책)라고 번역하고 있다(출 24:7). 이 용어가 보여주듯이 이 법조문의 내용들은 하나님과 이스라엘의 관계성에 중요한 요소를 제공하고 있을 것이란 사실을 직감해 볼 수 있다.

이스라엘은 하나님의 구원을 체험한 민족이다. 그리고 이들은 하나님의 뜻이 담긴 법을 준수하며 살아야 하는 백성이다. 이 법 속에는 이들이 세상 속에서 하나님의 백성으로서의 정체성을 지키며 살아갈 수 있는 구체적이고 세세한 길이 들어있다. 이렇게 이스라엘에게 삶을 살아갈 길인 구체적인 규례들을 주신 후에 하나님께서는 무엇을 하시겠다는 것인가? 여기에 법의 중요성이 있다. 하나님의 현존을 매일 대면하지 않고도 이들은 자신이 하나님의 백성임을 자각하며 하나님 앞에서 살아갈 수 있는 말씀이 존재하게 되는 것이다.

시내산에서 이스라엘이 받은 율법이 바로 이런 목적을 가지고 있다. 하나님께서 인간 역사의 무대 뒤로 자신의 거처를 옮기시고 인간들에게 모든 것이 다 맡겨져도 이 땅에 하나님의 뜻이 펼쳐질 수 있는 길을 열어놓으신 것이다. 시내산에서 모세를 통해서 주어진 법은 십계명을 그 출발점으로 하고(출 20:1-17), 그 나머지 대부분이 사람과의 관계를 다루는 법조문들로 가득 차 있다(출 21:1-23:19). 이것은 사람을 대하는 방식 속에 그 사람이 하나님을 경외하는 신앙을 볼 수 있기 때문일 것이다. 예수님께서는 구약의 율법을 단 두 가지의 조항으로 축약시키셨다. 그것은 바로 하나님 사랑과 이웃사랑이라는 숭고한 사랑의 정신의 집약이다(마 22:38-39; 막 12:30-31; 눅 10:26). 사도 바울은 이 두 가지를 하나로 집중시키는데 그것은 이웃사랑이 율법의 완성이라는 선언이다(롬 13:8;

갈 5:14). 이것은 눈에 보이지 않는 하나님을 사랑하는 증거가 바로 눈에 보이는 동료 인간에 대한 사랑으로 드러난다는 점에서 다른 것이 아니라 동일한 것을 말하는 것이라 할 수 있다. 이러한 의식은 사도 요한과 야고보에 의한 일반서신들을 통해서도 동일하게 살펴볼 수 있다(약 2:8; 요일 4:20-21; 참조, 요 13:34-35).

그런데 하나님께서 부여해 주신 공동체를 지키는 사랑의 율법이 단 한 순간에 무너질 수 있음을 알아야한다. 시내산에서 율법이 주어질 때 그 서론과 결론을 살피는 것은 이 위험성이 어디로부터 가장 강력하게 파고들 수 있는지를 살펴볼 수 있는 가장 좋은 길을 보여준다. 그 위험성이 결국 하나님과의 관계 파괴에서 파생되는 것이라고 한다면, 하나님 사랑이 이웃사랑보다 늘 앞서야 한다는 것은 불변하는 진리일 것이다.

언약법전(출 20:22-23:33)은 십계명 선포(출 20:1-17) 다음에 등장한다. 연속되어 나타남에도 십계명과 언약법전의 차이점은 십계명은 시내산에서 하나님께서 이스라엘 민족 전체를 향하여 직접 하신 말씀이라면, 언약법전은 모세의 중재를 통해 주어진 규례들이라는 사실이다. 그럼에도 이 두 법들에는 긴밀한 연관성이 존재하는데 언약법전이 십계명을 현실의 삶에 적용하기 위하여 삶의 구체적인 길들을 제시하고 있다는 점이 그것이다. 그렇다면 십계명이나, 그것을 적용하는 세세한 법규들이나 동일한 권위를 가지고 있다는 것과 동일한 위력과 능력을 가지고 있는 하나님의 말씀이라는 것을 기억해야 한다. 어느 누구든지 이 말씀을 전하는 자는 시내산에 나타난 우레와 번개와 나팔소리와 산의 연기 그리고 온 산을 크게 진동시키는 능력의 말씀이 듣는 이들의 눈앞에 펼쳐지는 재현이 이루어짐으로 그들이 오직 하나님을 경외하는 길로 이끌어야만 한다. 왜냐하면 "하나님의 말씀은 살아있고 활력이 있어 좌우에 날선 어떤 검보다도 예리하여 혼과 영과 및 관절과 골수를 찔러 쪼개기까지 하며 또 마음의 생각과 뜻을 판단하기"(히 4:12)때문이다.

이러한 하나님의 말씀은 태초에도 웅장하게 울려 퍼졌었다. 그 때의 그 말씀은 혼돈과 공허 가운데 거하고 있던 세상을 찔러 쪼개어 새로운 질서를 가져오는 창조의 원동력이었다. 우주의 질서를 가져왔던 그 말씀이 이제 이스라엘 백성의 삶 속에 울려 퍼진다. 하나님의 말씀이 이스라엘 백성의 삶에 그대로 실현될 때 가나안 땅은 천지창조의 대 역사가 새롭게 펼쳐지는 장소가 될 것이다. 그렇다면 하나님의 말씀이 없이 약속의 땅에 들어간다는 것은 결국 창조의 능력을 상실하는 것과 같은 것이다. 그 땅을 새롭게 만들 원동력을 잃어버리는 것이 되기 때문이다. 이처럼 하나님은 율법을 통해 이스라엘을 창조하시고, 이스라엘이라는 말씀 공동체를 통해 세계의 질서를 바르게 세우시려는 목적이 있으신 것이다. 그러므로 이스라엘의 구속은 하나님의 창조세계인 전 우주에 하나님 보시기에 좋은 새로운 질서를 가져오는 시작인 것이다.[203]

그렇다고 언약법전에 들어있는 법조문들이 인간 삶의 모든 것을 다 다루고 있는 것은 아니다. 이것은 전반적으로 하나님을 향해서, 그리고 인간을 향하여 발생할 수 있는 사건들의 요약이며, 몇몇 대표적인 예들을 제시하고 있을 뿐이다. 그러나 이러한 기본적인 판례들은 삶에서 겪는 어떤 사건이든지 그와 같은 방식으로 판결하고 풀어나가야 할 것을 제시하는 충분한 예들이 된다. 하나님께서는 모든 시대 모든 사람들에게 적용되는 완전한 법전을 주시기보다는, 모든 시대 모든 사람들의 상황을 해석하고 판결할 수 있는 근본적인 정신과 원리가 담긴 기본법을 제시해 주시는 길을 택하셨다.[204] 그 이유는 완전한 법전은 인간이 살아가는 모든 시대의 법을 다 포괄하여야 한다는 점에서 그 방대한 양을 어느 누구도 감당할 수 없을 것 때문이란 점을 유추해 볼 수 있다. 하나님의 정신이 담긴 기본법을 바탕으로 삶의 정황 속에서 새롭게 다가오는 판례들을 해석하여 적용케 하는 것이다. 이를 위해서는 재판하는 사람의 올바른 자질이 필수적이다. 그래서 하나님께서는 시내산 법을 주시기 전에 재판을 진행하는 사람들이 어떠해야 하는지의 기준을 먼저 제시하셨다. 하나님의 법을 바르게 적용하지 않는다면 이스라엘도, 시내산의 법도 존재의미를 상실할 수 있기 때문이다. 그러므로 바른 재판과 적용을 위해 반드시 "온 백성 가운데 능력 있는 사람들(אַנְשֵׁי־חַיִל 안셰이-하일) 곧 하나님을 두려워하며(יָרֵא 야레) 진실하며 불의한 이익을 미워하는 자"(출 18:21)가 있어야만 한다. 그래야 하나님의 능력의 말씀을 온전하게 해석하여 공의롭고 정의롭게 그리고 긍휼과 자비로 공동체를 판결하고 이끌 것이기 때문이다. 이렇게 하나님은 완전한 법전을 주시기보다는 기본법을 주시며 그 법을 바르게 해석하여 적용할 지도자들을 세우신다. 그러므로 지금 이 시대에도 구약에 주어진 하나님의 법과 신약의 예수 그리스도의 산상수훈을 바르게 이해하고 적용할 수 있는 길을 가르쳐줄 사람들이 절실히 필요한 것이다.

이 언약법전은 무작위로 나열된 것이 아니라 체계적인 구조와 순서를 가지고 현재의 형태를 취하고 있다. 이 구조와 순서 속에는 또한 전하고자 하는 언약 법정신이 세부적으로 녹아 있다. 언약법전(출 20:22-23:33)은 다음과 같은 교차대칭구조(chiasm)를 이루고 있다.[205]

A. 20:22-26 서론: 제의적 성격(신상을 만들지 말고, 오직 여호와를 진심으로
   예배하라)

  B. 21:1 네가 백성 앞에 세울 법규는 이러하니라

   C. 21:2-11 안식년에 행해야 할 종 해방법(6, 7의 조합)

    D. 21:12-22:17 이웃에 대한 드러난 폭력(치다)과 배상에 관한 법

     E. 22:18-20 중심: 제의적 성격(이방제의에 대한 강력한 제재)

    D'. 22:21-23:9 이웃에 대한 은밀한 폭력과 배상에 관한 법
       - 이웃과 이방 나그네에 대한 선행(연민)에 관한 법

   C'. 23:10-12 안식년과 안식일에 행해야 할 법(6, 7의 조합)

  B'. 23:13 내가 네게 이른 모든 일을 삼가 지키고 다른 신들의 이름도 부르지 말라

A'. 23:14-33 결론: 제의적 성격(신상을 부수고, 오직 여호와를 진심으로 예배하라)

이러한 언약법전의 구조와 십계명의 관계에 대해서는 이미 다루었다. 크게 서론과 결론의 테두리(A와 A')와 중심(E)은 하나님과의 관계와 연계된 '제의적 성격'을 내포하고 있으며, 다른 신, 우상에 대한 규정과

여호와의 이름을 향한 진심의 예배를 다룬다는 점에서 십계명의 1, 2, 3계명과 연결된다. 그리고 안쪽을 형성하고 있는 부분(B-C-D와 D'-C'-B')은 사람과의 관계를 다루며 그 출발선이 안식일부터라는 점에서 하나님을 향한 예배는 곧 사람들을 향한 사랑으로 드러나야 함을 제시하고 있다. 그 구체적인 예는 사람 사이에 벌어지는 눈에 확연히 드러나는 폭력과 은밀하게 행해지는 폭력을 바르게 다스려 배상함으로 공동체를 정의롭고 공의롭게 세워가는 법들이 들어 있다. 이 법들은 부모와 자녀들, 이웃과 종들 그리고 짐승들에게까지 영향이 미치는 법들이란 점에서 십계명의 4번부터 10계명까지와 연계된다. 이제 전체 구조에 나타난 대칭별로 상세하게 살펴볼 필요가 있다.

(1) 서론과 결론의 제의적 성격 - A(20:22-26)와 A'(23:14-33)의 비교

대칭이 되는 이 두 부분에는 언어적으로 각 조항들을 구별할 수 있는 방법이 주어져 있다. 가장 큰 테두리는 제의적 성격의 법들로 다른 신을 경배하지 말고, 신상을 만들지 말며, 오직 여호와만 섬기라는 강조점들이 들어가 있다. 그 섬김의 예배 또한 외형적인 것이 아닌 진심에서 우러나오는 것이어야 한다는 사실이 강조된다. 이렇게 A와 A'의 대칭은 세세한 내용에서도 서로 교차대칭을 이룬다는 점에서 구조적인 의도성을 엿보게 한다.

a. 20:22-23 하나님께서 하늘에서 말씀하신 것 보았으니, 신상을 만들지 말라

b. 20:24 여호와의 이름을 기념

c. 20:24-26 올바른 예배(토단과 다듬지 않은 돌로 만든 제단)

* 21:1-23:13 사람과 사람 사이에서 세워야 할 법조항들

c'. 23:14-19 올바른 예배(여호와 앞에 지켜야 할 세 절기)

b'. 23:20-22 여호와의 사자와 함께하는 여호와의 이름의 권능

a'. 23:24-33 다른 신을 섬기지 말고 신상을 부수라

먼저 a(20:22-23)는 하늘에서 그 어떤 다른 신이 아닌 하나님께서 말씀하시는 것을 들었다는 것을 전하며 곧 하나님만이 섬김의 대상이며, 다른 신을 바라볼 필요가 없음을 증거 한다. 그러므로 금이나 은으로 어떤 신상도 만들 필요가 없는 것이다. 하나님께서 어떤 형상으로 자신을 드러내신 것이 아니라, 오직 말씀으로 자신을 계시하셨다는 점에서 신상의 무용성이 드러나는 것이다. 이와 맞상대가 되는 a'(23:24-33) 또한 동일한 내용을 전개하지만 더욱더 상세하고 확대된 모습으로 주어진다. 신상을 만들지 않아야 하는 것은 당연하고, 가나안 땅으로 인도해 갈 때에 가나안 족속들의 신을 경배하지 말아야 하며 그들의 주상들을 다 부수어

야 한다. 이와 같이 행하여 여호와만 섬길 때 여호와께서 양식과 물에 복을 내리시고 백성 중에서 병을 제해 버리시고, 낙태하는 자가 없을 것이며, 임신치 못하는 자가 없을 것을 약속하신다. 그리고 하나님께서 위엄 즉 왕벌을 앞서 보내셔서 가나안 족속을 치시고 다 쫓아내셔서 그 땅을 주실 것 또한 약속하신다. 이스라엘이 마땅히 해야 할 일은 그들의 신들과 결코 언약하지 말아야 한다는 것이다. 즉 하나님과의 언약을 신실하게 지키고 다른 신과 우상을 결코 만들지 말아야 하는 것이다. 왜냐하면 그들은 자신들의 이념을 따라 다른 정신으로 틀린 삶의 길을 걸어가기 때문이다. 이스라엘은 결코 이를 본받아서는 안 된다.

b(20:24)는 하나님의 이름을 올바르게 기념하는 길을 보이고 있다. 토단을 쌓고 하나님께 제사를 올리는 것이다. 하나님은 중심에서 우러나오는 예배를 기대하시는 것이다. 그 순결한 진심의 마음이 하나님의 이름에 영광을 돌리는 길이 되는 것이다. b는 이렇게 제사라는 창구를 통한 진심의 예배로 여호와의 이름을 높이는 것이라면, b'(23:20-22)은 일상적인 삶에서의 예배를 통해 하나님의 이름을 높이는 길을 제시한다. 그것은 하나님께서 보내신 사자의 목소리를 청종하며 삶을 순종의 길로 열어가는 것이다. 하나님의 사자에게는 하나님의 이름으로 주어진 권위가 함께하는 것이기에 그 사자의 음성을 듣고 순종하는 것은 곧 하나님의 이름을 존중하는 것이 되는 것이다. 진정한 예배는 장소에 대한 것이 아니라 이렇게 하나님의 이름을 바르게 기념하는 것에 있는 것이다(출 20:24; 23:21). 이름은 하나님의 성품을 대변하는 것이다. 하나님의 이름 속에는 또한 하나님께서 뜻하신 바가 모두 내포되어 있는 것이란 점에서 그 이름

의 존중 속에는 이스라엘을 향한 약속의 성취까지 담고 있다. 그 구체적 증거를 하나님의 이름을 존중할 때 하나님께서 이스라엘의 원수에게 원수가 되고 이스라엘의 대적에게 대적이 되겠다는 말씀 속에서 확인해 볼 수 있다. 결국 이와 다르게 행하는 것, 곧 외식적인 예배와 하나님의 사자에 대한 불순종은 하나님의 이름을 멸시하는 것으로 망령되이 일컫는 셈이 되는 것이다.

c(20:24-26)에서는 이미 언급한 토단을 쌓고 제사를 드리라는 것의 확장이라 할 수 있는 것으로 다듬지 않은 돌로 제단을 만들라는 것이다. 심지어 도구를 대서 돌을 다듬게 되면 부정하게 된다고까지 한다. 즉 다듬지 않은 돌을 사용하여 제단을 쌓으라는 것은 하나님을 경외함이 결코 외형의 화려함에 있지 않다는 사실을 통해 어느 곳에서나 진심의 예배가 가능하다는 것을 강조한다. 이스라엘 어디에나 흙과 돌은 가장 흔하게 발견할 수 있는 것이기 때문이다. 그러나 인간은 자신이 원하는 것을 얻으려 할 때 종교를 화려하게 포장하는 경향이 있다. 호세아 10:1-2절은 이스라엘이 풍성해질수록 제단을 늘리고, 그 땅이 번영할수록 주상을 아름답게 꾸몄다라고 한다. 자신의 부유함과 화려하게 누리는 것을 합리화하기 위하여 하나님을 섬기기 위한 도구들을 화려하게 꾸밈으로 하나님을 화려하고 부유한 신으로 만드는 것이다. 이는 하나님께서 주신 것을 나눔으로 모두가 행복한 세상을 이루겠다는 소명의 길이 아니라, 주신 것을 쌓고, 쌓아서 자신과 자신의 가족만 자손만대까지 누리려는 악한 행위의 포장인 것이다. 성전이나 교회가 화려하게 변해가야 하는 것이 아니라, 백성들의 삶 속에 사랑으로 행복이 흘러넘쳐야 하는 것이다. 어느

시대든지 하나님을 섬기는 도구가 화려하게 치장되는 시대는 분명 그 안에 정신이 사라지지 않도록 하기 위해 더욱 애써야 할 시대임에는 틀림없다. c'(23:14-19)에서는 이스라엘이 하나님을 향하여 잊지 말아야 할 순례의 예배를 다루고 있다. 일 년에 세 번의 절기인 무교절(유월절 포함), 맥추절(칠칠절, 오순절) 그리고 수장절(초막절, 장막절)에 빈손으로 하나님께 나아오지 말고 풍성하게 주신대로 정성을 다해 나아오라는 명령을 주신다. 그 구체적인 제물들은 제물의 피, 절기 제물의 기름, 처음 거둔 열매의 가장 좋은 것을 여호와의 전에 드리라는 것이다. 물론 이와 같은 것을 구별하여 드리기 위해서는 정성어린 마음이 선행되어야 함은 물론이다. 마지막으로 거론하는 것이 "염소 새끼를 그 어미의 젖으로 삶지 말지니라"(출 23:19b)는 것은 의미가 깊다. 이러한 방식에 대해 카슈토(U. Cassuto)는 이스라엘을 우상숭배적 관습에서 떼 놓으려는 의도로, 폰 라트(G. von Rad)는 우가릿 문서에 나타난 풍습인 우유마법을 방지하려는 것으로, 마틴 노트(M. Noth)는 이방 종교의식의 유행을 막으려는 것으로 그리고 레이먼드 브라운(R. Brown)은 가나안 다산 의식의 일종으로 보며 이와 같은 냉혹하고 타락한 관습은 반드시 피해야 하는 것으로 언급한다.[206] 이와 같이 대부분의 학자들이 이 행위는 가나안의 풍요와 다산 의식을 반영하는 것으로 보지만 상세한 설명들은 하지 않고 있다. 다음의 내용이 그 중 상세한 설명에 포함된다.

중세의 무명 저술가는 "옛 이방인의 풍속 가운데 곡식을 다 거두어들인 다음 새끼 염소를 그 어미의 젖에 삶는 관습이 있었다. 그런 다음 그들은 마술적인 의식으로서 그 새끼 염소를 삶은 젖을 나무와 들녘

과 정원과 과수들에 뿌리고 더 많은 결실을 맺도록 기원했다"고 진술한다.[207)]

어미의 젖의 생명력과 탄생된 생명인 새끼 염소의 생명력이 합쳐져 신비적인 힘을 발휘한다는 생각이 이방인들의 관습을 만들어낸 것으로 보인다. 왜 이 풍요다산 의식에 대한 배격이 예배의 진정성을 요구하는 부분에 자리하게 되었을까? 그건 분명 진정한 예배는 은혜에 대한 바른 응답이지 축복을 받기 위한 수단이 아니라는 점을 강조하기 위함이라 할 수 있다. 그와 같은 이방인들의 관습적인 제사의식을 끊어내지 못한다면 이스라엘은 하나님을 향한 예배의 본질적인 의미에서부터 무너질 수 있다는 것에 대한 경고도 포함된 것이라 할 수 있다.

　　　부연 설명하자면 A(20:22-26)에서는 이스라엘이 따라가야 할 하나님을 예배하는 바른 길을 제시하고 있다면, A'(23:14-33)에서는 이스라엘이 따라가지 말아야 할 것은 물론이요, 오히려 완전히 부서뜨리고, 깨뜨려야 할 이방인들과 가나안 족속들의 예배풍속을 강조하고 있다. 다른 신들은 경배하거나, 섬겨서도 안 되며, 그들의 주상들은 완전히 박멸해야 할 것이라는 점을 강조한다. 이러한 다른 신들과 우상숭배에 대한 경고로 세세한 법규들을 감싸고 있다. 십계명과의 관계를 살펴보자면 이 속에는 제1계명부터 3계명까지가 연관되어 있는 것을 살펴볼 수 있다.

　제1계명, 너는 나 외에 다른 신이 네게 있게 하지 말라
　제2계명, 너를 위하여 새긴 우상을 만들지 말라
　제3계명, 너는 네 하나님 여호와의 이름을 망령되게 부르지 말라

이 세 가지 모두는 오직 하나님과 연관된 규정을 담고 있다. 세세한 법규를 다루는 출애굽기 20:22-23:33절이 이렇게 하나님과 관계된 법규로 둘러싸여 있다는 것은 하나님을 향한 올바른 예배가 하나님의 백성으로서 법을 지키며 살아가는 가장 중요한 요소임을 증거 하기에 충분하다. 즉, 하나님이 어떤 분이신가를 분명하게 아는 것이 하나님께서 주신 법을 최선을 다해 지킬 수 있는 최고의 길이라는 것이다. 애굽 땅 종되었던 집에서 구원하여 주신 하나님, 세상이 따라가는 신들과는 철저하게 구별되시고, 아무것도 할 수 없는 무능한 우상이 아니시며, 이름만 들어도 그 성품이 저절로 느껴지는 하나님을 완전하게 알 때 삶의 길은 달라지기 때문이다. 하나님의 법을 지키는 출발선은 바로 거기에 있다. 그래서 시편은 여호와의 선하심과 인자하심에 대한 찬양을 최고의 찬양으로 인정하며(시 136편), 여호와의 선하심을 맛보아 알 것을 강조한다.

너희는 여호와의 선하심을 맛보아 알지어다 그에게 피하는 자는 복이 있도다(시 34:8).

이렇게 사람이 하나님을 바르게 알므로 하나님과 사람의 관계가 바로 정립되어 있을 때 사람과 사람의 올바른 관계로 진행해 나가는 것이다.

(2) 사람 사이에 세워야 할 법규의 시작과 끝 – B(21:1)와 B'(23:13)의 비교

두 번째 테두리는 법규의 시작과 법규의 끝을 시사하는 구문으로 이루어져 있고, 그 안에 세세한 법조항들이 자리하고 있다. 이 시작과 끝으로 인해 사람 사이에 이루어져야 할 언약법전의 세세한 법규의 출발과 그 끝을 구별해 낼 수 있다.

B. 출 21:1 네가 백성(그들) 앞에서 세울 법규는 이러하니라

> * 21:2-23:12 사람과 사람 사이에서 세워야 할 법조항들

B'. 출 23:13 내가 네게 이른 모든 일(너에게 말한 모든 것)을 삼가 지키고 다른
　　　신들의 이름은 부르지도 말며 네 입에서 들리게도 하지 말지니라

　　　하나님께서 백성 각 사람들을 향하여 "세울 법규는 이러하니라"
는 서두로 시작을 하고, 마지막에는 하나님께서 '말씀하신 모든 것을 지
킬 것'을 권면하는 것으로 마감한다. 그리고 당부하기를 다른 신들의 이
름은 결코 부르지도 말 것을 강조하며 끝을 내고 있다. 분명 다른 신을 따
라가는 것은 이 모든 법규를 무용지물로 만드는 위력이 있을 것이란 점
을 짐작해 볼 수 있다. 여기서 법규라는 뜻으로 번역된 단어는 '미쉬파
팀'(מִשְׁפָּטִים)으로 하나님의 뜻을 받들어 사람 사이에 정의와 공의를 세우는
법들의 총체를 의미한다. 이는 넓게는 하나님의 입에서 나온 모든 것이 되
는 것이다. 이미 십계명의 제1, 2, 3계명에 대한 논의가 끝났으니 이제 그
첫 번째 시작은 분명 십계명의 제4계명과 관련될 것을 짐작케 한다.

(3) 안식년과 안식일 규정 - C(21:2-11)와 C'(23:10-12)의 비교
　　　세세한 조항들의 첫 번째 테두리는 안식년과 안식일 법으로 이

루어져 있는데 6과 7이라는 숫자의 사용으로 그 연관성을 살펴볼 수 있다. 먼저 C(21:2-11)에서는 6년간 일하고 7년째는 해방되는 안식년의 종 해방법에 대하여 다루고, C'(23:10-12)에서는 6년간 파종하고 7년째는 휴경을 명하는 안식년의 땅 경작금지와 6일 동안 일하고, 7일째는 쉬게 하는 안식일 휴식법을 명하고 있다. 안식년에 노예를 해방해야 한다는 것을 시작으로, 그와 맞상대가 되는 마지막 부분에는 안식년에는 모든 노동으로부터의 해방과 더불어 땅도 쉬게 해야 하고 그 해에 저절로 난 것에 대해서는 백성의 가난한 자들이 먹고, 남은 것은 들짐승들의 먹이가 되게 할 것을 명령한다. 모든 생태계가 휴식으로 들어가는 것이다. 그리고 그 휴식의 시작은 매 칠일마다 돌아오는 안식일부터임을 강조하며 마감한다. 애굽의 노예에서 해방된 이스라엘이 사람 사이에서 행해야 할 법조문의 시작을 노예 해방에 대한 규정과 함께 한다는 것은 의미가 깊다. 분명 안식년과 안식일에 관하여 다루고 있는 C와 C'의 두 부분은 본래 하나로 연결되어야 함에도 교차대칭구조를 이루기 위해 의도적으로 둘로 분리한 것으로 보인다.

먼저 C(21:2-11)는 안식년에 이루어야 할 종 해방을 다루는데 종이 된 이스라엘 남자와 여자에 대하여 분리하여 다루고 있다. 히브리인 종은 여섯 해 동안 종이 되고 일곱 째 해에는 몸값을 물지 않고 해방된다. 하나님께서는 이처럼 이스라엘 백성이 영구히 종이 되는 것을 원치 않으신다는 것이다. 삶의 어려움으로 잠시 종살이를 할지라도 그 삶이 영구화되지 않게 하시려는 것이다. 그러나 문제가 발생할 수 있다. 남자가 홀몸으로 들어왔으면 혼자서 해방되고, 가족과 함께 들어왔으면 가족과 함께 해방된다. 그런데 홀몸으로 들어와서 주인이 아내를 줌으로 결혼하여 자녀를 낳았다면 해방될 때 혼자만 나가야 한다는 것이다. 아내도 자녀들도 주인의 재산이라는 논리가 형성되기 때문이다. 이 때 종이 된 사람은 아내와 자식을 버리고 혼자 나갈 수 없기에 울며 겨자 먹기로 처자식을 사랑함으로 나가서 자유인이 되지 않겠다고 서약하면 그 주인에게 영구히 종이 될 수도 있다. 주인들이 이러한 법을 악용하여 형제 히브리인을 영구히 종으로 종속화 시키는 일이 벌어질 수도 있다는 위험성이 느껴진다. 그러나 이러한 것까지도 막아내는 것이 이스라엘의 사명 속에 들어 있다. 영구히 종이 되고자 하는 것에 먼저 앞서는 것이 있다. 아내와 자녀에 대한 사랑보다도 상전에 대한 존경과 사랑이 앞서고 있다는 점은 깊이 숙고해볼 일이다. 상전의 음모로 인한 것이 아니라, 종의 상전 사랑으로 인해 영구한 종이 되어야 인권이 보장되는 세상이 될 것이다. 그리고 이러한 종신토록 종이 되는 것에 반드시 상전이 재판장에게로 종을 데리고 가서 판결을 받아야 한다(출 21:6). 여기서 재판장이라는 단어가 '엘로힘'(אֱלֹהִים 하나님)이라는 것에 의미가 있다. 분명 사람에게 가서 판결을 받지만 재판하는 사람도, 판결을 받는 사람도 모두 애굽 땅 종 되었던 집에서 구원하여 내신 하나님 앞에 서 있다는 자세로 판결을 행해야 하는 것을 뜻하는 것이다. 즉 하나님 경외가 불의와 부정의를 막고, 상전도 종도 모두 행복한 세상을 열어갈 수 있을 것이기 때문이다. 언약법전에서 '재판장'으로 번역된 단어가 대부분 '엘로힘'이라는 점은 결국 하나님을 경외하는 마음으로 판결해야 함을 의미하는 것이라 할 수 있다(출 22:8, 9, 28). 이런 과정을 거쳐 합당하다 판명나면 상전이 종을 문설주로 데리고 가서 그것에 대고 송곳으로 귀를 뚫어 영구한 종의 표를 갖게 되고 종신토록 상전을 섬기게 된다. 여기서 문설주가 상전의 집에 있는 것인지, 재판정에 있는 것인지, 아니면 성소에 있는 것인지는 분명치 않다. 추측컨대 어느 곳이든 증인들의 인증이 있는 장소여야 한다는 것만큼은 재론의 여지가 없었을 것이다.

여자에 대한 해방법은 남자와 비교해 사뭇 다른데 그 다른 점 또한 인권에 대한 관심에서 발로된 점임을 감안하면 하나님의 법이 추구하는 방향을 알 수 있다. 사람이 딸을 종으로 팔았으면 그는 남종 같이 칠년 째가 되어도 해방되지 않는다. 이는 딸을 종으로 어떤 집에 파는 경우는 주로 상전의 아내나 그 상전이 자기 아들의 아내로 삼기위해 맞이하는 경우가 대부분이다. "상전이 그를 기뻐하지 아니하여 상관하지 아니하면"(출 21:8)에서 '상관하다'는 히브리어 단어가 '야다'(יָדַע)로 '동침하다'는 의미라는 점이 이를 입증한다(창 4:1). 만약 상전이 기뻐하지 아니하며 동침치 않으면 그 여인의 가족들(고엘 포함)이 속전을 내고 속량하게 해야 하며, 외국인 혹은 외부인에게 팔아서는 안 된다. 상전이 다른 여자에게 장가 들었어도 팔려온 여인에게 '음식, 의복, 동침하는 것'을 끊어서는 안 된다. 만약 이 세 가지 의식주에 해당하는 것을 끊을 시에는 여자는 속전을 내지 않고 해방될 수 있다. 여기서 분명하게 드러나는 것은 여성을 남성에 비해 차별하기에 해방시키지 않는 것이 아니라, 종으로 팔린 것이 다른 남자와 부부관계의 성적인 관계를 갖는 삶을 사는 것을 의미하기에 무차별적으로 버림받는 것을 막는 것이다. 홀몸으로 해방되는 남자에 비해 더 척박한 삶을 살아야 하는 것이 처녀성을 잃은 여성이란 점에서 그러한 여성들을 보호하기 위한 것임을 짐작해 볼 수 있다. 상전이 다른 아내를 얻을지라도, 의식주는 물론 동침하는 것도 결코 끊어서는 안 된다는 것이 아내의 지위를 지켜 주려는 하나님의 마음인 것이다. 그러나 이러한 기본적인 예우를 하지 않는다면 이 여인도 속전을 낼 필요 없이 해방될 수 있다. 이렇게 여성 해방을 시키는 이유는 그 집에서 푸대접을 받으며 사는 것보다는 차라리 홀몸으로 해방되는 것이 낫다고 여기시기 때문이다.

　　　신명기의 안식년 종 해방법은 약간의 차이점을 보여준다. 거기에는 남자와 여자가 동일하게 안식년에 해방되어야 한다고 명령하고 있다.

> 네 동족 히브리 남자나 히브리 여자가 네게 팔렸다 하자 만일 여섯 해 동안 너를 섬겼거든 일곱째 해에 너는 그를 놓아 자유롭게 할 것이요(신 15:12).

이것은 출애굽기의 종 해방법과 모순점이나 차이점을 보이는 것이 아니라, 상황의 차이라고 볼 수 있다. 출애굽기에서의 여성은 종의 개념보다는 첩이나 며느리라는 결혼을 목적으로 집으로 팔려온 경우라 할 수 있고, 신명기의 경우는 그러한 성적인 접촉이 아닌 빚을 갚기 위함이나, 가난의 이유로 전적으로 집안일만 담당하는 목적으로 여종이 된 경우라 할 수 있다. 이러한 경우에는 6년의 봉사 후에 손쉽게 해방될 수 있는 것이다.[208] 그리고 설사 이렇게 상황이 다른 경우라 할지라도 여종을 해방할 때 출애굽기와 신명기의 법에서 어느 쪽이 여성에게 더 나은 쪽인지를 판별하여 실행케 하는 것은 하나님의 뜻을 전하는 재판장의 몫이라고 여겨진다. 하나님의 법은 늘 더 나은 세상을 위한 쪽으로 목표를 두고 있기 때문이다.

이와 맞상대가 되는 C'(23:10-12)에는 안식년의 노예해방이 아닌, 땅을 쉬게 하는 휴경에 관하여 다루고 있다. 안식년의 노예해방과 땅의 휴경기는 가장 알맞게 맞물려 가는 규정이다. 만약 안식년에 땅을 쉬게 하지 않는다면, 토지 소유주들은 노예를 해방할 수 없을 것이다. 노예를 해방하면 당장 집안일과 가축을 키우는 일 그리고 농사를 지을 수 없기 때문에 종들을 강제로 억류하는 불법을 저지르게 될 것이 분명하다. 그러나 땅도 같이 쉬게 함으로 토지 소유주들이 노동력 상실로 인한 고민을 해결하고, 그 해 동안 다음 해를 위해 계획하고 준비할 수 있는 여유를 제공한다. 그리고 해방된 노예들은 그 해 동안 땅에서 저절로 자란 것을 취함으로 경제적인 여유를 되찾아 다음 해를 준비할 수 있게 할 수 있다. 이처럼 첫 부분에는 노예 해방에 관하여, 그리고 마지막에는 땅의 안식으로 마감하며 해방된 자나, 해방시킨 자나 공히 평안히 살 수 있게 만들어줌으로 삶에 조화를 이룬다.

안식년의 해방이 어떤 날에 선포되었는지에 대해서는 성경적 기록이 전혀 없다. 그러나 희년의 해방에 대한 기록을 통해 안식년의 종 해방 날이 언제였을 것인지를 짐작해 볼 수 있다.

너는 일곱 안식년을 계수할지니 이는 칠 년이 일곱 번인즉 안식년 일곱 번 동안 곧 사십구 년이라 일곱째 달 열흘날은 속죄일이니 너는 뿔나팔 소리를 내되 전국에서 뿔나팔을 크게 불지며 너희는 오십 번째 해를 거룩하게 하여 그 땅에 있는 모든 주민을 위하여 자유를 공포하라 이 해는 너희에게 희년이니 너희는 각각 자기의 소유지로 돌아가며 각각 자기의 가족에게로 돌아갈지며 그 오십 번째 해는 너희의 희년이니 너희는 파종하지 말며 스스로 난 것을 거두지 말며 가꾸지 아니한 포도를 거두지 말라 이는 희년이니 너희에게 거룩함이니라 너희는 밭의 소출을 먹으리라(레 25:8-12).

    대속죄일이 있는 가을은 본래 가나안 땅에서는 신년이 시작되는 달로 1일은 나팔절로 지켜진다. 그 달의 1일이 나팔절이며, 10일이 대속죄일이며, 14일부터 21일까지가 추수의 축제인 초막절이 지켜진다. 그러므로 한 해의 가장 풍성한 축제가 펼쳐지는 달에 하나님께서 대속죄일을 지키게 함으로 회개하는 시간을 보내고 인간의 욕망과 욕심을 내려놓고 해방의 시간을 지키게 한다. 그리고 풍성한 가을걷이가 끝났음으로 해방시킬 때 풍성하게 나누어서 내 보내게 하시는 것이다. 그리고 이른 비가 내리며 안식년의 해에 저절로 곡식들이 자라며 그것을 가난한 자들이 누리게 되는 것이다. 이래야만 종이 되었던 사람들이 다시 종이 되지 않고 기반을 다지며 자유롭고 행복하게 살아 갈 수 있기 때문이다.
    그리고 이렇게 가진 자들이 자신의 기득권을 포기할 수 있는 안식년을 지킬 수 있는 길은 모든 절기의 가장 기본이 되는 안식일을 지킬 때 가능해 지는 것이다. 그러므로 안식년 법의 결론이 안식일을 지키는 것으로 마감되는 것은 그것을 가능케 하는 기초를 바르게 세워야 함을 강조하는 방식이라 할 수 있다.

너는 엿새 동안에 네 일을 하고 일곱째 날에는 쉬라 네 **소**나 나귀가 쉴 것이며 네 여종의 자식과 나그네가 숨을 돌리라라(**출** 23:12).

동물들을 향해서도 휴식을 줄 수 있는 자비와 인애를 가진 사람들이라면 충분히 사람들을 향하여 자비를 베풀어 비록 손해를 볼지라도 사회의 약자들에게 휴식을 취할 수 있게 할 수 있다. 결국 안식일을 지키는 것은 약자들에게 모든 노동으로부터 해방을 시키는 날이며, 이것이 바르게 이루어질 때 안식년과 희년으로의 발돋움이 가능해진다. 그렇다면 인간이 자신의 기득권을 포기할 때 하나님께서 원하시는 해방의 역사가 펼쳐진다는 점에서 언약법전의 테두리가 사람으로 되어있지 않고, 하나님을 바르게 예배하는 내용으로 감싸여져 있는 이유를 알 수 있다(A와 A'). 하나님의 마음을 깨닫지 못하면 결코 행할 수 없는 것이기 때문이다. 하나님은 온 우주의 절대강자이심에도 불구하고, 애굽에서 종살이하는 이스라엘의 신음소리를 들으시고 이들을 고역의 노동으로부터 해방하여 행복한 삶을 살게 하신 자비로운 분이시다. 이런 하나님을 예배하는 자들은 자신들의 지위가 어떠하든지 상관없이 하나님의 성품을 닮아야 할 필요가 있다. 그래서 다른 신이나 우상을 쫓아가서는 안 되며 또한 하나님의 성품과 직결된 여호와의 이름을 망령되이 일컬어서는 안 되는 것이다. 만약 그랬다가는 안식일을 지키는 길로 나갈 수 없을 것이며, 결국에는 안식년의 해방 법 또한 의미 없는 법이 되고 말 것이기 때문이다. 이 규정은 십계명의 제4계명인 안식일 법 규례와 만나게 된다.

* 제4계명, 안식일을 기억하여 거룩하게 지키라

안식일은 하나님의 창조질서가 완성에 이른 날이다. 모든 것이
제 자리를 찾고, 하나님이 보시기에 심히 좋은 상태에 이른 것이다. 즉,
샬롬의 평화가 이루어진 것이다. 이제 하나님께서 이루어 놓으신 그 보기
에 심히 좋은 상태를 하나님의 형상을 부여받은 존재인 하나님의 백성이
이 땅에서 유지하고, 확장하는 사명을 갖게 된다. 혼돈과 공허, 흑암으로
가득한 삶이었던 애굽의 종살이에서 구원하신 하나님께서는 안식일 예배
를 통하여 자신의 백성이 이 동일한 길을 걷기를 원하신다. 이제 이스라
엘이 따라가야 할 길은 자신들 또한 하나님처럼 다른 사람들을 해방시키
는 삶을 살아가야 한다는 사명으로 부름 받은 것이다. 그 출발선은 역시
안식일을 지키는 것부터이다. 제1-3계명이 오직 하나님과 관계된 것이라
면, 이제 제4계명은 해방의 하나님이신 여호와의 이름을 통하여 그 성품
을 배운 사람들이 그것을 삶 속에서 실천하는 길을 걸어가는 출발선인 것
이다. 안식일과 안식년 계명이 법전 전체의 안쪽 테두리 역할을 하고 있
다는 것은 이제 그 중심에 들어 있는 세세한 규례들은 분명 공동체의 질
서와 선을 위한 것임을 직감해 볼 수 있게 한다.

(4) 이웃에 대한 드러난 폭력과 은밀한 폭력에 대한 배상과 처리법
  - D(21:12-22:17)와 D'(22:21-23:9)의 비교

사람과 사람이 서로 관계하며 살아갈 때 좋은 일도 많이 있지만,
그에 버금가는 양만큼 힘겨운 일도 발생한다. 특히 죄악성을 그대로 가지
고 살아가는 인생이라면 더 말할 필요도 없을 것이다. 하나님의 백성은
하나님의 은혜를 가슴에 새기고 사람을 옭아매려고 하는 죄악을 극복하
고 하나님의 뜻을 세워야 하는 존재들이다. 하나님의 뜻의 본질은 하나님

께서 우리에게 행해주신 것과 같은 것을 다른 사람들에게 행하는 것이다. 즉 받은 사랑을 다른 이를 향해 확장시키는 것이다. 언약법전에서 지금 다루고 있는 부분은 사람과의 관계에서 이루어 내야하는 사랑이라는 길이 막히고, 왜곡되는 문제들에 직면했을 때 마땅히 행해야 할 삶의 길을 보여주고 있다. 물론 그 속에는 사람과 함께 살아가는 동물들에 대한 내용도 포함된다. 동물에 대한 견해는 좁게는 가축에게로 넓게는 야생의 세계에서 살아가는 짐승들도 포함하는 것으로 확대될 수 있다(출 23:4-5; 신 22:1-2, 6-7).

이웃과 더불어 살며 발생할 수 있는 문제들에 대한 내용은 먼저 외형적인 폭력과 배상에 관한 법을 먼저 다루고(D), 그에 대응하여 드러나지 않고 은밀하게 이웃에게 행해지는 폭력을 다룬다(D'). 이웃에게 드러나게 행해진 폭력과 끼친 손해는 법적인 절차를 통해 처리가 명확할 수 있으나, 더 큰 문제는 드러나지 않게 행해지는 폭력이며, 은밀하게 끼치는 손해라 할 수 있다. 이는 가시적인 것을 중시하는 사회에서 드러나지 않는 것은 폭력과 손해로 치부되지 않을 수 있기에 공동체를 병들게 하는 더욱 심각한 요소가 될 수 있다. 은밀한 폭력의 구체적인 예는 힘없고 가난한 이웃에 대한 무시와 무관심을 들 수 있으며, 이를 방지하기 위해 이웃의 가난한 자를 돌보는 연민이 내포된 내면의 법이 주어진다. 전반부(D)에서 다루는 폭력과 보상은 외형적인 것이며, 철저하게 법규로 규정될 수 있으며, 확고하고, 명확하게 어느 누구나 인식할 수 있는 것이지만, 후반부(D')의 가난한 자들과 이방인 나그네를 향한 연민의 법, 그리고 사회의 정의를 세우는 공정한 재판에 대한 것은 겉으로 드러나지 않는 내면을 다룬다. 이처럼 하나님의 법인 율법은 외형적인 조문에 한정되는 것이 아니라 법조문으로 쉽게 판단할 수없는 내면적인 감정까지도 포괄하는 광범위한 것이다.

이렇게 이웃에 대한 법조항들은 두 가지 종류가 있다. 제재 규정을 분명하게 적용할 수 있는 가시적인 것을 다루는 규정들과 제재 조치를 분명하게 적용할 수 없는 내면적인 부분을 강조하는 규정이 그것이다. 분명 가시적인 위반은 쉽게 처리할 수 있으나, 은밀하게 행해지는 것은 올바른 처리가 어렵다. 이를 인식하고 있듯이 D와 D'에 주어진 규정들에는 주어의 인칭이 현저하게 다르다. 드러난 폭력과 배상에 관한 부분인 D(21:12-22:17)에는 제시된 규정들에 주어가 모두 삼인칭 남성 단수로 나타난다(사람이 혹은 그는). 그리고 위반한 일에 대한 명확한 판결이 주어진다. 삼인칭 남성 단수형 주어는 공동체의 어느 누구든지 이와 같은 일에 대하여 제시된 판결과 같은 결론에 이를 수 있다는 것을 가르치는 것이다. 다음에 제시된 규정들은 그와 같은 예의 일부이다.

사람이 그의 이웃을 고의로 죽였으면 너는 그를 내 제단에서라도 잡아 내려 죽일지니라(출 21:14).

사람이 그 남종의 한 눈이나 여종의 한 눈을 쳐서 상하게 하면 그 눈에 대한 보상으로 그를 놓아 줄 것이며(출 21:26).

사람이 소나 양을 도둑질하여 잡거나 팔면 그는 소 한 마리에 소 다섯 마리로 갚고 양 한 마리에 양 네 마리로 갚을지니라(출 22:1).

그러나 드러나지 않은 폭력과 은밀하게 끼치는 손해를 다루는 부분인 D'(22:21-23:9)에는 주어진 규정들이 단 한 번만 이인칭 복수인 '너희'라는 주어가 사용되고(출 22:31), 그 외는 모두 '너'라는 이인칭 단수형 주어를 사용한다. 그러나 단수형이든 복수형이든 모두 이인칭 대상을 향한다는 점에서는 공통적이다. 그리고 위반하지 말라는 금지 명령은 모두 들어가 있으나, 그 어떠한 규정에도 위반에 대한 판결은 물론 형벌에 대한 내용도 주어지지 않는다는 공통점이 있다. 판결과 그에 따른 형벌이 제시되지 않는다는 것은 곧 판결이 쉽지 않으며 그로 인해 형벌이나 배상 또한 부과하기가 여의치 않다는 점을 들 수 있다. 그러기에 규정들이 단도직입적으로 이인칭 주어를 써서 '너'(너희)는 이러한 위반을 하지 말아야 한다고 강력하게 촉구하는 것이다. '너'(너희)라는 분명한 존재가 주체적으로 법규정을 준수하지 않으면 통제하기가 여의치 않기 때문이다. 다음과 같은 규정들을 살펴보면 이를 쉽게 이해해 볼 수 있다.

너는 과부나 고아를 해롭게 하지 말라 네가 만일 그들을 해롭게 하므로 그들이 내게 부르짖으면 내가 반드시 그 부르짖음을 들으리라(출 22:22-23).

너희는 내게 거룩한 사람이 될지니 들에서 짐승에게 찢긴 동물의 고기를 먹지 말고 그것을 개에게 던질지니라(출 22:31).

내가 만일 네 원수의 길 잃은 소나 나귀를 보거든 반드시 그 사람에게로 돌릴지며 네가 만일 너를 미워하는 자의 나귀가 짐을 싣고 엎드러짐

을 보거든 그것을 버려두지 말고 그것을 도와 그 짐을 부릴지니라(출
23:4-5).

먼저 첫 번째 규정은 드러내 놓고 과부나 고아를 압박하는 것이 아니라,
아무도 눈치 채지 못하게 차별하며, 고통을 가하고 있는 상황을 상정해
볼 수 있다. 그러기에 과부나 고아가 어떤 대상에게 하소연할 수도 없고,
그저 바랄 수 있는 것은 은밀한 것까지 다 보시고 아시는 하나님뿐인 상
황인 것이다. 이를 판결하기에는 인간의 한계가 분명하기에 그 은밀한 악
을 다 보시는 하나님이 계신다는 경고로 마감할 뿐이다. 두 번째의 규정
은 어떤 사람이든 찢긴 동물의 고기는 그 어느 누구에게도 들키지 않고
혼자서 몰래 먹을 수 있다. 그러기에 '너'라는 존재에게 거룩하신 하나님
의 백성은 동일하게 거룩해야 한다는 것을 강조하는 것으로 판결을 대신
할 수밖에 없다. 세 번째의 규정 또한 은밀하게 행해질 수 있는 일을 다루
는데 원수의 길 잃은 소나 나귀는 물론 미워하는 자의 나귀가 엎드러져
있는 것도 못 본체하고 지나가 버려도 아무도 탓할 수 없다. 왜냐하면 "나
는 못 보았다"고 하면 그 마음속을 들여다 볼 수 없으니 판결 자체가 불
가능해진다. 그저 그렇게 해서는 안 된다는 것밖에는 독려할 수 없다. 이
와 같이 이 부분은 모두 은밀하게 행해질 수 있는 범죄를 다루며 이를 극
복하기 위해 하나님의 백성이 된 '너'라는 존재의 정체성에 강력하게 호소
하고 있는 것이다. 이방인들은 그렇게 살아갈지라도 하나님의 백성인 '너
(너희)'는 달라야 한다는 것이다.

이처럼 이스라엘이 시내산에서 받은 언약법전은 이웃을 향하여
눈에 환히 띄는 가시적인 악행은 물론 그렇지 않은 마음의 감정선까지 다

스러야 할 비가시적인 위반까지도 행하지 말 것을 요청한다. 행동에 대한 제재조치가 있건 없건 간에 하나님을 경외함으로 지켜나가는 것을 명령하는 것이다. 그리고 설사 내면에 가려진 것이라 인간 재판관이 형법상의 제재조치를 내리기가 힘든 때라도 하나님께서 직접 "내가 칼로 너희를 죽이리니"라는 선언을 하시며 정의로운 재판관이 되셔서 친히 판결하시고 벌을 주실 것임을 강조하신다(출 22:24). 언약법전 속에 들어 있는 재판장이라는 단어는 사람을 뜻하는 단어이기 보다는 하나님을 뜻하는 '엘로힘'(אֱלֹהִים)이란 단어를 사용하는 이유가 바로 거기에 있을 것이다(출 21:6; 22:8, 9[2번], 28). 설사 인간 재판장일지라도 하나님의 심정이 되어서 최선을 다해 사건을 판별하여야 한다는 것을 강조하기 위한 목적일 것이다. 그리고 범죄를 저지른 사람 또한 하나님 앞에서 심문을 받고 있다는 것을 인식하고 숨겨져 있는 그 근본 동기까지도 자백해야 한다는 의미도 내포되어 있을 것이다. 나아가서 아무도 보지 않는 곳에서도 백성 각자가 스스로 재판장이신 하나님 앞에 서 있음을 인식하고 삶을 바르게 이끌어야 함을 가르치는 것이기도 하다. 그러할 때 모든 뒤틀리고, 왜곡된 것들이 바르게 질서를 찾는 세상을 열어갈 수 있을 것이다.

[1] 가시적인 폭력과 배상에 관한 규정들(D - 출 21:12-22:17)

이 부분에 나타나는 내용은 주로 이웃에게 행한 폭력과 배상에 관한 법을 다룬다. 그리고 범죄의 내용 자체도 가시적으로 명확하게 드러나는 특징이 있다. 단지 분별해야 할 것이 있다면 폭력의 정도가 다르기에 징계의 수위도 달라야 하며, 또한 손해를 끼치는 정도의 차이가 있기에 배상의 수위도 달라진다는 점이다. 그러므로 이 법들에는 조건적인 원칙이 따른다. 기본적인 형태는 "A하면 B한다"이며, 이에서 확대된 "A하면 B하고, C하면 D한다"의 형태가 주류를 이룬다.

(폭력에 관한 법)

자기의 아버지나 어머니를 치는 자는 반드시 죽일지니라(출 21:15).

사람이 매로 그 남종이나 여종을 쳐서 당장에 죽으면 반드시 형벌을 받으려니와, 그가 하루나 이틀을 연명하면 형벌을 면하리니 그는 상전의 재산임이니라(출 21:20-21).

(배상에 관한 법)

불이 나서 가시나무에 댕겨 낟가리나 거두지 못한 곡식이나 밭을 태우면 불 놓은 자가 반드시 배상할지니라(출 22:6).

만일 이웃에게 빌려온 것이 그 임자가 함께 있지 아니할 때에 죽으면 반드시 배상하려니와, 그 임자가 그것과 함께 있었으면 배상하지 아니할지니라 만일 세 번 것이면 세로 족하니라(출 22:14-15).

첫 번째 내용(출 21:12-36)은 대부분이 사람 사이의 폭력행사에 관한 법규로 동일한 단어인 '치다'(נכה 나카)라는 동사가 여러 가지 법규들의 통일성을 이루게 한다(출 21:12, 15, 18, 19, 20, 26). 짐승이 행하는 폭력에 대한 내용이 나올 때는 '치다'라는 단어가 아닌 뿔로 '받는다'(נגח

나가흐)라는 동사가 사용되지만(출 21:28-36) 폭력이란 점에서는 동일한 의미를 갖는다. 순서적으로 다루는 내용을 도표화 해보면 사람에 대한 가치평가 기준 또한 살펴볼 수 있다. 일반백성, 종, 태아 그리고 짐승의 순서로 법규가 진행된다는 점에서 인간 가치 척도를 규명해 볼 수 있다. 이러한 가치척도의 구별은 구약의 법이 완전한 법을 의미하는 것이 아니라, 그 당시에 이스라엘이 이룰 수 있는 최고의 한계를 보여주고 있는 것일 뿐이란 점을 드러내 준다. 하나님을 알아가며 법은 하나님의 뜻을 향하여 완전한 길로 나아갈 것이며 헬라인이든 유대인이든, 종이든 자유인이든, 모두가 동일한 형제, 자매라는 인식으로 하나님 나라를 이룰 날을 고대하고 있는 것이다.

	폭력 대상	내 용
1	사람 (일반 백성)에 대한 폭력 징계 (21:12-19)	① 우발적 살인과 고의적 살인에 대한 심판 ② 아버지나 어머니를 치는 자는 반드시 죽일 것 ③ 사람을 납치한 자는 반드시 죽일 것 ④ 아버지나 어머니를 저주하는 자는 반드시 죽일 것 ⑤ 사람을 쳤으나 죽지 않고 지팡이 짚고 일어나 걸으면 친 자를 죽이지 않고, 그간의 손해를 배상해 줄 것
2	종에 대한 폭력 징계(사망시) (21:20-21)	① 종을 쳐서 당장에 죽으면 반드시 주인이 형벌을 받고 ② 그가 하루나 이틀을 연명하면 형벌을 면함 - 종이 상전의 재산이기 때문
3	태중에 있는 태아에 대한 폭력 징계 (21:22-25)	① 임신한 여인 쳐서 낙태케 했으면 남편의 청구대로 반드시 벌금을 내되 재판장의 판결에 따라 낼 것 ② 그러나 낙태 이외에 여인에게 다른 해가 있으면 동해보복 법(talion)으로 징계할 것
4	종에 대한 폭력 징계(상해시) (21:26-27)	① 남종이나 여종의 한 눈을 상하게 했을 때 - 해방 ② 남종이나 여종의 이를 쳐서 빠뜨리면 - 해방

| 5 | 짐승의 폭력 징계와 구덩이에 빠진 짐승에 관한 법 (21:28-36) | **(1) 소가 사람을 받았을 때(28-32절)**
① 소가 남자나 여자를 받아서 죽였으면 소는 죽이고, 임자는 형벌을 면함
② 그러나 소가 받는 버릇이 있어서 경고를 받았음에도 단속하지 않았으면 소와 임자를 같이 죽일 것
③ 만일 속죄금을 부과하면 그대로 낼 것이고 아들이나 딸을 받은 때에 이 법규대로 그 임자에게 행할 것
④ 소가 만일 남종이나 여종을 받으면 은 삼십 세겔을 상전에게 주고 소는 죽일 것

(2) 짐승이 구덩이에 빠져 죽었을 때(33-34절)
① 구덩이를 파고 덮지 않아 소나 나귀가 빠져 죽으면
② 구덩이 주인이 값을 쳐서 보상할 것이고, 죽은 것은 가질 것

(3) 소가 소를 받았을 때(35-36절)
① 소가 소를 받아 죽였으면, 살아있는 소를 팔아 반으로 나누고, 죽은 소도 반으로 나눔
② 소가 받는 버릇이 있었다면 소 임자가 소로 갚고, 죽은 것은 받은 소의 임자가 가질 것 |

이와 같이 이 부분은 여러 가지의 폭력에 대한 상황들을 다룬다. 먼저 자유민인 일반백성에 대한 폭력을 다루는데 그 첫 번째는 사형으로 다스려야 할 죄목들에 대한 것이다(출 21:12-17). 먼저는 살인사건에 관한 것으로 살인은 두 가지로 나뉘는데 고의적인 것과 우발적인 것으로 나뉜다(출 21:12-14). 우발적인 것은 하나님께서 그 죽은 자를 손에 넘긴 것이라고 한다. 이를 통해 어떤 죽음도 하나님의 손을 벗어난 것이 없음을 알 수 있다. 우발적인 살인에 대해서는 피할 곳을 주신다고 하는데 '도피성 제도'를 의미하는 것이라 할 수 있다. 고의성과 우발성은 도피성에 피신한 후에 재판을 통해서 분명하게 밝혀질 것이다(민 35장). 고의성

이 밝혀지면 하나님의 제단에서도 끌어내려 그 죄를 물어야 한다는 것이다. 이렇게 하는 이유는 "피가 땅을 더럽히는데 피 흘림을 받은 땅은 그 피를 흘리게 한 자의 피가 아니면 속함을 받을 수 없기"(민 35:33) 때문이다. 그 다음은 부모를 치는 자에 대한 규례로 반드시 죽음으로 징벌해야 함을 강조한다(출 21:15). 여기서 부모에게 폭력을 가함으로 죽음에까지 이르렀는지 아닌지는 불분명하다. 분명한 것은 죽음까지도 포함하고 있다는 점일 것이다. 이러한 부모에 대한 폭력에 삼엄한 기준을 두는 것은 가정의 질서와 관계되며 또한 가정의 질서는 하나님 나라의 질서에 영향을 미치기 때문이라 할 수 있다. 부모에 대한 무례가 곧 하나님에 대한 무례로 쉽게 나갈 수 있다는 점을 들 수 있다. 그 뒤를 이어 사람을 납치한 자에 대한 규정으로 넘어간다. 납치했다는 것은 훔치는 것으로 인신매매를 했든지 아니면 집에서 종으로 삼으려고 했든지에 상관없이 죽음으로 징벌한다(출 21:16). 아버지와 어머니를 저주하는 자도 동일하게 사형으로 다스린다(출 21:17). 혹자는 "반드시 죽여야 한다"라는 필연성을 완화시켜 실제 사형을 말하는 것이 아니라, 범죄의 심각성을 부각시켜 경각심을 갖게 함으로 공동체의 안녕을 꾀하려는 의도라고 말하기도 하나 불분명하다.[209] 누가, 어떻게 판결하여, 어떤 방식으로 사형에 처하여야 하는지에 대하여는 분명치 않지만 각 지역에 연장자들로 구성된 재판을 담당하는 사람들이 있을 것이며 그들에 의해 각 마을의 법적인 내용들이 처리되었을 것을 짐작해 볼 수 있다. 마을의 성문 즉 입구가 그러한 사법 절차가 이루어진 장소였을 것이라는 점은 여러 곳에서 드러난다(창 19:1; 출 32:26; 신 22:15; 룻 4:1; 삼하 19:8).

그리고는 일반 백성 사이에 벌어진 폭력적인 다툼에 대하여 다룬다(출 21:18-19). 한 사람이 싸우다 상대방을 주먹이나 돌로 쳐서 그 자리에서 죽지 않으면 형벌은 면하지만 상해로 인해 일하지 못함으로 생긴 손해를 갚아 주어야 한다. 여기서 그 자리에서 죽지 않았다는 것은 죽일 의도성이 없는 행동이었음을 입증하는 것이라 할 수 있다. 그러나 죽었다면 더 무거운 형벌인 사형판결까지도 받을 수 있다는 점은 드러나 있지는 않지만 암시적으로 주어져 있다고 보아야 할 것이다. 여기까지가 살인이든 폭력이든 자유민인 일반백성에 대한 규례가 된다.

그 다음은 종에 대한 폭력 처리법이 주어진다(출 21:20-21). 종에 대한 폭력 처리법은 두 부분으로 나뉘는데 여기서는 상전의 폭력으로 종이 죽었을 때의 상황을 다룬다. 상전이 종을 매로 쳐서 그 자리에서 죽으면 반드시 형벌을 받지만 하루 이틀 연명하면 형벌을 면한다고 한다. 종이 상전의 재산이란 점을 그 이유로 든다. 이렇게 종에 대한 면은 그 시대의 문화적인 한계 속에 있는 듯이 보이기도 하지만 그럼에도 종의 인권에 대한 면은 여기에 머물러 있지 않는다는 점에서 언약법의 미래를 기대케 한다. 신명기 법에서 분명하게 드러나는 것은 만약 종이 주인의 학대를 견디지 못하고 도망하면 결코 종을 그 주인에게 돌려보내서는 안 되고 도망간 그 성읍 중에서 원하는 곳을 택하는 대로 거주하게 하여야 한다는 것이다(신 23:15-16). 그러므로 이와 같은 인간의 계급질서는 하나님의 백성이 하나님을 알아가며 분명 완전한 평등의 길로 나가야 할 것이 된다. 하나님의 법은 그 자리에 머물러 있는 것이 아니라 완전을 향하여 계속해서 변형을 거듭할 것이다.

이어지는 것은 태중에 있는 태아에 대한 법이다(출 21:22-25). 서로 싸우다가 임신한 여인을 쳐서 낙태케 하였고 그 외에 다른 이상이 없으면 재판장의 판결에 따라 벌금을 남편에게 주어야 한다. 그러나 그 외에 다른 상해가 있다면 눈에는 눈, 이에는 이, 생명에는 생명이라는 동해보복법으로 갚아야 한다. 이러한 동해보복법은 때로 잔인하게 느껴질 수도 있지만 이것이 오히려 복수의 한계를 정함으로 공동체를 더 악한 범죄에 빠지지 않게 하는 장점 또한 있다. 당한 피해만큼만 정확하게 다른 사람에게 돌려주게 함으로 항상 과격하게 행해지는 복수의 잔혹성을 막으려는 목적도 있는 것이다. 창세기에 가인의 후손인 라멕은 자기에게 상처를 입힌 자를 살해하는 복수를 감행하고 자신에게 보복하는 자에게는 77배나 갚아 주겠다고 장담한다(창 4:24). 이렇게 과격한 복수는 또 다른 복수를 불러온다는 점에서 공정한 판결가운데 행해지는 동해보복법은 공동체를 빠르게 안정화시킬 수 있는 길이 되는 것이다. 물론 이러한 법은 과도기적인 것이지 영구히 이렇게 되어야 하는 것은 결코 아닌 것이다(마5:38-39).

바로 이어서 남종이나 여종에 대한 폭력행위를 한 번 더 다루는데 이미 다루었던 내용은 상전이 종에게 행하는 폭력으로 종이 죽음에 이를 정도의 것을 다루었다면, 여기서는 종이 상해를 입은 경우를 다룬다(출 21:26-27). 구체적으로 한 눈을 잃거나, 치아가 빠지는 경우이다. 이 모든 경우에 종은 속전을 물지 않고 그 보상으로 해방된다. 여기서 눈 한쪽과 치아 하나의 대등한 상관관계가 의문을 자아낸다. 치아 하나 빠지게 한 것이 한 눈을 멀게 한 것과 동일하게 다루어진다는 점이다. 이와 같은 의문은 현대를 살아가는 우리의 의학 수준으로 인해 발생하는 것이라 할 수 있다. 눈 하나를 잃는 것과 치아 하나를 잃는 것이 동일한 것은 둘 다 그 당시에는 재생이 불가능하다는 점이다. 현대 의학으로는 눈은 상태에 따라 불가능할 수도 있지만, 치아 하나쯤은 거뜬하게 아무 일도 없었든 듯이 회복시켜 놓을 수 있다. 그러나 고대에는 치아가 빠지면 빠진 대로 평생을 살아야 하는 것이다. 특히 그 치아가 어금니가 아닌 앞니라고 한다면 미관상으로도 민망스러울 것이다.

그리고 마지막에는 짐승이 사람에게 행하는 폭력과 짐승의 죽음을 유발하는 사람의 부주의에 대한 사항 그리고 짐승이 짐승에게 행하는 폭력에 대해 다룬다. 첫째는 짐승인 소가 사람에게 행한 폭력에 대한 것을 다룬다(출 21:28-32). 짐승이 저지르는 폭력도 이 부분에 포함된다는 점에서 사건의 당사자인 짐승은 물론 그 짐승의 주인 또한 형벌을 받을 것인지 아닌지에 대한 규정도 필요하기 때문이다. 먼저는 소의 임자가 죽음의 형벌을 받느냐, 받지 않느냐를 다루고 그 다음은 형벌은 피하지만 벌금인 속죄금을 어느 정도로 내야 하는가를 다룬다. 속죄금은 일반백성이냐, 종이냐에 따라 차이가 나기 때문이다. 소가 사람을 받아서 죽이면 그 소는 반드시 죽여야 하고, 고기도 먹지 말아야 하며, 소 임자는 형벌을 면한다. 그러나 소가 이미 받는 버릇이 있다고 경고를 받았음에도 단속하지 않아 죽음이 벌어졌다면 소와 소 임자가 동일하게 사형으로 결론난다. 속죄금은 일반 백성의 아들과 딸일 때 재판장이 부과하는 대로 내야하며, 종일 때에는 여종이든 남종이든 동일하게 소 임자가 상전에게 은 30세겔(1세겔은 약 11.4g)을 주어야 한다. 여기서도 분명하게 드러나는 것은 "소가 받는 버릇이 있다, 없다"를 판별하는 재판장의 공정한 판단력에 대한 요구이다. 그렇지 않으면 공동체에 억울함이 쌓임으로 끝내 와해될 수도 있기 때문이다.

둘째는 인간의 부주의로 인하여 짐승이 생명을 잃은 사항을 다루는 법이 제시된다(출 21:33-34). 이 사건은 짐승의 생명이라는 점에서 손쉽게 해결될 수 있다. 그러나 그 구덩이에 사람이 빠져 다치거나 죽었다면 또 다른 형태의 배상과 형벌이 주어질 것을 짐작케 한다. 이처럼 주어진 법은 모든 판례를 다 다루는 것이 아니라 제시된 기본법을 바탕으로 바르게 적용하여 판결해야 하는 것이다. 한 사람이 구덩이를 파고 덮지 않음으로 소나 나귀가 빠져 죽었을 때 구덩이 주인이 값을 쳐서 잘 보상하고, 죽은 것은 갖는다는 것이다. 여기서는 짐승의 폭력을 다루는 것이 아니라, 부주의로 인한 짐승의 죽음을 다룬다는 점에서 지금까지의 경우와 약간의 차이점을 보인다. 이는 다음 주제로의 전이가 일어날 것을 예고하는 기능도 하고 있다. 여기서 처음으로 다음 부분의 주요한 주제가 될 '보상하다'(שָׁלַם 샬람/배상하다)라는 단어가 등장하기 때문이다.

　　이 단어는 셋째 부분인 소가 다른 소에게 행하는 폭력으로 인한 죽음에서도 등장한다(출 21:35-36). 소가 소를 받아서 죽였을 때 별다른 사항이 없으면 살아있는 소를 팔아 반으로 나누고, 죽은 소 또한 반으로 공평하게 나누어 갖는다. 그러나 소가 받는 버릇이 있을 때에는 소를 소로 갚아주고 죽은 소는 다른 소를 받아 죽인 소의 임자가 갖는다는 것이다. 여기서 역시 소를 소로 '갚는다'라는 단어가 '보상하다'(שָׁלַם 샬람/배상하다)라는 단어와 동일하다는 점에서 두 가지 요소가 결합되어 있음을 알 수 있다. 짐승의 폭력과 배상법이 같이 움직이고 있는 것이다. 이는 곧 다음 주제가 될 '보상법(배상법)'으로 나아가는 징검다리 역할을 하는 것이라 할 수 있다.

　　이와 같이 다양한 모습으로 다양한 대상들을 향해 행해지는 폭력에는 그 형벌로 반드시 죽여야 할 사항들이 있고, 때로는 동해보복법을 적용해야 할 때가 있으며, 어떤 경우에는 합당하게 물질적인 갚음을 하는 것으로 끝내는 경우도 있다. 이 모든 판단은 재판장의 해석에 따라 결정될 수 있다는 점에서 재판장의 신실함이 중요한 요소로 떠오른다. 물론 하나님의 백성이 이러한 일을 결코 저지르지 않음으로 재판장 앞에 서지 않는 것이 최선의 길이지만 사건이 벌어졌을 때 신속하고 바르게 잘 정리하는 것도 필요하기에 법이 주어지는 것이다. 그러므로 법은 부차적인 것이고, 거룩한 삶이 하나님께서 기뻐하시는 것이라는 점을 늘 명심할 필요가 있다. 이러한 규례와 법도를 따른 재판이 일어나지 않는 세상이 하나님께서 기대하시는 세상인 것이다.

　　이 폭력에 대한 법을 살펴보면 그 당시의 사람에 대한 가치척도가 있었음을 보여주는 지표가 나타난다. 일반 백성을 의미하는 자유민과 종이라는 두 부류로 크게 나누어지며, 그 사이에 태중에 있는 태아와 태어나서 자라는 아이들에 대한 가치 척도가 드러난다. 태중의 태아를 쳐서 죽이는 행위가 남녀종을 쳐서 죽이는 것에 대한 판결(21:20-21)과 남녀종에 대해 상해를 입힌 것에 대한 판결(21:26-27) 사이에 위치하고 있다(21:22-25)는 점에서 종의 죽음보다 낮게 취급되고 있음을 살펴볼 수 있다. 일반백성의 태중의 태아는 종의 생명보다는 가볍고, 종의 상해보다는 무거운 가치라 할 수 있다. 그러나 짐승이 사람을 받는 사건에 대한 판결에서는 일반 백성인 자유민의 아들과 딸들을 먼저 다루고(21:31) 종을 다룬다(21:32). 이러한 순서로 짐작해 보건대 이미 탄생하여 자라고 있는 아들과 딸들의 생명이 종의 생명보다 가치 있게 여겨지는 것을 알 수 있다.

　　이러한 폭력에 대한 규례들은 자연스럽게 다음 단계의 법으로 옮겨가게 되는데 그것은 다름 아닌 배상에 관한 법이다. '치는 폭력 사건'

으로 죽지 않고 상해를 입었을 때도 마땅한 배상이 따라야 한다는 점은 물론이고 살아가며 다양한 손해를 끼치는 사건들에 어떻게 배상해야 하는가에 대한 기본적인 규례가 필요하기 때문이다. 이처럼 두 번째 내용 (출 22:1-17)은 한 사람이 다른 사람에게 입히는 손해에 대하여 배상하는 내용들이 묶어져 있다. '배상하다' 혹은 '보상하다'를 뜻하는 히브리어 동사 '샬람'(שׁלם)이 전체적인 내용에 통일성을 제공한다. 이 단어는 '치다'라는 폭력을 다루는 부분에서는 끝 부분인 구덩이에 빠진 짐승에 관한 법과 짐승이 짐승을 받아 죽이는 사건에 대한 법조문에서 처음으로 등장했으며(출 21:34, 37) 그 다음은 언약법전에서 오직 이 부분에서만 나타나는 단어로 이 부분이 배상에 관한 관심으로 가득하다는 것을 입증한다(출 22:3, 4, 6, 8, 10, 11, 12, 14; 부정사의 강조용법 - 출 21:36; 22:2, 5, 13). 이러한 단어의 변환에서 분명한 것은 '치다'라는 폭력을 다루는 법에서 '배상'을 다루는 법으로의 주제의 전환이 이루어졌다는 점이다.

	배 상 사 건	내 용
1	도둑질 (22:1-4)	① 도둑질에 대한 배상 규례로 짐승을 잡아 먹었거나, 팔았으면 - 소 한 마리에 소 다섯 마리, 양 한 마리에 양 네 마리 배상 - 도둑은 반드시 배상해야 하고 가진 것 없으면 몸을 팔아서라도 배상해야 함 ② 만약 도둑질한 짐승이 살아서 그의 손에 있으면 갑절로 배상해야 함
2	곡식, 열매 침해 (22:5-6)	① 짐승을 먹이다가 남의 밭이나 포도원에서 먹게하면 자기 밭과 포도원의 가장 좋은 것으로 배상할 것 ② 불을 내서 다른 사람의 곡식단이나 밭을 태우면 반드시 배상할 것

3	맡긴 물건 피해 (22:7-9)	① 물건을 맡겼는데 도둑을 맞게 되고 도둑을 잡게 되면 그 도둑은 갑절을 배상해야 함 ② 그러나 도둑이 잡히지 않으면 재판장 앞에 가서 물건에 손댄 여부를 조사받아야 함 ③ 잃은 물건에 대해 어떤 사람이 이것이 자기 것이라고 하면 양편이 재판장 앞에 서고, 재판장이 죄 있다 하는 쪽이 갑절을 배상함
4	맡긴 짐승 피해 (22:10-13)	① 짐승을 맡겼는데 죽거나, 상하거나, 끌려가도 본 사람이 없으면 맡은 자가 짐승에 손대지 않았다 여호와로 맹세하면 임자도 믿고 배상치 않게 함 ② 그러나 맡은 자가 도둑맞은 것이 확실하면 임자에게 배상할 것 ③ 만일 짐승이 찢겼으면 그것을 가져가 증언하고 배상하지는 않음
5	임대 짐승 피해 (22:14-15)	① 짐승을 임대해서 사용할 때 임자가 함께 있지 않을 때 상하거나 죽으면 반드시 배상할 것 ② 그러나 임자가 함께 있었으면 배상하지 않을 것, 세를 이미 받았기 때문
	처녀성 피해 (22:16-17)	① 처녀를 꾀어 동침하였으면 납폐금을 주고 아내 삼을 것 ② 처녀의 아버지가 딸을 주지 않으면 납폐금으로 돈을 낼 것

이와 같이 삶을 살아가며 경험할 수 있는 다양한 방식의 손해에 대해 다루며 배상이라는 해결책으로 사건을 해결하는 길을 제시한다. 이 속에는 동물에 대한 손해, 도둑질로 인한 손해, 타인의 밭에 끼친 손해, 맡긴 물건이나 짐승에 대한 손해, 빌려준 짐승에 대한 손해 그리고 마지막으로는 여자의 처녀성을 파괴함으로 입힌 손해에 대한 배상까지 다루고 있다. 마지막의 처녀성을 망친 손해에 대해서는 '배상하다'(שׁלֵּם 샬람)라는 단어가 아닌 '결혼 지참금을 지불하다'를 뜻하는 '마하르'(מָהַר)를 사용

하고 있다(출 22:16-17). 그러나 손해를 끼친 것에 대한 배상이라는 점에서는 동일하다.

먼저 도둑질에 대한 배상에 관하여 언급한다. 소 한 마리에 소 다섯 마리로 갚고, 양 한 마리에 양 네 마리로 갚아야 한다고 판결하고 있다(출 22:1). 왜 소 한 마리에는 다섯 마리로 갚고, 양 한 마리에는 네 마리로 갚아야하는지는 알려주지 않는다. 이와 같은 배상은 훔친 짐승을 이미 잡아먹었거나, 팔아치웠을 때 행하는 것이고, 만약 훔친 짐승이 도둑의 손에 그대로 있다면 갑절만 배상하면 된다(출 22:4). 배상할 것이 없으면 몸을 종으로 팔아서라도 갚아야 하는 것이 원칙이다(출 22:3). 그럼에도 도둑에게도 인권이란 것을 보장해 주는 것으로 밤에 집을 뚫고 들어올 때는 죽여도 되지만 환한 낮에는 도둑도 죽여서는 안 된다고 한다(출 22:2-3). 낮에 뚫고 들어올 때에는 피하든지 혹은 쫓아내든지만 해야 하는 것이다. 도둑일지라도 죽이는 것을 피할 수 있다면 최선을 다해 생명을 지켜 주어야 한다는 것을 의미한다. 이와는 다르게 함무라비 법전에는 밤낮의 구별을 주지 않고 무조건 "어떤 사람이 집안으로 부수고 들어가면 그를 그 자리에서 죽이고 거기에 묻는다"(21조)라고 되어 있다. 결국 도둑에게는 결코 인권이라는 것을 허용하지 않는 것을 알 수 있다.

그 다음의 규례는 밭이나 포도원 그리고 곡식 단을 짐승으로든 불로든 파괴하는 손해를 입혔을 때에는 당연히 동일하게 손해를 배상해 주어야 한다는 것이다(출 22:5-6). 그리고 맡긴 물건과 짐승 그리고 임대해 준 짐승에 대한 규례가 뒤 따른다. 먼저 맡긴 물건에 대한 규례는 맡은 사람이 그 물건을 잃어버렸을 때 도둑이 잡히면 그 도둑이 갑절로 배상할 것이고 잡히지 않았을 때에는 재판장 앞에 가서 물건에 손댄 여부를 조사받아야 한다(출 22:7-8). 그 이후의 판결은 재판장에게 주어져 있을 것이다. 만약 잃은 물건으로 판단되는 것이 어떤 다른 사람의 손에 있을 때 물건 임자가 이것이 자기 것이라 하면 양편이 재판장 앞에 서고 재판장이 죄 있다고 하는 쪽이 그 상대편에 갑절을 배상해야 한다(출 22:9). 이는 도둑맞은 물건인 장물을 구입하는 것도 죄가 될 수 있다는 것을 의미하는 것이다. 그 다음은 짐승을 맡겼을 때 벌어진 일에 대하여 다루며, 짐승이 상하거나, 죽거나 끌려갔는데 아무도 본 사람이 없다면 맡은 자가 무죄하다 여호와께 맹세하면 임자도 그대로 믿고 배상치 않게 해야 한다(출 22:10-11). 그러나 짐승을 도둑맞은 것이 확실하면 맡은 자의 부주의와 과실이 분명함으로 임자에게 배상해야 한다(출 22:12). 만약 찢겼으며 그것을 가져다가 증언하고 찢긴 것에 대하여는 배상할 필요가 없다고 한다(출 22:13). 이는 야생동물들이 짐승을 해칠 수 있다는 여지를 열어두는 것이며, 맡긴 짐승을 지키려고 생명의 위험을 감수하는 일을 방지하기 위함도 들어 있는 것이다. 다음의 내용은 농사일이나 혹은 짐을 옮기는 용도로 다른 사람에게서 짐승을 임대했을 때에 벌어진 일을 다루는데 짐승의 임자가 함께 있을 때와 함께하지 않았을 때에 따라 다르게 판결한다(출 22:14-15). 짐승의 임자가 함께 있지 않을 때는 짐승이 상하거나 죽으면 배상해야 하지만, 임자가 함께 있었을 때에는 배상하지 않고 빌린 세만 내는 것으로 한다. 임자도 일정부분 책임이 있다는 것을 의미하는 것이다.

마지막으로 약혼하지 아니한 처녀의 처녀성의 상실에 대한 배상을 다루는데 동침하였으면 납폐금 곧 결혼지참금을 주고 여자를 데려와 아내로 삼아야 한다. 그러나 여자의 아버지가 결혼에 반대하면 납폐금만 주고 사건을 마무리 한다(출 22:16-17). 한 가지 현대에도 되새겨야 할 것은 결혼하지 않은 남녀의 성적인 관계는 벌어지지 말아야 할 일이지만, 벌어졌을 때는 결코 책임을 회피해서는 안 된다는 것이다. 순간의 쾌락을 위해 일을 저지르고 책임조차지지 않는 것은 양 당사자는 물론 공동체의 삶에 균열을 조장하기 때문이다. 여기서 남자 즉 신랑이 지불해야 하는 납폐금은 신부 집안의 노동력을 빼내 오는 것에 대한 보상과 더불어 후에 그 딸이 이혼이라든가, 부득이한 여건으로 친정으로 돌아왔을 때를 대비한 생계 보장금의 구실을 한다.[210] 그러므로 신부의 아버지는 이런 것까지 염두에 두어야 하는 것이다. 창세기에서 야곱의 아내가 된 라반의 두 딸들인 레아와 라헬이 야곱과 함께 도주를 결심할 때 라반이 그들의 결혼지참금을 다 유용한 것에 대한 불만도 한 몫을 했다.

라헬과 레아가 그에게 대답하여 이르되 우리가 우리 아버지 집에서 무슨 분깃이나 유산이 있으리요 아버지가 우리를 팔고 우리의 돈을 다 먹어버렸으니 아버지가 우리를 외국인처럼 여기는 것이 아닌가(창 31:14-15).

야곱이 라헬과 레아를 위하여 지불한 결혼지참금은 칠년과 칠년을 합한 총 십사 년의 무보수 노동이었다. 즉 7년의 연봉이 한 여인에 대한 대가였다는 점에서 결코 작은 액수가 아니었음을 알 수 있게 한다. 납폐금(מהר)이란 용어는 구약성경에 단 세 번만 나오는데(창 34:12; 출 22:16; 삼상 18:25) 액수가 정확하지는 않고 신부의 아버지가 제시하는 대로 따르는 경우들이다. 야곱의 딸 디나를 강간한 하몰의 아들 세겜의 경우는 야곱이 아무리 큰 액수를 부를지라도 지불하겠다고 하고(창 34:12), 사울은 다윗에게 그의 딸 미갈과 결혼하는 조건으로 블레셋 사람들의 포피 백 개를 요청한다(삼상 18:25). 그러나 신명기에서 같은 상황을 다루는 법조문에는 납폐금의 액수를 분명하게 정해주고 있다.

> 만일 남자가 약혼하지 아니한 처녀를 만나 그를 붙들고 동침하는 중에 그 두 사람이 발견되면 그 동침한 남자는 그 처녀의 아버지에게 은 오십 세겔을 주고 그 처녀를 아내로 삼을 것이라 그가 그 처녀를 욕보였은즉 평생에 그를 버리지 못하리라(신 22:28-29).

소가 남종이나 여종을 받아 생명을 잃게 하였을 때 소 임자가 그 종의 상전에게 지불해야 할 배상액이 은 삼십 세겔이라는 점(출 21:32)을 살펴볼 때 은 오십 세겔은 결코 작은 액수가 아님을 알 수 있다.

이처럼 이 부분(D - 21:12-22:17)은 가시적으로 확연히 드러난 폭력과 배상에 대한 사항을 다루고 있다. 가시적이라는 점에서 판결이 용이하게 이루어질 수 있는 사항들을 다룬 것이다. 사건의 당사자들뿐만 아니라 그 사건을 주변에서 보고, 들은 사람들이 증인으로 나설 수 있다는 점이 판결과 형벌을 수월하게 할 수 있는 것이다. 그러나 삶을 살아가노라면 이렇게 눈에 확연히 드러나는 문제들만 존재하는 것은 아니다. 오히려 눈에 드러나지 않는 문제들이 더 많을 수 있고, 또 더 심각할 수 있다. 왜냐하면 눈에 띄지 않기에 해결이 용이하지 않고, 주변에 늘 잠복해 있기에 공동체를 속에서부터 병들게 하기 때문이다. 이제 하나님의 백성은 이러한 부분들까지 하나님의 법으로 다루어야 한다. 그러므로 다음 부분에서 다루게 될 내용은 세상 어느 법전도 다루지 않고, 다룰 수도 없는 내용이란 점에서 하나님의 법의 위대함이라고 할 수 있다.

[2] 은밀한 폭력과 배상에 대한 규정들(D' - 출 22:21-23:9)

위에서는 법의 적용이 주로 가시적인 범죄행위에 대한 것에 초점이 맞추어져 있었다면 이 부분은 법을 적용하는 면에 있어서 한 단계 더 깊이 나아갈 것을 요구한다. 사람이 삶을 사노라면 다른 사람을 대하는 태도가 폭력이나, 손해를 끼치는 것처럼 명확하게 겉으로 드러나는 경우가 있는가 하면, 진의가 드러나지 않는 마음의 범죄 또한 존재한다. 마음속에서 일어나는 범죄는 그것을 명확하게 진단하여 범죄라고 규정하는 것 자체가 불분명할 때가 많다. 그리고 마음속에 품은 것이 행동으로 옮겨짐에도 드러나지 않게 행할 때는 범죄행위를 입증하기가 여의치 않을 때가 많다. 간단한 예를 한 가지 들라고 한다면 가난한 이웃을 도와야 할 때, 단순히 그 당사자들을 외면함으로 쉽게 의무로부터 빠져나올 수 있다. 그러한 행동에 대하여 어떤 법률조항으로도 제제를 가할 수 없으며, 단지 부유한 자들의 선한 마음에 의존할 수밖에 없는 것이다. 이처럼 법 적용은 드러난 것뿐만 아니라, 드러나지 않는 마음속까지도 이끌 수 있는 것이어야 한다. 언약법전은 거기까지로 하나님의 백성을 이끌고 있다.

먼저 과부나 고아를 해롭게 하지 말라는 명령으로 시작한다(출 22:22-24). 산업시대가 된 현대와는 달리 고대는 주로 인구의 대부분이 농사나 목축이라는 일차산업에 생계가 달려 있었다. 과장하지 않고 이 당시에는 절반 정도의 가정들이 아이들을 낳고 키우는 중에 부모 중에 한쪽이나 혹은 양쪽 모두 죽게 됨으로 결손가정이 된다. 20세기 초에 인도 가정의 71%가 결손가정이었다고 한다면 고대 이스라엘은 어떠했을지 짐작이 간다. 그런 점에서 과부와 고아는 광범위한 현상이면서 또한 사회문제로 대두되었을 것이라 여겨진다.[211] 이렇게 혼자가 된 과부나, 부모가 없는 고아들은 그들의 토지와 집 그리고 가축들을 지켜낼 여력이 없을 수도 있다. 누군가가 이들이 가지고 있은 것을 탐을 내어 조직적으로 음모를 꾸민다면 비밀리에 해를 가하고 가진 것을 탈취하기가 손쉬웠을 것이다. 때로는 대놓고 합법을 가장하여 해를 가할 수도 있다. 중세시대의 마녀사냥이 그 예가 될 것이다. 마녀사냥의 많은 경우가 과부가 된 부유한 미망인의 재산을 가로채기 위한 음모가 도사리고 있었던 것을 보면 고아와 과부의 불안전한 위치를 짐작케 한다. 비록 이와 같은 음모와 탈취에 대해 사람의 눈은 속이고, 가릴 수 있을지 모르겠지만 고통 가운데 있는 그들이 하나님께 부르짖으면 하나님께서는 결코 좌시하지 않으실 것이라 천명하신다. 세상 법정에는 세울 수 없을지 모르지만 하나님께서 직접 심판하시겠다는 단호한 의지를 보이시는 것이다. 그 심판의 엄중함은 그 가정을 과부와 고아와 동일한 운명이 되게 하겠다는 것이다. 이는 곧 드러나지 않게 악을 행하는 자를 처단함으로 그 아내가 과부가 되고, 자녀들이 고아가 되게 한다는 것이다.

그 다음은 가난한 자에게 돈을 꾸어줄 때 이자를 받지 말 것과 옷을 전당 잡으면 밤이 되면 돌려주라는 것이다. 그것이 알몸을 가릴 이불이 된다는 것이다(출 22:25-27). 보통 다른 이에게 돈을 빌려준다는 것은 이자라는 이득을 보기 위한 목적이 강하다. 고대 근동 세계에서는 빌려준 돈에 대한 이자를 받는 것은 당연한 것이며, 많은 경우 상업적으로 조직화된 형태를 띠기도 했다고 한다.[212] 그런데 하나님께서는 자신의 백성들에게 타국인에 대해서는 이자를 받을 수 있으나, 동족을 향해서는 결코 이자를 받지 말라고 하신다. 이러한 강조점은 레위기와 신명기도 동일하게 보여주고 있다.

너는 그에게 이자를 받지 말고 네 하나님을 경외하여 네 형제로 너와 함께 생활하게 할 것인즉 너는 그에게 이자를 위하여 돈을 꾸어 주지 말고 이익을 위하여 네 양식을 꾸어 주지 말라(레 25:36-37).

네가 형제에게 꾸어주거든 이자를 받지 말지니 곧 돈의 이자, 식물의 이자, 이자를 벌 만한 모든 것의 이자를 받지 말 것이라 타국인에게 네가 꾸어주면 이자를 받아도 되거니와 네 형제에게 꾸어주거든 이자를 받지 말라 그리하면 네 하나님 여호와께서 네가 들어가서 차지할 땅에서 네 손으로 하는 범사에 복을 내리시리라(신 23:19-20).

그렇다면 가진 자들은 이자를 받지 못한다고 판단될 경우에는 손쉽게 돈이 없다는 핑계를 댈 수 있고, 급전이 필요한 사람에게 돈을 빌려주지 않을 수도 있다. 여기에 덧붙여 전당잡은 물건이 겉옷일 경우 밤이 되면 가난한 자의 이불이 되기에 해가 질 때는 돌려주었다가, 아침에 다시 전당으로 돌려받는 귀찮은 일을 반복해야 한다. 이러한 것이 싫기에 일언지하에 가진 돈이 없다는 핑계로 돈 빌려주기를 거절할 수 있다. 이와 같이 가난한 자에게 빌려줄 돈이 있음에도 거절하는 경우라도 그 어떤 것으로도 제재를 가할 수 없게 된다. 즉 숨긴 것이 쉽게 드러나지 않기에 돈을 빌려주지 않아도 법정에 세울 수가 없다는 것이다. 이 법을 이루기 위해서는 가진 자들이 특히 자발적으로 행동해 주어야만 실현될 수 있는 법이다. 그러나 눈에 드러나지 않기에 법정에 세워 시시비비를 가릴 수는 없을지라도 하나님께서는 가난한 자들의 부르짖음을 들으시고 직접 판결하시겠다고 하신다. 그리고 요구하시는 것은 하나님이 이들의 부르짖음을 들으시는 자비하신 하나님이심과 같이 그 백성들도 동일하게 약자들의 부르짖음을 듣고 그들의 아픔을 해결해 주는 길로 가기를 소망하시는 것이다. 이 모든 상황에서 선행을 가능하게 하는 것은 하나님의 구원에 대한 기억이다. 그 하나님께서 지금 다른 이들이 누리지 못하는 것을 제공해 주신 자비로우신 하나님이심을 깨닫고 은혜로 받은 것을 기꺼이 나누는 삶을 사는 것이다. 세상은 이것을 알지 못하고, 이해하지도 못하고 살지도 못한다. 그래서 그 가는 길이 다를 수밖에 없다. 아무리 많은 이론을 갖다 붙여도 인간이 만들어낸 정의와 공의 그리고 선행은 결국 그 한계가 이미 분명히 드러난 것이다. 왜냐하면 이와 같은 마음속에서 일어나는 탐욕을 제어할 길이 없기 때문이다. 그러나 하나님의 백성에게는 자비하신 하나님께서 이 모든 것을 주셨고, 또한 손을 펴 기꺼이 그것을 나누기를 소망하시기 때문에 가능하다. 이렇게 이자를 받지 않고 꾸어주고 또한 기꺼이 가진 것을 나누는 것은 곧 가난한 자들이 누려야 할 몫에 대한 가진 자들의 배상이 된다는 점에서 분배의 정의를 생각해볼 필요가 있다. 인간 스스로의 의지로는 안 될 수 있지만, 자비하신 하나님의 은혜 안에 거하면 능히 삶으로 실행이 되는 것이다.

이러한 은혜가 바탕이 되지 않은 세상 법 그 중에서도 고대 근동에서 가장 완전한 법전으로 통하는 함무라비 법전은 전쟁에 나가 남편이 돌아오지 않는 경우에 대하여 이스라엘과 다른 대처방안을 제시한다.

* 133조 남편이 포로로 잡혀 갔으나 집에 먹을 것이 풍부한 여인은 시집 가지 않고 자신의 남편에 대한 자신의 정절을 지킨다.
* 134조 남편이 포로로 잡혀 갔는데 집에 먹을 것이 풍족치 않다면 여인 은 다른 남자에게로 출가할 수 있으며 이것은 아무 죄도 되지 않 는다.
* 135조 남편이 포로로 잡혀갔고 집이 가난하여 다른 사람에게 시집갔 을 때 전 남편이 돌아온다면 아이는 두고 이 여인은 남편에게로 돌아간다.

함무라비 법전을 통해 근동 세계는 가난하고 위기에 처한 사람에 대해서는 공동체가 어떤 책임도 질 필요가 없다는 점을 알 수 있다. 스스로 위기를 모면하고, 생계를 유지하기 위해 부부의 신의까지도 가볍게 여기는 세상임을 알 수 있다. 그러나 이스라엘은 그렇지 않다. 고아와 과부를 적극적으로 가까운 친족 순으로 도와야 하며 그렇지 못할 때는 공동체가 책임을 져야 하는 것이다. 그렇지 않으면 자비로운 하나님께서 악인을 심판하시고, 고통당하는 자를 구원하실 것이다. 그러므로 이스라엘에게 필수적인 것은 하나님의 은혜와 자비를 결코 잊지 않는 삶이다.

그 자비로운 하나님의 은혜로 인하여 자신이 애굽의 종살이에서 해방되어 이렇게 부를 누리며 축복된 삶을 살게 되었다는 기억이 그 또한 자비한 삶을 살게 되는 길을 여는 것이다. 이러한 하나님의 은혜에 대한 기억은 율법에 정해진 한계를 뛰어 넘어 완성의 길로 갈 수 있는 계기를 마련해 주는 것이 된다.

여기서 부유한 자가 가난한 자에게 돈을 꾸어주는 것에 대한 사례는 하나님의 백성에게 중요한 것이 무엇인지를 보여주는 한 사례에 지나지 않는다. 이것은 약자들의 부르짖음을 촉발할 수 있는 불의에 대한 한 예일 뿐이다. 이를 통해 율법의 적용이 모든 다른 가능성들에 대하여 항상 개방되어 있는 것임을 의미한다. 이러한 판결을 바탕으로 삶을 통해 부딪칠 수 있는 영역으로 확대될 필요가 있다. 더 확장시킨다면, 하나님의 백성은 율법에 의해서 율법을 넘어설 것을 요청받고 있는 것이다.[213]

그러므로 율법 자체 안에 있는 정신은 늘 동일해야겠지만, 율법의 적용은 변화하는 사회적, 역사적 환경에 따라 늘 새롭게 개정되어야 할 필요가 있다. 하지만 예수님 당시만 살펴보아도 하나님의 백성들이 율법에 의해 율법을 넘어서는 삶을 살아가기 보다는 오히려 율법의 조문에 얽매인 삶을 살아가는 현상이 발생했다. 그 비근한 예로 안식일 준수와 이혼에 대한 문자적인 모세의 율법 준수를 들 수 있다(마 12:1-14; 19:1-9). 예수님은 이에 대해 "모세가 너희 마음의 완악함 때문에 아내 버림을 허락하였지만 본래는 그렇지 않다"고 일침을 가하신다(마 19:8). 그렇다면 율법에 의해서 율법을 넘어서야 한다는 것은 율법을 통해 하나님께서 이루시고자 하시는 본래의 목적이 무엇인지를 간파하는 것이요. 문자에 적혀진 그 이면의 정신을 이루어내는 것이 필요하다.

다음에 주어지는 명령들은 모두 개인적으로 은밀하게 행해질 수 있는 여러 가지 위반 사항들을 제시하고 있다(출 22:28-31). 재판장을 모독하지 말고, 백성의 지도자를 저주하지 말라는 명령은 몰래 모독하고, 저주하는 것까지도 행하지 말아야 할 것을 의미한다. 이러한 은밀한 행위들로 인해 사회의 권위체계가 무너짐으로 질서를 와해시키는 것이 될 수 있다. 추수한 것과 짜낸 즙을 바치는 것과 첫 아들을 하나님께 성별하여 드리는 것에 관한 내용도 역시 개인적으로 무시될 수 있다. 하나님 앞에 서 있는 한 사람이 정성스럽게 구별하여 드리지 않으면 제재할 장치가 없다. 특히 하나님께서는 자원하는 예물을 기뻐하신다는 점에서 억지로 강제화 시켜 빼앗는 것처럼 받고 싶지는 않으실 것이다. 그런 점에서 이 모든 예물들은 자발적인 것이 되어야 한다. 처음난 아들은 초태생 구별법을 따라 알맞은 제물로 대속해야 한다(출 13:13). 제사장들이 성별되기 까지는 각 집안의 첫 아들들이 집안의 제사장 역할은 물론, 민족을 위한 제사장의 역할도 감당했을 것이라 본다(출 19:22-24). 레위인들이 초태생들의 역할을 대신 하는 것으로 구별된 이후는 각 집안의 초태생은 제사장의 역할이 아니라 단지 제물로 대속만 하게 되었다(민 3:39-51). 소와 양의 초태생도 역시 마찬가지로 성별하여 하나님께 드려야 하는데 그 방식은 일주일 동안은 어미와 함께 있게 하고, 팔일 째 하나님께 드려야 한다. 이것은 흡사 사내아이가 태어났을 때 일주일 동안 엄마와 함께 있다가 팔일 째 할례를 행하여 하나님께 구별된 존재가 된다는 의미와 동일한 것이라 할 수 있다. 7일이 완전수라 한다면 생명이 충만한 단계에 이른 후에 하나님의 것으로 구별함을 의미하는 것이라 할 수 있다. 이렇게 가축의 초태생을 구별하는 것도 그 주인의 자발적인 의지밖에는 규제할 방식이 없다. 새끼가 태어나고, 자라는 것은 그 가축을 키우는 주인밖에는 알 수 없기 때문이다. 마음먹고 속이려면 얼마든지 가능한 것이다. 그리고 찢겨 죽은 가축에 관한 것도 역시 마찬가지로 그 가축의 주인이 자발적으로 지켜야 이루어질 수 있는 일이다. 찢겨 죽은 짐승을 먹는 것이 부정한 이유는 피를 빼지 않았으므로 고기 안에 피가 그대로 남아 있기 때문이다. 피에는 생명이 깃들어 있기에 피가 들어있는 고기를 먹는 것은 금지사항인 것이다. 그러나 이것 또한 스스로 지키려는 의지가 없다면 아무도 제어할 수 없는 것이 된다. 얼마든지 몰래 먹을 수 있기 때문이다. 어느 누구도 다른 사람의 삶을 따라다니며 죽은 짐승을 몰래 구워먹는지, 찢겨진 소의 남은 부분을 요리해 먹는지를 일일이 감독할 수는 없다.[214] 이와 같이 나열된 여러 가지 금지 규례들은 백성들의 자발적인 참여를 종용하는 것으로 강제화 할 수 없는 요소들이다. 모든 것이 다 다른 사람들의 눈에 드러나지 않을 수 있다는 점에서 공동체를 불법과 부정으로 가득 채울 수 있다는 위험성이 있다. 하나님의 백성은 드러나지 않는 죄들에 더욱더 주의를 기울이며, 거룩한 삶을 이루는 길을 걸어야 하는 것이다..

　　　　마지막으로 출애굽기 23:1-8절은 재판과 연민이라는 두 가지 요소가 혼합되어 재판에서도 올바른 감정이입이 필요함을 보이고 있다. 사람의 속에서 일어나는 감정을 다루고 있다는 점에서 겉으로 분명하게 드러나지 않는다는 공통점이 있다. 이 부분은 교차대칭구조(chiasm)를 이룬다.

A. 23:1-2 재판에 악을 행하지 말라(악성루머, 악인의 사주 받은 위증, 다수의

　　　힘 배격)

　B. 23:3 가난한 자의 재판이라고 편들지 말라(가난한 자 측은하다고 두둔 말라)

　　C. 23:4-5 원수의 길 잃은 소나 나귀를 보거든 주인에게 돌릴지라

　　　　　미워하는 자의 나귀가 짐 싣고 엎드러지면 그것을 도와 짐을 내리라

　B'. 23:6 가난한 자의 재판이라고 정의를 굽게 말라(가난한 자 힘없다고 핍박 말라)

A'. 23:7-8 재판에 악을 행하지 말라(뇌물, 돈의 힘 배격)

　　　시작인 A(23:1-2)와 끝인 A'(23:7-8)은 전체를 감싸면서 공통적으로 '공정한 재판'에 대한 관심으로 가득 차 있다. 악인이 되지 말고, 죄 있는 자를 유죄판결 하고, 죄 없는 자, 즉 의로운 자를 구하라고 명령한다. 그리고 재판의 결과를 굽게 하는 다양한 요소들이 이 곳에 제시되는데, 의도적인 악성루머(소문), 악인의 사주를 받은 위증, 다수의 힘, 그리고 뇌물을 뜻하는 돈의 힘 등이다. 이 둘 사이에 B(23:3)와 B'(23:6)이 위치하며 공통적으로 가난한 자의 송사라고 해서 연민으로 두둔하거나, 혹은 잔혹하게 정의를 굽히거나 하지 말라는 것이다. 즉, 불쌍하다고 해서 편벽되게 편들어서도 안 되고, 가난하다는 이유로 권력자의 손을 들어주는 부정의가 있어서도 안 된다는 것이다. 여기는 감정이입이 편벽되이 왜곡되게 적용되어서는 안 된다는 것을 강조한다.

이렇게 이 구조의 테두리 모두는 재판과 관련된 내용으로 구성되어 있다. 그러나 중심인 C(23:4-5)는 의롭고, 올바르게 판가름해야 한다는 재판의 주제들에서 전적으로 벗어나는 내용이 등장한다. 갑작스럽게 길을 잃었거나, 짐 밑에 깔린 가축이 그 중심에 부각된다. 그것도 개인적으로 원수나 미워하는 자가 주인인 가축들이다. 왜 전적으로 재판에 대한 내용으로 테두리 지어진 중심에 원수의 길 잃은 소와 나귀 그리고 짐으로 엎드러져 있는 미워하는 자의 나귀가 등장하는 것인가? 이것이 재판과 무슨 상관이 있는 것이기에 중심을 차지하고 있는 것인가? 재판과 전혀 무관할 것 같은 이 내용이 공정한 재판을 위하여 필수적인 마음 자세를 다룬다는 점에서 중요성이 있다.

이 중심이 가리키는 강조점은 "어디에 초점을 맞추어 판단할 것이냐?"라는 점을 지적함으로 공정한 재판과 밀접하게 연관된다. 원수나 자신을 미워하는 자인 적대적인 주인에게 초점을 맞추어 판단할 것인가, 아니면 지금 눈앞에서 고통당하고 있는 짐승 그 자체에 초점을 맞출 것인가의 문제이다. 만약 광야에서 길 잃은 소나 나귀를 외면해 버린다면 밤이 되면 분명 사나운 짐승의 밥이 되고 말 것이다. 짐으로 엎드러져 있는 나귀는 신속한 도움이 없다면 결국 질식사 할 수도 있다. 여기서는 부정적으로 얽힌 과거의 관계에 초점을 맞추지 말고, 현재 고통당하는 그 짐승에게 초점을 맞추라는 것이다. 이 가축들에 대한 태도는 이런 얽히고설킨 인간관계와 전혀 무관하게 결정되어야만 한다는 것이다. 즉, 비록 원수와 미워하는 자의 짐승들에게까지도 공정하게 자비와 긍휼을 베풀 수 있다면 사람의 안녕이 달려 있는 재판에서는 더욱더 선악을 왜곡시키는 오류는 범하지 않을 것이라는 의미가 내포되어 있다. 잘못된 감정이입으로 정의와 공의를 이루어야 할 재판을 그르치는 일이 벌어지지 않게 할 수 있다는 것이다. 그렇다면 재판에 있어서는 모든 얽힌 개인적인 감정이 부당하게 이입되어서는 안 된다는 사실이 강조된다. 당사자가 사람이든, 동물이든, 친구든, 원수든 상관없이 그들이 법정에 설 수밖에 없었던 행위로만 판단 받아야 하는 것이다. 연민이라는 감정이입도 올바르게 사용되어야 한다. 적대감 때문에 연민의 정이 끊어지고, 가난한 자들에게 법이 유보되고, 다수의 압력과 권력과 돈이 재판을 좌지우지하는 것은 절대 금물이다. 재판과 연민은 정확하고 분별력 있게 활용되어야 한다. 이와 같이 중심에 주어진 명령과 같이 원수와 미워하는 자의 짐승들에게도 공정함을 바르게 지켜낼 수 있는 사람은 테두리에 주어진 상황들을 올바르게 판별하여 의로운 자의 길을 걸어갈 수 있을 것이다. 하지만 이 모든 판단의 기준이 있다는 것을 기억해야 한다. 법정에서 어떠한 판결이 내려지든 간에 잊지 말아야 할 것은 공의로우신 하나님께서 재판의 모든 절차와 결과에 깊은 관심을 갖고 계시다는 것이다: "나는 악인을 의롭다 하지 않겠노라"(출 23:7).

이렇게 감정이입을 바르게 다스리지 못할 때 벌어지는 일은 현대에도 치명적인 결과를 불러온다는 점에서 깊이 되새길 필요가 있다. 한 가지 잘못된 감정이입의 예를 몇 년 전의 사건 속에서 찾아볼 수 있다. 2013년 5월에 한 태권도 관장의 자살 사건이 화제가 된 적이 있다. 그의 자살 이유는 한 심판과의 악연으로 인한 것이었다. 어떤 연유인지는 모르나 태권도 관장과 심판이 원수 관계가 되어버렸다. 이 태권도 관장에게는 태권도 선수로 활동하고 있는 아들들과 제자들이 있었다. 그런데 그 심판이 주심으로만 나오면 경기를 잘하든 못하든 상관없이 이 태권도 관장과 관계된 선수들은 아들들이든, 제자들이든 패배로 결론이 났다. 그래서 그 심판이 인천지역을 관할하고 있었으므로 아들들을 서울로 중, 고등학교를 진학시켜 선수생활을 하게 했다. 그런데 그 심판이 서울지역도 관할하게 되었고, 전국체전 서울지역 선발전이 열렸다. 태권도 관장의 아들이 선발전 마지막 3차전 고등부 핀급 결승전까지 올라갔고, 그 경기에 악연이 된 심판이 주심을 보게 되었다. 마지막 3회전 50초를 남겨두고 5대 1로 유리하게 경기를 이끌고 있었다. 그런데 그 50초를 남겨둔 상황에서 그 심판이 관장의 아들에게 경고를 주기 시작했고, 경고 7개로 결국 실격되어 경기에 지고 말았다. 이에 대해 절망한 아들이 태권도를 그만두고 싶다는 푸념을 하게 되고, 이 관장은 몇날며칠을 잠도 못자며 고민하다 결국은 극단적인 선택을 하고 만다. 2013년 5월 28일 충남 예산의 한 사찰 인근에서 긴 유서를 남겨두고 차에 번개탄을 피우고 자살한 것이다. [215] 이에 대해 대한태권도 협회는 그 경기를 분석한 결과 그 심판이 사망한 태권도 관장의 아들에게 경기 종료 50초를 남겨두고 준 7차례의 경고 가운데 3차례가 부적절 했던 것으로 조사돼 최고 수준의 중징계인 제명 조치를 취했다고 밝혔다.

이 사건은 명백하게 원수와 미워하는 자라는 쪽에 감정이입이 이루어짐으로 링에서 경기를 벌이고 있는 선수들에게 초점을 맞추지 못하고 부당한 판결을 한 사례가 된다. 그런데 그 불의와 부정의가 결국 사람을 죽이는 길로 가게하고 말았다는 것이다. 그럼에도 세상 법정에서는 이와 같은 사건을 판결한 법이 없다. 부당한 판결로 사람이 목숨을 끊었음에도 그저 태권도 협회에서 그 심판을 제명하는 정도밖에는 할 수 있는 것이 없는 것이다. 이것이 바로 세상 법과 하나님의 법의 차이점인 것이다. 하나님의 법은 마음속에서 일어나는 이러한 잘못된 감정이입까지 다스려야 한다는 것을 알려주고 있으며, 만약 그리하지 못해 사건이 발생한다면 사람들은 판결할 수 없을지라도 하나님께서 친히 판결하실 것을 이미 강조하셨다. 하나님은 자비하셔서 억울한 자들의 부르짖음을 들으시고 인간의 눈에 숨겨진 것까지도 공정하게 판결하신다는 것이다(출 22:23, 27). 이처럼 하나님의 백성은 세상은 흉내도 낼 수 없는 법을 가지고 살아가는 백성이며, 그 법이 세상을 바르게 이끌도록 실천해 나가는 백성인 것이다.

분명 이와 같이 마음속의 감정까지 다스리며 하나님의 법을 지킨다는 것은 눈에 확연하게 드러나는 폭력과 배상에 관한 법을 지키는 것보다는 무척이나 어렵다는 것은 명백하다. 그렇다면 법적용과 준수를 위해 마음까지 움직이기 위해서는 그 마음을 동할 수 있는 동기가 필요할 것이다. 그 동기가 바르지 않으면 결코 옳은 길로 나아갈 수 없기 때문이다. 그래서 더 높은 단계의 법적용을 다루는 이 부분(D' 22:21-23:9)은 의도적으로 시작과 끝이 동일한 구문으로 감싸여져 있다. 이 동일한 구문은 마음속을 움직일 수 있는 동기를 부여해 주는 기능을 한다. 그 시작과 끝은 다름 아닌 너희도 애굽 땅에서 나그네였으니 이방 나그네를 압제하지 말라는 것으로 이루어진다(출 22:21; 23:9).

A. 시작: 출 22:21 너는 이방 나그네를 압제하지 말며 그들을 학대하지 말라
너희도 애굽에서 나그네였음이라

B. 중심: 출 22:22-23:8 마음의 은밀한 폭력을 피하기 위해 지켜야 할 법규들

A'. 끝: 출 23:9 너는 이방 나그네를 압제하지 말라 너희가 애굽 땅에서 나그네
되었었은즉 나그네의 사정을 아느니라

이 테두리가 강조하듯이 이 속에는 감정이입(empathy)의 원리
가 들어가 있다. 감정이입은 어떤 대상에 대하여 자신의 감정을 불어넣어
자신과 그 대상이 서로 동일한 경험과 생각으로 통한다고 느끼는 것이다.
하나님께서 약자들을 도우라고 하실 때에, 그것을 할 수 있는 가장 좋은
길로 강제성이 아닌 과거의 동일한 경험을 상기시킴으로 자비와 긍휼의
감정을 일으키는 것이다. 즉, 동병상련이라는 말처럼 동일한 경험을 한
사람이 그와 같은 경험을 하고 있는 사람의 심정을 더 잘 이해할 수 있다
는 것과 같은 원리인 것이다. 그러나 하나님께서는 단순히 동병상련이 아
니라 값없이 하나님의 자비와 은혜를 받았으니, 다른 사람들에게 동일하
게 자비롭고, 은혜롭게 대하라는 것이다. 이스라엘이 가난하고 기반이 없
는 자들을 아무 조건 없이 돌아볼 수 있는 길은 자신들이 그러한 은혜를
받은 기억을 잊지 않을 때 가능하기 때문이다. 이처럼 법적용이 새로운
국면에 돌입하고 있다. 가시적인 폭력과 손해에 대한 배상을 넘어서 아무
조건 없이 약자들을 도와야 하는 길을 가야 하는 것이다. 그 이유는 이미

그와 같은 사랑을 하나님께로부터 듬뿍 받았기에 능히 할 수 있기 때문이다. 이 법규들을 감정이입이라는 테두리로 감싸는 이유는 이 속에 있는 세세한 법규들은 그 위반사항을 쉽게 감지할 수 없으며, 또한 법규의 실행을 강제적인 법으로 제재할 수 없을 만큼 민감하고 개인적인 사안들이기 때문이다. 이웃에게 가시적인 폭력이나 금전적인 손해라는 악행을 저지르지 않는 것은 쉽지만, 보다 적극적으로 아무도 보지 않는 곳에서 선을 행하는 것은 그렇게 쉽지 않기 때문이다.

만일 하나님의 백성이 이방 나그네를 압제하고, 가난한 자를 향한 자비로운 마음을 버리고 가난한 자를 괴롭히며, 재판에 부정의를 행한다면 그들은 출애굽이라는 자신들의 역사 자체를 모독하는 것이나 다름없다. 그것은 단순한 율법위반 정도가 아니라 근본적으로 자신들의 과거를 부정하는 것이나 다름없으며, 자신들을 현재의 자리에 있게 한 하나님의 구원행동을 부정하는 것이기 때문이다. 이것은 이미 애굽의 바로 왕이 저질렀던 역사의 과오였다: "요셉을 알지 못하는 새 왕이 일어나 애굽을 다스리더니"(출 1:8). "역사를 잊은 백성은 곧 망한다"라는 사실을 알아야 한다. 하나님의 백성은 하나님의 성품을 닮아가는 자들이 되어야 하며, 이를 통해 하나님이 주신 법이 결코 강제가 아닌 자연스런 삶이 될 수 있게 하여야 한다. 그 길만이 이스라엘이 과거로 돌아가지 않고 하나님의 소유된 백성이며, 제사장 나라요, 거룩한 백성을 이룰 수 있는 지름길이 되는 것이다.

이러한 모든 정황들을 고려해 볼 때 지금 이 감정이입이라는 틀 안에 포함되어 있는 법들 전체인 D'(출 22:21-23:9)은 눈에 분명하게 드러나는 가시적인 폭력과 배상에 관한 법을 다루고 있는 D(출 21:12-22:17)와 맞상대로서 사람의 눈에 잘 드러나지 않는 은밀한 폭력과 올바른 배상에 대하여 다루고 있다는 점에서 긴밀하게 평행과 대조의 관계를 이루게 된다. 즉, 법 적용이 광범위하게 확장되고 있는 것이다. 부연설명하자면 사회 기반이 없는 가난한 자들과 나그네와 고아와 과부와 같은 약자들에게 행하는 무시, 멸시, 외면은 그들의 고통스럽고 절망적인 삶을 그대로 방치하는 것이 되고, 이는 곧 그들의 마음에 깊은 상처를 입힌다는 점에서 눈에 보이지 않는 폭력행위가 된다. 자신이 더 많이 누림으로 다른 이들이 누리지 못하게 하는 것도 의도치는 않았을지라도 사회 구조적인 폭력행위가 될 수 있기 때문이다. 비록 그 당하는 사람이 원수요, 미워하는 자일지라도 절망적인 상황으로부터 해방될 자격이 있는 하나님의 자녀라는 점에서 아무것도 행하지 않고 그를 고통에 내버려둔다는 것 자체가 이미 또 다른 종류의 폭력이 될 수 있다. 그리고 이 모든 비가시적인 폭력행위는 공동체에 잘 드러나지 않고, 은밀하게 행해진다는 점에서 가시적인 행위보다 더 위험스럽게 공동체를 와해시키는 파괴력을 가질 수 있다. 왜냐하면 가시적인 것은 해결의 길이 쉽고 명확하여 그때마다 치료가 가능하지만, 비가시적인 것은 문제점도 인식하지 못하고 있다가 한꺼번에 폭발될 수 있기 때문이다. 그렇다면 역으로 이러한 가난한 자와 약자들을 돕고, 돌보며, 이들과 가진 것까지도 나누는 것은 그들이 동일한 사람으로서 당연히 누려야 했음에도 누리지 못하는 것에 대한 배상이 될 수 있다. 즉, 우리는 하나님의 백성으로서 우리에게 주신 하나님의 축복의 잉여물자들을 축적함으로 폭력을 유발시키는 세상을 만드는 것이 아니라,

그것을 바르게 나눔으로 최소한의 것도 누리지 못하여 고통 가운데 거하는 상처 입은 사람들의 마음을 어루만지는 배상제로 사용해야 한다는 것이다. 그러므로 가난한 자들 약자들에게 나누는 것은 곧 그들이 마땅히 누려야 했으나 그리하지 못하는 것에 대한 선의의 배상이 될 수 있다.

이처럼 D와 D'에 나타난 법 내용들은 십계명의 사람과 사람 사이에 이루어야 할 정의를 다루고 있는 제5계명부터 10계명까지를 해설하여 적용하는 것이라 할 수 있다. 가시적으로 확연히 드러나는 부모공경, 살인, 간음, 도둑질, 거짓증거 등과 더불어 눈에 보이지 않는 마음의 탐심까지도 바르게 다스려야 하는 것까지 나아가는 것이다.

> * 제5계명, 네 부모를 공경하라
> * 제6계명, 살인하지 말라
> * 제7계명, 간음하지 말라
> * 제8계명, 도둑질하지 말라
> * 제9계명, 네 이웃에 대하여 거짓 증거하지 말라
> * 제10계명, 네 이웃의 집을 탐내지 말라

(5) 중심: 제의적 성격(이방제의에 대한 강력한 제재)(E - 22:18-20)

이제 언약법전의 중심에 도달했다. 중심에는 사람 사이에서 벌어지는 사건들을 다루는 규례가 아니라, 다시 한 번 하나님을 향한 예배와 연관된 사항을 다룬다. 이미 하나님을 향한 예배에 관한 사항은 언약법전의 가장 바깥 테두리를 감싸고 있다는 것을 제시했다. 모든 법의 중

심 또한 하나님을 향한 예배에서 벗어나서는 결코 그 어떤 법도 설 수 없기에 중심에서 다시 한 번 참예배의 길을 강조하고 있는 것이다.

너는 무당(מְכַשֵּׁפָה sorceress; 여자 무당)을 살려두지 말라
짐승과 행음하는 자는 반드시 죽일지니라
여호와 외에 다른 신에게 제사를 드리는 자는 멸할지니라
(출 22:18-20).

여호와를 따르는 종교제의와 반대되는 것을 표현하는 내용이 계약법전의 중심에 자리하고 있다. 여기서 여자 무당이나, 다른 신에게 제사 드리는 것은 명백한 이방제의와 연관이 있다는 것을 알 수 있다. 그러나 중심에 위치한 짐승과 행음하는 것은 그 의도가 불분명하다. 그럼에도 이방적 종교행위를 다루는 내용의 가운데 위치하고 있다는 것은 분명 단순한 성적인 타락을 의미하는 차원이 아니라 "이스라엘의 이웃에서 행하던 동물을 이용한 제의 의식과 풍요와 다산을 기원하는 의식에 동참하는 일이 되기 때문"이었을 것이 틀림없다.[216] 기원전 5세기의 그리스 역사가 헤로도토스(Herodotos)의 보고에 의하면 애굽을 여행할 때 멘데스 지역에서 벌어진 일을 전하고 있는데 종교적으로 신성시하는 수산양과 여자가 성적인 교합을 했다는 내용이다.[217] 물론 이러한 기괴한 결합은 분명 종교적인 의미가 들어가 있었을 것이다.

이 중심의 특징은 각각의 범죄에 대하여 세 번에 걸쳐서 강력하게 사형집행을 선언하고 있다: "살려두지 말라," "반드시 죽일지니라" 그리고 "멸할지니라"(חָרַם 하람 ; 여호와께 완전히 진멸해서 바치는 것). 언

약법전의 중심에서 강력하게 이방신앙에 빠진 자들은 남자든 여자든 그 흔적도 남지 않게 완전히 진멸해야 한다는 것을 통해 이방신앙과 여호와의 법의 공존불가능성을 말하고 있다. 이스라엘이 이방신앙에 빠지는 순간 겉은 물론 내면까지 다스리며 공의롭고 정의롭게 공동체를 이끌어나갈 수 있는 법을 잃어버리게 된다. 이를 통해 결국 삶의 방향을 잃게 될 것이며, 조만간 그들이 탈출한 세상 제국과 동일한 나라가 되어 버리고 말 것이다. 그러므로 이방인의 종교제의는 흔적도 없이 파기시켜야 하며, 그것을 흉내 내는 자 또한 반드시 진멸해야 하는 것이다.

이와 같이 출애굽기 20:22-23:33절까지의 언약법전의 대부분은 사람이 그 이웃과의 관계에서 행해야 할 법조문들로 가득 차 있다는 것을 살펴볼 수 있다. 하지만 그 시작은 '우상을 만들지 말 것'(출 20:22-26)을 강조하는 참예배의 길과 '이방인의 신들을 숭배하지 말 것'(23:20-33)이며 오직 여호와만 섬기는 바른 예배를 다시 한 번 강조하며 마감하고 있다. 그리고 그 두 테두리 사이에 이웃에 대한 법률 조항들이 자리를 차지하고 있으며, 이 모든 규례들의 가장 중심에는 또다시 이방신앙을 따르는 자들은 반드시 죽일 것이라는 내용이 주어져 있다(출 22:18-20). 이처럼 언약법전의 가장 바깥쪽 테두리와 중심은 하나님을 향한 바른 예배가 무엇이며, 하나님께서 싫어하시는 종교제의가 무엇인지를 드러내고 있다. 그리고 그러한 우상숭배적인 이방적 종교제의에 대해서 강력하게 멸절을 촉구하고 있다. 그렇다면 왜 이웃에 대한 관계를 말하는 대부분의 법체계에, 우상숭배 금지와 이방제의 금지에 대한 법령들로 테두리를 감싸며, 중심으로 세워두는가? 분명 이유가 있을 것이 틀림없다. 아무것도 할 수 없는 우상이 무엇 때문에 그렇게도 문제인가? 살아있지도 않은 것이 무슨 해를 끼친다고 이렇게도 야단법석인가? 하나님께서 주신 법의 대표격인 십계명의 제1계명과 2계명이 다른 신들과 우상숭배 금지를 선언하고 있다. 이것은 결코 하나님의 질투심 때문은 아닐 것이란 점을 짐작해 볼 수 있다. 물론 신명기 4:24절에서 하나님께서 자신을 '질투하시는 하나님'으로 소개하고 있지만, 우리가 생각하는 그런 인간적 질투와는 분명 거리가 먼 '열심과 열정'(사 9:7; 37:32; 59:17)이 오히려 더 나은 번역이 될 것이다. 이제 하나님께서 이방신앙을 그리도 금기시 하시는 이유를 분석해볼 필요가 있다.

이것은 하나님께서 주신 율법이 단 한 가지를 어김으로 완전히 무너질 수 있기에 그러셨을 것이다. 그것이 바로 우상숭배이다.[218] 가나안 족속이 숭배하는 이방신 예배가 이스라엘의 삶을 완전히 뒤바꿀 수 있으며, 하나님의 법을 전적으로 무용지물로 만들 수 있기에 그랬을 것이다. 이미 우상을 숭배하는 애굽의 전제정권이 어떤 결과를 만들어 내는지를 이스라엘은 경험했다는 점에서 쉽게 납득이 될 수 있다.[219] 고대 근동의 어떤 나라도 하나님께서 주신 이와 같은 법을 가진 나라가 없다. 겉으로 드러나는 삶과 속으로 숨겨져 있는 감정까지를 바르게 다스려서 하나님께서 뜻하신 아름다운 세상을 만드는 법을 가진 나라가 없다는 것이다. 그러므로 이스라엘이 다른 신들과 우상들을 따라가는 그 순간부터 하나님의 말씀이 아닌 인간이 만들어낸 신들과 우상들의 이념과 가치관을 따라가게 될 것이다. 인간이 우상을 만들어 내는 것은 자신의 욕망을 실현하기 위한 도구를 만들어내는 것과 같다. 그 속에는 하나님의 뜻이 아니라, 인간의 욕망이 담긴 이념과 가치관이 지배하는 세상이 되고 말 것이다.[220]

이처럼 다른 신앙은 다른 이념과 가치관을 추구한다. 그리고 어떤 가치관을 추구하느냐에 따라 걸어가는 과정과 결과는 완전히 달라진다. 하나님의 백성은 오직 여호와의 율법을 준행함으로 나타나는 결과뿐만 아니라, 걸어가는 과정까지도 의로워야만 한다. 우상종교냐, 여호와 신앙이냐의 차이점은 결국 탐욕과 직결된 소유냐, 아니면 하나님의 뜻을 펼치는 형상으로서의 존재냐의 질문과도 일맥상통하는 것이라 하겠다. 다른 신을 따라가는 우상종교는 눈에 보이는 가시적인 것을 추구하는 소유에 집착한다면, 여호와 신앙은 하나님의 백성으로 살아가는 존재 그 자체를 추구하며 인간의 욕망이 아닌 하나님의 뜻이 실현되는 세상을 추구하는 것이다.

(6) 율법주의를 넘어서 완전케 하는 길로

신약성경 속에는 율법과의 격렬한 부딪침이 있다. 예수님께서도 율법주의자들과 격돌하셨고, 바울 사도 또한 율법준수를 강조하는 유대 그리스도인들과의 논쟁이 있었다. 특히 현대 교회에서는 구약과 신약의 분리가 심각하고, 신약 위주의 설교가 진행되면서 구약성경 속에 나타난 하나님의 놀라운 구원역사들이 희석되고, 무시되는 경우가 발생한다. 이렇게 되면 신앙의 깊은 역사를 잃어버리는 오류를 범하기도 한다. 어떤 경우에는 지금은 신약의 시대이고, 구약은 이미 지나간 것이니 구약이 무슨 필요가 있느냐고 반문을 하는 신앙인들을 만나기도 한다. 이것은 우리 신앙의 바탕을 절반 이상 잘라내는 것과도 같은 생각이다.

우리가 알아야 할 것은 왜 예수님도 후에 사도로 부름 받은 바울도 율법주의자들과 격돌할 수밖에 없었으며 또한 율법에 대한 정의를 새롭게 하려고 했는지에 관한 것이다. 다음의 구절들을 찾아보면 그 부딪힘의 이유를 살펴볼 수 있다.

	성경구절	내 용
1	눅 11:46	이르시되 화 있을진저 또 너희 율법교사여 지기 어려운 짐을 사람에게 지우고 너희는 한 손가락도 이 짐에 대지 않는도다
2	눅 14:3-6	예수께서 대답하여 율법교사들과 바리새인들에게 이르시되 안식일에 병 고쳐주는 것이 합당하냐 아니하냐
3	롬 7:6	이제는 우리가 얽매였던 것에 대하여 죽었으므로 율법에서 벗어났으니 이러므로 우리가 영의 새로운 것으로 섬길 것이요 율법 조문의 묵은 것으로 아니할 지니라
4	고후 3:6	그가 또한 우리를 새 언약의 일꾼 되기에 만족하게 하셨으니 율법 조문으로 하지 아니하고 오직 영으로 함이니 율법 조문은 죽이는 것이요 영은 살리는 것 이니라
5	갈 2:16	사람이 의롭게 되는 것은 율법의 행위로 말미암음이 아니요 오직 예수 그리스도를 믿음으로 말미암는 줄 알므로 우리도 그리스도 예수를 믿나니 이는 우리가 율법의 행위로써가 아니고 그리스도를 믿음으로써 의롭다 함을 얻으려 함이라 율법의 행위로서는 의롭다 함을 얻을 육체가 없느니라
6	갈 2:21	내가 하나님의 은혜를 폐하지 아니하노니 만일 의롭게 되는 것이 율법으로 말미암으면 그리스도께서 헛되이 죽으셨느니라

이러한 율법에 대해 부정적인 것처럼 보이는 견해들은 예수님 당시에 만연해 있던 구약 율법에 대한 해석의 차이로 인해 발생한 것이다. 구약의 율법은 결코 완성된 형태로, 삶의 모든 정황을 다 해석하고, 판단할 수 있는 것이 아니다. 아주 간단하며, 단순하여, 한 민족의 온전한 헌법이라고 하기에는 미비한 점이 너무도 많다. 이러한 점을 보완하기 위해 세대에 세대를 거치며 법이 보충되는데 이스라엘에는 미쉬나가 있고, 이 미쉬나를 해석한 그마라가 있고, 미쉬나와 그마라가 합쳐져서 탈무드

를 형성하기도 한다. 그 내용 중에서 안식일에 대한 기본적인 39가지 규정만 살펴보면 법의 발전이 어떤 것인지를 짐작해볼만 하다.[221]

　　이 외에도 예수님 당시에 여러 가지 다른 안식일 법이 있었다. 안식일에 걸어갈 수 있는 거리는 2000규빗 까지이며(약 900m 정도; 행 1:12), 환자를 절대 치료할 수 없고 단지 피가 날 때에는 피만 멈출 수 있지 치료하는 행위, 즉 약을 바른다든지 하는 행위는 절대 금지되어 있다.

안식일에 하지 말아야 할 39가지 것들	
1) 씨 뿌리지 말 것	20) 두 실을 풀지 말 것
2) 밭 갈지 말 것	21) 매듭을 짓지 말 것
3) 곡식 단을 가루로 만들지 말 것	22) 매듭 끈을 풀지 말 것
4) 곡식을 거두지 말 것	23) 바늘로 두 번 깁지 말 것
5) 곡식을 타작하지 말 것	24) 두 뜸을 깁기 위해 찢지 말 것
6) 곡식을 까불지 말 것	25) 사슴을 잡지 말 것
7) 곡식을 갈아 가루로 만들지 말 것	26) 죽이지 말 것
8) 곡식을 찌지 말 것	27) 껍질을 벗기지 말 것
9) 채질하지 말 것	28) 소금을 치지 말 것
10) 반죽하지 말 것	29) 그 가죽을 만들지 말 것
11) 굽지 말 것	30) 머리털을 밀지 말 것
12) 털 깎지 말 것	31) 그것을 깎지 말 것
13) 빨래하지 말 것	32) 두 글자를 쓰지 말 것
14) 때리지 말 것	33) 두 글자를 쓰기 위해 지우지 말 것
15) 염색하지 말 것	34) 집 짓지 말 것
16) 실 짜지 말 것	35) 헐지 말 것
17) 밧줄을 끌지 말 것	36) 망치로 납작하게 때리지 말 것
18) 두 끈을 만들지 말 것	37) 불을 끄지 말 것
19) 두 실을 짜지 말 것	38) 불을 켜지 말 것
	39) 한 집에서 다른 집으로 물건을 옮기지 말 것

을 일로 규정하여 금지시키고 있다.[222] 그런데 아이러니 한 것은 안식일 또한 일을 해서는 안 되기에 무화과 말린 것 두 개 이상의 무게를 드는 것에 양이 구덩이에 빠졌을 때에는 건져내도 되지만 사람을 살리는 치료는 안된다는 것이다(마 12:9-14). 이것은 변질된 율법준수라는 것을 살펴볼 수 있다. 하나님께서 구원해 주신 그 은혜의 삶을 지키기 위한 하나님과의 동행과 하나님의 성품을 그대로 이 땅에 이루고자 하는 숭고한 목적은 사라지고, 완고한 율법준수로 넘어가는 것이다. 이것은 하나님의 구원사라는 놀라운 은혜가 사라지고 나면, 인간의 행위를 앞세운 구원의 길을 찾는다는 점에서 그렇다.

현대에도 정통 유대인들은 안식일을 철저하게 지키려고 애쓴다. 안식일에 불을 켜거나 끄면 안 되기에(출 35:5), 안식일이 시작되기 직전에 유대 여자들은 가스 불을 최소화시켜서 커피를 탈 물을 계속 올려놓고 안식일이 끝날 때까지 지낸다. 안식일에 엘리베이터를 타서 버튼을 누르면 불이 들어오기에 이방인에게 자신이 내려야 할 층 버튼을 눌러주기를 요청한다든가, 아예 계단을 이용하기도 한다. 그리고 유대인 호텔에는 안식일 전용 엘리베이터가 있어서 버튼을 누르지 않게 되어 있고, 모든 층에 다 선다.[223]

이와 같은 행동은 율법의 문자적인 의미만 남아 있고, 그 율법이 갖고 있는 본질적인 의미는 상실한 것이 된다. 하나님께서 율법을 주신 이유는 하나님의 뜻을 이루며, 하나님의 성품을 이 땅에 실현하며 살라는 의미에서였다. 그 정신은 사라지고, 법조문만 남아 있을 때 이것은 살리는 것이 아니라, 죽이는 것이 되기 십상이다. 이런 이유로 인하여 신약성경에는 율법경시주의적인 표현들이 등장하게 되는데 이것은 율법의 무용론을 주장하려는 것이 아니라 진정한 율법의 정신은 사라지고, 의문에 속한 법을 지키는 것에만 급급한 율법주의라는 잘못된 풍조를 지적하기 위한 것임을 알아야 한다. 사람들을 속박하여 하나님께서 주신 자유를 상실하게 만드는 오류를 배격하기 위한 것이다.

이를 입증하듯 예수님께서는 결코 율법 무용론을 펼치신 적이 없다는 점을 들 수 있다. 예수님께서는 확고하게 율법의 가치를 선포하셨다.

내가 율법이나 선지자를 폐하러 온 줄로 생각하지 말라 폐하러 온 것이 아니요 완전하게 하려 함이니라(마 5:17).

그 완전하게 함이 무엇인가? 그것은 바로 본래의 정신을 회복하는 것이다. 예수님은 율법의 모든 정신을 단 한 단어로 축약하셨다.

선생님 율법 중에서 어느 계명이 크니이까 예수께서 이르시되 네 마음을 다하고 목숨을 다하고 뜻을 다하여 주 너의 하나님을 사랑하라 하셨으니 이것이 크고 첫째 되는 계명이요 둘째도 그와 같으니 네 이웃을 네 자신과 같이 사랑하라 하셨으니 이 두 계명이 온 율법과 선지자의 강령이니라(마 22:36-40).

우리의 삶의 길에서 이러한 율법주의를 해결하는 길은 바울사도를 통하여 로마서 7:22-8:4절에 주어져 있다. 인간이 연약하여 율법의 도를 다 이루지 못하는 그 때에 예수 그리스도께서 십자가의 죽으심으로 구원을 받게 하시고, 그 뒤를 따르게 하심으로 죽음에서 생명으로 옮겨졌다는 것이다. 이것은 예수 그리스도의 구원의 은혜가 우리의 삶을 이끌고 가는 생명의 성령의 법이 되었다는 것이다. 즉, 주님의 구원의 은혜가 우리의 삶에 힘을 준다는 것이다. 이는 구약에서 하나님의 놀라운 구원역사가 하나님의 뜻을 이루고 지키는 길로 나아가게 한다는 것과 일맥상통하는 것이다. 바울은 로마서에서 예수님과 같이 그 또한 율법의 완성을 향하기를 소망하고 있음을 드러내고 있다.

> 피차 사랑의 빚 외에는 아무에게든지 아무 빚도 지지 말라 남을 사랑하는 자는 율법을 다 이루었느니라 간음하지 말라 살인하지 말라 도둑질하지 말라 탐내지 말라 한 것과 그 외에 다른 계명이 있을지라도 네 이웃을 네 자신과 같이 사랑하라 하신 그 말씀 가운데 다 들었느니라 사랑은 이웃에게 악을 행하지 아니하나니 그러므로 사랑은 율법의 완성이니라(롬 13:8-10).

하나님의 백성으로 살아가는 한 늘 율법주의인가, 아닌가는 구약이든 신약이든 동일하게 등장하는 질문이 될 것이다. 그러나 율법주의인가, 아닌가를 판별할 수 있는 길은 구원을 얻기 위하여 율법을 지키는가, 아니면 구원의 은혜에 감사하여 율법을 지키는가의 차이일 것이다. 이것은 곧 행위가 앞서는가, 은혜가 앞서는가의 차이일 것이다. 하나님의 은혜로우신 성품을 바르게 살려내는 것을 통해 이러한 모든 것을 극복해 나갈 수 있다. 율법 속에는 그것을 주신 하나님의 성품이 내재해 있기 때문이다. 그러므로 율법은 하나님의 성품을 완전하게 드러내는 그 순간까지 전진해 나가야 한다. 그 길은 고정화시키고 머물러 있는 율법주의를 벗어나서, 율법을 완전케 하는 길로 나아가야 하는 것이다.

시내산에서 하나님께서 주신 율법의 규례들을 연구한 학자들 중에는 시내산 법이 불완전하고, 현실감마저 떨어져서 실제로 적용하기에는 미비한 점이 많다고 지적하는 사람들이 있다. 그 말이 틀린 말은 아니다. 때로 죄에 대해서 형벌이 있다고 함에도 정확하게 어떤 형벌을 내려야 하는지에 대한 구별선이 없다(출 21:19). 그 예로 여종이나 남종을 쳐서 당장에 죽으면 반드시 형벌을 받는다고 하는데 그 형벌이 어떤 것인지에 대한 규정이 없다(출 21:20). 그리고 사형 판결이 내린 죄에 대하여도 어떤 방식으로 죽여야 하는지에 대해 침묵함으로 형식상의 판결로 생각하기도 한다. 또한 두 사람이 싸우다가 한 사람이 상대방을 쳐서 죽지는 않았지만 자리에 누웠다가 지팡이를 짚고 일어나면 형벌을 면한다고 한다(출 21:18-19). 분명한 폭력행위임에도 벌이 면제된다는 것은 현대 사회에서도 납득이 가지 않는 부분이란 점에서 이스라엘 사회에서 효력이 있었을까 라는 의구심을 갖게 한다는 것이다. [224]

이와 같은 지적에 대하여 줄 수 있는 답은 구약의 율법은 결코 완성된 형태가 아니라는 대답이다. 하나님께서는 모든 시대의 모든 경우를 다 판결할 수 있는 총체적인 완벽한 법전을 주신 것이 아니다. 그랬다면 과장하여 이 하늘과 땅이라도 그 법전을 두기에 공간이 부족할 수도 있다. 흡사 예수님께서 행하신 일이 낱낱이 기록된다면 이 세상이라도 기록된 책을 두기에 부족할 것이라(요 21:25)는 말씀과 유사할 것이다. 모든 것을 다 기록하는 것이 목적이 아니라, 예수님이 누구이시며, 무엇을 하기 위해 이 땅에 오셨으며, 무엇을 이루셨는지를 이해할 수 있는 가장 기본 되는 내용을 제시해 주듯이 법전도 역시 마찬가지라는 것이다. 모든 판례를 다 기록한 것이 아니라 모든 상황을 바르게 해석하여 판결할 수 있는 기본법을 제시한 것이다. 이 기본법에 주어진 법 정신을 따라 어떤 상황에든지 바르게 적용하여 하나님의 뜻을 따른 판결을 내리는 것이 하나님의 백성이 해야 할 소명이며, 특히 재판을 맡은 어느 누구든지 이루어야 할 일인 것이다.

그래서 율법은 시간의 흐름 따라 완성의 길을 간다. 한 가지 예를 들면 민수기에 나타난 사건으로 시내산을 떠나서 이스라엘이 가나안 문턱인 모압 평야에 도착했을 때 벌어진 일이다. 슬로브핫이라는 사람은 아들이 없고 딸만 다섯을 두었고 구세대로서 광야 40년 여정동안 생을 마감했다. 모세와 대제사장 엘르아살이 가나안 땅을 기업으로 분배할 때 슬로브핫의 이름은 딸 밖에 없다는 이유로 기업 상속에서 제외 되었다. 이에 대해 다섯 딸들이 모세와 엘르아살에게 나아가 부당함을 호소한다. 딸밖에 없다고 아버지의 이름이 기업에서 제외되는 것은 불합리 하다는 것이다. 모세가 이를 하나님께 여쭙고 하나님께서 슬로브핫의 딸들의 말이 옳다고 인정해 주신다(민 27:1-11). 그리하여 시내산에서 주어지지 않은 새로운 법인 여성 상속법이 주어진다.

너는 이스라엘 자손에게 말하여 이르기를 사람이 죽고 아들이 없으면 그의 기업을 그의 딸에게 돌릴 것이요 딸도 없으면 그의 기업을 그의 형제에게 줄 것이요 형제도 없으면 그의 기업을 그의 아버지의 형제에게 줄 것이요 그의 아버지의 형제도 없으면 그의 기업을 가장 가까운 친족에게 주어 받게 할지니라 하고 나 여호와가 너 모세에게 명령한 대로 이스라엘 자손에게 판결의 규례가 되게 할지니라(민 27:9-11).

이와 같이 하나님의 법은 여성들의 말도 무시되지 않는다. 그것이 공동체를 더 나은 길로 나아가게 한다면 충분히 첨가가 가능하며, 변형 또한 가능하다. 그리고 이는 곧 하나님의 완전하신 성품을 따라 완전을 향해 계속해서 나아가야 한다는 것을 의미한다. 이러한 예가 보여주는 것은 하나님의 법이 어떻게 완성되어 가야 하는가라는 점이다. 시내산 법은 그 후에 마땅히 가야 할 길을 모두 잉태하고 있는 것이다. 그러므로 시내산 법에 주어지지 않았다고 하여 없는 것으로 여겨서는 안 된다. 시내산에서 주어진 법정신이면 충분히 더 나은 길로 나아가기 위한 첨가와 보충, 보완이 가능할 것이기 때문이다.

예수님께서는 구약의 율법을 폐하러 오신 것이 아니라 완전케 하러 오셨다고 하셨다. 그렇다면 율법은 완전한 것이 아니라는 것을 느껴볼 수 있다. 법이 가세하게 된 것은 인간의 죄 때문이다(롬 7:7-8). 인간이 불순종의 죄악으로 인해 완악해졌다. 이로 인해 하나님의 마음을 완전하게 이 땅에서 실현할 수 있는 길이 제한을 받는다. 그러므로 율법은 무엇이 죄인지를 분간하게 함으로 죄로 인해 타락한 인간이 악한 길로 더 이상 나아가는 것을 막아주는 역할을 한다. 그리고 그 율법은 완전한 것을 향하여 나아가야 할 소명이 있음을 느끼게 한다. 즉, 율법은 더 나은 길을 향하여 계속해서 나아가야 할 것을 제시하는 것이다. 율법이 존재하는 한 하나님의 백성은 더 나은 것을 추구해야 할 필요가 있다. 그것은 곧 완전을 향한 길인 것이다. 예수님은 산상수훈을 통하여 모세의 법이 주어지기 전의 하나님이 보시기에 좋았던 세상을 위한 법을 주신다. 즉, 원래 의도하셨던 세상을 만들기 위해 더 나은 길을 제시하시는 것이다. 그래서 예수님께서는 산상수훈을 주시며 "너희 의가 서기관과 바리새인보다 더 낫지 못하면 결코 천국에 들어가지 못하리라"(마 5:20)고 못을 박으신다. 그리고 그 무엇보다 "하나님의 나라(천국)와 그의 의를 구하라"(마 6:33)고 말씀하신다.

시내산의 율법은 곧 에덴으로 돌아가는 길의 출발선을 여는 것이며, 언젠가 에덴을 이룰 수 있는 길이 활짝 열릴 그 날을 또한 기다리는 것이다. 그리고 예수님께서 에덴을 이루는 완성을 우리에게 보여주셨다. 바로 예수님의 삶과 죽음 그것이 에덴으로 돌아가는 완전한 길인 것이다. 그러므로 구약의 율법은 끝이 아니라, 이곳까지 나아가기 위한 시작점이라는 것을 주지해야 할 필요가 있다.

5) 언약의 체결(출 24:1-11)

출애굽기 21-23장까지 언약법전이 주어진 다음에 하나님과 이스라엘의 언약체결 의식이 진행된다. 대부분의 사람들은 하나님의 백성이 아니었던 이스라엘이 이 언약식을 기점으로 드디어 하나님의 백성으로 거듭난 것으로 이해한다. 그러나 이 언약식이 있기 이전부터 하나님은 이스라엘을 '내 아들(장자)'(출 4:22-23)이나 '내 백성'(출 3:7, 10; 5:1; 7:4, 16; 8:1, 20-22; 9:1, 13, 17; 10:3-4; 5:23; 15:16)이라고 부르셨다. '내 백성'이라는 표현은 레위기 26:12절만 제외하면 오경에서 오직 출애굽기에만 나타나는 표현이다. 그렇다면 백성 아닌 자들이 백성이 되는 의식이라기보다는 다른 의미가 주어진 것임을 알 수 있다. 이것은 출애굽기 19:5-6절에서 알 수 있듯이, 단순히 백성이냐, 아니냐의 차원이 아니라는 점을 직감해 볼 수 있다.

세계가 다 내게 속하였나니 너희가 내 말을 잘 듣고 내 언약을 지키면 너희는 모든 민족 중에서 내 소유가 되겠고 너희가 내게 대하여 제사장 나라가 되며 거룩한 백성이 되리라 너는 이 말을 이스라엘 자손에게 전할지니라

이 곳에서 느낄 수 있는 것은 이미 세계가 다 하나님께 속하였다는 선언이 주어지고 있고, 하나님의 말씀을 잘 듣고 언약을 지키면, 하나님과 더욱 긴밀한 특별한 관계가 성립된다는 것을 보여준다. 하나님의 소유가 되고, 제사장 나라가 되고, 거룩한 백성이 되는 것이다. 이것은 세상 어느 민족들보다도 한 차원 더 깊은 것이며, 한 단계 더 가까이 하나님께 나아가는 것이다. 이 땅의 모든 존재들이 깨닫든지, 깨닫지 못하든지 하나님의 피조물들이다. 이것을 깨닫는 자는 더 깊고, 가까운 존재가 된다. 그것을 다른 말로 바꾸면 하나님과의 긴밀한 관계를 의미하며, 그 관계 속에는 주어진 소명이 있다는 것이다. 아모스 선지자를 통하여 이스라엘에게 하신 하나님의 말씀이 이러한 관계를 잘 드러내 준다: "내가 땅의 모든 족속 가운데 너희만을 알았나니 그러므로 내가 너희 모든 죄악을 너희에게 보응하리라"(암 3:2). 이스라엘은 이처럼 온 세상을 향한 하나님의 계획을 실행에 옮기는 민족이 되는 것이다. 그러한 민족이 되기 위해 언약을 지키는 것이며, 언약을 지킨다는 것은 곧 그러한 백성이 된다는 것을 뜻한다. 그러므로 시내산 언약은 이스라엘 백성의 신분에 관한 문제가 아니라, 그들의 소명에 관한 문제를 담고 있다. [225)]

이제 남겨진 숙제가 있다면 하나님의 원대하신 이러한 계획에 이스라엘이 어떻게 응답할 것이냐가 달린 것이다. 이곳 시내산은 하나님의 선택이 아니라 이스라엘의 선택과 결단이 이루어지는 장소이다. 하나

님의 선택은 이미 태초부터 계획되었고, 아브라함을 부르실 때 이미 결정되었다. 그러나 하나님께서는 인간의 결단과 동의 없는 강제를 원하시지 않으시니 시내산까지의 행보 속에는 여호와의 놀라운 구원행동에 대한 이스라엘의 선택이 남아있는 것이다.

이것은 시내산에 도착한 출애굽기 19장부터 그 언약체결의 결과에 이르기까지의 과정을 한 눈에 볼 수 있는 구조로 요약하면 더욱 분명하게 드러난다.

A. 출 19:5-6 하나님의 비전 - 자신의 백성을 향하신(내 말을 듣고 내 언약을 지키면)

  B. 출 19:7 모세가 백성의 장로들에게 전달

    C. 출 19:8-25 백성들이 일제히 응답하여 이르되

      - 여호와께서 명령하신 대로 우리가 다 행하리이다(עשה)

A. 출 20:1-23:33 하나님의 비전 - 자신의 백성을 향하신(하나님의 말씀과 언약법전)

  B. 출 24:1-2 모세와 아론과 나답과 아비후와 이스라엘 장로 70명

    C. 출 24:3-8 백성들이 한 목소리로 응답하여 이르되

      - 여호와께서 말씀하신 모든 것을 우리가 준행하리이다(עשה)(3, 7절)

    D. 출 24:9-11 하나님 앞에서의 식사(하나님과 한 가족으로서의 의미)

출애굽기 19장에는 이스라엘이 하나님의 말씀을 듣고, 언약을 지킬 때 이루어질 하나님의 비전을 제시하고 있다. 그것은 하나님의 소유, 제사장 나라, 거룩한 백성이라는 것이다. 그렇다면 이스라엘이 들어야 할

하나님의 말씀과 지켜야 할 언약의 내용은 다름 아닌 출애굽기 20-23장에 상세하게 펼쳐진 법률의 조항들임을 알 수 있다. 이 구조를 좀 더 단순화시키면 더욱 선명하게 십계명과 언약법전이 삶의 중심에 부각된다.

A. 출 19장 백성들이 일제히 응답하여 이르되

  - 여호와께서 명령하신 대로 우리가 다 행하리이다(עשה)(19:8)

  B. 중심: 출 20:1-23:33 하나님의 비전 – 자신의 백성을 향하신

        (삶으로 이루어야 할 십계명과 언약법전)

A'. 출 24장 백성들이 한 목소리로 응답하여 이르되

  - 여호와께서 말씀하신 모든 것을 우리가 준행하리이다(עשה)(24:3, 7)

"우리가 다 행하리이다"라는 순종에 대한 결단을 테두리로 하여 그 중심에 삶으로 행해야 할 규례들이 주어지고 있다. 그리고 그 규례들을 지켜나가면 하나님의 소유가 되고, 제사장 나라가 되며 거룩한 백성이 된다는 것을 직감해 볼 수 있다. 그러므로 이 언약체결은 하나님의 백성이 되기 위한 관문이 아니라 하나님의 백성으로서 이루어야만 할 소명이 무엇인가를 분명하게 제시해 주고 있는 것이라 할 수 있으며, 이스라엘의 결단의 선택을 요구하고 있다. 이에 대해 "우리가 여호와께서 말씀하신 모든 것을 준행하리이다"는 이스라엘의 서약을 뜻한다. 하나님의 오랜 계획이 이스라엘의 결단과 만나 하늘에서 이루신 뜻이 땅에서도 이루어질 시작이 마련된 것이다.

그리고 피 뿌림과 공동식사가 진행된다. 피의 절반은 제단에 뿌린다. 이것은 하나님 편에서의 피의 언약을 뜻하는 것이라 할 수 있다. 그리고 나머지 절반은 여러 그릇에 담아서 백성들에게 뿌린다. 이것은 백성들 편에서의 피의 언약을 뜻하는 것이 될 것이다. 이처럼 언약을 맺는 두 당사자에게 언약의 피가 뿌려졌다. 이것은 생명을 담보로 하는 언약이다. 즉, 목숨을 걸고 맺은 언약이 되는 것이다. 그리고 하나님 앞에서 백성의 대표자들이 식사를 한다. 함께 식사를 한다는 것은 이미 한 공동체로 묶여 졌음을 뜻하는 의식이다. 하나님과 이스라엘이 한 공동체, 한 가족으로 맺어진 것이다. 동일한 피가 뿌려진 것이 그것을 의미하고, 함께하는 공동 식사가 그 관계를 확증한다. 이제 이스라엘은 명실 공히 하나님의 소유요, 제사장 나라요, 거룩한 백성으로의 출발을 시작한 것이다. 이러한 율법준수를 서약하는 의식이 구원의 놀라운 체험 다음에 주어진다는 점에서 율법준수는 결코 구원을 얻는 길이 아니라, 구원받은 자가 당연히 따라야 할 삶의 길이라는 점에서 구원을 완성시켜 가는 의미가 있는 것이다.

출애굽기 24장에서 백성의 대표자들이 산에 올라가 하나님의 얼굴을 뵈었다는 것은 하나님께서 이스라엘과 이루시고 싶은 관계성을 표출하시고 계신 것이라 할 수 있다. 얼굴과 얼굴을 맞대고 먹고 마시는 관계 그것이 언젠가 이 땅에서 실현될 때는 우리의 죄가 다 사함 받은 후가 될 것이다. 이스라엘은 그 미래를 연결하는 다리가 되어야 한다. 그것도 하나님의 법을 통하여 이루어야 하는 것이다. 율법이 그리스도께로 인도하는 초등교사의 역할을 하는 것이라고 한 바울사도의 말은 이를 깨달은 자의 혜안이라고 할 수 있다.

이같이 율법이 우리를 그리스도께로 인도하는 초등교사가 되어 우리로 하여금 믿음으로 말미암아 의롭다 함을 얻게 하려 함이라 믿음이 온 후로는 우리가 초등교사 아래에 있지 아니하도다(갈 3:24-25).

마침내 율법을 통해서 생명의 말씀인 예수님께로 나아와 "들은 바요 눈으로 본 바요, 우리 손으로 만진바"(요일 1:1) 된 관계를 이룰 수 있다. 그러므로 출애굽기의 시내산 언약은 이스라엘을 통해 이 세상 모든 민족들이 하나님과 이와 같은 관계를 맺는 길로 나아가는 시작점인 것이다.

6) 율법과 창조세계의 관계

(1) 율법과 천지창조

율법의 내용들을 세세하게 되짚어 보면 우리는 하나님께서 이루고자 하시는 것이 무엇인지를 감지할 수 있다. 그것은 이스라엘 공동체뿐만 아니라 이 세상 전체에 영향력을 미치는 선한 질서를 이루기 위한 노력인 것이다. 시내산에서 주어진 다양한 규례들은 마치 창세기 1장의 천지창조 이야기에 나타난 이상을 실현하기 위한 목표의 연속선으로 이해된다. 하나님께서 혼돈과 공허라는 무질서를 일으키는 흑암의 세력을 쓸어내고, 창조세계의 아름다운 질서를 이루셨듯이 시내산에서 주어진 율법으로 인간의 죄로 인해 무너져 버린 창조세계의 질서를 이룩하고, 확장시켜나갈 정의와 공의의 길을 독려하시는 것이다. 율법을 통해 하나님의 백성 이스라엘은 창조의 질서를 온전하게 이루는 법을 배우게 되는 것이다.

이렇게 이스라엘 안에서 하나님께서 창조하신 우주질서와 인간 삶을 통해 실현되는 사회질서가 결코 별개가 아님이 드러난다. 천지창조의 질서가 전적으로 하나님의 입에서 쏟아져 나온 말씀으로 가능케 되었다는 것은 동일한 하나님의 입술의 선포인 율법이 인간 삶 속에 이루게 될 사회질서를 짐작케 한다.

우주질서와 사회질서가 공존관계에 있다는 점을 고려할 때 율법은 우주적인 차원에서 혼돈을 질서로 바꾸시는 하나님의 활동이 사회적인 영역에서 이루어지게 하는 수단이나 다름없다. 하나님의 뜻은 율법을 통하여 하늘에서 이루어진 것처럼 땅에서도 이루어지게 된다. 이집트는 하나님의 세계 질서에 담긴 정의가 어떻게 해서 뒤집어 지면서 불의와 억압과 사회적인 혼란을 초래했는지를 보여 주는 훌륭한 사례에 해당된다. 율법은 하나님께서 자기 백성에게 다시 애굽과 같은 일을 되풀이 하지 않게 하는 수단으로 주신 것이다.[226]

이것은 언약법전의 사람사이를 다루는 사회질서를 향한 규례가 종을 해방하는 안식년의 강조점으로 시작하여 안식년과 안식일로 그 결론에 이르고 있다는 것에서 천지창조의 질서로 돌아가고자 하는 열망을 느껴볼 수 있다(출 21:2-11; 23:10-12). 우주가 안식일을 지킴으로 그 질서의 정점에 이르듯이 율법조항들 또한 안식일 예배로 향하여 나아가며, 사회질서를 만들어 가고 있다는 것은 결코 우연이 아닐 것이다. 이것은 예수님의 주기도문에서처럼 "뜻이 하늘에서 이루어 진 것같이 땅에서 이루어지이다"에서 하늘에서 이루신 하나님의 뜻이 '율법'속에 들어 있음을 의미한다고 할 수 있다. 그러므로 율법을 준행하는 것은 하늘과 땅을 연결하여 이 땅에 하나님의 뜻을 이루게 하는 최선의 길이 되는 것이다. 율법 준행은 곧 창조세계의 회복과 완성의 지름길인 것이다. 이것은 또한 천지창조가 에덴의 삶으로 연결되듯 그렇게 율법 또한 그 실행을 통해 사회질서를 이룸으로 잃어버린 에덴으로의 복귀와 완성을 향하여 전진해 나가는 것이다.

(2) 율법과 에덴동산

율법의 가치를 따지기 위해서는 인류가 잃어버린 것이 무엇인지를 살펴보아야만 한다. 에덴동산을 회복하는데 율법이 필요했다면 분명 그 법 안에 들어있는 요소가 인간이 잃어버린 것을 되찾을 수 있는 회복력을 갖게 할 수 있기 때문일 것이다. 창세기에 기록된 태초의 선조들의 이야기와 그 자손들의 이야기는 동전의 양면과 같이 분리되어서는 안 되는 주제의 연결고리를 갖고 있다. 가인과 아벨 이야기는 흡사 아담과 하와 이야기에 비교해서 부록처럼 취급되기도 하지만 그 실체에 있어서는 동일한 중요성을 가지고 있다.[227]

아담과 하와의 사건에 이어서 나타나는 가인과 아벨 사건은 단순히 동생을 죽이는 반인륜적인 살인사건을 전하기 위한 의미를 넘어서 철저하게 부서진 관계를 강조하는 것이다. 아담과 하와가 불순종으로 하나님과 사람의 관계를 파괴시켰다면, 연이어 나타나는 가인의 형제 살해는 사람과 사람 사이의 관계를 파괴시키며 더 이상 인간에게 남은 것이 없다는 것을 드러내고 있는 것이다. 이 두 치명적인 사건은 죄의 성장과 그로 인한 인간의 부패성의 심각성을 명확하게 보여주기 위한 도구이며

그로 인해 하나님과 사람사이가 더욱더 멀어지고 나아가서 사람과 사람
사이의 관계마저도 산산이 부서져 버린 현실을 날카롭게 지적하고 있다.
이러한 부서진 관계성의 증거는 각각의 죄악마다 등장하셔서 던지시는
하나님의 질문과 인간의 대답으로 인해 분명해진다.

	아담과 하와	가인과 아벨
질문	* 하나님: "아담아 네가 어디 있느냐?"(3:9)	* 하나님: "네 아우 아벨이 어디있느냐?"(4:9)
대답	* 아담: "내가 동산에서 하나님의 소리를 듣고 내가 벗었으므로 두려워하여(יָרֵא 야레) 숨었나이다"(3:10)	* 가인: "내가 알지 못하나이다 내가 내 아우를 지키는(שָׁמַר 샤마르) 자 입니까?"(4:9)

돌이킬 수 없는 죄를 저지른 태초의 사람 아담에게 하나님께서
는 날카로운 삶의 실존적인 질문으로 다가오신다. "네가 어디 있느냐?"는
질문은 "여호와의 눈은 온 땅을 두루 감찰하사 전심으로 자기에게 향하는
자들을 위하여 능력을 베푸신다"(대하 16:9)는 점에서 못 보실 것이 없기
에 이 질문은 곧 물리적인 위치를 묻는 것이 아니라, 관계성의 위치를 묻
는 것이다. 인간의 대답은 하나님의 소리를 듣고 두려워서 숨었다고 한
다. 하나님과 사람의 소통 단절이며 관계 단절인 것이다.

그 다음으로 하나님과의 관계상실로 인해 방황하는 인간이 저
지른 죄악이 바로 형제살해이다. 사람이 사람을 해롭게 하는 것이다(전
4:1; 8:9). 가인은 단 하나밖에 없는 형제를 죽이고도 하나님의 질문에 무
관심한 대답을 보낸다. 가인은 회개하기 보다는 오히려 하나님 앞에 반기

를 들고 일어서는 악행을 저지르고 있다. 이제 죄악은 더욱더 확장되어서 사람과 사람 사이마저도 끊어지는 결과를 초래하게 되고 만 것이다. 여기서 '아우'라고 번역된 히브리어는 일반적으로 사람끼리의 관계를 나타내는 '형제'(אָח 아흐)를 가리키는 표현이다. 아담의 불순종으로 에덴에서의 추방이 일어나고(창 3:23), 가인의 형제 살해로 에덴의 동쪽으로 더 밀려간다는 점(창 4:16)에서 죄의 결과가 무엇인지를 알 수 있다. 그것은 바로 하나님께서 주신 아름다운 땅에서 점점 멀어져 척박하고, 황량한 광야에서 서로를 질시하고, 증오하며 해치는 삶을 사는 것이다. 그런 나락에 빠진 인생이 간절히 소망하는 것은 인식하든 하지 못하든 회복이다.

태초의 선조들로 인해 야기된 이 두 사건을 통해서 모세를 선두로 이스라엘의 예언자들이 그렇게도 애타게 부르짖는 하나님 앞에서의 의로움(하나님과의 관계) 그리고 사람을 향한 사회 정의, 평등, 평화(형제사랑의 법) 등이 왜 그렇게도 중요한 것인지 이해할 수 있으리라 본다. 바로 그것은 하나님께서 이루어 놓으신 원래의 창조세계로 돌아가는 것이며, 이것은 바로 인간이 저질러 놓은 죄악 된 세상을 다시 하나님께서 계획하시고 꿈꾸는 세계로 되돌려 놓는 것이기 때문이다. 즉, 에덴으로 돌아가는 것이며, 세상을 에덴으로 바꾸어 나가는 완성의 길인 것이다.

그러므로 이스라엘 백성들에게 율법의 실천은 바로 태초에 하나님께서 바라셨던 이상을 실현하는 지름길이 되는 것이다. 율법의 대표격인 십계명을 볼 때 그 이상이 그대로 드러나 있음을 볼 수 있다. 하나님 사랑을 통해 하나님과의 관계를 회복하고 이웃사랑의 삶을 통해 사람과의 관계를 회복하는 것이 바로 율법의 정신인 것이다. 아담과 하와의 불순종으로 인해 하나님과 인간의 관계가 상실되었다면 그 회복의 길로 십계명의 제1계명으로부터 제3계명까지가 제시되며 또한 그 구체적인 예들이 출애굽기 20:22-26; 22:18-20; 23:14-33절까지에 여러 번 나열되어 있다. 그리고 가인이 형제 살해를 통해 인간과 인간 사이의 관계 상실을 가져왔다면, 십계명의 제4계명의 안식일 규례를 필두로 제5계명으로부터 제10계명까지가 그 관계회복으로의 방향을 제시하고 있고, 그 구체적인 예들은 출애굽기 21:1-23:22절까지에 낱낱이 제시되어 있다. 그러므로 하나님께서 시내산에서 주신 율법은 태초의 인류가 죄로 인해 잃어버린 것을 다시 회복하고 완성시키는 길을 열어주는 역할을 하는 것이다.

이제 우리 그리스도인 공동체가 완수해야 할 과제 또한 결코 이것과 동떨어진 것이 아님에 틀림없다. 예수 그리스도께서 율법의 정신을 단 두 마디로 요약하신 것은 이스라엘에게 주신 율법 속에 담긴 뜻을 회복코자 함이다: "네 마음을 다하고 목숨을 다하고 뜻을 다하여 주 너의 하나님을 사랑하라 하셨으니 이것이 크고 첫째 되는 계명이요 둘째는 그와 같으니 네 이웃을 네 몸과 같이 사랑하라 하셨으니 이 두 계명이 온 율법과 선지자의 강령이니라"(마 22:34-40). 예수 그리스도께서 이 땅에 오신 것이 바로 이 두 가지, 즉 인간이 잃어버렸고, 인간 스스로의 힘으로는 되찾을 수 없는 이것을 회복하기 위함이시다. 대안, 즉 '사람의 나라'가 아닌 '하나님 나라'를 실현하기 원하신다. 이제 우리 모두에게 주어진 책임이 바로 주님의 뒤를 이어서 그 일을 완수해 가는 것이라는 사실을 다시금 일깨워 주시기 위함임을 깨달아야 할 것이다. 그 옛날 이스라엘이 하나님의 선택된 백성으로서 느꼈던 그들의 책임, 바로 그 책임이 우리 그리스도인들의 어깨에 고스란히 놓여 있는 것이다. 그러므로 시내산에서 주신 하나님의 율법은 이러한 세상을 이루기 위한 가장 기초적인 출발선이 되는 것이다.

VII. 전환점: 시내산에서 성막으로
- 율법수여에서 실행으로(출 24:12-18)

1. 이야기 전체를 한 눈에 읽기

　　방금 출애굽기의 중심이라 할 수 있는 시내산에서의 언약식을 통과했다. 그리고 또 하나의 전환점이 주어진다. 출애굽기 24:12-18절은 짧지만 새로운 주제로의 전환을 이루기에는 충분한 내용을 다루고 있다.[228] 이 구절은 두 부분으로 나누어지며 내용의 변화가 일어난다. 첫 부분(출 24:12-14)은 시내산에서의 언약식이 끝에 이른 다음에 하나님께서 모세를 산으로 부르시는 것으로 시작한다. 부르시는 이유는 율법과 계명을 친히 기록한 돌판을 주시기 위함이다. 이 돌판에는 모든 법의 가장 기초와 근본이 되는 십계명이 기록되었을 것이라 여겨진다(출 34:28). 십계명을 돌에 새겨 주시는 이유는 법이 이스라엘의 삶 속에서 지워지거나 사라지지 않게 함으로 언약을 공고히 하고 결코 파기되지 않게 하려는 목적이 분명하다. 모세가 해야 할 일은 돌에 새겨진 법을 이스라엘에게 가르치는 것이다. 가르치고 가르쳐서 돌판에 새겨진 말씀이 마음에 새겨지게 함으로 하나님 앞에서 언약백성으로의 소임을 완수하게 하는 것이다. 모세가 사라지고 나면 그 뒤를 잇는 이스라엘의 지도자들이 해야 할 사명이 바로 이것인 것이다. 이렇게 돌판에 새겨진 율법과 계명에 대한 주제는 시내산에서의 언약을 마감하는 역할을 하며 다음 주제에 자리를 내어 준다.

두 번째 부분(출 24:15-18)은 이스라엘 백성이 율법과 계명을 준수함으로 그들의 삶 속에 이루어질 미래상을 제시해 준다. 그 미래상은 다름 아닌 시내산 위에 임한 '여호와의 영광'이라는 단어의 반복적인 출현을 통해 짐작케 한다(출 24:16, 17). 시내산 정상에 임한 여호와의 영광이 이스라엘의 눈에는 '맹렬한 불' 같이 보였다고 한다(출 24:17). 여기서 맹렬하다는 것은 히브리어 '아칼'(אָכַל 먹다, 삼키다)의 파생어로 '삼킬 듯한'이란 뜻이다. 이 속에는 삼킬 듯한 불같은 여호와의 영광과 이스라엘이 어떻게 함께 동행할 수 있을 것인가에 대한 의문을 제시하고 있다. 이미 시내산에서 이스라엘은 하나님의 백성이 되고, 하나님은 이스라엘의 하나님이 되신다는 언약이 맺어지고, 그 언약의 확증으로 하나님 앞에서 이스라엘의 대표들이 먹고 마시는 가족이 되는 의식까지 치러졌다. 이스라엘이 하나님과 동거동락 하는 한 가족이 된 것이다. 그러나 이스라엘이 하나님의 놀라운 구원의 체험을 가진 백성인 것은 분명하나, 그럼에도 죄로부터 완전히 해방된 것은 아니다. 죄와 부정 가운데 사는 사람이 거룩하신 하나님과 동거하며 동행한다는 것은 위험천만한 일이다. 여호와의 영광을 대면하고 살아간다는 것은 위대하고 영광스러운 것이지만 부정한 백성을 한 순간에 삼키는 불이 될 수 있다는 점에서 공포가 될 수 있는 것이다. 그렇다면 하나님께서 모세를 산 위로 부르셔서 40일 40야 동안 이스라엘이 하나님의 영광과 공존할 수 있는 길을 가르치실 것을 기대해 볼 수 있다. 그것은 다름 아닌 여호와의 영광이 임재할 수 있고, 이스라엘 민족들과 함께 행진할 수 있는 거처를 마련하는 것이다. 그러므로 이스라엘이 범접할 수 없는 여호와의 영광은 출애굽기 25-40장까지에서 만들게 되는 성막의 필요를 예고하고 있으며, 그 성막이 완성될 때 여호와의 영광은 이스라엘과 직접 부딪치지 않고도 이스라엘과 공존할 수 있는 길이 열리는 것이다. 성막이 완성되고 기물들이 제 자리를 찾자마자 여호와의 영광은 시내산 정상에서 성막으로 그 거처를 신속하게 옮긴다.

> 구름이 회막에 덮이고 여호와의 영광이 성막에 충만하매 모세가 회막에 들어갈 수 없었으니 이는 구름이 회막 위에 덮이고 여호와의 영광이 성막에 충만함이었으며(출 40:34-35).

이렇게 성막이 완성되자 시내산에 나타났던 여호와 임재의 상징들이 모두 성막으로 그 거처를 옮긴다는 점에서 이스라엘이 하나님과 함께 하는 새 시대가 활짝 열린 것이다.

시내산(출 24:15-18)	성막(출 40:34-35)
구름과 여호와의 영광	구름과 여호와의 영광

출애굽기 24:12-18절은 이렇게 두 부분으로 나뉘며 전반부인 24:12-14절은 율법과 계명을 적은 돌판을 주시겠다는 점에서 시내산 언

약이라는 과거를 마감하는 역할을 한다면, 24:15-18절은 여호와의 영광이 임할 성막을 건축하는 미래를 예고하고 있는 역할을 하는 것이다. 이와 같이 이 구절은 비록 짧음에도 출애굽기에서 새로운 방향으로의 전환점을 이루기에 충분하다.

한 주제가 끝나고 새로운 주제로의 전환을 다루는 부분은 출애굽기 18장에서도 이미 살펴보았다. 출애굽기 18장이 애굽에서의 구원역사에서 율법준행으로의 전환점을 이루는 길목이었다면, 출애굽기 24:13-18절은 율법준행에서 여호와의 영광의 임재로의 전환을 이룬다. 이 두 부분의 연관관계를 비교해 보면 또다시 새로운 단계로의 전환이 일어나고 있음을 알 수 있다.

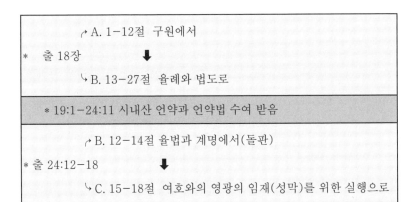

그렇다고 그 전에 성취된 역사가 무효화 되는 것은 결코 아니다. 출애굽기 18장에서 구원사가 마감되었다고 해서 애굽에서의 구원이라는 역사가 더 이상 무용지물인 것은 아니기 때문이다. 율법을 지키는 동력이 바로 그곳에서 기원하기 때문이다. 율법준행의 기본인 십계명의 시작에서도 애굽 땅 종 되었던 집에서의 구원이 살아나고(출 20:2), 내면의 감정까지 다스려야 하는 율법의 어려운 실행부분에서도 애굽에서의 나그네살이로부터의 구원 역사가 되살아나며 실천의 자극제가 된다(출 22:21; 23:9). 이와 같이 여호와의 영광의 임재에서도 율법준행은 동일하게 바탕이 된다. 율법 준행이 없는 영광의 임재는 없기 때문이다. 그러므로 율법준행과 관련된 돌판에 대한 내용은 시내산 언약을 마감하는 기능을 함과 동시에 여호와의 영광의 임재를 가능케 하고 지속시키는 길이 되는 것이다(출 31:18; 32:19; 34:28).

2. 이야기의 문학적인 구조 따라 읽기

이 부분은 출애굽기 전체에서 전환점을 이루는 간단한 구문이지만 자체적인 구조를 보여주고 있고, 그 구조는 또한 이후부터 전개될 거대 구조의 한 부분으로 작용한다는 점에서 또한 중요한 의미를 갖는다. 이미 밝혔듯이 이 구문은 사용되는 용어로 인해 두 부분으로 나눠지게 된다. 그것은 다름 아닌 전반부의 돌판과 후반부의 여호와의 영광이란 단어로 구조적인 부분에서도 중요성이 있는 단어들이다. 먼저 이 구문이 보여주는 미시적인 구조를 살펴보면 시내산이 테두리가 되고 중심이 되어 중요한 두 단어를 구분 짓기도 하고, 연관 짓기도 하는 형태를 띠고 있다.

A와 A'은 테두리를 이루며 시내산에 올라오라는 명령과 모세가 시내산에 올라가 40일 동안 머물렀다는 보고로 결론에 이른다. 그 40일 동안 이후에 행해야 할 일들을 지시하실 것이라 짐작된다. 중심인 C에도 역시 시내산에 대한 이야기가 위치하고 있으며, 모세가 산에 올랐다는

A. 24:12a 여호와께서 모세에게 시내산에 올라 거기 있으라 하심

B. 24:12b-14 거기서 율법과 계명을 기록한 돌판을 주실 것

C. 24:15 모세가 산에 오르자 구름이 산을 가림

B'. 24:16-17 여호와의 영광이 시내산 위에 맹렬하게 보임

A'. 24:18 모세가 시내산 위에 40일 40야 동안 머무름

보고와 구름이 산을 가리고 있다는 언급이 주어진다. B와 B'은 서로 평행과 대칭이 되는 관계로 율법과 계명이 적힌 돌판과 여호와의 영광의 밀접한 관계를 드러내 주는 구조를 보이고 있는 것이다. 여호와의 임재가 있는 장소가 삶의 테두리가 되고, 또한 중심이 되게 하는 길은 이스라엘의 지도자는 물론이요, 백성들까지 여호와의 율법과 계명으로 생명처럼 소중히 여기며 살아갈 때 지속될 것이다. 그러므로 율법과 계명을 뜻하는 돌판과 여호와의 영광은 떼려야 뗄 수 없는 관계임을 알 수 있다. 하나님의 율법과 계명의 파기를 뜻하는 돌판이 깨어져 버리면 하나님의 영광의 임재는 결코 기약할 수 없는 것이 되어 버리고 마는 것이다. 이러한 분명한 함수관계는 앞으로 닥칠 일을 미리 살펴보면 확실하게 드러난다.

이스라엘이 모세가 시내산에 올라간 40일 동안 우상숭배에 빠졌을 때 가장 먼저 벌어지는 일은 돌판이 깨지는 것이다(출 32:19). 이스라엘이 우상을 따라간다는 것은 하나님의 뜻을 저버렸다는 것을 의미하기에 율법과 계명이 적힌 돌판이 주어진 의미를 상실한 것이다. 돌판이 깨지며

연쇄적으로 나타나는 현상은 하나님의 영광이라는 임재의 상실이다.

너희를 젖과 꿀이 흐르는 땅에 이르게 하려니와 나는 너희와 함께 올라가지 아니하리니 너희는 목이 곧은 백성인즉 내가 길에서 너희를 진멸할까 염려함이니라 하시니(출 33:3).

그러므로 돌판은 시내산에서 주신 언약법(출 20-23장)의 핵심인 십계명이 적혀 있다는 점에서 법의 준수 여부가 곧 여호와의 영광이 함께 하는 백성이냐, 아니냐를 판가름하는 길이 될 것이다. 이제 미래에는 시내산이 테두리가 되고 중심이 되었던 삶에서 성막이 테두리가 되고 중심이 되는 삶으로 전이될 것이다. 이것은 이후에 전개될 출애굽기 25-40장에서 드러날 구조 속에 전개될 것이다.

A. 출 25-31장 하나님의 성막건축 지시

　B. 32:1-33:6 금송아지 숭배 – 돌판이 깨지고, 하나님 영광의 상실 위기

　　C. 출 33:7-11 회막이 진 바깥에 위치함

　B'. 33:8-34:35 금송아지 파기 – 하나님의 영광의 회복과 돌판의 회복

A'. 출 35-40장 이스라엘의 성막건축 실행

A와 A'은 하나님의 성막건축 지시와 이스라엘의 성막건축 실행이라는 내용으로 서로 연결된다. 이렇게 출애굽기의 후반부는 성막건축이라는 대 주제로 전체를 감싸며 성막이 테두리의 역할을 한다. 그리고 C

라는 중심에도 역시 장막, 즉 회막이 자리하게 되는데 안타깝게도 회막이 이스라엘 진영 바깥으로 옮겨가는 내용이다. 그 이유는 B에서 찾아볼 수 있는데 이스라엘이 우상숭배에 빠짐으로 돌판이 깨지고, 여호와의 영광이 이스라엘과 함께할 수 없기 때문이라 할 수 있다. 이 회막은 B'에서 이스라엘의 우상숭배가 폐해지고, 여호와의 영광이 회복되고, 돌판이 다시 주어질 때 이스라엘의 진영으로 돌아와 든든하게 그 자리를 차지하게 될 것이다. 그 분명한 증거는 A'에서 성막이 이스라엘 진영 안에 영광스럽게 세워지는 것을 통해 드러난다.

이처럼 전환점이 되는 출애굽기 24:12-18절에서 시내산이 차지했던 위치를 성막이 대체함으로 이스라엘의 새로운 신앙여정이 본격적으로 시작되는 것이다. 이를 통해 분명해지는 것은 출애굽기 24:12-18절의 기능으로 하나님께서 임재하셨던 시내산에서의 언약을 마감하고 하나님의 영광이 임재해 있는 성막과 함께 하는 새 출발을 기대케 하는 것이다.

3. 이야기의 세부적인 주제 따라 읽기

1) 모세 대신으로서의 아론과 훌

모세는 하나님의 지시를 받기 위해 시내산으로 다시 올라간다. 하나님께서 친히 쓰신 돌판을 받기 위한 목적이 있다. 그런데 모세가 산으로 오르기 전에 산 밑에 남아 있는 백성들이 염려되어 자신이 떠난 빈자리를 메우기 위해서 두 사람을 세우고 간다. 바로 아론과 훌이다. 어떤 학자는 모세가 한 일에 대해 출애굽기 18장과는 다른 해결 방안을 제시하고 있다고 본다. [229] 그 이유는 출애굽기 18장에 이미 이드로의 조언을 받아서 모세의 역할을 분담하여 처리해 나갈 능력 있는 사람들 즉 여호와를 두려워하고, 진실하며, 불의한 이익을 미워하는 자들을 택하였기 때문이다. 이러한 사람들이 천부장, 백부장, 오십부장 그리고 십부장으로 이스라엘 백성의 삶 속에서 섬기고 있는 것이다. 그런데 굳이 아론과 훌을 세울 필요가 있겠느냐는 반문인 것이다.

　　그러나 이것은 출애굽기 18장의 내용을 절반만 이해하고 있는 것이라 할 수 있다. 왜냐하면 그곳에서 분명하게 지시하고 있는 것은 이와 같은 지도자들이 뽑혀서 제 역할을 하고 있을지라도 이들이 감당할 수 없는 큰 일은 모세가 처리하게 되어 있고, 그 외 작은 일들은 이들이 담당하여 처리하게 되어 있기 때문이다(출 18:22). 즉 이곳에서 세워진 지도자들은 모세의 대신이 아니라, 모세의 보조자들의 역할이라는 것이 분명하다. 그러므로 모세가 시내산에 다시 오르기 전에 세운 아론과 훌은 모세 대신의 역할을 감당하며, 다른 지도자들이 감당하기 힘든 어렵거나 큰 일을 처리해야 할 소명을 맡은 것이다. 이들이 이 역할을 제대로 인지하고 바르게 수행했다면 금송아지 사건은 발생하지 않았을 것이다. 백성들이 자신들을 인도할 신을 만들라고 종용한 이유는 "이 모세 곧 우리를 애굽 땅에서 인도하여 낸 사람은 어찌 되었는지 알지 못하기"(출 32:1) 때문이었다. 만약 아론과 훌이 산 밑에서 모세 대신으로서의 역할을 바르게 감당하며 제 역할을 수행했다면 충분히 방지할 수 있는 일이었던 것이다. 그러므로 전환점의 역할을 하는 이 부분은 그 전에 또 다른 전환점의 역할을 맡았던 출애굽기 18장과 함께 읽는다면 아론과 훌의 역할이 다른 지도자들인 천부장, 백부장, 오십부장 그리고 십부장과 어떤 차이점이 있는지를 분명하게 인식케 한다.

2) 돌판과 여호와의 영광의 만남 – 과거에서 미래로

돌판은 분명 십계명이 적혀 있는 두 돌판을 의미할 것이다(출 31:18). 두 돌판에 양면 이쪽 저쪽에 글자가 있었다고 하는 것(출 32:15)을 보면 분명 돌판의 앞뒤로 계명이 새겨졌을 것을 짐작케 한다. 그러나 어느 누구도 돌판 하나에 몇 계명씩 쓰여 졌는가에 대해서는 확신 있게 단언할 사람이 없다. 5가지씩 쓰였다면 그 분량에서 현저한 차이가 난다는 점에서 불균형이 되고 말 것이다. 전문을 제외한 제1계명부터 5계명까지가 137단어로 구성되지만, 제6계명부터 10계명까지는 고작 26단어 밖에는 안 되기 때문이다. 절반으로 자른다면 안식일 계명 중반쯤이란 점에서 제4계명이 절반씩 다른 돌판에 쓰이는 일이 벌어진다. 이러한 세세한 것은 성경에 제시되지 않았다는 점에서 관심을 다른 곳으로 돌리는 것이 더 나을 것이다.

율법과 계명이 돌판에 새겨졌다는 점에서 이스라엘 삶 속에 지속적인 의미가 있음을 생각해볼 필요가 있다. 돌판이 반영구적인 내구성을 갖는다는 것은 곧 이스라엘 백성의 삶 속에서 결코 지워져서는 안 된다는 것을 의미한다. 그리고 282개조로 이루어진 고대 근동의 함무라비 법전 또한 돌비에 새겨졌다는 점에서 하나님께서 새겨주신 돌판은 그 이전에 존재하고 있던 모든 근동의 법들은 물론 그 이후의 제국들이 만들어낸 돌과 금속 그리고 책에 쓰인 모든 법을 대체하는 역할을 한다는 점 또한 인식할 필요가 있다. 창세기에서 노아의 후손이 셈과 함과 야벳을 통해 70개의 나라로 흩어졌다면(창 10장), 그 결론에 가서는 야곱을 통한 후손 70명이 세상 나라를 대체하는 역할을 맡았듯이(창 46:8-27),[230] 이스라엘의 법 또한 세상의 법을 대체하는 기능을 하는 것이다.

시내산에 임재한 영광이 성막으로 그 자리를 옮길 것은 분명하다. 그리고 여호와의 영광이 이스라엘 백성과 함께하며 그 위대함을 드러내시는 때는 이스라엘이 하나님의 말씀을 따라 살아갈 때이다. 성막에서 백성을 위한 속죄의 제사가 드려지고, 백성들이 하나님의 말씀 따라 그대로 행하며 살아갈 때 여호와의 영광이 온 백성에게도 나타나는 역사가 레위기에 주어져 있다.

그들이 모세가 명령한 모든 것을 회막 앞으로 가져오고 온 회중이 나아와 여호와 앞에 선지라 모세가 이르되 이는 여호와께서 너희에게 하라고 명령하신 것이니 여호와의 영광이 너희에게 나타나리라(레 9:5-6).

가슴들과 오른쪽 뒷다리를 그가 여호와 앞에 요제로 흔드니 모세가 명령한 것과 같았더라 아론이 백성을 향하여 손을 들어 축복함으로 속죄제와 번제와 화목제를 마치고 내려오니라 모세와 아론이 회막에 들어갔다가 나와서 백성에게 축복하매 여호와의 영광이 온 백성에게 나타나며(레 9:21-23).

이렇게 명령하신 대로 그대로 살아가는 삶을 통해 여호와의 영광이 늘 이스라엘의 삶 속에 함께하는 역사가 펼쳐지며 축복의 길로 나아갈 수 있다.

그러나 그 반대도 언제나 열려져 있다는 것을 인식해야 할 필요가 있다. 여호와의 영광은 이스라엘을 축복의 길로 이끌어 갈 수도 있지만 그 반대인 저주와 징계의 길로도 이끌 수 있다는 점을 잊지 말아야 할 것이다. 이스라엘 백성이 가데스바네아에서 열 명의 정탐꾼의 말을 듣고 여호수아와 갈렙을 돌로 치려는 거역과 불순종의 상황과 고라와 그 일당들이 모세와 아론을 대적하며 거역하는 상황에 여호와의 영광이 나타나 심판을 행하는 길로 간다.

온 회중이 그들을 돌로 치려 하는데 그 때에 여호와의 영광이 회막에서 이스라엘 모든 자손에게 나타나시니라(민 14:10).

고라가 온 회중을 회막 문에 모아 놓고 그 두 사람을 대적하려 하매 여호와의 영광이 온 회중에게 나타나시니라(민 16:19).

그러므로 율법과 계명이 적힌 돌판과 여호와의 영광이 함께 나타나는 의미가 무엇인지를 분명하게 깨달아 여호와의 심판이 아닌 축복의 길로 나아가는 삶을 이루는 것이 이스라엘의 이후의 삶이 되어야 할 것이다. 그것은 다름 아닌 시내산에서 하나님과 맺은 언약이라는 과거가 과거로 희석되지 않고 늘 십계명 두 돌판으로 현재화 될 때 이스라엘의 미래는 저주와 심판이 아닌 축복과 영광이 가득한 삶이 될 것이다.

3) 출애굽기 24:12-18절이 갖는 함의

모세를 시내산으로 부르시고 여호와의 영광이 시내산에 임하고 있음에도 엿새 동안은 모세가 여호와의 영광을 볼 수가 없다. 구름이 엿새 동안 산을 가리고 있었기 때문이다. 일곱 째 날이 되어서야 여호와께서 구름 가운데에서 모세를 부르신다(출 24:16). 이 시간에 대한 서술은 어떤 의미를 가진 것인가? 6일과 7일째는 분명 천지창조의 칠일에 대한 함의를 내포하고 있을 것을 짐작케 하기 때문이다.

하나님의 6일 동안의 창조와 7일째의 안식일이 연합하여 창조의 완성에 이르게 된다. 그렇다면 율법과 계명이 적힌 돌판과 여호와의 영광이라는 이 두 주제가 하나로 어우러지며 천지창조의 대 역사를 이어가려는 의도를 예상케 한다. 돌판에 새겨진 하나님의 말씀대로 살아가는 6일의 삶을 통해 여호와의 영광이 드러나는 안식일 예배가 살아남으로 마침내 이스라엘을 통하여 세상의 무너진 창조질서가 회복되는 미래를 기대하는 것이라 해도 과언이 아닐 것이다.

이제 말씀대로 살아가는 삶은 성막 건축을 통해서 더욱더 가시화 될 것이다. 그것은 지성소 안에 위치한 두 돌판을 품고 있는 법궤를 통해 드러나고, 여호와의 영광의 임재가 있는 속죄소의 존재로 이스라엘에게 계시될 것이다. 지성소에서 말씀하시는 하나님의 음성이 이스라엘 백성에게 전달되고 그 음성이 이스라엘을 통해 삶이 될 때 무너진 창조질서는 회복을 향하여 나아가게 될 것이다. 그러므로 모세의 시내산에서의 6일과 7일째의 조합은 이스라엘 백성들의 성막을 중심으로 한 6일의 삶과 7일째의 안식일 예배로 연결되어 세상을 새롭게 하는 길을 활짝 열게 될 것이다. 이제 이것을 가능케 하는 성막건축으로 모든 시선을 집중해야 한다.

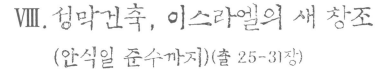

VIII. 성막건축, 이스라엘의 새 창조
(안식일 준수까지)(출 25-31장)

1. 이야기 전체를 한 눈에 읽기

이스라엘 민족이 애굽에서 한 일은 강제로 바로를 위하여 국고성인 비돔과 라암셋을 건축하는 고역의 노동을 하던 종살이였다. 그러나 이들이 시내산에서 하나님의 백성으로 거듭난 후에 하는 일은 자발적으로 헌신하여 하나님의 집인 성막을 기쁨 가운데 짓는 백성이 된다.

출 1:11	(바로) 감독들을 그들 위에 세우고 그들에게 무거운 짐을 지워 괴롭게 하여 그들에게 바로를 위하여 국고성 비돔과 라암셋을 건축하게 하니라
출 25:2, 8-9	(여호와) 내게 예물을 가져오라 하고 기쁜 마음으로 내는 자가 내게 바치는 모든 것을 너희는 받을지니라...내가 그들 중에 거할 성소를 그들이 나를 위하여 짓되 무릇 내가 네게 보이는 모양대로 장막을 짓고 기구들도 그 모양을 따라 지을지니라

어느 누구도 하나님을 억지로 예배할 수 없다. 왜냐하면 그것은 이미 예배가 아니기 때문이다. 예배의 중심인 성막 건축의 본질은 '자원하는 심령'이다. "자원으로 행하다," 혹은 "기쁨으로 행하다"의 히브리어는 '나답'(נדב)으로 "즐거이 헌신하다"(삿 5:2; 대상 29:5, 6, 9, 14, 17)라는 뜻이다. 여호와께서 모세에게 말씀하시기를 반드시 예물을 가져오되 기쁜 마음으로 내는 사람이 바치는 모든 것을 받으라고 하신다. 이것이 바로와 여호와 하나님의 현저한 차이점이다. 바로가 강제적일 수밖에 없는 것은 이스라엘을 위해서 베풀어 준 것이 아무것도 없기 때문에 이미 자발적인 것을 기대할 수가 없다. 그러나 하나님께서는 창조와 구원이라는 은혜의 선물을 값없이 자신의 백성을 위하여 베풀어 주셨다. 모든 것을 다 베풀어 주신 후에도 그것을 깨닫고 '기쁨과 자원하는 심령'으로 나아오는 자의 것을 즐거이 받으신다.

이스라엘 백성들은 하나님께서 자신들에게 새롭게 일깨워주신 '하나님의 백성'이라는 정체성이 너무도 감격스러웠다. 하나님의 놀라운 구원을 통해 종에서 백성으로 새로운 창조가 일어난 것이다. 그들의 지도자인 모세의 말을 듣고 마음이 감동된 자와 자원하는 모든 자가 와서 성막을 짓고 그 속에서 쓸 모든 것을 위해 예물을 가져다가 여호와께 드렸다(출 35:21). 백성들이 너무 많이 가져와 여호와께서 명령하신 일에 쓰기에 넉넉하여 오히려 남음이 있는지라 막아야 할 정도가 되었다(출 36:4-7). 예배는 이와 같이 감사와 감격으로 이루어지는 것이다.

이제 성막 건축이라는 거대한 프로젝트 속에 내재해 있는 진정한 예배의 본질을 찾아낼 필요가 있다. 왜냐하면 출애굽기가 여호와 하나님의 거대한 구원사의 여정이라고 본다면 여호와께서 행하시는 위대하신 일은 출애굽기의 전반부에 밀집되어 있다(출 1-24장). 그리고 그 분량에 있어서 절반쯤이나 되는 책의 후반부는 이스라엘 민족이 하나님을 위하여 만드는 성막건축이 자리 잡고 있다(출 25-40장). 그렇다면 하나님의 구원과 창조를 경험한 백성이 행하는 이 거대한 프로젝트는 어떤 의미를 내포하고 있는 것인가?

하나님께서 세상을 만드셨던 것처럼, 이스라엘은 이제 성막을 만들어야 한다. 하나님께서 사역하셨던 것과 마찬가지로, 그것은 거룩한 사역이 되어야 할 것이고 또 거룩한 때를 준수함으로써 수행되어야 할 것이다. 이스라엘의 삶 속에서 진정한 예배로의 실행이 이루어지는 것이다. 이러한 성막의 핵심적인 의의를 들라고 한다면 크게 다음과 같은 두 가지가 될 것이다. 첫째로 성막은 하나님께서 이스라엘을 위하여 말씀하시는 장소가 된다는 것이다(출 25:22). 단순히 하나님께서 그곳에서 말씀하신다는 점만이 중요한 것이 아니라, 그 말씀하심에 대한 이스라엘의 순종을 통해 펼쳐질 세상을 예상해 볼 수 있기에 성막은 그 속에 위대한 변화를 담고 있는 것이다. 둘째로 성막은 하나님께서 거하시며 이스라엘과 동행하시는 장소가 된다는 것이다(출 29:45-46). 하나님께서 이스라엘과 함께 거니신다는 것은 인간이 하나님과의 잃어버린 교제를 회복했다는 것을 드러내는 장소가 되는 것이기에 그 존재만으로도 생명력을 제공하는 것이다. 이 두 가지 요소는 또한 세상이 잃어버린 가장 중요한 것 두 가지를 회복하는 실체가 된다는 점에서 의미가 깊다. 성막은 곧 하나님께서 말씀하시고 그 말씀이 그대로 실행됨으로 무너진 창조질서를 이 땅에 회복하는 실제가 될 것이며, 하나님께서 함께 거니시고 동행하시는 장소가 됨으로 에덴의 축소판이 되는 것이다. 이는 온 세상에 미치는 창조질서의 완성과 에덴의 확대는 작은 장소인 성막에서부터 시작되는 것이다. 우리는 이와 같은 세상을 이루는 가장 기초가 되는 것을 이미 보았다. 그것은 다름 아닌 시내산에서 주어진 율법으로 가능케 될 것이라는 것이 제시되었다. 율법은 곧 하나님의 말씀의 구체화요, 실제란 점에서 창조질서를 가능케 하는 요소가 내재되어 있고, 또한 그 핵심이 하나님 사랑과 이웃 사랑의 정신으로 구성되었으니 잃어버린 에덴을 회복할 길이 들어 있는 것이다. 그렇다면 시내산의 율법이 삶으로 구체화 되는 것이 곧 성막이라는 점이 분명해진다. 이러한 유비관계는 시내산 언약과 성막의 관계를 시작으로, 성막과 천지창조의 관계와 성막과 에덴동산의 관계를 비교해 보면 분명하게 드러날 것이다.

1) 성막의 상징성

(1) 성막과 시내산 언약과의 관계

시내산 언약을 다루는 부분(출 19-24장)은 출애굽기의 중심에 위치하고 있으며 이스라엘의 정체성의 완전한 변화를 제공한다. 정체성의 변화는 곧 사명의 변화를 의미하는 것이기에 중요한 의미를 가지고 있다. 바로가 왕이었던 전반부(출 1-18장)는 바로를 위해 노동하는 노예의 삶이었다면, 여호와께서 왕이 되신 후반부(출 25-40장)는 여호와를 예배하는 실제적인 삶이 시작된다.

출 1-18장	출 19-24장	출 25-40장
누가 왕이신가의 선택 바로를 위해 노동하는 노예에서 여호와를 위한 예배하는 삶으로의 전향	**왕의 말씀(명령)을 따르는 삶으로** 예배가 중심이 되는 삶	**왕을 중심에 모심(성막건축)** 노동이 아닌 예배하는 백성 말씀대로 그대로 행하는 것
예배는 곧 말씀을 듣는 것 ⟹	시내산에서 주신 말씀이 중심이 되는 삶이 되어야 함	⟸ 말씀대로 행함의 구체화

이러한 삶의 전환에 시내산 언약이 위치하고 있다는 점에서 시내산은 이스라엘 백성들에게 소중한 장소이며 의미가 된다. 그러나 어느 누구도 시내산의 물리적인 위치를 정확하게 알 수 있는 존재는 없다. 이스라엘 역사에서 가장 중요한 의미를 가지고 있는 장소임에도 불구하고 더 이상 찾아갈 수 없는 곳이란 점은 의문을 자아내게 한다. 그렇다면 이스라엘 백성에게 시내산은 기억에서 사라져도 괜찮은 장소인가? 그러한 의문이 성막건축으로 사라지게 된다.

시내산의 여러 가지 특징들을 조합해 보면 가장 먼저 시내산은 하나님의 현현이 나타나는 장소이고, 여호와의 영광이 머무는 장소라는 것이다. 그리고 거룩에 있어서 세 부분으로 나누어지는 특징을 가지고 있다는 점 또한 독특하다: ① 백성들이 머무는 산기슭, ② 제사장들이 경계를 서는 산 중턱 그리고 ③ 모세나 아론이 올라가는 산 정상. 그곳에서 하나님의 말씀의 핵심인 십계명이 주어졌다는 점 등을 되짚어 보면 그와 같은 특징을 가진 장소가 이스라엘에 또 존재한다는 것을 알 수 있다.

시내산 언약 시작(출 19장)		시내산 언약 결론(출 24장)
최고의거룩	우레, 번개, 구름,불과 연기 (19:16-18) ---- 산 정상(19:24) 모세, 아론	시내산 언약 중심 (20-23장) 십계명과 세세한 규례와 법도	구름, 여호와의 영광이 불 같이 (24:15-18) ---- 산 정상(24:12-14) 모세
거룩	산 중턱(19:21-23)제사장들		산 중턱(24:9-11)제사장, 대표들
정결	산 아래(19:16-17) 백성들(정결하게)		산 아래(24:1-8) 백성들(제단)

구름과 여호와의 영광이 가득하고, 정결(pure), 거룩(holy) 그리고 최고의 거룩(holy of holies)이라는 삼 단계로 구별되며, 그 중심에 십계명이라는 하나님의 법의 핵심을 품고 있는 장소가 있다. 이스라엘이 이제 곧 건축하게 될 성막이 바로 그와 같은 장소이다.

성막건축의 의미	
최고의 거룩	구름, 여호와의 영광 (40:34-35) ---- 지성소(법궤 안에 십계명 두 돌판 위치) (40:1-3, 20-21) 대제사장
거룩	성소 (40:4-5, 22-27) 제사장들
정결	바깥 뜰 (40:6-8, 29-33) 백성들(제단)

성막은 그 형태가 시내산의 거룩의 단계를 그대로 표현해 주고 있으며, 그 중심에 하나님의 법이 위치하고 있다는 것까지도 동일하다. 성막의 지성소에 십계명을 적은 두 돌판이 위치하고 있다는 점에서 성막은 곧 시내산의 모형이라 할 수 있다. 즉 움직이는 시내산이 이스라엘 백성의 삶의 중심에 위치하게 되는 것이다. 그렇다면 성막의 존재 가치가 분명해진다. 시내산의 의미와 동일하다는 점에서 성막은 곧 하나님의 임재와 하나님의 말씀이 주어지는 장소라는 점일 것이다.

시내산에서 있었던 하나님과 이스라엘의 언약식은 성막의 특징을 그대로 내포하고 있으며, 또한 성막의 기능과 목적을 분명하게 제시해 주는 구실을 한다. 먼저 출애굽기 24장에 나타난 시내산에서의 언약체결 의식과 성막을 비교해 보는 것이 필요하다.

언약체결 의식	해 설	지어질 성막에 대한 유비
(출 24:1-8) - 산 아래 백성들과 대표들이 제단을 쌓고 번제와 화목제를 드리고 언약체결	모든 백성들이 다가갈 수 있는 장소이며, 하나님께 제단에서 제사할 수 있는 곳	**바깥 뜰** 이 곳에서 계속해서 드려지는 번제와 화목제는 하나님과 이스라엘의 언약을 상기시키고, 그 언약을 공고히 하는 기능을 한다. 그리고 속죄의 제사는 언약을 파기한 것에 대한 회개와 더불어 새로운 갱신의 의미 또한 내포한다.
(출 24:9-11) - 산 위 백성의 대표들인 모세, 아론, 나답, 아비후 이스라엘 장로 70인산에 올라 하나님의 발아래서 먹고 마심	백성의 대표자들은 하나님께 더 가까이 나갈 수 있다. 아직 제사장 직분이 서지 않은 상태에서 (집안의 가장이 제사장 역할 - 출 22:29) 이들은 더 가까이서 하나님의 임재를 체험한다.	**성소** 성소에 위치한 진설병을 먹을 수 있는 사람들은 제사장들로 하나님 앞에서 섬길 수 있는 특권이 있다.

(24:12-18) - 산 정상 모세만 올라가서 율법과 계명을 적은 돌판을 받음 여호와의 영광 가운데 거함	하나님의 영광이 거하는 곳은 오직 하나님께서 택하신 자만이 나아갈 수 있는 장소이다. 그 곳에서 하나님께서 말씀하시고, 그 말씀이 그 대리인을 통해 전해진다.	지성소 대제사장만이 들어갈 수 있는 곳이며, 정해진 날이나, 오직 하나님께서 부르실 때에만 들어갈 수 있다. 이 곳의 증거궤 위에 좌정하신 하나님께서 이스라엘에게 하실 말씀을 전하신다. 그리고 두 돌판은 법궤 안에 놓여있다.

이렇게 출애굽기 24장의 언약체결 의식은 삼 단계로 이루어지며, 이러한 삼 단계의 구분은 25장부터 펼쳐질 성막을 고대하는 역할을 한다. 하나님과의 이러한 관계는 이제 성막을 통하여 긴밀하게 이루어질 것임을 전하고자 하는 의미가 포함되어 있는 것이다. 이것은 시내산이 성막으로 옮겨지는 신학적인 전이가 일어나고 있는 것이다.

이러한 연관관계를 살펴보면 성막에 관한 한 가지 의문점을 해결할 수 있다. 시내산에서 주신 언약법에는 하나님께 나아가는 제단을 만드는 재료에 관한 법이 주어졌다. 제단은 흙이나, 다듬지 않은 돌로 만들어야 한다는 것이다(출 20:24-25). 이것은 신앙의 형식화를 방지하고, 자발적이며, 장소에 구애받지 않는 용이한 접근성을 목표로 한다. 이와 같은 자연스러움에 비교한다면, 성막건축에 사용되는 재료는 가히 화려하기 이를 데 없는 귀중품들로 가득하다. 금, 은, 놋과 들어보지도 못한 다양한 보석들 그리고 가늘게 꼰 베실과 값비싼 염색이 필요한 청색, 자색, 홍색 실 등이 사용되고, 여러 종류의 가죽도 필요하다. 성막에 사용되는 재료들은 이처럼 애초에 하나님께서 말씀하셨던 검소한 흙과 자연석으로 만드는 제단과 그 질에 있어서 상충되는 듯한 느낌을 제공한다. 그러나

이 두 가지는 결코 모순되지 않는다. 하나님께서는 성막의 재료들을 결코 강제로 모으지 않으신다. 역시 동일하게 흙이나 자연석과 같은 신앙적인 이념인 기쁜 마음으로 자원하는 예물만 받으신다(출 25:2; 35:5, 21). 그리고 성막의 재료들은 결코 하나님이 인간의 초라한 삶을 뛰어넘는 화려한 곳에 거하시는 신이라는 의식을 조장하기 위한 의도가 전혀 없다. 인간이 보기에 화려해 보이는 금속과 보석들은 화려한 장식으로 의도된 것이 아니라 하나님의 거룩성을 표현하기 위한 한 방편일 뿐이다. 만약 하나님의 거룩하심을 더 잘 표현할 수 있는 다른 종류의 것이 인간사에 존재한다면 하나님은 그것을 택하셨을 것이다. 성막과 대제사장 복장에 사용된 금속과 보석들은 거룩의 단계를 표현하는 것이지 부귀의 차이를 표현하고자 한 것이 아니기 때문이다. 바깥뜰에는 놋이 사용되고, 성소에는 은과 금이 사용되고, 지성소에는 금이 사용되는 것을 통해 거룩의 단계를 구별하기 위한 의도인 것이다.

　　만약 이스라엘이 이러한 하나님의 거룩을 파기하는 죄를 저질렀을 때에도 성막이 이스라엘 삶의 중심에 위치하는 한은 시내산을 떠날 지라도 죄를 속하고, 언약의 회복을 위해 시내산으로 또다시 방문할 필요가 없다. 이제 그 모든 기능을 성막이 대신 할 것이기 때문이다. 성막이 이스라엘 삶의 중심이 될 수밖에 없는 이유는 시내산이 이스라엘 정신의 중심에 자리 잡고 있는 것과 같은 의미인 것이다. 시내산에서 주신 하나님의 법이 성막의 가장 거룩한 장소인 지성소 법궤 안에 놓여 있다는 것은 이제 하나님께서 성막에서 말씀하신다는 것을 입증하고 있는 것이다.

　　그럼 이와 같이 시내산이 성막의 형태로 이스라엘의 중심에 존재함으로 하나님께서 이루고자 하시는 것은 무엇인가? 성막은 곧 옮겨 다니는 시내산이라는 점과 성막에 번제단과 물두멍이 있다는 것은 죄를 속하고, 몸을 깨끗이 하는 거룩의 길이 제시되어 있는 것이다. 이렇게 죄를 속하고, 삶을 거룩하게 하며 하나님의 말씀에 절대적인 순종을 통하여 무엇을 이루시고자 하시는가? 그것은 성막과 천지창조 그리고 에덴동산의 관계를 살펴보면 분명하게 드러난다.

(2) 성막과 천지창조의 관계

성막건축을 지시하는 하나님의 말씀이 출애굽기 25-31장까지 길게 전개되고 있다. 그런데 이 건축지시 사항들이 동일한 것을 말하는 테두리 속에 들어가 있다는 점에서 성막의 목적이 분명하게 드러난다.

A. 출 24:12-18 내가 율법과 계명을 친히 기록한 돌판을 네게 주리라(24:12)

B. 출 25:1-31:17 성막 건축 지시(증거판을 지성소 법궤 안에 둘 것)(25:21)

A'. 출 31:18 여호와께서 시내산 위에서 모세에게 이르시기를 마치신 때에
    증거판 둘을 모세에게 주시니 이는 돌판이요 하나님이 친히 쓰신 것이더라

하나님의 성막건축지시는 이처럼 두 돌판 즉, 십계명이 기록된 두 증거판을 주시겠다는 약속과 실행 사이에 자리 잡고 있다. 이러한 구조는 성막의 목적을 분명하게 드러내고 있는데, 그것은 다름 아닌 하나님의 말씀이 보관되어 있는 곳이며, 그 말씀이 선포되는 장소라는 의미인 것이다. 이것은 차후에 금송아지 숭배가 이루어졌을 때 두 돌판이 깨어지고(출 32:19), 성막 없이 가나안 땅으로 가라는(출 33:1-6) 하나님의 말씀

속에 성막과 돌판의 밀접한 연관성이 드러난다. 하나님의 말씀이 지켜지느냐, 그렇지 않느냐에 따라 성막이 서느냐, 무너지느냐가 결정된다는 것은 그 무엇보다도 말씀의 중요성을 강조하는 것이라 할 수 있다. 이는 성막건축지시가 드러내는 창조신앙과의 연계성에서 입증될 수 있다. 즉, 성막과 천지창조는 동일한 이념을 품고 있다는 것이다.

하나님께서 성막을 건축할 것을 지시하시는 장면에서(출 25-31장) 모세가 시내산에 올라가 육일 동안 머물고 칠일 째 되는 날 모세를 부르시며(출 24:16) 성막 건축에 관한 상세한 설계를 말씀하신다. 엿새가 지나고 이레가 되는 날이라는 언급이 결코 우연히 이루어 진 것은 아닐 것이다. 하나님께서 새로운 창조와 밀접하게 연관이 있는 재앙들과 홍해 사건, 그리고 광야에서의 물과 만나라는 과정을 통해 이스라엘을 창조하신 것을 기억한다면 더욱 그렇다. 이 일곱째 날의 의미는 바로 창조의 완성 후 참 안식에로의 동참을 요구하시는 하나님의 음성으로 해석될 수 있다. 즉, 이제 진정한 안식일을 준수하는 한 민족이 탄생되었다는 것이다. 이것은 창세기 1장 1절에서 2장 3절까지에서 보인 천지창조의 완성이 눈앞에 이르렀음을 선언하는 것과도 같다. 그 뚜렷한 증거는 다음과 같다.

첫째, 천지창조가 하늘과 땅(천지)을 하나님이 인간과 더불어 교제하는 무대로 설정하고 있는 것처럼, 성막 건축 지시 또한 하늘과 땅이 만나는 곳에서 이루어지고, 성막은 하늘과 땅을 연결시키는 장소가 된다. 이것은 성막이 하나님과의 잃어버린 교제를 회복시키는 방편으로 주어지고 있다는 것이다. 성막은 이처럼 "뜻이 하늘에서 이루어진 것같이 땅에서도 이루어지이다"(마 6:10)라는 의미를 분명하게 보여주는 증거가 된다.

둘째, 창조세계와 성막을 짓는 일은 그 출발과 끝이 오로지 하나님의 명령에 의해서 이루어진다는 점에서 공통점이 있다. 그 어디에도 하나님 이외의 입김은 개입할 여지가 없다. 이처럼 창조세계나 성막이나 정확하게 하나님의 뜻에 맞추어 완성되었으며, 양 쪽 다 무질서한 세계의 한복판에서 하나님의 뜻에 의해 이루어진다. 창조가 혼돈과 공허의 흑암 가운데서 라면 성막은 혼돈과 무질서를 상징하는 광야에서 이루어진다.

셋째, 성막 건축에서 기술자들인 브살렐과 오홀리압과 그들을 돕는 사람들은 모두 하나님의 영에 충만한 사람들이었다. 이것은 하나님의 영이 창조세계의 배후에서 모든 창조를 진행해 나갔던 것과 동일하다(창 1:2; 출 31:1-11). 하나님의 영이 혼돈의 세상을 자신의 거주지로 창조하신 것과 같이, 성막 기술자들은 하나님의 영의 도움으로 혼돈을 상징하는 거친 광야 한복판에서 하나님께서 거하실 세계를 재창조한다. [231]

넷째, 하나님께서 성막 건축 지시를 내리실 때 의도적으로 일곱 번에 걸쳐서 "여호와께서 모세에게 말씀하여 이르시되"(출 25:1; 30:11, 17, 22, 34; 31: 1, 12)라는 어구로 단락이 구성된다. 이것은 하나님께서 이루신 칠일 동안의 말씀을 통한 창조 작업을 그대로 묘사하고 있는 것이다. [232]

첫째	출 25:1	여호와께서 모세에게 말씀하여 이르시되
둘째	출 30:11	여호와께서 모세에게 말씀하여 이르시되
셋째	출 30:17	여호와께서 모세에게 말씀하여 이르시되
넷째	출 30:22	여호와께서 모세에게 또 말씀하여 이르시되
다섯째	출 30:34	여호와께서 모세에게 이르시되
여섯째	출 31:1	여호와께서 모세에게 말씀하여 이르시되

다섯째, 이를 증명이라도 하듯이 일곱 번째의 "여호와께서 모세에게 말씀하여 이르시되"(출 31:12)가 안식일을 거룩히 지키라는 철저한 당부의 말씀으로 성막 건축지시를 마치고 있다는 사실이다(출 31:12-17). 이와 같이 성막은 하나님의 선하신 창조를 다시 세우는 것으로 나타난다. 천지창조가 하나님의 말씀대로 그대로 이루어짐으로 세상의 질서가 아름답게 조화를 이루고 모든 피조세계가 안식일 예배로 집중되었다면, 성막 또한 동일한 말씀의 질서로 인하여 마침내 안식일 예배로 그 결론에 이른다. 차이점이 있다면 천지창조는 온 세상 피조물들의 안식일 예배를 기대하고 있다면, 성막은 이스라엘의 안식일 예배를 그 출발선으로 삼는다는 점이다. 이는 곧 이스라엘이 시작이 되어 온 세상이 그와 같이 성막을 중심으로 하나님을 예배하는 세상을 이루어야 함을 의미하는 것이라 할 수 있다. 성막은 이처럼 이스라엘의 창조세계를 향한 소명을 부각시키고 있다.

여섯째, 창세기의 창조 이야기에서 인간은 특별한 패턴, 곧 '하나님의 형상'을 따라 만들어 졌다(창 1:26-27). 이와 마찬가지로 성막건축 또한 부분들뿐만 아니라 모든 것이 하나님이 모세에게 보여준 양식을 따라 만들어 졌다(출 25:9).[233]

마지막으로 성막 건축의 완성(출 39:32-40:33)이 천지창조의 마감에서(창 2:1-2:3) 사용된 동일한 표현들로 마무리 된다는 점에서 성막이 창조의 완성을 목표로 한다는 것을 확인해 볼 수 있다.[234]

마치다 (כָּלָה 칼라)	* 출 39:32 이스라엘 자손이 성막 곧 회막의 모든 역사를 **마치되** * 창 2:1 천지와 만물이 다 **이루어 지니라**(마치니라)
일을 마치다 (כָּלָה...מְלָאכָה 칼라 밀라카)	* 출 40:33 모세가 이같이 **역사를 마치니** * 창 2:2 하나님이 그가 하시던 **일을** 일곱째 날에 **마치시니**
축복하다 (בָּרַךְ 바라크)	* 출 39:43 모세가 그 마친 모든 것을 본즉 여호와께서 명령하신 대로 되었으므로 모세가 그들에게 **축복하였더라** * 창 2:3 하나님이 그 일곱째 날을 **복되게하사**
거룩하게 하다 (קָדַשׁ 콰다쉬)	* 출 40:9 (모세) 또 관유를 가져다가 성막과 그 안에 있는 모든 것에 발라 그것과 그 모든 기구를 거룩하게 하라 그것이 **거룩하 리라** * 창 2:3 하나님이 그 일곱째 날을 복되게 하사 **거룩하게 하셨으니**

안식일이 창조의 마침이 되고, 축복이 넘치는 날이요, 또한 거룩한 날이듯이, 이 모든 뜻을 내포하고 있는 성막이 완성된 것은 이제 거룩한 창조의 완성으로 볼 수 있다. 왜냐하면 이제 이 성막을 중심으로 하나님의 창조와 구원을 체험한 공동체가 안식일을 거룩하게 지킬 수 있는 삶을 열어갈 수 있기 때문이다.[235]

중요한 것은 하나님께서 이루어 놓으신 창조의 완성은 사람의 손에 놓였다는 사실이다. 위의 표에서 살펴볼 수 있듯이 하나님께서 하시던 모든 창조의 대 과업이, 모세라는 사람의 손에 놓여 있다. 모세가 그 결과를 확인하고, 축복하고, 거룩하게 한다. 그리고 그것이 잘 마쳐졌음을 선언한다. 바야흐로 하나님의 창조역사를 이어서 완성시켜 나갈 한 백성이 이 땅에 섰다는 것을 알 수 있다. 이스라엘이 바로 그 백성이며, 성막은 그 완성의 시작점이 되는 것이다.

이 증거들을 살펴볼 때 성막을 건축하는 것은 하나님의 선하신 창조를 다시 세우는 것으로 묘사된다. 그리고 하나님의 창조행위에 동참하는 거룩한 행위로 표현된다. 성막은 또한 하나님의 창조질서를 역사 안에서 성취하는 한 방식이라 할 수 있다. 그렇다면 성막건축을 통한 예배는 하나님의 천지창조를 완성해 가는 것이라고 할 수 있다. 바로 온 땅에 하나님께서 이루신 창조의 질서를 세우는 것이다.

(3) 성막과 에덴동산의 관계

이처럼 하나님의 성막건축지시는 하나님께서 이루신 천지창조의 대역사를 그대로 반영하고 있다. 이러한 유비가 가능한 것은 천지창조나 성막건축이나 모두 전적인 하나님의 명령으로 이루어진다는 점에 있다. 천지창조가 하나님의 말씀이 그대로 이루어지는 것으로 인해 세상이 질서 있게 그 운행을 시작할 수 있었다면, 이제 성막에서 선포되는 하나님의 말씀에 전적으로 순종하는 하나님의 백성으로 인하여 세상을 새로운 질서로 세우시려는 하나님의 소망을 살펴볼 수 있는 것이다. 인간의 죄로 인해 파괴된 세상을 다시 원래의 상태로 회복코자 하시는 하나님의 소망이 들어 있는 것이다. 그렇다면 이러한 하나님의 명령에 그대로 순종하는 이스라엘에 의해 성막건축이 한 치의 어김도 없이 그대로 실행된다면 그 순종으로 잃어버린 것들이 새롭게 회복될 것을 기대해 볼 수 있다. 하나님의 성막건축지시와 이스라엘의 성막건축실행의 구조를 살펴보면 다음과 같은 유비관계가 나타난다.

	천지창조와 에덴동산 (창 1-2장) (하나님에서 인간으로)	성막건축지시와 성막건축실행 (출 25-31; 35-40) (하나님에서 이스라엘로)
하 나 님 의 사 역	천지창조-하나님(창 1:1-31) 6일 동안 하나님의 말씀으로 천지가 창조됨	성막건축지시(출 25:1-31:11) 하나님의 명령이 6번 주어지며 천지 창조의 이상이 드러남
	안식일 준수명령-하나님(창 2:1-3) 7일째 안식일 준수명령으로 창조가 마감됨	안식일 준수명령(출 31:12-17) 7번째 안식일 준수 명령으로 성막건축 지시가 마감됨- 창조와의 유비
인 간 의 사 역	안식일 준수실행-인간 안식일 준수로 인간의 사명이 시작됨	안식일 준수로 성막건축 실행-인간 (출 35:1-3) 안식일 준수를 시작으로 성막건축 실행을 시작하며 새 창조 이룸
	에덴동산-인간의 소명 (창 2:4-25) 에덴동산에서 인간은 하나님의 법을 준수하며 살아가야 함	성막건축실행-인간의 소명 (출 35:4-40:33) 성막이 에덴의 모형이라는 점에서 에덴 회복의 이상

이러한 유비관계는 성막건축이 에덴동산과 유사한 이미지를 내포하고 있다는 점에서 입증된다. 예를 들면, 둘 다 공히 순금(창 2:12a; 출 25:3)과 값진 보석들(창 2:12b; 출 25:7)을 가지고 있으며, 그것들은 그룹에 의해 지켜진다(창 3:24; 출 25:18). 이러한 점들을 상세하게 비교해 보노라면 성막이 단순히 성전의 역할만이 아닌 잃어버린 에덴동산으로의 복귀로 보여주고자 하는 의도가 있음을 살펴볼 수 있다. [236)]

하나님께서 동방의 에덴에 동산을 만드시고 하나님께서 창조하신 사람을 그곳에 두시고 하나님의 모든 것을 관리하게 하셨다. 안타깝게도 이 세상의 어느 누구도 에덴동산이 어느 곳에 위치했었으며, 그리고 어느 정도로 아름답고 살기에 완전한 곳이었는지 정확하게 알 수 없다. 이처럼 지금 우리에게 에덴동산은 상상이나 환상 속에서나 존재하는 미지의 세계이고 언젠가 그곳에 한 번은 가보고 싶은 아름다운 장소임에는 틀림이 없다. 오늘 우리에게 주어진 과제는 인류가 잃어버린 에덴을 지금 우리가 살아가는 이 시대에 어떻게 다시금 살아 숨 쉬는 장소로 만들 것인가 라는 질문이다. 하나님의 말씀은 그것을 잃어버린 것에서 멈추지 않고, 회복의 길을 열어놓고 있다는 점에서 희망을 향한 여행이다. 하나님의 백성 이스라엘은 그 길을 성막 건축을 통하여 제시 받고 있다. 에덴동산과 성막을 깊이 있게 비교 하는 것을 통해 이스라엘이 꿈꾸는 에덴을 우리 또한 기대할 수 있다는 것을 밝혀보려 한다. 먼저 이러한 에덴동산과 성막 혹은 성전의 상관관계를 도표로 나타내면 다음과 같다.[237]

	에 덴 동 산	성 막
1	안식일을 지내고 에덴의 생활이 시작. 안식일 전까지 하나님의 창조역사였다면 그 이후는 에덴에서의 사명이 시작된다.	안식일 준수부터 시작한다. 안식일 전까지가 하나님의 지시였다면 이제부터는 인간의 사명이 시작된다.
2	(창 2:9) 생명나무와 선악을 알게 하는 나무	(출 25:16, 21; 신 30:15-20) 법궤 안에 놓여진 하나님의 법 율법-생명과 복(선), 사망과 화(악)
3	(창 3:24) 에덴 동편에 그룹들과 두루도는 불칼을 둠	(출 26:18, 20, 22) 성막의 동쪽에 출입문이 있다.
4	(창 3:24) 에덴동산을 그룹이 지킨다.	(출 25:18-20; 26:1, 31) 성막을 그룹이 지킨다.

5	(창 2:10) 에덴을 적시는 물	(출 30:17-21; 겔 47:1-12; 계 22:1-3) 물두멍에 대한 언급
6	(창 2:12) 에덴에는 보석들이 흩어져 있다. -금, 베델리엄, 호마노	(출 25:7; 28:9, 20) 갖은 보석에 대한 언급
7	(창 2:15) 아담의 직무: 다스리고 지키게 하셨다.	(민 3:7-8; 8:26; 18:5-6) 제사장 직무: 시무하며 지키다.
8	(창 3:21) 가죽옷을 지어 입히시다.	(출 28:41, 42; 29:8; 40:13, 14) 제사장 복장을 지어 입히다.
9	(창 3:8) 하나님께서 에덴에서 거니시다	(레 26:12; 신 23:15; 삼하 7:6-7) 하나님이 이스라엘 중에 행하심
10	(창 2:9) 보기에 아름답고 먹기에 좋은 나무	(출 25:30; 왕상 8:29, 32, 35;겔 41:16-26; 47:7-12; 계 22:1-3) 먹고 마시는 빵과 잔, 보기에 좋은 나무, 그리고 먹기에 좋은 과실수
차 이 점	에덴동산에는 제단이 없음	에덴동산에는 제단이 없음

　　　성막건축 지시가 안식일 준수 명령으로 끝나고, 성막건축 실행
이 안식일 준수로 시작하고 있다는 것은 안식일을 기점으로 인간의 사명
이 에덴에서 시작되고 있다는 것과 일맥상통하는 것이다. 그리고 여호와
하나님이 그 땅에 보기에 아름답고 먹기에 좋은 나무가 나게 하시니 동산
가운데에는 생명나무와 선악을 알게 하는 나무가 있다(창 2:9). 이스라엘
에서 선악을 분별할 수 있는 요소는 오직 하나님의 말씀인 율법에 비추는
삶이다. 그리고 선과 악을 바르게 분별하여 하나님의 뜻을 이룰 때 사망
의 길이 아닌 생명의 길을 가게 된다. 이것은 법궤 안에 놓여진 십계명 두

돌판이 바로 선과 악을 판단하는 도구가 됨을 의미한다. 그리고 그 뜻을 따를 때 생명의 길이 주어진다(신 30:15-20): "생명과 복(선)과 사망과 화(악)을 네 앞에 두었나니"(신 30:15).

에덴동산이나 성막이나 공히 동쪽에 출입구가 있다는 것을 알 수 있다. 하나님께서는 인간의 타락 이후에 에덴동산 **동편에**(창 3:24) 입구를 지키는 존재들을 세워두신다. 그렇다면 동산의 다른 편인, 남쪽, 북쪽, 서쪽으로는 몰래 들어갈 수 없다는 결론이 나온다. 동쪽만 지키고 있다는 이야기는 그렇다면 동쪽에 에덴동산으로 들어가는 출입구가 있었다는 것을 알 수 있다. 우리는 이 수수께끼를 성막과 솔로몬 성전이 동편에 출입구를 두고 있다는 것에서 풀어나가야 할 것이다. 남쪽, 북쪽, 서쪽은 널판으로 모두 막혀 있다(출 26:18, 20, 22). 이러한 방향으로 접근한다면 죽음을 면치 못하는 사건이 발생할 것은 불을 보는 듯이 자명한 일임에 틀림없다.

그리고 에덴동산이나 성막이나 그 출입을 그룹들이 지키고 있다는 것도 동일하다(창 3:24; 출 26:1, 31). 에덴에는 입구를 그룹들과 두루 도는 불 칼(창 3:24)이 지키고, 성막과 그리고 성전 안은 지성소에 좌정한 그룹들이 있으며(출 25:18-22; 왕상 6:23-28), 성막의 장과 성전안의 벽에 그룹들이 수놓아짐으로 입구를 지키는 역할을 한다(출 26:31; 왕상 6:29). 에덴동산이 죄 된 인간들이 마음대로 드나들 수 없는 성스러운 장소인 것처럼 성막 그리고 성전 또한 철저하게 인간의 출입이 통제된 그룹들이 지키고 있는 성별된 장소이다. 하나님께서 정해주신 방법과 복장이 아니고는 어느 누구도 접근해서는 안 되는 금지된 구역이기도 하다. 성경은 이것이 인간의 죄 때문임을 철저하게 증거하고 있다.

　　에덴이나 성막이나 물에 대한 언급이 있는데, 강이 에덴에서 발원하여 동산을 적시고 네 갈래로 갈라져 세계를 적신다고 한다(창 2:10). 성막에는 물두멍이 정결함을 위해 주어져 있다(출 30:17-21). 생명을 주고 죽음을 막는다는 의미에서 동일한 역할을 한다. 솔로몬 성전에도 물두멍이 존재하고 또한 더 큰 놋바다가 있어서 제사장들이 씻고 정결함을 유지할 수 있게 했고, 제물들을 깨끗이 씻게 했다(왕상 7:23-40; 대하 4:1-6). 에스겔의 이상 속에서는 성전문지방으로부터 물이 나와 강을 이루어 만물을 치료하는 역할을 한다(겔 47:1-12). 계시록의 새 예루살렘 성에도 하나님과 어린양의 보좌로부터 생명수의 강이 나와 만물을 치료하고, 저주가 사라지게 한다(계 22:1-3).

　　에덴동산에는 땅에 갖은 보화들이 흩어져 있다: "그 땅의 금은 정금이요, 베델리엄과 호마노도 있더라"(창 2:12). 정금은 성막과 솔로몬 성전의 물품들을 둘러싸는 용도로 사용된다. 특히 하나님의 임재의 중요한 장소인 지성소로 갈수록 더욱더 정금의 역할이 중요해진다. 베델리엄(호박)은 구약성경에 단 두 번 나타나는데 민수기 11:7에는 만나가 베델리엄(식물성 진주) 모양과 같다고 하고, 출애굽기 16:33에는 이 만나를 담은 항아리를 지성소 증거판 앞에 보관할 것을 명령하고 있다. 호마노는 성막, 성전 그리고 대제사장 복장에 사용 되는 중요한 보석이다(출 25:7, 28:9, 20; 대상 29:2). 특히 이스라엘 12지파의 이름이 새겨진 두 호마노가 대제사장 복의 좌우 어깨에 붙여진다(출 28:9-14).

　　하나님께서는 사람을 만드시고 그 사람을 에덴동산에 두사 그것을 다스리고 지키게 하셨다(창 2:15). '다스리다'를 뜻하는 히브리어는 '아바드'(עָבַד)로 '노동하다, 경작하다, 섬기다, 예배하다' 등의 다양한 의미로 사용되며, '지키다'를 의미하는 '샤마르'(שָׁמַר)는 '준수하다, 시행하다, 순종하다' 등의 여러 의미로 해석된다. 그러나 중요한 것은 이 두 단어가 함께 사용되는 경우는 극히 드문데, 그럴 때마다 특징이 있다. 이 두 단어가 함께 오경에서 3번 더 나타나는데(민 3:7-8; 8:26; 18:5-6) 모두다 아론과 그 아들들 그리고 레위인들에 대한 성막에서의 직무수행을 설명하는 것에 사용된다. 이것은 에덴동산에서의 아담의 일이 제사장들이 희생제물을 준비하고 바치는 직무와 동일함을 명시하는 것이라 볼 수 있다(출 3:12, 민 28:2). 즉, 에덴은 전형적인 성소의 모형이며, 아담은 최초의 제사장이라 볼 수 있다. 이는 인류의 창조목적이 하나님을 찬양하는 예배라는 점을 더욱 부각시키는 것이라 하겠다.

이것은 또한 시내산에서 하나님께서 이스라엘과 언약을 맺으실 때에 "너희가 내 말을 잘 듣고, 내 언약을 지키면 너희가 내 소유가 되고, 제사장(들) 나라가 되며, 거룩한 백성이 될 것"(출 9:5-6)이라고 말씀하신 이유를 이해할 수 있게 한다. 하나님께서는 이스라엘을 제사장들의 나라로 세우시려 하신다. 그것은 에덴에서의 아담의 역할이 제사장의 사명이며, 그것이 인간의 죄로 인해 파기되었기에 이제 하나님의 백성 이스라엘을 통하여 본래의 회복을 이루시고자 하시는 하나님의 소망인 것을 느껴볼 수 있다. 죄가 없었던 때의 아담과 하나님의 관계처럼, 이스라엘과 하나님의 관계가 이와 같기를 바라시는 것이다. 이렇게 이스라엘이 제사장들의 나라로 하나님과 세상 사이에서 중재의 역할을 바르게 감당함으로 세상 또한 동일한 사명으로 이끄는 것이다(사 61:4-6). 그리고 이제 현재에는 그리스도인들이 태초의 아담과 같이 만물을 다스리며, 하나님을 섬기는 왕 같은 제사장으로 하나님 앞에 서야 할 때인 것이다(벧전 2:9).

에덴동산에서 인간을 내쫓으실 때 하나님께서는 가죽옷을 지어 입히시고 내보내신다(창 3:21). 여기서 '지어 입히다'로 번역된 히브리어 '라바쉬'(לָבַשׁ)는 모세가 하나님께서 지시하신대로 제사장 복장을 만들어 아론과 그의 아들들에게 입히는 것과 동일한 표현이다(출 28:41, 42; 29:8; 40:13, 14; 레 8:13). 아담이 앞으로 서게 될 제사장 직분의 표징이 된다는 점이 부각된다. 가죽옷이 죄의 일시적 해결을 위하여 덮는 역할을 한다면, 제사장 또한 자신의 죄를 가리고 드러나지 않게 해야 한다(출 28:40-43).

에덴동산에서 아담과 하와는 동산을 거니시는 여호와의 음성을 듣는다(창 3:8). 여기서 '거닐다'를 뜻하는 히브리어 '할라크'(הָלַךְ)는 사람에게 자주 쓰이는 단어이지만, 하나님의 거니심에 사용될 때는 항상 성막과 관련해서 나타나는 특징이 있다. 하나님께서 에덴에서 창조하신 사람과 함께 거니셨듯이, 이제는 새롭게 창조하신 이스라엘과 함께 성막에서 거니신다.

나는 너희 중에 행하여(הָלַךְ 할라크) 너희의 하나님이 되고 너희는 내 백성이 될 것이니라(레 26:12).

이는 네 하나님 여호와께서 너를 구원하시고 적군을 네게 넘기시려고 네 진영 중에 행하심이라(הָלַךְ 할라크) 그러므로 네 진영을 거룩히 하라 그리하면 네게서 불결한 것을 보시지 않으므로 너를 떠나지 아니하시리라 (신 23:14).

내가 이스라엘 자손을 애굽에서 인도하여 내던 날부터 오늘까지 집에 살지 아니하고 장막과 성막 안에서 다녔나니(הלך 할라크) 이스라엘 자손과 더불어 다니는 모든 곳에서 내가 내 백성 이스라엘을 먹이라고 명령한 이스라엘 어느 지파들 가운데 하나에게 내가 말하기를 너희가 어찌하여 나를 위하여 백향목 집을 건축하지 아니하였느냐고 말하였느냐(삼하 7:6-7).

에덴에 보기에 아름답고 먹기에 좋은 나무들과 그리고 생명나무, 선악을 알게 하는 나무들이 있다(창 2:9). 그러나 성막에는 비록 이러한 다양한 먹을 만한 과실들은 나타나지 않으나, 성소에 진설병이라는 12덩이의 빵이 늘 진열되어 있다는 것은 이스라엘의 먹거리를 책임지시는 하나님의 능력을 상징하는 것이라 할 수 있다(출 25:30). 그리고 에덴동산의 이러한 과실나무들에 대한 유비는 솔로몬 성전의 내, 외소의 사면 벽, 내 소문과 외 소문 등에 그룹들과 종려와 핀 꽃의 형상을 아로 새겼다고 하는 것에서 드러난다(왕상 8:29, 32, 35). 그리고 에스겔의 이상에 나타나는 성전에도 동일하게 성소 벽에 그룹들과 종려나무가 새겨져 있다고 한다(겔 41:16-26). 또한 성전 문지방으로부터 물이 흘러 강이 되고 강 주변으로 나무가 심히 많고, 각종 먹을 만한 나무의 실과가 자라서 그 잎이 시들지 아니하며 실과가 끊어지지 않고 달마다 새 실과를 맺는다고 한다. 이는 그 물이 성소로 말미암음이며, 그 실과는 먹을 만 하고 그 잎사귀는 약재료가 될 것이라고 한다(겔 47:7-12). 이것은 성경의 맨 마지막 책인 계시록에도 동일하다: "하나님과 어린양의 보좌로부터 생명수의 강이 흘러나와서 강 좌우에 생명나무가 있어 열두 가지 실과를 맺히되 달마다 그 실과를 맺히고 그 나무 잎사귀들은 만국을 치료하기 위하여 있더라"(계 22:1-3). 이러한 에덴동산과 먹을 과실 그리고 성막, 성전과 과실들은 인간의 모든 먹을 것이 하나님께로부터 기인한다는 신앙고백인 것이다.

그런데 성막에는 반드시 있어야 하나 에덴에는 없는 것이 하나 있다. 바로 제단의 존재이다. 천지창조와 에덴동산의 창설까지 인간의 죄라는 것은 찾아볼 수 없었고, 모든 것이 하나님이 보시기에 좋았다. 그러므로 에덴에 인간의 죄를 사하기 위한 제단의 존재는 불필요한 것이었다. 그러나 제단은 성막에는 필수불가결한 요소가 되었다. 이것은 모든 것을 파괴하는 치명적인 독소가 바로 죄라는 것을 분명하게 각인시키기에 충분하다. 성막건축을 통하여 하나님의 백성이 깨달아야 할 것은 인간의 죄가 새로운 에덴의 회복을 향한 걸림돌이 될 수 있다는 것을 직시하여야만 한다는 것이다. 제단을 통하여 죄의 심각성과 더불어 아담의 타락을 상기함으로 더 이상의 상실은 없어야 한다는 것을 제시하고 있는 것이다.

이와 같이 에덴동산과 성막의 비교 연구를 통해서 우리가 느낄 수 있는 것은 에덴동산이 바로 하나님에 의해서 세워진 완전한 성전임을 느낄 수 있다. 그 어느 것도 하나님과 인간사이의 밀접한 관계에 끼어들 수 없는 가장 이상적인 아름다운 사랑의 관계를 누렸던 곳, 가릴 옷을 입지 않아도 하나님 앞에서나 다른 인간들 앞에서 거리낌이 없었던 장소,

하나님과의 친밀한 대화와 함께 거닐던 교제가 있던 장소였다. 그 완전한 성전을 인간의 죄로 인해서 잃어버렸다는 것이 이스라엘의 신앙고백으로 그리고 자책감으로 남아서 지금 이 시대를 살아가는 우리들에게 새로운 교훈으로 우리의 책임을 일깨워 주고 있다. 마침내 출애굽기에서 하나님의 백성으로 거듭난 이스라엘이 하나님과 같이 동행하며 살아가는 에덴의 모형으로 '성막'을 짓는 것이 우연에서 발생된 것이 아님을 알 수 있다. 성막의 건축과 완성은 이스라엘에게는 그 옛날 아담과 하와의 불순종으로 잃어버렸던 에덴의 이상을 회복해 나가는 출발점이기 때문이다. 성막이 성전으로 대체 되고, 그 성전이 파괴되었을 때 에스겔의 이상(겔 40-48)에서 보여 지듯이 이스라엘은 자신들의 회복을 성전의 회복과 동일한 것으로 생각하고 있음을 깊이 느껴볼 수 있다. 이러한 그들의 신앙을 에덴과 연결시킨다면 그들의 성전에 대한 집착을 어느 누구나 쉽게 이해할 수 있을 것이다. 성전의 재건축은 바로 하나님과 함께 삶의 공동체를 열어가는 에덴의 이상을 실현하는 것이라는 이들의 신념인 것이기 때문이다. 그러므로 출애굽 한 이스라엘이 성막을 짓는 것은 비록 그 곳이 거친 광야 땅이지만 그 불모지를 에덴화 시키는 원동력이 그 안에 있기 때문이다. 광야에서 그것을 배운 사람들은 약속의 땅 또한 동일한 에덴으로 만들어 갈 수 있을 것이기 때문이다. [238]

이렇게 성막은 천지창조의 이념과 에덴동산의 이념을 그대로 표출하고 있다. 새 창조와 에덴으로의 복귀를 꿈꾸며 하나님께서는 자신의 백성 이스라엘을 구원해 내시고, 자신의 형상을 실현해 낼 수 있는 법을 시내산에서 그 백성에게 허락하시고, 성막을 짓게 하셨다. 이와 같은 연관 관계를 살펴볼 때 성막의 영향력이 미치는 곳마다 창조의 질서가 이루어지고, 에덴의 확장이 일어날 것을 기대해 볼 수 있다. 그 근본 이유는 성막 안에 계신 하나님과 그 하나님의 율법인 말씀으로 인해 이것이 가능해 질 것이다.

2) 성막건축 지시에 관하여(출 25-31장)

(1) 성막건축 지시 내용과 실행 내용의 반복 의미

출애굽기 후반부를 장식하고 있는 성막건축은 크게 두 부분으로 나뉜다. 하나님께서 모세를 통해 주시는 성막건축 지시(출 25-31장)와 이스라엘이 그 지시에 따라 성막을 건축하는 실행이다(출 35-40장). 이러한 성막건축 지시와 실행의 특징이라고 한다면 반복성이라 할 수 있다. 구약성경과 신약성경 전체를 통틀어 이렇게 다량의 자료를 반복해서 다루는 경우는 유일무이하다는 점이다. 물론 때로 성경 속에 반복이 눈에 띄기는 하지만 이와 같은 엄청난 양은 아니다. 예를 들면, 출애굽기 20장의 십계명이 신명기 5장에서 의미의 큰 변화 없이 반복되고 있다는 것 그리고 잠언서에서 똑같은 문구의 반복(잠 14:12과 16:25; 20:16과 27:13; 21:9와 25:24; 22:3과 27:12), 동일한 내용의 반복(잠 16:2; 21:2) 그리고 동일한 주제의 반복(잠 18:12; 29:23)을 곳곳에서 살펴볼 수 있다. 이러한 반복은 몇 구절 정도의 반복이라는 점에서 무리가 없었으나, 성막건축은 그 반복의 양에 있어서 타의 추종을 불허한다. 이렇게 엄청난 양을 반복하는 이유는 무엇인가? 단순히 강조하기 위함이라고 하기엔 과도한 양이다. 그리고 성막건축 실행에서 35-40장의 여섯 장이라는 분량을 "여호와께서 모세에게 명령하신 대로 이스라엘 백성들이 그대로 준행하였더라"라는 단 한 구절로도 축약할 수도 있다. 그렇다고 성막의 중요성이 떨어지는 것도 아니기 때문이다.

하나님께서 성막건축을 통해서 분명하게 가르치고자 하시는 것이 무엇인가를 알면 그 답은 쉬워질 것이다. 출애굽기 1-18장이 애굽에서의 탈출을 다루고 있고, 그 탈출은 곧 섬김의 대상이 바로에서 여호와 하나님으로 바뀌며, 노동에서 예배로의 전환을 의미한다. 그렇다면 후반부에서 분명하게 드러나야 하는 것이 있다. 예배란 무엇인가라는 질문에 대한 답이 주어져야 하는 것이다. 하나님을 예배하는 삶으로의 전환이 일어났는데 정작 예배가 무엇인지를 모른다면 바뀐 정체성을 살아갈 수 없게 되는 것이다. 그렇다면 성막건축은 곧 이스라엘 백성에게 예배가 무엇인가를 가르치는 장소가 될 것이 확실시 된다. 예배는 다름 아닌 "하나님께서 명령하신 대로 그대로 삶 속에서 이루는 것이다."예배는 곧 말씀을 듣고 행하는 순종인 것이다(삼상 15:22). 그 예배를 가르치시기 위해 성막건축 지시라는 행해야 할 하나님의 말씀이 주어지고, 그 말씀을 한 치의 어김도 없이 그대로 행해 나가는 것을 보여주기 위해 동일한 반복이 주어진다. 그러나 엄밀하게 말하면 반복이 아니라, 말씀대로 그대로 준행하고 있는 예배인 것이다. 그런 점에서 동일한 것의 무의미한 반복은 아닌 것이다. 하나님의 명령이 주어진 것이며, 이스라엘이 삶으로 성취해 나간다는 점에서 역동적인 생명력이 그 안에 숨쉬고 있는 것이다(히 4:12). 살아있는 이 예배를 통해서 창조의 회복과 완성을 기대할 수 있으며, 에덴으로의 복귀를 꿈꿀 수 있다. 그러므로 성막건축을 통해 배워야 할 예배는 명령의 양이 어떠하든, 내용이 단순하든, 복잡하든, 가감하지 않고, 그 명령을 그대로 이루어내는 것이다. 그렇다고 성막건축 지시와 실행의 내용이 똑 같은 순서와 내용으로 이루어져 있다는 것은 아니다. 지시에서 주어진 순서가 실행에서는 바뀌는 경우가 많고, 제사장 위임식에 대한 명령(출 29장)은 실행부분에서 빠져서 레위기 8-9장에 위치한다. 그 주요한 이유는 제사장 위임식에서 번제, 속죄제, 위임제 등과 같은 제의를 집행해야 하는데 출애굽기에서는 아직 제의에 대한 규례가 주어지지 않았으며, 레위기 1-7장에 가서야 주어지기 때문이다. 그러므로 제사장 위임식 명령은 제의에 대한 규례가 주어진 다음 부분인 레위기 8-9장에서 실행되는 것이 합당한 순서라 하겠다. 그리고 성막건축 지시와 실행에서의 순서의 변화와 그 이유는 다음에 주어질 '이야기의 문학적인 구조 따라 읽기'에서 상세하게 다룰 것이다.

(2) 성막건축 지시 개관

하나님에 의한 성막건축 지시는 독특한 순서를 가지고 있다. 그 순서 속에는 성막의 신학적인 존재의미까지도 내포되어 있다는 점에서 하나님의 섬세하심을 느껴볼 수 있다. 성막건축에서 가장 첫 번째로 하나님께서 지시하시는 내용은 이스라엘 백성들이 기뻐서 자원하는 심령에 대한 언급이다(출 25:1-9). 예물을 가져오되 반드시 기쁜 마음으로 내는 자가 바치는 모든 것을 받으라는 것이다. 이를 통해 하나님께서는 결코 억지로의 예배를 받고 싶지 않다는 의중을 드러내신 것이다. 이렇게 드려진 예물을 가지고 하나님께서 거할 성소를 짓되 하나님께서 보여주신 모양대로 지어야 한다.

가장 먼저 만들라고 지시하는 기물들을 살펴보면 중요도의 순서를 따르고 있음을 알 수 있다. 출애굽기 25:10-26:37절까지는 성막의 주요 기물들과 외형을 이루는 것들을 다룬다. 먼저 지성소 안에 들어갈 기물들을 다루고, 다음은 성소 안에 위치할 기물들에 대한 명령과 연결해서 성막의 사중 포장을 만드는 것과 성막의 구조를 지탱하기 위해 널판으로 남쪽, 북쪽, 서쪽 삼면의 벽을 만들라는 지시가 주어지고 마지막에는 지성소와 성소를 가르는 휘장과 성막 입구를 가리는 휘장 문을 만들라는 명령이 주어진다.

지성소의 중요 기물로는 법궤(출 25:10-16)와 그 뚜껑이 되는 두 그룹이 위치한 속죄소가 있다(출 25:17-22). 지성소가 하나님의 임재가 있고, 하나님의 말씀이 주어지는 장소라는 점에서 가장 중요한 의미를 가졌다고 할 수 있다. 그 다음은 성소의 기물들로 진설병 상과 그에 딸린 부속 기물들을 만드는 것(출 25:23-30)과 순금 등대를 만들라는 지시가 위치한다(출 25:31-40). 이 곳에서 한 가지 짚고 넘어가야 할 것은 성소의 한 기물이 빠져 있다는 점이다. 성소에는 향을 사르는 분향단 또한 있어야 한다. 그러나 분향단을 만들라는 명령은 성소의 다른 기물들과 동떨어져 출애굽기 30:1-10절에 주어져 있다. 이렇게 분향단은 성소의 다른 기물들과 뚝 떨어져서 주어진 명령임에도 이스라엘이 성막건축을 실행할 때에는 진설병 상(출 37:10-16), 순금 등대(출 37:17-24) 그리고 분향단(출 37:25-28)이 함께 연이어서 만들어지고 있다는 점은 의문을 자아낸다. 이를 통해 성막건축 지시가 반드시 체계적인 순서만을 따르고 있는 것은 아니라는 것을 짐작케 한다. 이어서 성막의 포장을 만들라는 내용이 주어지며 4가지 다른 종류의 재료를 가지고 4겹의 포장을 만든다(출 26:1-14). 가장 안쪽은 지성소와 성소를 감싼다는 점에서 거룩을 드러낼 최상의 재료를 사용하여 그룹까지 정교하게 수놓으라고 한다. 그 다음 막은 염소털로 그 다음은 붉은 물들인 숫양의 가죽으로 가장 바깥쪽은 해달의 가죽으로 만들어야 한다. 이렇게 성막은 4겹 포장이 되며 맨 안쪽의 거룩성은 물론, 가장 바깥의 내구성까지도 갖춘 장소가 된다. 성막이 제 모양을 갖추기 위해서는 든든한 벽도 되고, 기둥도 되는 구조물이 필요하다. 이를 위해 조각목으로 기둥이 될 벽을 만들라고 하신다(출 36:15-30). 남쪽과 북쪽은 널판 20개씩을 그리고 서쪽을 위하여는 6개를 만들어 세워야 한다. 세우기 위해서 받침을 만들고 또한 든든하게 서로 받쳐질 수 있게 조각목을 금으로 감싼 띠를 만들어 둘러야 한다. 이렇게 지성소, 성소 그리고 포장과 벽까지 완성되면 남은 것은 지성소와 성소를 가르는 휘장과 성막 문의 휘장이다(출 36:31-37). 지성소와 성소를 가르는 휘장은 성막 가장 안쪽 포장과 같은 재질인 청색, 자색, 홍색 실과 가늘게 꼰 베실을 사용하고, 같은 그룹을 수놓은 양식으로 만든다. 그러나 성막의 휘장 문은 재료는 같지만 그룹은 수놓지 않는 차이점이 있다. 이렇게 성막의 중요 기물들과 구조물들에 대한 지시가 끝에 이른다.

이제 남은 것은 바깥뜰에 있어야 할 기물들과 기타 다른 물품들에 대한 지시가 위치하게 된다. 바깥뜰의 기물들과 기타 내용들에 대해서는 어떤 특정한 구조를 따라가고 있다는 것을 미리 염두에 두어야 할 필요가 있다. 먼저 분명 바깥뜰의 기물들에서 중요성을 가지고 있는 것은 번제단과 물두멍일 텐데 이 두 기물들의 제작에 대한 지시가 연이어 등장하는 것이 아니라 긴 간격을 두고 있다는 점을 들 수 있다(출 27:1-8; 30:19-21). 그리고 성소에 위치하게 되는 순금 등대에 대한 관리 명령과 분향단 제작 명령 또한 이 부분에서 등장하는데 주어지는 간격이 서로 멀다(출 27:20-21; 30:1-10). 이러한 위치에 대한 구조적인 분석은 다음 부분으로 미루기로 하고 여기서는 이런 다양한 기물들과 기구들을 주어진 순서대로 나열해 보기로 한다.

먼저 번제단과 함께 사용될 부속 기물들을 만들라는 지시가 주어진다(출 27:1-8). 그 다음은 바깥뜰에 포장을 치기 위한 세마포 포장을 만들라는 지시가 내려진다(출 27:9-19). 뜰 포장은 성막 건물의 사방에 만들 수 있으며, 성막의 남쪽과 북쪽에는 각각 너비가 백 규빗의 포장을 치고, 서쪽과 동쪽에는 각각 너비가 오십 규빗의 포장을 치라고 명령한다. 이 포장은 백성들이 머물 수 있는 장소가 될 것이다. 그리고 감람기름을 가져오라는 명령과 아론과 그의 아들들이 그 감람기름으로 순금 등대에 저녁부터 아침까지 불을 켜고 관리하라는 명령이 주어진다(출 27:20-21). 그 다음은 긴 부분을 할애하여 대제사장 복장과 제사장 복장을 만들라는 지시가 내려지고(출 28장), 연이어 제사장들이 직임을 수행할 수 있도록 위임식을 행하라는 명령이 주어진다(출 29장). 하나님께서 이들을 세우신 목적은 이들의 회막에서의 사명감당으로 하나님께서 이스라엘의 대표자는 물론 이스라엘 백성을 만나시고, 그들 가운데 거하시려는 것이다(출 29:42-46). 성막건축 지시에서 제사장들에게 많은 분량이 할애되는 이유가 바로 이와 같은 중요성 때문인 것이다. 이들의 사역이 바로 서야 이스라엘이 하나님과 함께 동행하는 삶이 원활하게 이루어질 수 있는 것이기 때문이다. 그리고 성소에 위치할 기물로 넘어가 분향단을 만들라는 지시가 주어지고(출 30:1-10). 그 다음은 이스라엘 백성에게서 생명의 속전을 받으라는 지시가 등장한다(출 30:11-16). 성소의 세겔로 반 세겔, 게라로 치면 십 게라를 생명을 대속하기 위해 내라는 것이다. 이 속전은 회막 봉사에 전적으로 사용될 것이다. 이는 곧 바깥뜰에 들어오는 백성들과 관계가 되는 속전인 것이다. 그 다음은 바깥뜰에서 번제단과 성막 입구 사이에 놓일 물두멍을 만들라는 지시가 주어진다(출 30-19-21). 그리고 성막과 기물들을 거룩하게 구별하기 위하여 바를 관유와 성막 안에서 쓸 향품을 제조하라는 명령이 등장한다(출 30:34-38). 성막과 기물들의 제작에 관한 명령은 여기까지 이고, 그 다음은 이러한 모든 것을 만들 사람들을 구별하여 세우는데 유다 지파의 브살렐과 단 지파의 오홀리압을 대표로 하고 그 외 지혜로운 마음이 있는 모든 자를 세워 명령대로 만들게 하라는 지시가 내려진다(출 31:1-11).

그리고 마지막 명령은 안식일을 지키라는 것으로 마감된다(출 31:12-17). 성막건축 자체가 하나님께서 거하시며, 말씀하시는 장소가 된다는 점에서 예배를 목표로 하고 있다는 것은 의심의 여지가 없다. 그러므로 성막건축 지시가 안식일 규례로 마감되는 것은 알맞은 종결이라 할 수 있다. 이스라엘이 하나님의 명령 따라 성막을 건축할 때 진정한 안식일 예배가 이루어지며, 온 백성이 하나님의 말씀 안에서 진정한 안식을 누리는 세상을 이룰 수 있을 것이기 때문이다. 이렇게 성막건축 지시는 이스라엘 백성이 기쁨으로 자원하는 마음으로 시작하여 안식일을 지키는 것으로 마감되는 예배의 축제를 기대하고 있다. 그리고 그 기대가 현실이 되어 안식일을 소중히 지키는 이스라엘을 통해 인류가 안식일 예배로 하나 되는 회복과 완성을 소망하고 있다.

천지창조 때	성막건축 지시 때
말씀대로 그대로 하나님의 형상으로 지음 받은 인류	이루어야 할 말씀을 주심 하나님의 영이 함께하는 이스라엘
⬇	⬇
모든 피조세계가 안식일 예배로	이스라엘의 안식일 예배로
	모든 피조세계의 안식일 예배 고대

이제 차후로 살펴보아야 할 것은 성막건축 지시가 처음에는 질서 있게 지성소, 성소 그리고 성막포장과 벽과 기둥 그리고 휘장이라는 중요도의 순서로 진행되다가 바깥뜰로 접어들어서는 뒤틀린 듯한 구조를 보이고 있는 이유이다. 이러한 구조를 제대로 이해하기 위해서는 성막건축 지시와 실행에서의 순서의 차이까지 살펴가며 비교해볼 필요가 있다. 이 비교를 통해 성막건축 지시에서 이스라엘 백성들에게 가르치고자 하는 신학적이고, 신앙적인 의미가 분명하게 드러날 것이다.

2. 이야기의 문학적인 구조 따라 읽기

위에서 드러난 것처럼 성막건축은 단순히 하나님께서 거하실 장소를 만드는 것 그 이상의 의미를 가지고 있다. 천지창조가 새롭게 완성되고, 또한 잃어버린 에덴동산이 인간의 삶 속에 만들어지는 것이다. 인간은 이미 오래 전부터 불순종으로 인해 창조질서가 무너진 세상에서 에덴을 상실한 채 살아가고 있다. 이렇게 인생은 거칠고 황폐한 광야 같은 세상을 살아가고 있는 것이다(창 3:17-18; 4:10-12). 이제 시내 광야 사막 한 가운데서 창조의 질서가 살아나며, 에덴이 회복된다. 성막이 서 있는 곳은 이와 같은 광야 같은 세상이 새롭게 하나님의 뜻이 이루어지는 세상이 되는 비전인 것이다. 이스라엘이 이 성막을 가나안 땅의 중심에 세운다는 것은 그 땅이 창조질서가 살아나는 에덴이 되어야 한다는 것을 의미한다.

성막건축 지시에 나타난 구조를 살펴보면 하나님의 백성 이스라엘이 어떤 존재이며 어떤 사명을 부여받고 있는지가 더욱 분명하게 드러난다. 그 중심에 성막이 있고, 그 성막의 거룩을 지키는 중추적인 사람들이 있다. 바로 성막건축 지시에 반드시 빠져서는 안 되는 존재들로 성막의 거룩은 물론, 하나님의 영광이 이스라엘 중심에 머물러 빛 된 백성이 되게 하고, 이스라엘이 세상의 빛이 되는 사명을 감당하는데 핵심적인 역할을 해야 하는 사람들이다. 그들은 대제사장 아론과 그의 아들들인 제사장들이다.

먼저 시작은 이스라엘 백성들 모두가 자원하는 심령을 가지고 기쁨으로 드릴 예물들이 어떤 종류들인지를 제시한다. 성막 건축에 반드시 필요한 재료들인 것이다. 그리고 이 재료들을 가지고 하나님께서 보여주신 모양대로 성막과 그에 딸린 기구들을 제작하여야 한다(출 25:1-9). 이와 맞상대가 되는 내용은 역시 이 모든 재료들을 사용하여 하나님께서 지시하신 모든 물품들을 만들 브살렐과 오홀리압 그리고 마음이 지혜로운 자들이 등장하는 부분일 것이다. 거기에는 또한 만들어야 하는 모든 품목들이 세세하게 나열되어 있다(출 31:1-11). 특히 브살렐이 유다지파 사람이라는 언급과 오홀리압이 단지파 사람이라는 언급은 결코 우연이 아닐 것이다. 유다부터 단까지는 미래의 지리적인 변화상까지 감안하면 이스라엘 전체의 동참을 의미하는 표현이라 할 수 있다(창 14:14; 수 19:47; 삿 18:27-29; 20:1; 왕상 4:25). 즉 예물을 자원하여 헌물 하는데도 이스라엘 전체가 동참하고 있다면, 예물을 가지고 명령대로 제작하는 실행에도 역시 이스라엘 전체가 동참하고 있다는 의미일 것이다. 실제로 성막을 만들 때 지혜로운 재능이 있는 모든 자가 동참하여 작은 부분일지언정 맡아서 감당하는 모습을 보인다는 것이 이를 입증한다(출 35:25-26). 이처럼 성막건축 지시는 이 두 부분으로 감싸여진 고리구조(ring structure)를 이루고 있다는 것을 알 수 있고, 이러한 이스라엘 전체가 순종으로 하나 되어 마침내 안식일 예배로 집중되는 구조라 할 수 있다.

그 다음으로 주어지는 내용은 안쪽 틀을 이루는 부분으로 성막의 지성소와 성소의 주요 물품들은 물론 뼈대를 이루는 구조물인 벽들과 포장을 다룬다(출 25:10-26:37). 이렇게 주어진 지시들을 종합하며 성막의 가장 중요한 구조물을 이루는 부분이 만들어진다. 이 부분과 맞상대가 되는 부분은 비록 분량에서는 훨씬 소량이지만 이 성막이 거룩하게 구별되게 하기 위해 바를 관유를 만드는 것과 지성소 증거궤 앞에 두어 향기를 나게 하는 향품을 만들라는 지시이다(출 30:22-38). 성막이 완공되면 반드시 해야 할 것이 바로 성막과 모든 기구들에 관유를 발라 거룩하게 구별하는 것이다(출 40:9-10). 이 과정이 끝나야 하나님의 영광이 성막에

A. 출 25:1-9 이스라엘 전체가 동참하는 자원하는 예물
   - 성막을 건축하기 위한 재료들

성막과 기구들 제작 그리고 제사장 위임 지시

A'. 출 31:1-11 브살렐(유다지파)와 오홀리압(단지파)의 기술 연합
    (온 이스라엘 의미)
    - 백성들이 헌물한 예물로 모든 물품들을 만들 것

↓↓↓↓↓

* 출 31:12-18 안식일 예배

임하며 성막이 그 기능을 시작하게 되는 것이다. 이처럼 성막과 기물들은 하나님의 거룩을 드러내는 역할을 통해 여호와의 향기라는 영향력을 펼쳐야 하는 것이다.

지금까지의 내용들은 성막을 만들기 위한 이스라엘과 기술자들의 동참을 테두리로 하고, 성막의 지성소와 성소 그리고 외장인 벽과 포장과 휘장을 통해 성막 구조물이 만들어지며 성막은 단순한 구조물에 그치는 것이 아니라 관유와 향품이 보여주듯 거룩함의 향기가 퍼져나오는 장소가 되어야 함을 제시했다. 그 역으로의 방향도 역시 가능하다. 성막의 거룩함과 향기가 이스라엘을 감동하여 지속적으로 자원하는 기쁨의 헌신을 통해 온전한 안식일 예배를 이루어 내는 것이다. 이와 같은 연관 관계를 통해 중심에 위치할 내용을 미리 짐작해 볼 수 있다.

성막의 거룩은 단순히 관유를 바르는 것만으로는 결코 유지될

A. 출 25:1-9 이스라엘 전체가 동참하는 자원하는 예물
    – 성막을 건축하기 위한 재료들

  B. 25:10-26:37 성막의 지성소와 성소의 기물들 그리고 벽과 포장, 휘장

  ┌───┐
  │   그 외 기구들과 제사장 복장과 제사장 위임식 지시   │
  └───┘

 B'. 30:22-38 성막과 기물들을 거룩히 구별할 관유와 지성소에 둘 향품

 A'. 출 31:1-11 브살렐(유다지파)와 오홀리압(단지파)의 기술 연합(이스
      라엘 의미)
    – 백성들이 헌물한 예물로 모든 물품들을 만들 것

* 출 31:12-18 안식일 예배

수 없다. 관유는 하나님의 거룩을 상징하는 요소가 될 뿐이다. 중요한 것
은 하나님의 거룩하심을 이스라엘 백성들이 본받아 거룩한 삶으로 나아
갈 때 성막의 거룩은 지켜질 수 있다. 결국 이스라엘 백성이 성막의 거룩
을 오염시킬 수 있다는 위험성이 존재하고 있는 것이다. 그렇다면 성막건
축 지시의 중심은 당연히 기름 부어 거룩하게 구별된 성막의 거룩을 지키
는 길이 주어져 있을 것이다. 그리고 중심 중의 중심에는 분명히 그 거룩
을 지키기 위해서 하나님께서 구별하여 세우신 존재들이 위치할 것을 예
상해 볼 수 있다. 그리고 그 존재들 또한 성막과 기물들에 관유를 바르듯
이 동일하게 관유를 부어 거룩하게 구별된 존재들일 것이다. 이들이 거룩

하게 구별되어 이스라엘 백성 전체를 거룩한 백성들로 이끌어 나갈 때 이스라엘의 거룩한 연합도, 성막의 거룩도 그리고 안식일의 거룩한 예배도 성취되는 역사가 펼쳐질 것이다. 그 다음 중심의 구조는 다음과 같다.[239]

A. 출 25:1-9 이스라엘 전체가 동참하는 자원하는 예물
  - 성막을 건축하기 위한 재료들

 B. 25:10-26:37 성막의 지성소와 성소의 기물들 그리고 벽과 포장, 휘장

> C. 출 27:1-8 **바깥뜰**: 번제단
>
> D. 출 27:9-19 **바깥뜰**: 뜰 포장 - 이스라엘 백성들 거하는 곳
>
>   E. 출 27:20-21 **성소**: 등잔대 - 제사장 저녁, 아침으로 관리
>
>   F. 출 28-29장 **중심**: 제사장 복장과 제사장 위임식
>
>   E'. 출 30:1-10 **성소**: 분향단 - 제사장 아침, 저녁마다 향 사름
>   (등잔대 끄고, 켤 때)
>
> D'. 출 30:11-16 **바깥뜰**: 속전 - 이스라엘 백성들이 낼 성전세
>
> C'. 출 30:19-21 **바깥뜰**: 물두멍

 B'. 30:22-38 성막과 기물들을 거룩히 구별할 관유와 지성소에 둘 향품
A'. 출 31:1-11 브살렐(유다지파)와 오홀리압(단지파)의 기술 연합(이스라엘 의미)
  - 백성들이 헌물한 예물로 모든 물품들을 만들 것

↓↓↓↓↓
* 출 31:12-18 안식일 예배

이미 성막 구조물과 지성소와 성소의 기물들에 대하여는 다루었기에, 바깥뜰에 있어야 할 기물들에 대한 지시가 내려지는 것은 논리적인 순서라 할 수 있다. 그러나 번제단과 물두멍이 과하게 멀리 떨어져 있

는 것, 성소 안에 두어야 할 기구로 이미 순금등대를 다루었음에도 다시 한 번 기름과 더불어 등대의 손질에 대해서 이 부분에 거론하고 있다는 점 그리고 성소에 있는 기구임에도 분향단은 상과 등잔대와 뚝 떨어진 위치에서 거론되고 있다는 점은 의문을 자아낸다. 그 이유는 역시 위에 주어진 구조에서 찾을 수 있다. 제사장 복장과 제사장 위임식 명령을 중심에 두고 그 제사장들이 매일 담당해야 할 사명을 강조하기 위해서 의도적으로 성소와 바깥뜰의 기구들을 주위로 배열한 것이라 할 수 있다. 즉 성소 안에서 등잔대를 관리하는 것과 분향단의 향을 사르는 것은 제사장들의 매일의 주요한 임무 중에 속하는 것이기에 제사장에 관한 명령과 더불어 기술하고 있는 것이다. 그러나 성막건축 실행에 있어서는 상과 등잔대와 분향단은 연속하여 만들어야 하는 기구들이며(출 37:10-29), 번제단과 물두멍도 역시 연속으로 만들어진다(출 38:1-8).

이러한 구조의 의도성은 성막의 중요한 목적과 특별한 의미로부터 출발해야 적합한 답에 도달할 수 있다. 어느 모로 보나 성막의 최고의 목적은 하나님께서 거하시며, 말씀하는 장소로서의 기능이라 할 수 있다. 거룩하신 하나님과 동행하며, 그 말씀 앞에 설 수 있기 위해서는 부정과 죄가 가려져야 한다. 성막이 죄를 가리는 기능을 한다는 점에서 이스라엘에게는 축복의 장소이다. 이를 통해 하나님의 빛 가운데로 이스라엘 열두 지파가 서 있을 수 있는 곳이다. 이러한 성막의 진정한 의미는 결국 지성소와 성소에서 사역하는 제사장의 사명으로 가능해 지는 것이다. 이를 입증하듯이 제사장 복장과 제사장 위임식을 둘러싸고 있는 내용들을 살펴보면 제사장의 사명을 분명하게 알 수 있게 한다.

제사장 복장과 위임식을 가운데 두고 바깥뜰의 번제단과 물두멍이 갈라져 있고, 성소의 등잔 관리와 분향단 관리도 나뉘어져 있다. 이러한 구조는 제사장의 역할이 무엇인지를 강조하고자 하는 의도가 있다고 할 수 있다. 그리고 제사장의 역할을 강조하고 있는 것은 곧 이스라엘이 제사장들의 나라가 되어야 한다는 점에서 백성 전체의 본이라 할 수 있다 (출 19:5-6). 위의 구조를 통해 드러나는 제사장의 역할은 내부적으로는 성소의 빛을 비추는 등대 관리와 분향에 관한 것이며, 외부적으로는 바깥뜰의 제단에서 죄를 사하는 역할과 물두멍에서 씻음으로 거룩을 이루는 삶이다. 이는 곧 백성들에게 그대로 전이 되어야 할 삶의 모습인 것이다. 즉 바깥뜰에서 제사장과 함께 번제단을 통하여 죄를 사함 받고, 물두멍에서 정결하고 거룩한 삶으로의 연결이 일어나며, 성소로 들어가는 삶인 것이다. 즉 C-C'의 번제단과 물두멍을 통해 죄사함과 씻음이 이루어져 성소로 들어가 사명을 감당하는 존재가 되는 것이다. D-D'에서 뜰 포장과 속전을 내는 것이 제사장들이 사명을 감당하는 중심에 위치하여 백성들의 성막의식 참여를 의미하고 있다는 것은 곧 제사장과 백성의 일체화를 기대하고 있다는 것을 알 수 있다. 그것은 곧 미래에 성취될 제사장들의 나라가 되어 세상 속에서 E-E'에서 제시된 것처럼 등대의 불을 비추고, 하나님 앞에 나아갈 향을 사르는 역할인 것이다. 이는 성소에서 하나님의 빛 가운데 거하는 삶이며 또한 지성소에 거하시는 하나님께로 나아가는 길을 여는 것이다. 중심에 위치한 F에서의 제사장 복장과 위임식은 이스라엘이 하나님 나라, 나아가서는 제사장들의 나라가 되기 위해 반드시 필요한 것이다. 특히 대제사장이 의복을 갖추고 위임되어 지성소 안까지 들어가 하나님을 만나고 그 말씀을 듣고 들은 말씀을 이스라엘 백성들에게 전함으로 제사장 나라의 길이 시작되는 것이다. 결국 제사장의 역할이 바르게 서지 못한다면 성막을 통해 이루고자 하시는 하나님의 뜻이 무너질 수 있다. 제사장들이 백성들을 이러한 삶으로 이끌 때 이스라엘은 하나님께 제사장들의 나라로 서는 것이며 거룩한 백성이 되는 것이다.

　　그러므로 하나님의 성막건축 지시는 성막건축실행 순서가 아니라 성막을 통해 이루고자 하시는 하나님의 마음을 신학적으로 표현한 것이라 할 수 있다. 이것을 깨달은 사람은 성막건축 실행에서 논리적인 순서인 지성소의 '법궤-속죄소'그리고 성소의 '등잔대-상-분향단'이라는 순서를 따라 만들지라도 성막건축 지시를 통해 주신 'C. 번제단 - D. 바깥뜰 포장 - E. 등잔대 기름과 관리 - F. 제사장 복장과 위임식 - E'. 분향단과 관리 - D'. 성소 속전 세겔 - C'. 물두멍'이라는 순서의 신학적인 의미를 바르게 새겨야 하는 것이다. 우리 그리스도인들에게도 하나님의 명령의 문자적인 의미보다 문자 뒤에 숨어 있는 의미를 분명하게 이해하는 것이 더 중요하다. 하나님의 교회가 나아가야 할 방향이 바로 이것이다. 눈에 보이는 건물에 의미를 두는 것이 아니라, 하나님께서 뜻하신 성전의 의미를 바르게 살려 이 시대에 교회가 세상 속에서 거룩의 길을 이끌어야 하는 것이다. 목회자가 앞장서서 죄를 사함 받고, 정결의 길로 나아가며 성도들을 같은 길로 이끌어 성소와 지성소에서 함께 만나 하나님 나라를 이루게 하는 것이다. 그리고 마침내는 세상을 하나님 나라로 대체하는 날을 성취하는 것이다.

　　이와 같이 제사장들이 백성들의 본이 되어 거룩으로 이끌어 감으로 제사장들의 나라를 이루는 길로 가야 한다는 당위성은 모세의 이야기에서 지도자 모세의 경험이 곧 백성들의 경험으로 전이되는 것을 통해 입증된다. 하나님께서 지도자들을 세우시는 것은 이들의 권위를 영구히 하고자 함이 아니라, 이들을 통해 백성들이 이루어야 할 것을 예시하기 위함인 것이다. 그러므로 지도자들의 삶은 곧 백성들의 삶으로 연결되어야 하는 것이다.

모세가 나일강에서 건짐을 받는 사건(출 2:1-10)은 이스라엘이 홍해에서 구원을 경험하는 사건의 모형(출 14:1-28)이라 할 수 있다.

나일강

* 애굽인들 이스라엘의 사내아이들 학살 ------→ 모세 건짐 받음

(이스라엘 사내 아이들 수장됨)

홍 해

* 애굽인들 이스라엘 민족 전체를 추격 ------→ 이스라엘 건짐 받음

(애굽의 군사들이 수장됨)

아기 모세는 '갈대상자'(תֵּבַת גֹּמֶא 테바트 고메)에 넣어져서 나일강 '갈대'(סוּף 수프) 사이에 두었고, 갈대(סוּף 수프) 사이의 상자를 바로의 딸이 건져낸다. 출애굽기에서 홍해라고 번역되어 있는 단어들은 모두 '갈대바다'(יַם־סוּף 얌-수프)란 뜻이다(13:18; 15:4, 22; 23:31). 이는 모세가 나일강 갈대 사이에서 건짐을 받았다면, 이스라엘은 갈대바다에서 건짐을 경험했다는 것과 일맥상통한다. 모세라는 이름을 풀이한 것에서도 이스라엘의 미래를 예측해 볼 수 있다: "그의 이름을 모세라 하여 이르기를

이는 내가 그를 물에서 건져내었음이라 하였더라"(출 2:10).

이 두 구원의 이야기를 좀 더 확대하여 도표로 나타내면 다음과 같은 공통점들을 발견할 수 있다.

모세의 구원	이스라엘의 구원
갈대(סוּף 수프) 사이	갈대 바다(יַם־סוּף 얌-수프)에서
나일강에서 애굽인들이 히브리인 사내 아이들을 수장시킬 때	홍해에서 애굽인들이 쫓아와 수장되기 직전
나일강에서 건짐 받음	홍해에서 건짐 받음
* 바로의 딸 - 내려오고, 거닐 때에, 보고, 보내어, 가져다가, 아기를 보니, 우는 것을, 불쌍히 여겨, 히브리인(출 2:5-6), 데려다가(출 2:9), 건져내었음(출 2:10)	* 하나님 - 내 백성을 보고, 부르짖음을 듣고, 알고, 내려가서, 건져내고, 인도하여, 약속의 땅으로 데려가려 하노라(출 2:23-25; 3:7-8) * 모 세 - 백성에게 이르되 너희는 두려워 말고 가만히 서서 여호와께서 오늘 너희를 위하여 행하시는 구원을 보라 너희가 오늘 본 애굽 사람은 영원히 다시 보지 아니하리라 여호와께서 너희를 위하여 싸우시리니 너희는 가만히 있을지니라 (출 14:13-14, 17-18)
바로의 왕궁에서 삶에 필요한 모든 것이 공급됨 - 40년 동안(행 7:23)	광야에서 하나님께서 모든 필요를 채워주심(먹을 것, 입을 것) - 40년 동안(출 16:35)

이처럼 모세의 구원 이야기는 이스라엘 구원의 한 모델을 이룬다. 바로의 딸인 공주의 행동이 하나님의 행동과 평행을 이룬다(출 2:5-6; 2:23-25; 3:7-8 비교). 바로의 딸과 관련된 동사들이 하나님의 구원행동을 나타내

는 동사들과 일맥상통 한다: "내려오고, 거닐 때에, 보고, 보내어, 가져다가, 우는 것을 불쌍히 여겨." 그리고 모세의 경험은 이스라엘의 경험과 평행을 이룬다. 모세가 물과 갈대를 안전하게 통과하여 애굽의 잔혹함으로부터 구원을 받은 후 날마다 필요한 양식을 공급받은 것처럼, 이스라엘도 갈대바다, 즉 갈대와 물을 통과하여 구원을 받았고 일용할 양식을 제공받는다. [240]

이렇게 동일한 건짐의 구원을 경험한 모세와 이스라엘은 의미심장하게도 소명을 받는 장면까지도 동일하게 연결된다. [241]

	모세의 소명	이스라엘의 소명
1	자신의 양이 아님(3:1a)	모세의 백성이 아닌, 하나님의 백성
2	더 좋은 풀밭, 물가로 인도(3:1b)	생명의 길로 인도해야 함(가나안 땅)
3	양 무리는 먹을 것과 자신의 만족에만 관심(먹고 마시는 것이 채워지지 않으며 울부짖음)	이스라엘은 자신의 만족에만 관심이 있음(먹고 마시는 것이 채워지지 않으며 원망과 불평)
4	하나님의 산에 도착(호렙 산)(3:1c)	하나님의 산에 도착(시내산)(19:1-2)
5	떨기나무(סְנֶה 세네) 불꽃(אֵשׁ 에쉬) 가운데서(3:2)	시내산(הַר סִינַי 하르 시나이)의 불꽃(אֵשׁ 에쉬)과 연기 가운데서(19:9, 18)
6	네가 선 곳은 거룩하니 신을 벗으라(3:5)	거룩한 하나님 앞에서 삼일의 정결례(19:10-11)
7	모세가 하나님 뵙기를 두려워하여 얼굴 가림(3:6)	진중에 있는 모든 백성이 다 떨더라(출 19:16)
8	모세가 하나님을 만남(예배의 길)(3:7-8)	모세가 만난 하나님을 백성들이 만나야 함(예배의 길)(20:1-26)
9	말씀을 듣고, 소명 받음(3:9-10)	말씀을 듣고, 소명 받음(21-24장)
10	이 산에서 하나님을 섬기리니 이것이 내가 너를 보낸 증거니라(3:12b)	이스라엘이 시내산에서 하나님을 경배함(24:1-8)
11	성막건축 재료들을 가지고 떠날 것을 말씀하심(3:19-22)	성막을 건축함(25-40장)

모세가 보았던 떨기나무 가운데 불꽃은 곧 모세라는 인간으로 시작하여, 이스라엘 민족으로 확장되고, 그 이후에는 모든 세대를 총괄하는 이스라엘 세대들을 지칭하는 떨기나무 가운데 여호와를 상징하는 불꽃이 임재하는 것을 의미한다. 불꽃이 붙었음에도 떨기나무가 타지 않는 놀라운 광경은 소멸하는 불이신 여호와께서 함께하심에도 하나님의 사람이 죽지 않고, 하나님의 소명 받은 자로 설 수 있는 길을 제시해 준다. 그 길은 단 한 가지 바로 여호와께서 거룩하시니 그 백성들도 거룩한 길을 걷는 것이다. 그 거룩한 길은 곧 이스라엘이 하나님의 명령에 순종하여 주신 소명을 이루는 것이기도 하다.

모세가 여기까지 이스라엘을 이끌었다면 이제 그 이후로는 이스라엘이 성막에 임재하시는 하나님과 함께 생활할 수 있도록 그들을 이끌어야 할 존재들이 필요하다. 이스라엘을 거룩한 백성, 제사장들의 나라라는 정체성을 실현하는 길로 인도해야 하는 사람들인 것이다. 제사장 복장과 위임식과 같은 제사장에 관한 내용이 성막건축 지시의 중심에 위치하고 있는 것이 바로 그러한 존재들을 세우기 위한 목적을 가지고 있는 것이다. 이제 제사장들이 거룩의 본이 되어 이스라엘을 성막을 중심으로 살아가는 제사장 나라로 세워야 하는 것이다. 그러므로 아론 가문의 제사장 위임은 이들만 특수한 사명으로 고정화시키고자 하는 특권주의로의 부름이 아니라, 이스라엘 백성을 동일한 사명으로 이끄는 선두주자의 역할을 맡기는 것이다. 지도자로서의 모세의 개인적인 경험이 이스라엘 민족 전체가 경험해야 하는 사건으로 연결되듯이, 또 다른 지도자 아론 가문의 제사장직도 이들 가문의 직임으로 머무는 것이 아니라 이스라엘의 직임으로 연결되어야 하는 것이다. 왜냐하면 아론 가문의 제사장 직임으로의 선택은 이스라엘 전체를 제사장 나라로 세우시려는 목적의 시작점이며, 이스라엘이 제사장 나라가 됨으로 그들을 통해 세상을 동일한 구원의 길로 이끄시려는 목적이기 때문이다, 마침내 이스라엘 백성들은 제사장 복장과 위임식을 통해 자신들이 행해야 할 궁극적인 소명을 볼 수 있어야 한다.

출애굽기 다음의 책은 분명히 거룩한 백성, 제사장 나라로서의 발돋움이 필요하기에 주어지는 내용이 자리 잡게 될 것이다. 그곳에서는 백성들이 보는 앞에서 제사장 위임식이 벌어질 것이며 거룩한 백성으로의 길이 구체적으로 제시될 것이다. 레위기가 바로 그 책이다. 레위기에는 제사장들이 백성들의 죄를 위해 속죄의 제사를 드리는 사명으로 시작하여(레 1-16장) 거기서 멈추지 않고 백성들의 삶을 이끄는 선두주자의 역할까지 행해나가는 것으로 연결된다(레 17-27장). 특히 레위기 후반부의 구조가 이러한 제사장의 사명을 분명하게 드러내고 있다. 레위기 18-26장에서 레위기 21-22장은 백성들의 중심에서 본이 되는 삶으로 백성들을 이끄는 제사장들의 삶의 길이 주어져 있다. 이는 곧 제사장들의 삶이 백성들의 삶으로 전이되어야 함을 의미하는 구조인 것이다.

| 레 18-20장 | 가정에서 벌어지는 성범죄에서 벗어나 말씀으로 나아가라
* 레 18:2 너는 이스라엘 자손에게 말하여 이르라
* 레 19:2 너는 이스라엘 자손의 온 회중에게 말하여 이르라
* 레 20:2 너는 이스라엘 자손에게 또 이르라 | 이스라엘
각 가정에서부터
거룩으로 |

레 21-22장	**제사장의 본이 되는 삶의 길 - 백성들의 중심에서** * 레 21:1 아론의 자손 제사장들에게 말하여 이르라 * 레 22:2 아론과 그의 아들들에게 말하여	제사장들의 흠 없는 삶으로
레 23-25장	**절기를 통해 하나님을 예배하는 삶을 이루라** * 레 23:2 이스라엘 자손에게 말하여 이르라 * 레 24:2 이스라엘 자손에게 명령하여 * 레 25:2 이스라엘 자손에게 말하여 이르라	이스라엘 공동체의 거룩으로 완성

이와 같이 대제사장 아론과 그의 아들들인 제사장들의 역할이 바로 서 있으면 성막은 거룩하게 이스라엘의 중심에서 하나님의 영광과 말씀을 드러낼 것이며, 이스라엘은 거룩한 백성이요 제사장 나라로 성장해 나갈 것이다. 그러므로 성막의 거룩과 제사장들의 거룩은 떼려야 뗄 수 없는 밀접한 관계를 가지고 있다. 성막의 모든 기구에 관유를 바르듯, 제사장들에게도 관유를 바르는 것이 바로 이와 같은 거룩에서 동일해야 함을 강조하는 것이다(출 30:22-33; 40:9-16). 제사장들의 바로 섬이 곧 이스라엘이 하나님의 소유, 제사장 나라, 거룩한 백성이라는 정체성을 이루는 지름길이기 때문이다.

3. 이야기의 세부적인 주제 따라 읽기

성막의 존립은 다름 아닌 여호와의 말씀에 그 근본을 두고 있다. 하나님의 말씀인 명령이 없었다면 성막건축은 그 자체로 무의미한 것이다. 하나님께서 말씀하셨고, 그것이 그대로 이루어져야 하는 것이 성막의 존재의미이다. 이는 성막건축은 곧 하나님의 말씀대로 살겠다는 결단의 증거인 것이다. "하나님께서 말씀하시니 그대로 되었고, 하나님께서 보시기에 심히 좋았다"는 천지창조의 이상과 같이 성막건축을 위하여 하나님께서 또 말씀하여 이르신다. 그 말씀대로 그대로 이루어진다면 이제 세상은 달라질 것이다. 그러므로 성막의 존재가 곧 창조의 완성으로 갈 수 있는 출발선이 되는 것이다.

1) 성막건축 서론: 이스라엘 전체가 동참하는 자원하는 예물(출 25:1-9)

여호와께서 입을 여심으로 성막건축 지시가 시작된다. 그 시작은 세세한 건축의 실행부터가 아니라 준비작업이 필요하다. 성막이 존재하게 되는 근본이 무엇인가를 분명히 하는 것을 통해 성막의 존재 의미와 성막 존립의 지속성이 어디에 달려 있는가를 깨닫게 한다.

성막건축의 원칙은 참여하는 모든 사람들과 드리는 모든 예물들이 반드시 기쁨으로 자원하는 마음에서 나와야 한다는 것이다. 이 원칙은 결코 흔들림이 없어야 한다. 하나님을 향한 예배는 결코 강제나 억압에서 기인된 것이 아니기 때문이다. 이러한 자원함이 가능한 이유는 바로 성막건축 명령은 그 자체로 완성되는 내용이 아니라, 이미 그 앞에 분리해서는 안 되는 이야기를 가지고 있다는 점이다. 그 이야기는 다름 아닌 하나님의 이야기이며, 중심주제는 값없이 베풀어 주시는 구원이다(출 1-18장). 거기에 덧붙여 구원함을 받은 이 백성은 하나님과 함께 오직 하나님의 뜻만을 이루어가는 백성이 되기로 서약한 존재들이다(출 19-24장). 이렇게 하나님께서는 그 구원을 체험하고 언약을 맺은 사람들을 향하여 성막건축을 명령하시는 것이다. 그러므로 은혜에 기초한 삶만이 기쁨으로 자원하는 참여를 가능케 하며 가진 것을 드리는 헌신으로 나아가게 하는 원동력이다.

성막재료들은 분명하게 명시되어 있다. 여러 가지 종류로 나누어지는데 대략 금속, 실, 가죽, 나무, 기름, 향품, 보석 등을 들 수 있다.

	종류	세부 항목
1	금속	금, 은, 놋
2	실	청색, 자색, 홍색 실, 가늘게 꼰 베실, 염소 털 실
3	가죽	숫양의 가죽, 해달의 가죽
4	나무	조각목
5	기름	등유, 관유에 드는 향료, 감람기름 등
6	향	향품
7	보석	호마노와 에봇과 흉패에 물릴 보석들

이 중에서 귀에 낯설게 느껴지는 재료들을 몇 가지 분석해 볼 필요가 있다. 먼저 여러 가지 종류의 실들이 필요한데 이 실들은 다양한 색깔로 구성되어 있다. 청색, 자색, 홍색과 베 실과 염소 털 실들이다. 여기서 청색은 근동에서 바다 달팽이 종류에서 얻어지는 것으로 그 양에 있어 일만 마리에서 고작해야 몇 그램 정도를 얻을 수 있을 정도로 귀한 것이다. 그리고 홍색을 뜻하는 히브리어는 '톨라아트 샤니'(תּוֹלַעַת שָׁנִי)로 '톨라아트'는 '지렁이'(worm; 출 16:20; 신 28:39; 욥 25:6; 시 22:6;사 14:11; 66:24, 욘 4:7) 종류라는 점에서 홍색을 내는 벌레에서 추출한 염료라 할 수 있다.[242]

그들이 모세에게 순종하지 아니하고 더러는 아침까지 두었더니 벌레(תּוֹלַעַת 톨라아트)가 생기고 냄새가 난지라 모세가 그들에게 노하니라 (출 16:20).

네가 포도원을 심고 가꿀지라도 벌레(חוֹלַעַת 톨라아트)가 먹으므로 포도를 따지 못하고 포도주를 마시지 못할 것이며(신 28:39).

그리고 가죽 종류 중에 '해달의 가죽'(עֹרֹת תְּחָשִׁים 오로트 테하심)이 등장하는데 여기서 '테하심'이 어떤 동물을 의미하는 것인지 분명히 알 수가 없다는 아쉬움이 있다. 이 단어가 구약성경에서는 14번 나타나는데 13번이 성막과 관련해서 사용되며 개역개정은 '해달가죽'으로 번역하고 (출 25:5; 26:14; 35:7, 23; 36:19; 39:34; 민 4:6, 8, 10, 11, 12, 14, 25) 그 외 단 한 번 에스겔 16:10절에 나타나는데 동일한 개역개정 성경이 그곳에서는 '물돼지 가죽'으로 번역하고 있다. 한글 표준새번역, 공동번역은 '돌고래 가죽'이라 번역하고, 영어 번역 또한 다양한데 'badger(오소리)' KJV), 'sea cow(바다소)'(NIV) 그리고 'dolphin(돌고래)'(Message) 등으로 해석한다. 이렇게 다양한 동물로 해석될 수 있지만 전체의 비율로 볼 때 '돌고래 가죽'이란 번역을 선호하는 듯하다.[243] 어느 쪽이 정답이든 간에 분명한 것은 이 가죽이 성막의 가장 바깥 쪽 덮개의 역할을 한다는 점에서 가장 내구성이 뛰어난 가죽 종류일 것을 짐작해 볼 수 있다(출 26:14).

조각목(עֲצֵי שִׁטִּים 아쩨 싯팀)은 구약성경에 지명과 연관될 때는 '싯딤'으로 번역하고(민 25:1; 수 2:1), 나무를 지칭할 때는 주로 조각목으로 해석한다. 싯딤이란 지명은 아마도 조각목(싯팀)이 꽤나 많이 자라고 있기 때문에 붙여진 이름으로 보인다. 그러나 단수형 '싯타'(שִׁטָּה)로 사용될 때 단 한 번 이사야 41:19절에서 '싯딤 나무'로 번역하기도 한다: "내가 광야에는 백향목과 싯딤 나무(שִׁטָּה 싯타)와 화석류와 들감람나무를 심고 사막에는 잣나무와 소나무와 황양목을 함께 두리니." 애굽에서 가나안으

로 오는 광야에는 쓸 만한 나무라고는 조각목과 에셀나무 외에는 거의 없
다. 이 둘 중에 조각목은 잘 썩지 않고 나무결도 뒤틀리지 않으며, 강하고
가벼운 장점이 있어 애굽 사람들도 관을 만들기도 하였다고 한다. 조각목
은 건조하고 뜨거운 사막에도 잘 견디며, 2-6m까지 자라고, 껍질은 붉은
갈색을 띠고, 주로 가지에 가시가 달려 있다.[244] 내구성이 좋아 성막의 벽
과 기둥 그리고 성막 안의 법궤와 그 외 기구들을 만드는 재료가 된다.

　　　그리고 보석 종류 중에서 '호마노'(אַבְנֵי־שֹׁהַם 아브네-쇼함)는 '홍
옥수'(새번역, 공동번역)로 번역되기도 하는데 정확하게 어떤 보석 종류
인지는 미지수이다. 영어 번역은 대부분 'onyx(줄마노)'(KJV, NIV, RSV)
를 선호한다. 이 보석이 가장 먼저 나타나는 곳은 에덴동산에서 발원한
강이 네 부분으로 나누어지며 그 중 한 지류인 비손 강이 흘러가는 곳에
형성된 하윌라 땅에서다: "그 땅의 금은 순금이요 그 곳에는 베델리엄과
호마노도 있으며"(창 2:12). 이러한 보석들이 성막을 에덴의 회복과 확장
의 시작으로 보게 만드는 장치가 된다. 그리고 여기서는 다양한 모든 보
석들의 이름들을 나열하고 있지는 않지만 차후에 나타나는 보석 종류들
은 주로 대제사장의 복장에 필요한 것들이다. 에봇의 두 어깨받이에 각각
이스라엘 여섯 지파가 새겨진 호마노 한 개씩을 붙이고, 에봇 위에 다는
흉패에는 열두 지파를 의미하는 12개의 보석이 사용된다(출 28:6-30). 결
국 다양한 보석 종류는 이스라엘 열두 지파를 상징하는 의미를 갖고 있다
는 점에서 이는 곧 이스라엘이 하나님께 보배로운 소유인 보석임을 의미
하는 것이라 할 수 있다.

　　　성막의 재료들에 대한 개관을 끝내자마자 성막의 목적이 분명하

게 드러나고 있는데 이는 곧 하나님께서 이스라엘 가운데 거하시기 위함이라는 것이다. 그러므로 그곳은 다름 아닌 '거룩한 장소'이다. 그 장소가 거룩하기 때문이 아니라, 하나님께서 거하시기 때문에 거룩한 장소가 되는 것이다. 그리고 이 거룩한 장소를 "그들이 나를 위하여 만들라"고 하신다. 그들은 누구인가? 이들은 단순히 '브살렐과 오홀리압'만을 의미하는 것이 아닐 것이다. 본 문맥에서 '그들'이라는 삼인칭 복수형을 뜻할 수 있는 사람들은 25:2절의 이스라엘 백성들, 3절의 '그들에게서 받을 예물' 그리고 8절의 '그들 가운데 거주할'에 나타난 사람들이다. 공통점은 모두 '이스라엘 백성들'을 지칭한다는 것이다. 나중에 브살렐과 오홀리압을 지명하실 때도 의도적으로 브살렐은 유다 지파, 오홀리압은 단 지파라는 점도 유다에서 단까지 전체 이스라엘의 대표를 뜻한다는 점에서(출 31:1-11) 성막은 이스라엘 전체가 참여하는 건축이면서 또한 예배임을 알 수 있다. 그러므로 어느 누구도 이 거룩한 사명에서 제외되어서는 안 된다.

성막을 건축하는 방식은 분명하다. 하나님께서 말씀하신 대로 짓는 것이다. 지금까지가 성막건축 준비작업이라고 한다면 이제 하나님께서는 이 준비된 재료들을 가지고 이스라엘이 지어야 할 모양 즉 성막과 그 기구들을 지을 구체적인 설계도를 제시해 주실 것이다. 그러므로 잊지 말아야 할 것은 "여호와께서 모세에게 말씀하여 이르시기를"이라는 성막건축의 정신인 말씀이다. 그 말씀이 곧 성막을 지을 모양과 양식이 될 것이기 때문이다.

2) 성막건축 본론: 성막과 기물들(출 25:10-31:11)

(1) 지성소: 법궤와 속죄소(출 25:10-22)

성막건축은 천지창조의 이상과 더불어 상실한 에덴동산을 회복하는 프로그램으로 성막의 존재 자체가 새로운 세상을 만드는 출발선임은 이미 수차례 강조한 바가 있다. 에덴동산이 얼마나 컸든지 간에 성막은 에덴의 모형이 되고, 성막이 서 있는 곳은 그곳에서부터 에덴의 회복이 일어나야 할 출발선이 되는 것이다. 이스라엘은 성막이 서는 그 땅을 하나님의 땅으로 만들어나가는 사명이 주어져 있는 것이다. 그리고 에덴에서부터 강이 발원하여 사방으로 퍼져 흘러가 온 땅을 적시듯이 이제 성막에서부터 시작된 하나님을 예배하는 삶이 그 땅을 가득 메우고, 나아가 사방으로 갈라져 세계를 예배하는 세상으로 만들어야 한다는 이상이 들어가 있는 것이다. 무엇이 이것을 가능케 하는가? 성막건축이라는 것이 도대체 무엇이기에 무너진 천지창조의 이상과 더불어 에덴동산의 회복까지 가능하게 할 수 있다는 것인가? 이 해답을 안다면 우리를 통하여서 그 이상이 실현될 수 있는 길이 열릴 수도 있을 것이다.

이것은 하나님께서 가장 먼저 만들라고 하시는 성막의 기구에서부터 드러난다. 가장 먼저 만들라는 지시가 이루어지고 있다는 것은 최고의 중요성을 입증하는 것이다. 그것은 바로 법궤이며, 법궤와 같이 붙어서 그 위에 그룹 둘이 서로 잇대어 있어 여호와께서 임재하시는 장소인 속죄소이다. 속죄소는 법궤의 뚜껑이 되고, 법궤는 하나님께서 친히 쓰신 증거판 둘이 보관되는 장소가 된다(출 25:10-22). 성막 건축 지시가 법궤와 함께 시작하고, 그리고 마침내 법궤 속에 있어야 할 증거판 둘에 대한 이야기로 마감하고 있는 것이다(출 31:18).

법궤의 크기는 길이가 두 규빗 반, 너비와 높이가 한 규빗 반으로 조각목으로 만들되 순금으로 안팎을 싸고 위쪽 가장자리로 돌아가며 금테를 둘러야 한다. 한 규빗이 그 당시의 보통 성인의 가장 긴 손가락부터 팔꿈치까지의 길이를 의미하는 약 45cm 정도라고 한다면 길이 약 112cm, 너비와 높이가 각각 67cm 정도라 할 수 있다. 금고리 넷을 만들어 바닥 네 귀퉁이에 달아야 한다. 그리고 채를 두개 만들어 꿰어 두어야 한다. 궤는 항상 채를 들어 메게 해야 하고, 채는 빼지 말고 항상 꿴 채로 두어야 한다.

그리고 법궤의 채는 결코 빼서는 안 되고 늘 끼워두어야 한다는 것은 성막은 끊임없이 거두었다가 다시 치는 것으로써 광야를 옮겨 다니는 이스라엘 백성과 함께 이동한다는 의미가 들어있다. 이것은 때로 이스라엘에게 불리하게 작용할 때도 있다. 만약 이스라엘이 하나님의 뜻을 따르지 않을 때는 하나님께서 스스로 이동하실 수도 있다는 것을 의미하기 때문이다. 에스겔서 1장은 하나님의 임재를 상징하는 법궤가 바퀴가 달려서 성령께서 가시고자 하는 곳으로 스스로 이동하는 장면이 나타난다. 이것은 죄악에 빠진 예루살렘 성전을 떠나시는 하나님의 이동을 전하는 것이다.

하나님의 성막건축 지시가 끝이 났을 때 하나님께서는 자신이 친히 쓰신 증거판 둘을 모세에게 주신다. 이 증거판 둘은 법궤 속에 넣어야 하는 것이다. 그렇다면 법궤와 속죄소의 역할이 성막의 주요기능에 해당되는 것이라 할 수 있다.

거기서 내가 너와 만나고 속죄所 위 곧 증거궤 위에 있는 두 그룹 사이에서 내가 **이스라엘** 자손을 위하여 네게 **명령**할 모든 일을 네게 **이르리라** (출 25:22).

성막건축이 천지창조와 에덴동산의 이상을 실현할 수 있는 길이 바로 여기에 있다. 성막의 가장 깊은 곳에는 하나님의 말씀이 보관되어 있고, 하나님께서 그 곳에서 이스라엘 자손을 위한 모든 명령을 하시겠다는 것이다. 하나님의 말씀이 보관되어 있고, 하나님께서 이스라엘을 향하여 하시는 말씀이 바로 성막에서 나온다는 것이다. 이스라엘이 법궤의 인도 따라 광야를 행진하고, 삶의 극렬한 전쟁을 치른다는 것은 곧 하나님의 말씀 따라서 살아가는 백성이라는 점을 강조하는 것이다. 만약 이스라엘이 이 말씀을 따라서 살아가기만 한다면 천지는 새롭게 창조의 완성으로 나아갈 것이며, 잃어버린 에덴의 회복 또한 눈앞에 다가오는 것이다. 그리고 혹시 이스라엘이 그 언약의 말씀을 어겼을 때에 진멸로 나아가지 않고 속죄를 통해 다시 하나님 앞에 설 수 있는 언약백성으로의 회복이 속죄소를 통해 이루어진다는 점에서 하나님의 백성 이스라엘의 지속을 위해 필수적인 것이라 하겠다.

법궤와 일체가 되어서 기능을 하게 될 속죄소를 만들라는 명령이 연속해서 주어지고 있다. 속죄소는 히브리어로 '카포레트'(כַּפֹּרֶת)로 '덮다, 속죄하다'를 의미하는 '카파르'(כָּפַר)의 명사형이라 할 수 있다. 속죄소는 곧 인간의 죄가 덮여지는 장소라는 점에서 '자비와 용서의 장소'(mercy seat)를 뜻하기도 한다. 그러나 구약의 속죄와 신약의 속죄의 차이는 가히 하늘과 땅의 차이와 같다는 것을 기억할 필요가 있다. 구약의 동물의 피를 통한 속죄는 죄를 덮어서 보지 않겠다는 의미이지만, 주 예수 그리스도의 속죄는 단번에 모든 죄를 위하여 영원한 제사를 드리심으로 일시에 모든 죄가 씻겨나가 사라진 것을 의미한다(히 10:10-12). 우리 그리스도인들에게는 이런 더 큰 은혜가 임했다는 것을 기억할 필요가 있다. 속죄소의 길이와 너비는 법궤의 뚜껑 역할도 한다는 점에서 법궤와 동일하게 각각 두 규빗 반과 한 규빗 반으로 112cm와 67cm이다. 금으로 그룹 둘을 망치로 쳐서 속죄소 두 끝에 붙인다. 두 그룹이 있다는 것은 곧 하나님의 현존을 호위하는 천상의 존재들이라는 점에서 속죄소는 하나님의 임재가 거하는 장소라 할 수 있다.

이렇게 속죄소가 하나님의 임재의 상징이 되고, 법궤 안의 두 돌판이 하나님의 말씀의 상징이 된다는 점에서 이 두 기물의 연합은 "하나님께서 두 그룹 사이에서 이스라엘 자손을 위하여 명령할 모든 일을 말씀하시는 장소가 된다." 이는 곧 속죄소를 통해 하나님의 속죄가 이루어져 죄를 덮어 주실 때에는 그것이 끝이 아니라, 새로운 시작임을 기억해야 한다는 의미가 내포되어 있는 것이다. 하나님의 은혜로 죄가 덮여진 사람은 다시 말씀을 따라 살아감으로 더 이상 죄를 짓는 곳으로 나가지 말아야 하며, 그 말씀을 성취하는 삶을 살아가야 한다는 것을 의미한다.

이처럼 만들어야 할 목록에 가장 먼저 등장하는 것은 법궤와 속죄소이다. 가장 먼저 나타난다고 해서 실제로 만들 때 가장 먼저 만들어야 한다는 것은 아니다. 실제로 성막건축을 실행으로 옮길 때 이스라엘이 가장 먼저 만든 것은 실들과 포장 막들과 휘장들과 성막의 기초 뼈대가 되는 널판들과 그 널판을 고정하는 받침들과 띠들을 만드는 것이었다(출

35-36장). 이것이 다 완성 된 뒤에 드디어 증거궤를 만들게 된다(출 37장). 이처럼 성막건축 지시에서 증거궤가 가장 먼저 언급된다는 것은 곧 건축실행 순서가 아닌, 신앙적인 중요도에 따른 순서라 할 수 있다. 즉 지성소 안의 증거궤와 속죄소가 성막의 핵심이라는 것을 뜻하는 것이다. 그것은 이스라엘의 죄가 속해지는 장소이며, 그 백성을 향한 하나님의 말씀이 주어지는 장소라는 점을 통해 충분히 입증된다(출 25:22).

(2) 성소: 진설병 상(출 25:23-30)

지성소의 기물들에 대한 지시가 끝이 나고, 성소에 두어야 할 기물들에 대한 명령이 주어진다. 열두 덩이의 진설병을 두는 상과 그 열두 덩이의 진설병에 계속해서 빛을 공급할 등잔대를 만들라는 지시이다.

조각목으로 상을 만드는데 길이와 너비와 높이가 각각 두 규빗, 한 규빗, 한 규빗 반으로, 90cm×45cm×67cm로 열두 덩이의 진설병을 진열하는 것이 주 목적이다. 열둘이라는 숫자가 의미하는 것은 분명 이스라엘 열두 지파를 뜻하는 것으로 등잔대라는 하나님의 빛 앞에 거하는 이스라엘의 신앙의 길을 상징하는 것이다. 진설병이 하나님의 임재 앞에 거하는 삶을 상징한다는 것은 진설병의 한글적인 의미와 히브리어의 원어적인 의미를 비교해 보면 알 수 있다.

한글성경인 개역과 개역개정 그리고 쉬운성경은 진설병(陳設餅)이라고 부르는데 한자적 의미로'늘어놓을 진'(陳), '베풀 설'(設)과 '떡 병'(餅)이라는 세 단어를 사용하고 있다. 즉 '진설'은 사전적인 의미로는 '제사를 행할 때나 잔치를 베풀 때 상 위에 음식을 예법에 따라 차리는 것'

을 뜻하는 단어이고 '병'은 떡을 뜻한다는 점에서 하나님께 떡을 차려 드린다는 의미가 강하다. 그러나 이것은 자칫 하나님께서 이 빵을 드신다는 의미로 와전될 수 있기에 문제점을 안고 있다. 이 상을 '젯(제사) 상'이라고 번역하고 그 위에 두는 빵을 '제사떡'이라고 번역한 공동번역과 공동번역 개정 또한 그런 오류를 범하고 있다고 할 수 있다. 이를 보완하는 한글 번역으로는 표준새번역의 '거룩한 빵'정도를 들 수 있다. 하지만 이도 정확한 번역이라 하기 힘들다. 영어성경을 살펴보면 NRSV, NIV, NEB 그리고 LB는 'the (special) bread of the Presence(현존의 빵)'로, KJV와 NAB는 'showbread(드러내는 빵)'로 번역하고 있다. 이처럼 영어번역들은 공통적으로 무언가를 드러내고, 보여주는 임재와 현존의 빵이라는 의미에 무게를 실어주고 있다. 히브리어 원어를 살펴보면 한글 번역인 하나님께 드리는 음식 쪽의 의미인지, 아니면 영어번역인 현존과 임재 쪽을 뜻하는 것인지를 살펴볼 수 있을 것이다. 이 단어는 히브리어로 '레헴 파님'(פָּנִים לֶחֶם)으로 '빵'을 뜻하는 '레헴'(לֶחֶם)과 '얼굴'의 복수형인 '파님'(פָּנִים)이 연합된 단어로 직역하면 '얼굴들의 빵'이라는 뜻이 된다. 보통 하나님과 사람의 얼굴을 뜻할 때 얼굴의 복수형을 사용한다는 점(하나님 - 창 3:8; 4:16; 32:30; 사람 - 창 16:6; 17:3)에서 의역하면 '하나님의 현존 앞에 두는 빵'혹은 '하나님 앞의 인간의 현존을 상징하는 빵'이라는 양면성을 내포하는 '현존의 빵'이라고 번역하는 것이 바를 것이다. 특히 이 빵을 하나님의 현존의 빛을 뜻하는 등잔대 앞에 둔다는 점에서 하나님의 임재 앞에 거하는 이스라엘을 상징하기에 충분하다고 할 수 있다. 그리고 그 빵은 하나님께서 드시는 것이 아니라 제사장들이 먹는다는 점에서 하나님의 현존

안에서의 교제를 뜻하는 것이라 할 수 있기에 '진설병'보다는 '현존의 빵'
이라고 번역하는 것이 더 낫다고 할 수 있다. 의미는 그와 같다는 것을 의
식하며 편의를 위해 진설병이라는 용어를 계속 사용하기로 한다.

　　　법궤와 같이 진설병을 위한 상은 조각목으로 만들고 금으로 안
과 밖을 입힌다. 빵을 위에 올려 둔다는 점에서 상 주위에 손바닥 넓이만
한 턱을 만들어 쉽게 떨어지지 않게 만든다. 그 안에 빵들이 잘 위치할 수
있도록 감싸는 역할을 하는 것이다. 상도 역시 금 고리 넷을 만들어서 네
발 위 네 귀퉁이에 단다. 이는 법궤를 옮기는 방식과 같이 어깨에 메어서
옮기려는 목적이 있는 것이다. 이 고리들의 목적은 상을 어깨에 메어 옮
길 채를 넣어두기 위한 목적이다. 채와 고리에 대한 명령에서 법궤에 대
한 명령과의 차이점이라면 법궤에는 채를 넣어두고 절대 빼지 말라고 했
다면, 상에는 그 명령이 없다. 그 이유를 두 가지 정도로 생각해 볼 수 있
는데, 그 첫째는 이미 법궤에 대한 규정에서 채를 넣고 빼내지 말라고 명
령했으니, 당연히 상에 대한 규정도 같으리라 보는 것이고, 둘째는 법궤
의 위치는 지성소 안에 위치해 있고 대제사장이 일 년 한 차례씩 들어가
는 것에 비해, 성소는 등잔대 정리를 위해서 제사장들이 매일 드나드는
장소라는 점에서 사역의 편의를 위해 평상시에는 채를 빼 두었다가 이동
할 때만 사용했을 것이라 보는 것이다. 어느 쪽이 더 신빙성이 있을 것인
가는 이스라엘이 실제 이 기구들과 함께 이동할 때를 살펴보면 짐작해
볼 수 있을 것이다. 이스라엘이 민수기에서 가나안을 향해 실제 이동할
때 각 기구들을 덮고 채를 꿰었다고 하는 표현을 통해 뺐다 끼웠다하는
것 같은 인상을 주기도 한다(민 4:6, 8, 11, 14). 하지만 그것은 히브리어

원어를 분석해 보면 차이점을 알 수 있다. 출애굽기 25:14절의 "그 채들을 궤의 양쪽에 있는 고리들에 넣어서(꿰어서; בוא 보/넣다)"에서의 단어와 위의 민수기의 구절에 나온 "덮개로 덮은 후에 그 채를 꿰고(שים 씸/두다)"에 사용된 단어는 분명히 다르다. 전자가 집어넣는 움직임을 뜻한다면, 후자는 있던 자리에 위치하고 있는 지속성을 의미하기 때문이다. 성경 상으로도 법궤와 연관되어서는 채를 빼지 않았다고 하는 일관성이 있다는 점에서(왕상 8:8) 다른 기구들도 역시 동일했을 것이라 짐작해 볼 수있다. 그 채들은 조각목으로 만들고, 역시 동일하게 금으로 입혀서 하나님의 거룩하심을 드러내는 역할을 해야 한다.

　　이 상 위에 두는 것은 빵 뿐만 아니라, 접시들과 숟가락들과 병들과 붓는 잔들을 만들어서 상 위에 두어야 한다. 이러한 기구들은 이스라엘 삶의 필수적인 요소들이며, 생존을 위해 먹고 마시는데도 필수적인 것이다. 하나님께서 공급해 주시는 것에 대한 감사가 들어 있으며, 또한 하나님께서 공급해 주실 것에 대한 기대까지도 드러난다. 이 상 위에는 진설병을 항상 하나님 앞에 있게 해야 한다. 이는 곧 이스라엘은 하나님의 임재 앞에 살아가는 존재들이라는 점을 명심해야 한다는 것이다. 그리고 하나님께서 이스라엘을 부족함이 없이 먹고, 마시게 하실 것이란 의미까지도 내포하고 있는 것이다. '항상'이라는 단어가 주는 강조점과 같이 이스라엘 열두 지파는 항상 하나님의 현존 가운데 거하는 것만이 진정한 삶이라는 것을 뜻하는 것이다. 하나님은 그것을 성막의 기구들을 통해 알려주신다.

(3) 성소: 정금 등대(출 25:31-40)

이제 하나님의 임재의 상징인 빛을 제공해 주는 등잔대를 만들라는 지시로 넘어간다. 순금을 망치로 쳐서 등잔대는 물론, 밑판, 줄기와 잔과 꽃받침과 꽃이 끊어지지 않고 하나로 연결되게 만들어서 하나님의 빛이 끊어지지 않고 전달될 수 있게 해야 한다. 이 빛을 통해 제사장들이 성소에서의 역할을 잘 감당할 수 있고, 또한 하나님의 백성이 길을 잃지 않을 수 있는 것이다.

등잔대는 일곱 개의 가지가 나와 불을 밝히게 되는데 가운데에는 한 가지가 줄기처럼 솟아 있고, 나머지 6개의 가지는 한쪽 편에 세 가지, 다른 쪽 편에 세 가지가 나오게 하여 균형미를 갖추게 해야 한다. 일곱 개의 가지들마다, 살구꽃 형상의 잔 셋과 꽃받침과 꽃이 있게 해야 한다. 여기서 살구꽃에 대하여 먼저 해결해야 할 것이 있다. 왜냐하면 이스라엘을 비롯한 고대 근동에는 우리나라에서 발견되는 것과 같은 살구나무가 없기 때문이다.

한글 성경인 개역과 개역개정 성경에는 '살구꽃'으로, 공동번역, 표준새번역 그리고 쉬운성경에는 '감복숭아꽃'으로 번역되어 있으나, 영어성경은 NRSV는 'almond blossoms'로, NIV는 'almond flowers'로 그리고 KJV는 'almonds'로 번역했다. 이 비교를 통해 볼 때 영어 번역본들은 통일성 있게 모두 같은 나무를 지칭하지만, 한글 성경은 전혀 다른 나무를 의미하는 것으로 번역되어 있다는 것을 알 수 있다. 히브리어 원어를 살펴보면 영어 번역본에 손을 들어 주고 있다는 것을 알 수 있다. 이 꽃은 히브리어로 '샤쿼드'(שָׁקֵד)의 복수형인 '쉐쿼딤'(שְׁקֵדִים)으로 이스라엘과 근동 지역에서 봄에 가장 먼저 꽃이 피는'아몬드 나무'를 의미한다. 비록 꽃 모양은 살구꽃과 비슷하지만 살구나무는 중국이 원산지이며 노란 열매의 과육을 먹고 씨는 버리지만, 아몬드 나무는 씨앗의 핵을 먹을 수 있다는 점에서 현저히 다른 나무임을 알 수 있다. [245) 한국에는 아몬드 나무가 없기 때문에 등잔대의 꽃받침과 꽃이 어떤 모양으로 생겼는가를 이해시키고자 하는 의도로 본래의 의미인 '아몬드 꽃'이 아닌 우리가 익히 잘 알고 있는 '살구꽃'으로 번역한 것이라 여겨진다. 그러나 우리나라에도 이제는 아몬드 나무에 대한 상식이 높아진 시점이란 점에서 본래의 뜻으로 번역하는 것이 바를 것이다.

    왜 하필이면 아몬드 꽃일까? 아몬드 나무는 봄에 가장 빨리 꽃이 피며 또한 열매도 가장 빨리 맺는 특징을 가진 나무이다. 이러한 특성을 가진 아몬드 꽃은 히브리어 원어인 '샤퀘드(שָׁקֵד)라는 용어만으로도 상징적인 의미를 내포하고 있다. 예레미야서를 살펴보면 예레미야가 소명을 받을 때 하나님께서는 "네가 무엇을 보느냐?"고 질문하시고, 예레미야는 "내가 살구나무(아몬드) 가지를 보나이다"라고 대답한다. 하나님께서는 "네가 잘 보았다 이는 내가 내 말을 지켜 그대로 이루려 함이니라"고 하신다(렘 1:11-12). 여기서 살구나무는 '샤퀘드(שָׁקֵד)로 아몬드 나무를 가리키며, 하나님께서 이 나무를 보여주시는 것은 '지켜 그대로 이루려 함'이라 하시는데 '지켜(보아)'의 히브리어가 '쇼퀘드(שֹׁקֵד)로'아몬드 나무'와 유사한 발음으로 언어의 유희를 이루고 있다. 즉 아몬드 나무를 보여주시는 것은 하나님께서 계속해서 지켜보고 계심을 상징하는 의미를 갖고 있는 것이다. 이것은 등잔대가 아몬드 꽃 형상의 끝에서 불이 빛난다는 것은 곧 하나님께서 지켜보고 계신다는 의미가 내포되어 있다고 할 수 있다. 오른 손에 촛대를 붙잡고 계시는 불꽃같은 주님의 눈이 바로 이러한 등잔대의 상징을 품고 있는 것이라 할 수 있다(계 1:14, 20). 그 앞에 열두 덩이의 진설병이 있다는 것이 우연은 아닐 것이다. 하나님은 이스라엘 열두 지파를 돌봄을 위함이든지, 아니면 심판을 위함이든지 늘 지켜보실 것이다. 그리고 등잔대가 7개의 가지로 이루어졌다는 것은 하나님의 비추심의 완전성을 의미하는 것이라 할 수 있다. 순종은 돌봄의 비추심으로, 불순종은 심판의 비추심으로 완전하게 역사할 것을 추측해 볼 수 있다.

등잔대의 중심 줄기가 되는 곳에는 아몬드 꽃 형상의 잔 넷과 꽃받침과 꽃이 있게 해야 한다는 것은 줄기 맨 위에 불을 밝히는 곳에 꽃 하나, 그리고 나머지 셋은 양쪽으로 뻗어나간 가지가 각 세 개씩이기에 만나는 곳마다 아몬드 꽃 형상으로 마무리 하는 것이다. 그 구체적인 모습으로 양쪽에서 내려온 가지 두 개가 중심 줄기에서 만나는 곳마다 한 꽃받침이 있어서 줄기와 이어지게 해야 한다는 것을 부언 설명하고 있다. 이렇게 모든 꽃받침과 가지와 줄기를 하나로 연결하여 전부를 순금을 사용하여 망치로 쳐서 만들어야 한다.

등잔을 일곱 개를 만들어서 맨 위에 두어야 한다. 그리고 등잔대의 목적이 분명하게 주어지는데 그것은 다름 아닌 '앞을 비추게'하려는 것이다. 이 빛으로 갈 길을 바르게 조명 받을 수 있다. 이는 곧 "주의 말씀은 내 발의 등이요 내 길의 빛이니이다"(시 119:105)라는 말씀을 기억나게 한다. 이와 같이 등잔대는 생명의 빛을 비추는 역할임을 알 수 있다. 특히 등잔대가 중심의 줄기를 가운데 두고 양 옆으로 세 개의 가지가 뻗어나간

나무의 형상을 하고 있다는 것은 곧 생명의 길로 인도하는 빛과 나무의 결합으로 에덴동산에서 잃어버렸던 생명나무를 상징하는 의미 또한 내포하고 있을 것을 추측해 볼 수 있다.[246] 잃어버린 생명나무를 하나님께서 임재 해 계시는 성막에서 회복할 수 있다는 것이다.

그리고 등잔대를 바르게 관리하기 위해 필요한 부속 기구들인 불 집게와 불똥 그릇들 역시 순금으로 만들어야 한다. 등잔대와 부속 기구들 모두 순금 한 달란트로 만들어야 한다. 한 달란트가 약 36kg정도를 의미하는 것이란 점에서 그 무게감을 느껴볼 수 있다. 주의하여 산에서 보인 양식대로 만들라는 마지막 명령은 등잔대만을 뜻한다고 하기 보다는 성소의 상과 등잔대까지를 포괄하는 결론적 말씀이라고 보는 것이 나을 듯하다. 그리고 만드는 방식은 반드시 하나님께서 말씀하신 대로, 그 방법을 따라 이루어야 한다는 강조점인 것이다.

(4) 성막을 덮는 4중 막(출 26:1-14)

성소와 지성소 안에 위치할 기물에 대하여 다룬 후에 성막건축 지시는 성막의 포장과 뼈대 그리고 휘장들로 향하여 나간다. 이 세 가지는 성막의 구조물을 형성하며 지성소와 성소라는 공간을 이룬다는 점에서 중요성이 있다. 먼저 성막을 덮는 포장 막을 만드는 지시가 상세하게 주어진다. 가장 안쪽 막부터 바깥쪽 막까지 사중으로 이루어진다.

가장 안쪽을 덮는 막은 성소, 지성소의 거룩함을 덮는 것이기에 거룩을 표현하는 가장 선별된 재료가 필요하고, 정교하며, 섬세한 작업을 요구한다. 재료로는 가늘게 꼰 베실과 청색, 자색, 홍색 실과 금 갈고리가 필요하다. 성막 전체를 덮어야 하기에 그 크기를 감당하기 위해 주어진 다양한 종류의 실을 이용해 천을 짜고 그 위에 그룹을 수놓은 10폭의 천을 만든다. 그룹들을 정교하게 수놓는 것은 그룹들은 하나님을 보좌하는 천상의 존재라는 점에서 그 안이 하나님의 임재가 있는 장소라는 것을 드러내는 것이다. 그리고 전체를 덮는 포장을 하나로 만들기에는 힘겨움이 있으므로 10폭으로 나누어서 만들어서 연결하는 방식을 취한다. 각 폭의 규격은 길이가 28규빗(12.6m), 너비가 4규빗(1.8m)으로 동일하게 만든다. 이렇게 동일한 10폭이 만들어지면, 다섯 개씩 합친다. 그렇게 되면 길이가 28규빗(12.6m), 너비가 20규빗(9m)이 되는 두 개의 막이 만들어진다. 이렇게 만들어진 각각의 막의 끝에 청색으로 고리를 50개씩 만들어 단다. 양쪽의 고리를 금갈고리 50개를 만들어 두 막을 연결하여 완성된 포장 막을 만든다. 고리를 만드는 부분은 분명 길이 28규빗이 되는 부분일 것이다. 그래야 너비 28규빗에 길이 40규빗의 포장이 만들어지며 길이 30규빗에 너비 10규빗 그리고 높이 10규빗 되는 성막의 뼈대를 덮을 수 있을 것이다. 길이 40규빗의 포장은 동쪽의 성막 입구 부분은 덮지 않고 30규빗으로 천장부분을 덮고 성막 서쪽 부분의 아래로 10규빗이 내려감으로 전체를 덮을 수 있고, 남쪽과 북쪽의 옆면은 각각 높이가 10규빗씩에 천장 너비 10규빗이므로 전체 30규빗이 된다. 포장의 너비가 28규빗이므로 양쪽에 1규빗씩 모자라는 형태가 된다. 이와 같이 모자라는 부분은 그 다음 포장이 전체를 덮어줌으로 가려지기에 문제될 것은 없다.

그 위를 덮는 막으로 이번에는 염소털로 만든 열한 폭의 휘장을 만든다. 가장 안쪽 막보다 한 폭이 더 만들어지고 있다는 점에서 전체를 덮을 수 있도록 늘어뜨릴 수 있게 된다. 그리고 각 폭도 길이가 30규빗(13.5m)이고, 너비가 4규빗(1.8m)이란 점에서 길이가 가장 안쪽 막보다 2규빗이 길어졌기에 전체를 충분히 덮을 수 있게 된다. 이렇게 만든 열한 폭을 다섯 폭을 합하고, 여섯 폭을 합하여 두 개로 만든다. 이때 실로 고리 50개를 만들 때는 청색으로 하라는 지시는 주어지지 않고, 고리를 연결할 갈고리도 놋으로 만들라고 한다. 이는 곧 거룩으로부터 한 단계 물러난 곳이기에 그러할 것이다. 이렇게 두 개를 합하면 가장 안쪽 막보다 한 폭이 길어지게 되고 너비 30규빗(13.5m)에 길이 44규빗(19.8m)이 된다. 이렇게 되면 성막의 위와 남쪽과 북쪽의 옆면은 완전하게 가려지게 되고, 성막 뒤쪽인 서쪽 아래 부분으로 4규빗이 남게 된다. 이것을 알기에 여섯 폭을 합한 부분의 여섯 째 폭을 성막 전면인 동쪽부분에 절반으로 접어서 반폭을 드리우라고 지시한다. 즉 남는 한 폭의 4규빗을 절반으로 접은 반 폭을 드리우므로 성막 동쪽에 기둥을 세우고 휘장 문을 달 때 그 위쪽 보호막이 되게 하려는 것이다. 그리고 남는 반 폭은 성막 뒤쪽인 서쪽 아래에 늘어뜨리라고 명령한다.

그 휘장 다섯 폭을 서로 연결하며 또 여섯 폭을 서로 연결하고 그 여섯 째 폭 절반은 성막 전면에 접어 드리우고(출 26:9).

그 막 곧 휘장의 그 나머지 반 폭은 성막 뒤에 늘어뜨리고(출 26:12).

그리고 염소털로 만든 두 번째 막은 너비가 30규빗이므로 가장 안쪽의 28규빗의 너비를 가진 첫 번째 막보다 2규빗이 길어졌기에 이에 대한 지시도 명확하게 주어진다. 남는 것은 남쪽과 북쪽에 각각 1규빗씩 늘어뜨리라는 명령이 주어진다.

> 막 곧 휘장의 길이의 남은 것은 이쪽에 한 규빗, 저쪽에 한 규빗씩 성막 좌우 양쪽에 덮어 늘어뜨리고(출 26:13).

한 부분 한 부분 명확하고 섬세하게 치수에 따라 지시하시고 있다는 것을 알 수 있다. 그 다음 두 개의 막은 간단하게 축약한다. 만드는 방법과 치수를 생략한 것은 두 번째 막에 주어진 방식과 동일한 치수를 따라 만들어야 할 것을 직감해 볼 수 있다. 세 번째 막은 붉은 물들인 숫양의 가죽으로 만든다. 여기서 왜 붉은 물을 들여야 하는지에 대해서는 알려진 바가 없다. 짐작해 보기는 내구성을 강하게 하는 염료이거나 혹은 방수효과를 강하게 하기 위한 의도였을 것이라 여겨진다. 마지막 네 번째는 가장 바깥쪽을 덮는 막으로 해달(돌고래)의 가죽으로 만들어야 한다. 이렇게 거룩하고 정교한 것으로부터 평범하고 내구력이 강한 재료를 사용하여 성막은 4중으로 감싸여진다.

(5) 성막을 받치는 널판들(출 26:15-30)

성막의 널판을 만들라는 지시를 통해 성막의 규격을 추정해 볼 수 있게 된다. 널판들은 남쪽, 북쪽, 서쪽을 막기 위한 용도이며 또한 성막을 떠받치는 기둥의 역할들도 한다. 동쪽은 입구가 있는 쪽으로 감싸지는 않고, 다섯 개의 기둥을 세워 입구의 역할을 하게 한다. 널판의 규격은 길이가 10규빗(4.5m) 너비는 1.5규빗(68cm)로 하고 각 판에 두 촉씩 만들어서 판들끼리도 연결되게 하여야 한다. 여기서 '촉'이라고 번역된 히브리어 '야드'(יד)는 '손'이라는 뜻으로 판들이 손이 서로 붙잡고 있는 것처럼 견고하게 붙어 있을 수 있게 하는 장치를 의미한다. 그리고 널판은 금으로 싸서 성막의 거룩과 영광을 드러내야 한다.

남쪽과 북쪽을 위하여 각각 널판 20개씩 만들어야 한다. 이를 통해 성막의 길이가 30규빗(13.5m)임을 알 수 있게 된다. 그리고 이 판들이 잘 서 있도록 하기 위해 각각의 판마다 밑바닥에 두 촉(יד, 야드/손)을 만들고 그 촉을 받칠 은 받침 두 개씩을 만든다. 판이 40개이기에 각 판마다 은 받침이 두 개이므로 남쪽과 북쪽 면을 위해 총 80개의 은 받침이 필요하다.

성막 뒤쪽인 서쪽을 위하여는 널판 6개를 만든다. 그리고 견고하게 서있게 하기 위해 서쪽편의 양쪽 모퉁이 쪽을 위해 기둥의 역할을 하는 널판 두 개를 덧붙인다. 이 모퉁이쪽 두 기둥은 일반 널판보다 두 겹 두께로 하여 견고성을 더한다.

성막 뒤 두 모퉁이 쪽을 위하여는 널판 두 개를 만들되 아래에서부터 위까지 각기 두 겹 두께로 하여 윗고리에 이르게 하고 두 모퉁이 쪽을 다 그리하며(출 26:23-24).

이 기둥 널판은 정확한 치수가 주어져 있지는 않지만 너비가 반 규빗(22.5cm)일 것으로 추정한다. 이렇게 뒤쪽인 서쪽에는 1.5규빗짜리 널판 6개와 양쪽의 모퉁이에 기둥 역할을 하는 반 규빗짜리 두 널판을 합하여 총 10규빗의 길이가 된다. 이렇게 성막의 규격은 길이 30규빗, 너비 10규빗, 높이 10규빗이 된다. 그리고 성막에서 지성소가 길이 10규빗, 너비 10

규빗, 높이 10규빗으로 정방형을 이루고, 성소는 길이 20규빗, 너비 10규빗, 높이 10규빗으로 이루어진다. 이와 같은 정방형의 지성소 규격은 솔로몬 성전과 에스겔의 환상 속의 성전에서도 동일하다는 점에서 참고할 만 하다. 솔로몬 성전의 지성소는 길이, 너비, 높이가 동일하게 20규빗이고(왕상 6:20), 에스겔 환상 속의 성전의 지성소는 길이와 너비가 동일하게 20척이다(겔 41:4). 그리고 성소 또한 동일하게 길이 40규빗(40척), 너비 20규빗(20척)이라는 점에서 지성소는 성소에 비해 삼분의 일 크기라는 점도 동일하다(왕상 6:17; 겔 41:2).

이렇게 벽이 되는 널판들을 든든하게 서 있게 하기 위해 바닥의 두 촉들을 두고 은 받침 위에 세우지만 그것은 아랫부분만을 위한 것이고 위쪽을 위하여도 대책이 필요하다. 이를 위해 벽을 두를 띠를 만들라는 지시가 내려진다. 다섯 개의 띠를 만드는데 금으로 싸야 한다. 그리고 중간에 들어가는 띠만 각 면 전체를 포괄하는 길이로 만들고, 나머지는 고리를 만들어 연결시켜서 사용하면 된다. 이 모든 것은 하나님께서 구체적으로 산에서 모세에게 보여주셨다. 듣는 것만으로는 이 모든 규격들과 모양들을 이해한다는 것은 어려움이 분명이 있다. 하나님께서는 이를 위해 무언가 잊혀지지 않는 방식으로 모세에게 알려 주셨을 것이라 여겨진다.

(6) 성소와 지성소를 가르는 휘장과 성막의 휘장 문(출 26:31-37)

두 개의 휘장을 만들어야 한다. 하나는 성소와 지성소를 가르고, 거룩을 가리는 역할을 하고, 다른 하나는 성막의 입구의 문의 역할을 한다. 성소와 지성소를 가르고, 지성소로의 길을 막는 역할을 하는 휘장은 역시 가장 안쪽의 커튼이라는 점에서 거룩하고 섬세한 작업이 가능한 청색, 자색, 홍색 실과 가늘게 꼰 베 실로 그룹들을 정교하게 수놓아 만든다. 그룹을 수놓았다는 것은 하나님의 임재를 의미하기에 거룩의 최고점이 되는 장소임을 알 수 있게 한다. 이 휘장이 없다면 이스라엘은 거룩하신 하나님께 노출됨으로 위험에 처할 수도 있음을 알 수 있다. 이 휘장이 "너희를 위하여 성소와 지성소를 구분하리라"(출 26:33)는 말씀을 통해 이 휘장이 이스라엘을 죽음으로부터 막아내는 역할 또한 하고 있음을 살펴볼 수 있다. 즉, 거룩과 세속의 구별선으로 지성소는 거룩의 마지막 보루인 것이다. 이 휘장은 네 기둥을 조각목으로 만들고, 금으로 싸서, 각각의 은 받침 위에 두고 기둥 위에 금 갈고리를 늘어뜨려 그곳에 매달아 그 기능을 하게 한다. 여기서 각각의 기둥은 어떤 규격으로 만드는지가 주어져 있지 않고 모세가 이스라엘 기술자들에게 직접 설명했을 것이라 여겨진다. 이렇게 한 후에 휘장 안쪽의 지성소에는 증거궤와 속죄소를 그 위에 두고, 휘장 바깥쪽에는 북쪽에 상을 놓고, 남쪽에는 등잔대 상과 마주 대하여 놓아야 한다.

성막의 입구를 가리는 문의 역할을 하는 휘장은 지성소의 휘장과 재료는 청색, 자색, 홍색 실과 가늘게 꼰 베실이라는 점에서 똑같으나 그룹을 수놓지 않는다는 점에서 거룩에서의 차이점을 느껴볼 수 있다. 휘장을 문으로 달기 위해 기둥 다섯을 동일하게 만들고 금으로 싸고, 그 위에 금 갈고리를 만들어 달지만 받침은 은이 아닌 놋으로 만든다는 점에서 역시 동일한 거룩의 차이점을 드러낸다. 이렇게 하여 지성소와 성소 그리고 성막이라는 구조물이 서게 된다. 이제 남은 것은 바깥뜰에서 사용할 기물들과 기타 부속물들을 만들라는 지시들일 것이다.

(7) 놋 번제단(출 27:1-8)

놋 제단은 번제단이라 불리는 기구로 제물로 드려지는 짐승을 태우는 장소이다. 이 기구는 백성들의 죄를 다루고, 하나님을 향한 헌신의 제물들을 바친다는 점에서 바깥뜰에서 가장 중요한 기구 중의 하나가 될 것이다. 크기는 길이와 너비가 동일하게 5규빗(2.25m)이고, 높이는 3규빗(1.35m)으로 하여야 한다. 그리고 네 모퉁이 위에는 뿔을 만들어 붙여야 한다. 뿔의 규격은 정확하게 주어져 있지 않다는 점에서 일반적으로 통용되는 원칙이 있는 것으로 보인다. 그렇지 않다면 모세에게 보여준 모양이 있을 것으로 추정해 볼 수 있다. 고고학적인 발굴에서는 1968년에 아라드(Arad) 지역에서 솔로몬 성전 시절의 것으로 추정되는 신전의 발굴에 대한 사항이 발표되었는데 그 신전에 성막의 제단 규모와 흡사한 진흙과 작은 자연석들로 이루어진 제단이 있었으나 뿔은 없었다고 한다. 학자들이 추측하기는 뿔이 진흙으로 만들어졌기에 오랜 세월을 견디지 못했을 것이라 본다. 그 이후 1973년에 브엘세바에서 발굴된 제단은 기원전 8세기의 것으로 추정되며 뿔들도 각 모퉁이에 반 규빗(22.5cm) 높이의 삼각 뿔 형태로 온전한 상태로 남아 있었다. 이를 통해 제단의 뿔들이 대략 어떤 형태였을 것인가를 짐작해 볼 수 있게 한다.[247] 제단 뿔은 속죄의 제사 때 제물의 피를 뿔들에 바르는 의식을 통해 신성한 의미를 가진 것으로 인식되었음을 알 수 있다(출 29:10-14; 레 4:18-21). 제단 뿔에 대한 이러한 생각이 법적으로 죽음의 위협에 처한 사람들이 생명을 살리기 위해 항소하는 의미로 붙잡을 수 있는 전통이 있었던 것으로 추정해 볼 수 있다.

사람이 그의 이웃을 고의로 죽였으면 너는 그를 내 제단에서라도 잡아 버려 죽일지니라(출 21:14).

그 소문이 요압에게 들리매 그가 여호와의 장막으로 도망하여 제단 뿔을 잡으니 이는 그가 다윗을 떠나 압살롬을 따르지 아니하였으나 아도니야를 따랐음이더라(왕상 2:28).

이러한 특징은 번제단이 죄를 사하는 장소라는 점에서 그 제단의 뿔을 잡는 것은 죄에 대한 사면을 간구하는 몸짓으로 해석할 수 있다.

번제단은 조각목 널판으로 형태를 만들고 속은 비게 하고(출 26:8), 그 나무틀을 놋으로 싸는 방식으로 만들어야 한다(출 26:2). 여기서 의문점이 가는 것은 짐승을 태우기 위해 장작을 사르면 번제단의 놋이 달구어지면서 분명 그 안의 조각목이 타버릴 터인데 조각목 틀을 안에 둔다는 점이다. 그럼에도 놋 번제단은 그 형태를 유지한다는 점에서 번제단의 속이 비게 만드는 것은 무게를 줄여 이동을 용이하게 하기 위한 것임을 짐작케 한다.

이 외에도 번제단에 속한 부속물들 또한 만들어야 한다. 재를 담는 통, 부삽과 대야 그리고 고기를 얹거나 뒤집는데 사용하는 것으로 보이는 갈고리와 성막이 이동할 때 제단의 불을 끄지 않기 위해 불을 담아 옮기는 그릇을 모두 놋으로 만들어야 한다. 그리고 어떤 용도로 사용되는 것인지가 분명치 않은 부속물이 하나 더 있는데 놋으로 만드는 그물 모양의 판으로 네 모퉁이에는 놋 고리를 각각 한 개씩 총 네 개를 달아야 한다. 이 놋 그물은 번제단 주위의 가장자리에 그 제단의 절반 높이 쯤(1.5

규빗)에 위치하게 하여야 한다. 이 그물의 용도는 짐승을 다 태우고 숯을 꺼내 두는 장소 혹은 짐승의 타다 남은 뼈를 꺼내 두는 장소일 것으로 추정된다. 이와는 다르게 이 놋 그물을 번제단 밖이 아닌 안쪽의 중간쯤 위치하게 함으로 장작들이 잘 탈 수 있게 공기를 제공해 주는 공간을 만들어 주고, 재나 제물이 탈 때 기름이 떨어지게 하는 기능을 했을 것이라는 주장도 있다.[248] 일견 놋 그물이 제단 밖보다는 안쪽에서의 기능이 더 요긴하게 필요하다는 점에서 설득력이 있는 주장이라 여겨진다. 히브리어 원전 또한 안인지, 밖인지가 명확하지 않다는 점에서 이러한 견해 또한 가능하다는 것을 드러낸다. 번제단을 옮기기 위한 채 또한 만들어야 한다. 지성소와 성소의 다른 기구들의 채들과 같이 조각목으로 만든다는 점은 동일하지만, 금이 아닌 놋으로 싼다는 점에서 차이가 있다.

제단에 대하여 언약법전에는 다듬지 않은 자연석이나, 흙으로 만들라고 지시가 내려져 있다(출 20:24-25). 그런데 성막 법에는 조각목과 놋으로 만들라는 점에서 모순이 되는 것이 아니냐는 질문이 생길 수 있다. 이는 하나님을 섬길 때 인위적이거나, 강제적이지 않고 어느 곳에서나 진실한 마음을 중요하게 여긴다는 의미로 받는다면 갈등을 피해 갈 수 있다. 성막에서는 지시하신대로 놋과 조각목으로 주어진 명령을 따라 제단을 만들어 사용하고, 그 외의 장소에서 하나님께 헌신의 제사를 드릴 때에는 이와 같은 놋제단이 아니어도 어디서든지 하나님께 나아갈 수 있다는 것으로 해석함이 옳을 것이다.

(8) 성막의 사방 뜰(출 27:9-19)

번제단 다음은 바깥뜰의 다른 기구인 물두멍에 대한 제작 지시가 연결되는 것이 논리적으로 보이나 전체 바깥뜰을 만들라는 명령이 주어진다. 이와 같은 순서는 성막건축 지시가 논리적인 순서에 따른 것이 아니라, 신학적인 순서에 따른 것임을 이미 다루었다. 바깥뜰의 규모는 뜰에 세워지는 기둥과 세마포 포장 즉 벽으로 인해 정해진다. 길이 100규빗(45m), 너비 50규빗(22.5m)의 직사각형 형태이다. 남쪽과 북쪽은 100규빗으로 하고 기둥 20개를 세운다. 기둥은 재료가 분명하게 주어져 있지 않지만 조각목일 것으로 추정되며, 받침은 놋으로 하고, 기둥의 갈고리와 가름대는 은으로 만들어야 한다. 100규빗에 20개의 기둥이 세워진다는 점에서 5규빗 거리마다 한 기둥이 세워지는 형태가 될 것이다. 뒤쪽인 서쪽은 50규빗으로 하고 기둥 10개를 세운다. 역시 5규빗 마다 한 기둥이 서는 것이다. 그리고 앞쪽인 동쪽은 입구가 위치한다는 점에서 50규빗에 양쪽으로 15규빗씩을 할애하여 각각 3기둥을 세우고, 가운데 20규빗의 길이가 입구가 되게 한다. 입구를 제외한 모든 기둥은 세마포 휘장을 쳐서 벽으로 삼고, 성막 안의 바깥뜰을 이루게 한다. 세마포 휘장의 높이는 5규빗(2.25m)으로 한다는 점에서 바깥뜰 기둥의 높이도 대략 그와 같음을 알 수 있다. 바깥뜰 동쪽의 20규빗 길이의 입구는 기둥이 넷이고, 받침이 넷이 되게 하고, 뜰 문을 위하여 청색, 자색, 홍색 실과 가늘게 꼰 베실로 수놓아 짠 20규빗짜리 휘장을 만들어 단다.

이렇게 하여 성막 사방에 뜰이 형성된다. 바깥뜰을 형성하는 기둥들과 벽이 되는 세마포 휘장은 크게 두 가지의 역할을 담당할 것을 유추해 볼 수 있다. 첫째는 부정한 것의 유입을 막는 역할이다. 성막 뜰 안으로 부정한 것이 들어가지 못하게 차단하는 기능인 것이다. 특히 이스라엘 백성 중에 부정하게 된 존재들은 그 벽 안의 뜰로 들어갈 수 없다는 것이다. 둘째는 이스라엘이 그 뜰 안에 거함으로 하나님과의 친밀한 교제 가운데 거하는 백성으로서의 삶의 기쁨을 누리는 것이다. 성막의 성소와 지성소는 오직 제사장들만이 출입할 수 있지만, 뜰에는 회중이 모이고, 머물 수 있는 장소가 되는 것이다, 실로 성소에서 제사장 엘리가 성전(성막일 것) 문 곁의 의자에 앉아 있고, 엘리가 한나의 입술의 움직임까지 볼 수 있었던 것으로 보아 한나가 그 근처에서(바깥뜰로 추정) 기도한 것으로 보인다(삼상 1:9-13). 바깥뜰은 이와 같이 하나님의 백성의 삶과 밀접한 연관이 있는 장소가 되는 것이다. 이들은 바깥이 아닌 안에 거하는 삶을 위하여 부단히 정결과 거룩의 길로 나아가야 하는 것이다. 이 바깥뜰에 대한 언급은 구조적으로 이스라엘 백성의 수효를 조사할 때 백성들로부터 생명의 속전을 받아야 한다는 내용과 밀접하게 연계된다(출 30:11-16). 이스라엘로 계수되어 생명의 속전을 내고 속함을 받은 백성들이 회중으로 바깥뜰에 거할 수 있는 존재가 되는 것이다.

(9) 정금등대 다루는 법(출 27:20-21)

성소의 등잔대의 등불을 위한 감람기름을 가져올 것을 지시하고 있으며, 기름을 끊이지 않고 공급하여 등불을 계속해서 켤 수 있게 해야 한다는 것이다. 여기에는 올리브 열매로부터 감람기름을 추출하는 방식도 제시해 주고 있다. 한글 개역개정은 '감람으로 짠 순수한 기름'(출 27:20)이라고 번역하고 있는데 이것은 기름을 짜는 압착틀을 이용해서 짜는 듯한 인상을 풍긴다는 점에서 문제를 제공한다. 히브리어 '카티트'(כָּתִית)는 '짜다(pressed; NIV, NET)'라는 뜻 보다는 '찧다'(beaten; KJV,

RSV)라는 의미이기 때문이다. 과거의 개역성경 번역인 '감람으로 찧어낸 순결한 기름'이라는 번역이 더 나은 번역이라 할 수 있다. 올리브 열매를 갈거나, 압착해서 얻는 기름은 찌꺼기가 들어갈 수 있어서 불투명한 경우가 많다. 그러나 열매를 찧어서 흐르는 기름을 받는 경우는 투명하고 순수한 기름을 얻을 수 있다. 이렇게 얻은 순수한 기름은 압착한 것보다 불이 밝고, 연기도 거의 나지 않는 장점이 있기에 성막의 성소에서 사용하기에 적합할 것이다.[249]

등불을 켜야 하는 시간대는 저녁부터 아침까지로 저녁에 켜고 아침에 끄는 일을 항시 행해야 한다. 등잔대를 만들라는 지시는 이미 성소의 기물을 만들라는 곳에서 주어졌다(출 25:31-39). 그곳에서 이 명령도 연속해서 주어지는 것이 합당할 것이나 의도적으로 멀리 떨어진 이 곳에 지시된다. 그 이유는 아론과 그의 아들들이 행해야 할 사명이기에 아론과 그 아들들을 위한 제사장 복장과 제사장 위임식 명령(출 28-29장)이 주어지는 이곳에 함께 연결시키는 것이 가장 최적의 장소이기 때문이라 여겨진다. 그리고 제사장 복장과 위임식 명령 다음에 바로 성소의 분향단에 관해 다루고 있다는 점에서 이 또한 제사장들이 매일 행해야 할 중요 사명이 되는 것이다. 특히 등잔대와 분향단에 대한 지시에는 아론의 이름이 분명하게 등장하며 아침마다 향기로운 향을 사르되 등불을 손질할 때 사르고, 또한 저녁때에 등불을 켤 때에 향을 사르라고 되어 있다(출 27:21; 30:7-8). 이처럼 등잔대와 분향단은 제사장들과 매일의 삶 속에서 밀접하게 연결된 사명이 되기에 제사장 복장과 위임식과 연합된 구조를 이루고 있는 것이라 할 수 있다. 등잔대를 다루는 내용에 아론과 그의 아들들이 거론된다는 점에서 이들의 위임식이 끝난 다음에 이 내용이 나오는 것이 논리적이라고 할 수 있지만 의도적인 구조화를 위한 목적으로 이곳에 위치한다. 이미 성막건축 지시의 구조를 살펴보았듯이 제사장 복장과 위임식을 중심에 두고 그들의 사명의 실행을 테두리로 확대해 나가는 방식의 문학적인 구조를 이루기 위함이다.

A. 27:20-21 정금등대 다루는 법 – 아론과 그의 아들들

– 저녁부터 아침까지 등불을 관리할 것

B. 28-29장 제사장 복장과 제사장 위임식

A'. 30:1-10 분향단 만들기 – 아론이 아침마다 향을 사를 것

– 아침 등불 손질할 때 사르고 저녁 등불 켤 때 사를 것

정금등대의 빛이 하나님의 비추심을 의미하고(출 25:37), 향을 사르는 것이 이스라엘의 기도를 의미한다면(계 8:3-5) 중심에 위치한 거룩한 복장을 갖춰 입은 위임된 제사장들의 사역을 통해 하나님의 비추심이 이스라엘에 임하게 하고, 이스라엘의 기도를 하나님께 이르게 하는 통로의 역할을 매일매일 감당해야 하는 것이 제사장들의 중요한 사명임을 느끼게 한다. 그러므로 이러한 구조는 제사장들의 사명의 중요성을 강조하고, 이들을 통해 이스라엘이 하나님께서 뜻하신 제사장 나라로의 발돋움을 이루게 하려는 목적인 것이다. 그러므로 이 내용은 위치를 잘못 찾은 것이 아니라, 뚜렷한 목적을 가지고 이 곳에 위치한 것이다.

(10) 제사장 복장과 제사장 위임식(출 28-29장)

제사장 위임식 보다 제사장 복장을 만들라는 지시가 먼저 주어지는 것은 위임식 때에 반드시 제사장들이 복장을 착용하고 의식을 치러야 하기 때문에 이러한 순서대로 진행해야 하는 것이다. 아론과 그의 아들들이 제사장으로 위임되지만 이들은 대표성을 띠고 있는 것이지 이들만이 배타적인 제사장 계급으로 군림해야 되는 것을 의미하는 것은 아니다. 이들이 중심이 되어서 이스라엘 전체를 제사장 나라로 이끌어야 하는 궁극적인 사명이 주어져 있는 것이다.

[1] 제사장 복장에 대한 지시(출 28장)

먼저 제사장 복장에 대한 부분은 크게 네 부분으로 나누어지는데 첫째는 아론과 아들들을 위하여 지어야 할 의복의 종류들과 재료를 제시하는 부분(28:1-5), 그 다음은 대제사장인 아론의 의복과 그에 필요한 부착물들(28:6-39), 그 후에는 아론의 아들들을 위한 의복을 다루고(28:40) 그리고 마지막으로 아론과 아들들에게 이 의복을 입히고 위임식을 행하라는 명령과 이들 모두에게 속바지를 만들어 입히라는 명령 그리고 이렇게 의복을 갖춰 입어야 하는 이유를 제시한다(28:41-43).

아론과 아들들에게 제사장 복장을 지어 입혀서 영화롭고 아름답게 하고, 거룩하게 하여 제사장 직분을 행하게 하라신다(28:1-5). 이를 통해 제사장들이 하나님의 영광과 거룩을 드러내는 선구자임을 알 수 있다. 특히 제사장 복장에 사용된 재료들인 금실, 청색, 자색, 홍색 실과 가늘게 꼰 베실은 성막에서도 지성소에 사용된 모든 재료들이 총동원된다는 점에서 지성소에 거하시는 하나님의 거룩과 제사장의 거룩의 일체감이 드러난다. 하나님께서 지혜로 채운 사람들이 지어야 할 의복과 부착물의 종류가 6가지(28:6; 흉패, 에봇, 겉옷, 반포 속옷, 관, 띠)가 제시되어 있으나, 그 이후의 지시 사항을 살펴보면 대제사장인 아론에게 해당되는 것이 28:36-38절의 관에 다는 패와 28:42절의 속바지가 추가되어 8가지로 나타남을 알 수 있다. 아론의 아들들의 의복에 대해서는 '속옷, 띠, 관 그리고 속바지' 정도만 주어져 있고(28:40, 42), 겉옷에 관해서는 많은 부분이 생략되어 있어서 정확하게 어떤 의복을 입고 사역에 임하는지가 불분명하다. 분명한 것은 대제사장 아론과는 차별성이 있을 것이란 사실 뿐이다.

이렇게 의복과 부착물의 종류와 재료를 나열한 후에 대제사장 아론이 착용할 의복을 다룬다. 가장 먼저 에봇을 다루는데 정확한 모양은 알 수 없지만 배와 허벅지까지 내려오는 앞치마와 같은 모양일 것이라고 유추해 볼 수 있다. 하지만 에봇을 만들라는 지시의 강조점은 에봇이 어떤 모양, 크기로 어디까지 가릴 수 있는지에 대한 설명보다는 호마노 두 개를 가져다가 각각의 보석에 이스라엘(야곱) 아들들의 이름을 나이 순서대로 6명씩 새겨서 금테에 물리고 에봇의 어깨받이에 붙여서 기념이 되게 하라는 명령이 분량의 거의 절반을 이루고 있다(28:9-12). 이를 통해 에봇의 기능을 유추해 볼 수 있는데 이스라엘 열두 아들들을 어깨에 두어 하나님께 '기념'을 삼는 것이다. '기념'(זִכָּרוֹן 지카론)이란 단어는 '기억하다'(זָכַר 자카르)라는 동사형에서 파생된 것이란 점에서 대제사장의 역할 중에 중요한 한 가지가 끊임없이 하나님께서 이스라엘을 기억케 하는 것임을 알 수 있다. 야곱의 아들들의 나이순서(תּוֹלְדוֹת 톨레도트)라는 히브리어 단어는 '탄생하다, 태어나다'의 명사형이라는 점에서 탄생순서를 의미한다. 그런 점에서 본다면 다음에 제시될 흉패의 열두 보석에 새겨야 할 열두 지파의 이름과는 차이가 있을 것이다.

열둘 탄생 순서	르우벤	시므온	레위	유다	단	납달리	갓	아셀	잇사갈	스불론	요셉		베냐민
열두 지파 형성	르우벤	시므온	×	유다	단	납달리	갓	아셀	잇사갈	스불론	에브라임	므낫세	베냐민

이와 같이 에봇은 야곱의 열두 아들들을 어깨에 메고 하나님 앞으로 나아가는 제사장의 사명을 드러내고 있다. 에봇의 이러한 특징으로 인해 다른 어떤 복장보다도 에봇은 구약의 여러 다른 곳에서 등장하고 있다. 기드온이 금으로 에봇을 만들어 이스라엘이 음란하게 섬기게 했다는 것(삿 8:27), 사사기의 결론 부분에서 미가라는 사람이 집에 신당을 만들고 에봇을 만들어 두었다는 것(삿 17:5), 실로에서 옮겨간 놉 땅의 성소에 블레셋에 빼앗긴 법궤 대신에 에봇이 그 역할을 하고 있다는 것(삼상 21:9), 다윗이 그 에봇을 아비아달을 통해 전달받고 하나님께 신탁을 물을 때 사용한 것(삼상 23:9; 30:7) 그리고 다윗이 법궤를 옮길 때 베 에봇을 입었다는 것 등에 등장한다. 에봇은 하나님을 섬기는 긍정적인 모습으로도 또한 우상숭배적인 모습으로도 곳곳에 등장하며 제사장 복장의 다른 어떤 것보다도 중요한 요소임을 드러낸다. 에봇 제작이 가장 먼저 주어지는 명령이라는 점에서도 그 우선적인 중요도를 짐작해 볼 수 있다. 그리고 그

중요성은 에봇의 앞에 붙여야 할 판결 흉패로 인해 더욱 강화된다.

그 다음으로 판결 흉패를 만들라는 지시가 주어진다(28:15-30). 판결 흉패는 에봇 위에 매다는 길이와 너비가 동일하게 한 뼘(약 반 규빗)인 사각형 주머니 같은 형태를 띠며, 에봇과 같은 재료를 사용하여 만들고, '판결'(מִשְׁפָּט 미쉬파트)이라는 단어가 보여주듯 이스라엘 백성의 재판과 올바른 결정에 기여하는 역할을 맡은 것이라 할 수 있다. 이 흉패에는 이스라엘이 바른 판결을 통해 서 나가야 한다는 의미로 열두 지파의 이름이 새겨진 열두 개의 보석을 세 개씩 네 줄로 금테에 물려서 붙인다. 보석들의 이름이 나열되지만 현대에는 정확하게 어떤 보석 종류를 의미하는 것인지에 대해서는 불분명하다. 이 판결 흉패의 이스라엘 열두 지파 이름도 역시 대제사장이 하나님 앞에 나아갈 때마다 영원한 기념이 되는 특징이 있다. 그러므로 판결 흉패는 올바른 재판과 선택을 통해 이스라엘이 거룩한 백성으로 하나님 앞에 서게 해야 한다는 대제사장의 사명과 이스라엘이 그러한 길로 나아가야 한다는 삶의 길이 주어져 있는 것이다. 이를 입증하듯 판결 흉패에 대한 마지막 명령은 그 흉패 안에 넣어 두어야 할 우림과 둠밈에 대한 지시 사항이다(28:30). 우림(אוּרִים 빛)과 둠밈(תֻּמִּים 완전)이 어떤 모양인지 혹은 재료가 돌인지, 나무인지, 금속인지 조차도 알 수가 없다. 단지 우림과 둠밈이 제비뽑기를 통해 어떤 쪽이 나오느냐에 따라 판결을 하는 방식과 연관이 있을 것이라는 점 정도이다.

그는 제사장 엘르아살 앞에 설 것이요 엘르아살은 그를 위하여 우림의 판결로써 여호와 앞에 물을 것이며 그와 온 이스라엘 자손 곧 온 회중은 엘르아살의 말을 따라 나가며 들어올지니라(민 27:21).

사울이 여호와께 묻자오되 여호와께서 꿈으로도 우림으로도 선지자로도 그에게 대답하지 아니하시므로(삼상 28:6).

비록 이 구절들이 우림만을 다루고 있지만 중요한 것은 우림과 둠밈이 하나님의 뜻을 묻는 역할을 한다는 점만큼은 분명하게 드러나고 있다(스 2:63; 느 7:65). 다윗이 에봇을 가져와 하나님의 뜻을 여쭙는 것도 역시 에봇에 부착되어 있는 판결 흉패의 우림과 둠밈을 통해서 일 것이라고 유추해 볼 수 있다(삼상 23:9; 30:7).

판결 흉패 다음으로는 에봇 속에 받쳐 입는 겉옷을 만들라는 지시이다(28:31-35). 겉옷의 특징은 전체 색깔을 청색으로 하는 것과 천 위쪽에 머리 들어갈 구멍을 내서 입는 형태로 만들어진다. 이 겉옷의 또 다른 특징은 옷 밑의 가장자리로 돌아가며 청색, 자색, 홍색 실로 석류를 수놓아 금방울과 함께 다는 것이다. 방식은 석류 하나, 금방울 하나를 교대로 다는 것이다. 석류는 약속의 땅과 관련하여 풍성함을 드러내는 요소가 된다는 점에서(민 13:23; 신 8:8) 솔로몬 성전에도 수백 개의 석류를 만들어 야긴과 보아스 두 기둥에 (왕상 7:42; 대하 3:16; 4:13) 달았다. 금방울은 아론이 성소에 들어갈 때와 나올 때 소리를 내게함으로 하나님께서 그 소리를 듣고 죽음에 이르지 않게 하시겠다는 의미가 포함되어 있다. 이는 곧 거룩의 위험성이라고 할 수 있다. 부정한 존재인 인간이 거룩하신 하나님 앞에 선다는 것은 죽음의 위험성을 감수하는 것이기에 하나님께서는 제사장 복장에 금방울이라는 장치를 통해 생명을 보존하며 사역을 감당케 하시겠다는 것이다.

그 다음으로 만들어야 할 것은 관의 전면에 다는 금으로 만든 패이다. 이 패에는 도장을 새기는 법으로 '여호와께 성결'이라는 글자를 새겨 관의 이마 부분에 청색 끈으로 붙여서 이스라엘 백성이 드리는 성물에 대한 죄책을 아론이 담당케 한다는 것이다. 죄책을 담당한다는 것은 죄를 진다는 것이 아니라, 이스라엘이 드린 성물이 거룩하다는 것을 확증하는 사명인 것이다. 만약 백성이 드리는 성물이 부정한 것이라면 그 죄를 아론이 담당해야 함을 의미한다. 죄책을 지지 않기 위해서는 결국 아론이 백성들을 '여호와께 성결'한 삶으로 이끌어 성물까지도 거룩하게 받으심이 되게 하여야 하는 것이다.

아론에 관해서는 끝으로 간략하게 세 가지의 나머지 의복을 만들라는 지시를 내린다(28:39). 베 실로 짠 반포 속옷, 가는 베 실로 관과 띠를 수놓아 만들어야 한다. 이렇게 아론의 의복이 끝에 이르고 그의 아들들의 옷으로 넘어간다. 그러나 아들들의 옷에 대해서는 아론의 의복 중 마지막 세 가지인 속옷, 띠 그리고 관을 만들어 영화롭고 아름답게 하라고 지시한다(28:40). 제사장 위임식을 살펴보면 아론의 아들들은 이렇게 간략하게 입었다고 되어있다(29:8-9). 그럼에도 영화롭고, 아름답다는 것은 아론의 의복과 동일하다(28:2). 그리고 아론과 그의 아들들에게 이 옷들을 입히고, 위임식을 행하라는 명령이 주어진다. 부수적으로 아론과 그의 아들들 모두를 위해 동일하게 속바지를 만들어 허리에서부터 허벅지까지 이르게 하여 하체를 가리라고 명령이 주어진다.

이렇게 제작된 옷을 입고 제단에서나, 성막에서나 거룩한 곳에서 섬겨야만 죄를 짊어진 채 죽지 않을 것이라고 전한다. 결국 하나님 앞에 서는 존재들의 죄를 가리는 역할을 해 주는 것이 제사장 의복의 역할 중 하나임을 알 수 있다.

이와 같이 제사장이 입는 복장은 일반적인 옷과는 차별성이 있다. 그리고 그 복장을 입는 것도 제단에서 직임을 행할 때에만 입고 평상시에는 구별된 곳에 보관해 두는 것이 원칙이다(출 28:43). 제사장 복장이 이렇게 화려하고 특별한 이유는 무엇인가? 그것은 인류사에서 제사장복장과 유사한 기능을 했던 기구인 '가면'(탈; mask)의 역할을 살펴보면의미를 파악해 볼 수 있다. 가면은 사람이나 동물의 얼굴 모양을 나무나가죽 혹은 종이, 천 등으로 만들어 얼굴에 쓰는 기구를 말한다. 가면은 전세계적으로 골고루 발견되는 특징이 있지만, 성경과 코란의 가르침을 중시하는 신앙인들이 거주하는 곳에서는 발견하기 힘들다. 그 이유는 인간, 동물, 물고기, 새 등 그 어떤 형상도 만들지 말라는 금기사항 때문에 유대교나 기독교, 이슬람교의 영향을 받은 아라비아, 북동아프리카, 발칸을포함한 서남아시아지역과 특히 이슬람교의 영향을 많이 받은 북아프리카에서는 가면을 사용하지 않는다. 그렇다면 분명 다른 지역에서 가면이 했던 기능을 유대교와 이슬람교에서는 다른 것으로 대체되었을 것임에 틀림없다. 그것이 바로 의복으로 발전되었다는 것을 느껴볼 수 있다.

고대에는 가면은 생존과 직결된 사냥을 위한 용도였을 것이다. 동물 가면을 쓰고 동물에게 자연스레 접근해서 잡거나 혹은 동물들을 유인하는 방식으로 사용되었을 것이나, 점점 사냥을 나가기 전에 사냥의 성공과 안전을 기원하는 제의에 사용되었을 것이라 여겨진다. 이 때 동물가면을 쓰고 제의를 주관하는 인물은 족장이나 제사장 혹은 주술사 등과같이 그 마을의 중요한 위치에 있는 사람이었을 것이다. 이렇게 가면이종교의식에 사용되면서 사람들이 신성하게 여기는 동물이나, 죽은 조상의 모습으로 신을 형상화하여 의식에 활용하고, 그들과 닮은 가면을 만들어 신성하게 다루거나, 제단 앞에 모셔 놓는 행위를 하기도 하였다. 이와 같이 가면은 그 자체로 종교의 대상이 되기도 하면서 또한 종교의식을 위한 도구로도 활용되었는데, 제사장들이나 주술사들이 제사를 주관할 때 그 가면을 쓰는 것이다. 이렇게 신성시되는 가면을 쓰는 순간 제사장이나 주술사는 더 이상 보통 인간이 아닌 신과 인간을 연결하는 중재자로서 특별한 권위를 갖는 것이다. [250]

이러한 가면의 기능을 이스라엘에서는 제사장 복장이 대신한다. 제사장들이 제사장 복장을 입음으로 하나님의 거룩을 대표하는 기능을 하며 또한 백성들의 삶을 대표하여 하나님 앞에 나아가기도 한다. 하나님과 사람 사이에서 중재의 역할을 하는 것이다. 그런 점에서 제사장 복장, 특히 대제사장 복장은 성막의 가장 거룩한 곳을 치장하고 만드는 재료들로 구성되어 있다는 것은 제사장이 곧 하나님을 대표한다는 의미가 내포된 것이라 할 수 있다. 제사장은 복장을 갖춰 입음으로 멈춰서 있는 성막과 성전에서 움직이는 성막과 성전이 되는 것이며, 하나님을 대리하는 특별한 권위를 갖는 것이다. 그리고 이스라엘을 그와 같은 사명으로 인도함으로 제사장 나라로서 세상을 섬길 미래를 예시한다.

이러한 개념은 신약으로 넘어와서 모두가 왕 같은 제사장으로 회복된 지금 모든 그리스도인들이 '그리스도로 옷 입는다는 것'으로 최종적인 성취에 이른 것이다(롬 13:14; 갈 3:27). 그러므로 그리스도로 옷 입은 그리스도인들은 이제 하나님을 대표하는 사람들이며 세상에 하나님의 영광을 전해야 할 왕 같은 제사장들인 것이다.

[2] 제사장 위임식에 대한 지시(출 29장)

제사장 복장에 대한 명령이 마감되자마자 제사장이 위임되어 사명을 시작할 수 있는 명령이 주어진다. 위임식 명령은 성막의 기물들을 만들라는 명령과는 다르게 행하는 의식이라는 점에서 차이점이 있다. 하지만 성막이 제사장이 없이는 그 기능을 발휘할 수 없기에 성막과 제사장은 동행의 의미가 크다. 위임식에 대한 지시사항들은 열 가지 정도로 분류해서 진행이 되는데 위임된 제사장으로 인해 발생되는 하나님과의 긴밀한 관계성까지 다룬다는 점에서 제사장의 중요성이 드러난다. 시내산에서 이미 하나님과 언약을 맺어 긴밀한 관계가 시작되었지만 제사장들의 사명이 없이는 그 관계의 지속이 불가능하다는 것을 시사하는 것이 된다. 위임식 진행은 다음의 과정을 거친다: ① 위임식 준비(29:1-9), ② 아론과 아들들을 위한 수송아지 속죄제드림(29:10-14), ③ 숫양 한 마리를 번제로 드림(29:15-18), ④ 위임제 숫양을 드림(29:19-25), ⑤ 위임된 제사장의 분깃(29:26-28), ⑥ 대제사장 승계 방식(29:29-30), ⑦ 위임식 고기 먹는 법(29:31-34), ⑧ 이레 동안의 위임식 방식(29:35-37), ⑨ 위임된 제사장의 소명(29;38-41), ⑩ 위임된 제사장으로 인한 하나님과의 관계지속(29:42-46).

제사장 위임식의 실행은 온 백성이 보는 앞에서 진행된다(레 8:1-3). 이는 위임식이 제사장이라는 특정한 계급만의 리그가 아니라, 온 백성의 일이며, 이스라엘이 제사장 나라로 서는 시작이라는 점에서 중요성을 가지고 있다. 먼저 위임식을 위한 준비에 대한 명령들이 주어지는데 수송아지 한 마리와 숫양 둘과 소제물들 그리고 만들라고 지시한 제사장

의복들이다(29:1-9). 아론과 그의 아들들을 물로 씻기고 의복을 입히는데 대제사장 의복과 제사장의 의복으로 나뉜다.

이렇게 준비가 되면 수송아지로 속죄제를 드리는 것부터 시작한다. 아론과 그 아들들이 송아지의 머리에 안수하여 죄와 오염을 전가시키고, 송아지를 잡아서 그 피로 제단 뿔에 바르고 나머지 피는 제단 밑에 쏟는다. 제물의 모든 기름은 태워 바치고, 나머지 고기는 진 밖에서 불사른다. 위임식 진행이 먼저가 아니라, 죄를 사하고, 죄로 인한 오염을 씻어내는 속죄제를 드리는 것부터 시작한다는 것은 제사장이 되는 사람은 죄와 부정으로부터 깨끗해진 삶을 살아야 함을 의미한다.

그 다음은 숫양 두 마리 중 한 마리에게 아론과 그 아들들이 안수하고 번제로 드린다(29:15-18). 번제로 드린다는 것은 모두 태워서 향기로운 냄새가 되게 한다는 의미이다. 이는 곧 제사장으로 위임되는 사람은 자신의 모든 것을 다 바쳐 헌신의 길을 걸어야 함을 의도하는 것이다. 이러한 결단과 함께 제사장 위임식이 연결되는 것이다.

드디어 본격적으로 위임식이 진행 되는데 또 다른 숫양을 택하여 아론과 그 아들들이 안수하고 위임식 양으로 잡는 것이다(29:19-25). 이렇게 잡은 양의 피를 가져다가 아론의 오른쪽 귓부리, 오른손 엄지, 오른발 엄지에 바르고, 그의 아들들에게도 동일하게 한다. 이는 대표성의 원칙으로 오른쪽이 모든 곳을 대표하는 형태로 상징화 하여 위임하는 것이라 할 수 있다. 귀로 듣고, 손으로 행하고, 발로 움직이는 헌신을 다짐하는 것이다. 그리고 제단 위의 피와 관유를 가져다가 아론과 그의 옷에 뿌리고, 그의 아들들과 옷들에도 역시 동일하게 뿌린다. 이렇게 하여 거룩하게 구별하는 것이다. 그리고 위임식 숫양의 기름과 특정 부위들 그리고 소제물들을 태워 화제로 드린다.

　　이렇게 위임된 제사장들이 백성들에게서 받을 분깃을 지정하는 내용이 뒤를 잇는다(29:26-28). 제사장의 분깃은 이스라엘 백성들이 여호와께 드리는 화목제의 제물 중에서 가슴과 넓적다리 부분이 된다. 이렇게 제사장의 분깃을 명시하는 것은 그들의 생계가 백성들이 하나님께 드리는 화목제물에 들어있다는 점에서 이들이 하나님과 백성 사이에서 맡은 역할에만 충실하게 임한다면 먹고 사는 문제는 다 해결된다는 것을 드러내는 것이다. 즉 위임된 제사장들이 진실하고, 충성되게 사역하면 삶은 하나님께서 백성들을 통해 책임지실 것을 천명하는 것이다. 이는 곧 생계가 아닌 사명에 집중하라는 의미이기도 하다.

　　후에 일어날 일이기는 하지만 위임된 대제사장의 죽음으로 인한 승계를 다룬다(29:29-30). 아론의 대제사장 복장은 아론의 아들들 중에서 이어받게 되고 동일하게 기름부음을 받고 위임되어야 하며, 회막에 들어가서 성소에서 섬길 때 이레 동안 그것을 입어야 한다는 것이다.

　　그 다음은 위임식의 확증으로 위임식 숫양의 고기를 삶아서 거룩한 장소에서 아론과 그 아들들이 먹는 의식을 행하라는 것이다(29:31-34). 회막 문에서 그 숫양의 고기와 광주리에 있는 떡을 먹어야 하고, 이들 외에 타인은 결코 먹을 수 없다. 거룩하기에 제사장들만이 먹을 수 있고, 위임식 고기나 떡이 그 다음날 아침까지 남아있으면 불살라야 한다. 거룩한즉 먹지 못한다고 하는데 이 이유는 불분명하다.

　　제사장 위임식은 칠일 동안 이루어지며, 그 칠일 동안에 매일 수

송아지 한 마리로 속죄제를 드리고, 제단을 위하여도 속죄하여 깨끗하게 하고, 그것에 기름을 부어 거룩하게 하라고 명령한다(29:35-37). 칠일 동안은 창조의 날수가 되며 제사장으로 인해 이루어질 새 창조의 날을 기대하는 기간이라고 할 수 있다. 그 기간 동안 매일 속죄의 제사와 제단을 정결하게 씻어 낸다는 점에서 죄와의 결별을 이루어야 함을 강조한다.

그 다음은 이렇게 위임된 제사장이 맡아야 할 일상의 중요한 사명을 제시하고 있다. 그것은 다름 아닌 매일의 상번제를 드리는 것이다(29:38-41). 일년 된 어린 양 두 마리를 한 마리는 아침에 다른 한 마리는 저녁 때 드리며, 고운 밀가루 소제, 기름 그리고 포도주 전제를 더하여 아침과 저녁에 향기로운 냄새로 드리는 것이다. 이와 같은 매일의 사명을 통해 이스라엘이 하나님과 깊은 교제를 이루게 하는 것이다.

그 결과는 마지막 부분에서 드러난다. 이렇게 회막 문에서 늘 드리는 번제를 받으시고 하나님께서 제사장들만이 아니라 이스라엘 자손과 만나고 말씀하실 것이라 하신다. 물론 "거기서 너희와 만나고 네게 말하리라"(29:42)는 점에서 이스라엘과 만나지만 말씀은 제사장을 통해서 말씀하실 것을 짐작케 한다. 그리고 아론과 제사장들의 사역을 통하여 하나님께서는 "내가 이스라엘 자손 중에 거하여 그들의 하나님이 되리니"(29:45)라는 뜻을 전하신다. 또한 이것이 이스라엘을 애굽에서 불어낸 목표라고 하신다: "그들은 내가 그들의 하나님 여호와로서 그들 중에 거하려고 그들을 애굽 땅에서 인도하여 낸 줄을 알리라 나는 그들의 하나님 여호와니라"(29:46).

제사장으로 위임되는 사람들은 이와 같은 하나님의 목표를 분명하게 인식하고 있어야 한다. 자신들의 소명 감당으로 이루어질 세상이 무엇인지를 알 때 소명을 대하는 자세가 달라질 것이기 때문이다. 제사장들의 행동에 따라 이스라엘이 하나님과 함께하는 나라가 될 것이냐, 아니면 하나님께 버림받는 나라가 될 것이냐가 판가름 나는 것이다. 그러므로 제사장 위임식은 이스라엘이 성막에 거하시는 하나님과 함께하는 삶을 이루기 위해 반드시 필요한 일이라는 점에서 성막건축 지시의 중심에 위치할 만 하다. 하나님보다 중요하기 때문이 아니라, 하나님께로 이스라엘을 이끄는데 중심적인 역할을 해야 한다는 의미이며, 또한 하나님을 이스라엘에게로 향하시게 하는데 중추적인 역할을 맡아야 한다는 것을 뜻하는 것이다. 이렇게 중요한 제사장 위임식은 성막건축 실행을 통해 제사장 복장이 완성되고(출 39장), 위임식에서 행할 제사의식에 대한 규례가 주어지고(레 1-7장) 난 다음에서야 이루어질 것이다(레 8-9장).

(11) 분향단과 다루는 법(출 30:1-10)

이렇게 위임식 명령이 끝에 이른 다음에 성막건축 지시는 다시 제사장들의 매일의 사명 중 하나인 분향단으로 향한다. 조각목으로 만들어야 하고, 향을 사르는 윗부분은 가로, 세로가 동일하게 한 규빗(45cm)으로 네모 반듯하게 만들고, 높이는 2규빗(90cm)으로 하고, 위쪽 네 모퉁이에 네 뿔을 만들고, 모두 금으로 싸고, 상면에 금테로 둘러야 한다. 금테 아래 양쪽에는 금 고리 둘을 만들고 다른 면에도 동일하게 금 고리 두 개를 만들어 메는 채를 꿸 수 있게 해야 한다. 채도 조각목으로 만들고, 금으로 싸야 한다.

분향단이 위치해야 할 곳은 지성소 증거궤 위 속죄소와 휘장을 사이에 두고 마주대하는 곳에 두어야 한다. 즉 성소와 지성소를 가르는 휘장에 대하여 성소 쪽에 위치하게 되는 것이다. 이 분향단에서는 매일 아침마다 아론이 향을 사르는데 등대의 불을 정리할 때 사르고, 저녁마다 등대의 불을 켤 때 살라야 한다. 이와 같이 대대로 향이 끊이지 않아야 한다. 이렇게 향을 사르는 목적에 대해서는 분명하게 알려진 바가 없다는 점에서 아쉬움이 있다. 두 가지 정도를 유추해 볼 수 있는데 첫째는 지성소에 들어갈 때 향로에 향을 피워서 갖고 들어감으로 향연으로 증거궤 위 속죄소를 가림으로 죽음을 면하는 것과 같이(레 16:12) 성소에서도 동일하게 가림의 역할일 수 있다. 이는 하나님 앞에서 부정한 인간의 모습을 가림으로 거룩의 위험에 노출되지 않게 하려는 의도라 할 수 있다. 분향단의 위치에 대해 성소의 휘장 앞에 두라고 지시하면 됨에도 의도성 짙게 분향단의 위치를 굳이 증거궤 위 속죄소 맞은편 휘장 밖에 두라고 부연 설명하는 것을 통해 향연이 노출을 막아준다는 의미일 수 있다는 것이다. 둘째는 놋제단에서 제물을 태우는 향이 하나님께서 받으시는 향기로운 화제가 되는 것처럼(레 1:9, 13, 17; 2:2) 분향단의 향도 하나님께서 기뻐 받으시는 성도들의 헌신일 수 있다는 것이다. 그 헌신의 대표적인 것으로 향연이 기도를 의미하는 것이라 할 수 있다(계 8:3-5). 혹은 분향단의 기능이 이 두 가지가 모두 조합된 것으로 이스라엘의 부정을 가리기도, 이스라엘의 헌신과 정성을 표현하기도 할 수 있는 양면성을 다 포함하는 것일 수도 있다.

　　어떤 역할이든 분향단이 성소에서 굉장히 중요한 성물인 것은 분명하다. 분향단의 중요성은 반드시 아론이 일 년에 한 번씩 속죄제의 피로 제단 뿔에 발라 정화해야 한다는 명령에서 드러난다. 이 일은 매해 대 속죄일(7월 10일)마다 부정과 죄로부터 성막의 오염을 씻어내는 의식을 뜻하는 것이다(레 16장).

이 분향단이 특히 제사장 복장과 위임식과 밀접하게 연결되어 등장하는 것은 의미가 깊다. 제사장들의 사역으로 인해 이스라엘이 하나님 앞에 설 수 있는 백성이 된다는 점이 이를 증거한다. 특별히 대제사장이 일 년에 한차례씩 속죄제물의 피로 성막 안의 기물들의 오염을 씻어냄을 통해 하나님 앞에서의 이스라엘의 존립을 가능케 한다는 것이다. 그리고 대속죄일에 대제사장은 지성소 안까지 들어갈 수가 있는데 그가 반드시 행해야 할 것은 지성소 안으로 들어가기 전에 분향단에 피운 불을 향로에 담고 곱게 간 향기로운 향을 두 손에 채워서 향연으로 증거궤 위 속죄소를 가리게 하여야 한다. 그래야 그가 죽음을 면할 수 있다(레 16:11-14). 여기서 분명한 것은 대제사장도 죄인이며 죄인인 인생이 하나님 앞에 나아가기 위해서는 그의 죄된 모습을 가려야 한다는 것이다. 그렇지 않으면 거룩하신 하나님의 존전에서 죽을 수밖에 없다는 것을 의미하는 것이다.

이러한 지성소 안에서의 향로와 향연의 역할로 인해 신약의 히브리서에서는 첫 언약, 즉 옛 언약에 속한 성전의 기물들에 대한 배치에서 성소에는 등잔대와 상과 진설병이 있고 휘장 뒤 지성소에는 금 향로와 만나를 담은 금 항아리와 아론의 싹난 지팡이 그리고 언약의 돌판이 들어 있는 언약궤가 있다고 한다(히 9:1-4). 금 향로와 분향단은 동일한 기물을 의미하는 것으로 명백하게 지성소가 아닌 성소에 위치하는 기물이라는 점은 익히 잘 알려져 있다. 그럼에도 곳곳에서 분향단이 지성소에 위치한 것으로 전하는 내용들이 발견되기도 한다(왕상 6:22; 마카비하 2:4-8; 바룩2서 6:7). 이와 같은 내용들은 모순점이라기 보다는 오히려 이를 통해 지성소와 분향단의 밀접한 연관관계를 살펴볼 수 있으며, 대제사장의 대속죄일 사역에서 없어서는 안 될 기물임을 짐작케 한다.[251]

　　　　히브리서는 옛 언약에 속한 이와 같은 대속죄일에 죄를 속하기 위한 대제사장의 사역에 필수적인 금 향로와 향연을 강조하기 위해 지성소의 언약궤와 속죄소가 위치한 곳에 함께 위치하는 것으로 전하고 있다. 그리고 대제사장이 이 지성소에 일 년에 한 번씩 들어갔다는 것과 성소에 들어가는 길이 아직 나타나지 않았다고 한다(히 9:7-8). 왜냐하면 대제사장을 포함한 인간의 죄로 인해 휘장이 가려져 있고, 그 휘장 안도 금 향로의 향연이 아니면 들어갈 수 없는 장소이기 때문이다. 이는 옛 언약에 속한 대제사장과 우리의 영원한 대제사장이신 예수 그리스도를 비교하기 위한 목표가 뚜렷하다. 이를 증거하듯 히브리서는 그 다음에 우리의 영원한 대제사장이신 예수 그리스도의 사역을 언급하며 옛 언약의 대제사장의 사역과 비교하고 있는 내용이 등장한다. 옛 언약의 대제사장은 죄가 있는 존재로 하나님 앞에 나갈 때 금 향로의 향연으로 자신의 모습을 가려야 하지만, 새 언약의 대제사장이신 예수 그리스도는 흠 없는 분으로 하나님께 나아가기 위해 금 향로의 향연이 필요 없으시며, 오직 흠 없는 자신의 피로 속죄를 이루사 단 번에 성소에 들어가셨다는 것이다(히 9:14-15). 그리고 거기에서 끝나지 않고 그 예수 그리스도의 피를 힘입어 우리 그리스도인들 또한 성소에 들어갈 담력을 얻었으며, 그 길은 우리를 위하여 휘장 가운데로 열어 놓으신 새로운 살 길이다(히 10:19-20). 그러므로 히브리서가 지성소에 금 향로와 언약궤와 속죄소가 함께 존재한다고 언급하는 것은 옛 언약과 새 언약의 차이를 분명하게 드러내기 위한 의도를 가지고 있음을 알 수 있다. 금 향로의 향연이 없이는 어느 누구도 들어갈 수 없었던 과거에서 이제는 어느 누구나 예수 그리스도를 믿는 믿음으로 담대하게 하나님께 나아가는 새 시대가 열린 것이다(히 10:22). 성막에서 등잔대의 불을 관리하고, 분향단에서 향을 사르는 사역을 하는 대제사장 아론은 바로 이와 같은 예수 그리스도를 통하여 열릴 미래를 기대케 하는 역사의 한 과정이 되는 것이다.

(12) 계수된 백성들의 속전(출 30:11-16)

성막건축과는 전혀 관계가 없어 보이는 명령이 등장하고 있다는 점에서 계수된 백성이 내야 하는 생명의 속전에 대한 명령은 성경을 해석할 때 당혹스러움을 제공한다. 하지만 이 부분이 구조적으로 성막의 바깥뜰을 만들라는 지시(출 27:9-19)와 평행관계를 이룬다는 점에서 함께 생각해볼 필요가 있다.

이스라엘 백성의 수효를 조사할 때 계수 받은 사람은 생명의 속전으로 성소의 세겔로 반 세겔, 즉 십 게라를 내야 한다. 일반적으로 통용되는 한 세겔이 약 11.7g 정도라면 성소에서만 사용되는 세겔은 무게가 10g 정도로 조금 덜 했고, 궁중 세겔 혹은 무거운 세겔이 13g으로 조금 더 나갔다.[252] 반 세겔은 5g정도라 할 수 있다. 여기서 왜 인구수에 계수된 사람이 반 세겔의 속전을 내야 하는가에 대한 질문을 해 볼 수 있다. 이에 대해 "그것을 계수 할 때에 그들 중에 질병이 없게 하려 함이라"(30:12)

는 연결 고리에 초점을 맞추어 인구조사와 질병의 역학관계를 들어 설명을 시도하는 경우가 많다. 보통 인구조사는 인간 교만과 연계될 때가 많기에 죄가 될 수 있다는 것이다. 구체적으로는 다윗의 인구조사와 전염병 징계를 통해 그 예를 살펴볼 수 있다(삼하 24장). 하지만 다윗의 인구조사와 성막건축 지시에서의 이스라엘 계수는 출발선에서부터 다르다. 다윗은 교만이라는 인간 주도로 행하지만, 모세는 하나님의 명령으로 행한다는 점이다. 그리고 민수기 1장과 26장에도 하나님의 명령에 의한 인구조사가 나오지만 그곳에서 속전을 드렸다는 내용도, 전염병으로 치셨다는 내용도 전혀 나타나지 않는다는 점에서 인구조사가 징계의 원인이 되며 반드시 속전을 내야한다는 공식은 성립되지 않는다. 성막건축 지시에서 생명의 속전에 대한 내용과 거의 흡사한 사항을 담고 있는 것은 민수기 31:48-54절의 이스라엘이 미디안과 전쟁 후에 돌아온 군인들을 계수하고 속전을 바치는 이야기일 것이다. 흡사하다는 것은 중요한 단어들이 모두 동일하게 들어 있다는 것으로 알 수 있다: '계수하다'(פָּקַד 파콰드; 출 30:12; 민31:49), '생명의 속전'(כֹּפֶר נֶפֶשׁ 코페르 네페쉬; 출 30:12, 16; 민 31:50), '여호와 앞에서 이스라엘 자손의 기념'(זִכָּרוֹן לִפְנֵי יהוה 지크론 리프네 야훼; 출 30:16; 민 31:54). 민수기에서 생명의 속전을 드리는 것은 전쟁 후 생존한 군인을 계수했기 때문이 아니라 한 사람의 전사자도 나지 않은 것에 대한 감사(민 31:49)와 더불어 전쟁을 치르며 알게 모르게 저지른 죄에 대한 속죄를 위함임을 알 수 있다(민 31:50). 결국 '생명의 속전'은 거룩하신 하나님과 함께하는 삶을 위한 죄를 덮는 목적이 있음을 알 수 있다.

이를 바탕으로 이스라엘을 계수하고 반 세겔을 백성들 각자가 내야하는 목적은 이 내용 속에 반복적으로 나타나는 한 단어를 통해 분명하게 드러난다. 바로 한글 개역개정 성경에 '속전'(30:12, 16)과 '대속'(30:15, 16)이라는 동일한 히브리어 단어에서 파생된 단어들의 사용 빈도가 바로 그것이다. 속전으로 두 번, 대속으로 두 번 사용되는데 그 어근은 동일하게 '카파르'(כָפַר)로 본래의 뜻은 '덮다' 혹은 '칠하다'는 의미를 갖고 있고(창 6:14), 제사와 관계될 때는 '속죄하다' '대속하다' 로 해석된다(레 1:4). 구약의 제사를 통한 짐승의 피가 죄를 완전히 없애는 것이 아니라, 잠시 보이지 않게 덮는 역할을 한다는 점에서 '덮다'와 '속죄하다'는 본질적으로 같은 의미라 할 수 있다.

성막건축 지시가 주어지는 이 부분에서 계수된 이스라엘 백성들의 속죄는 중요한 의미를 가지고 있다. 바로 성막으로 나아가 하나님의 존전에 나아갈 수 있는 길이 열리는 것이다. 성막이 만들어졌지만 백성들이 갈 수 없는 곳이라면 무슨 의미가 있을 것인가?

> 다른 곳과 마찬가지로, 여기서도 속죄란 여호와를 피하는 것이 아니라 하나의 축복, 즉 여호와의 면전에 들어갈 수 있는 축복을 의미하게 되었다. 속전을 드림으로 말미암아 이스라엘은 여호와께서 잊어버리는 것이 아니라 기억하시는 백성이 되는 것이다.[253]

결국 이스라엘에게 성막은 하나님께서 거하시는 거룩한 곳이다. 하나님의 거룩은 부정과 죄로 가득한 백성들에게는 치명적인 위험성을 내포하고 있다. 질병과 죽음이라는 징계가 기다리고 있는 것이다. 그렇다면 누가 성막으로 나아가 하나님의 존전에서 기뻐할 수 있을 것인가? 이에 대해 이스라엘 사람으로 계수된 20세 이상의 대표적인 남성들이 생명의 속전을 냄으로 성막에 거하시는 하나님과 동행할 수 있는 길이 열리는 것이다. [254]

　　속전을 내는 것에 부자나, 가난한 자나 액수에 결코 차별이 없다는 점에서 하나님의 존전에 나아가는 것에도 결코 차별이 없다는 것을 의미한다. 이는 곧 빈부격차, 지위고하에 관계없이 나아가서는 남녀노소에 관계없이 하나님 앞에 평등하게 나아갈 수 있다는 것을 의미하기에 중요하다. 성막 안에는 하나님의 백성 이스라엘 모두는 "동일하게 받아들여지고 동일하게 기억되어야만 하기 때문이다." [255]

　　이렇게 하여 이스라엘 백성들은 하나님이 거하시는 성막과 함께 동행하는 백성이 될 수 있으며, 그들이 갈 수 있는 가장 가까운 하나님의 존전인 성막의 바깥뜰로 나아가 하나님을 예배하는 백성이 될 수 있다. 그러므로 바깥뜰을 만들라는 지시와 백성들이 내야 하는 생명의 속전의 관계는 그 바깥뜰로 이스라엘 백성들이 기쁨과 감사함으로 나아갈 수 있는 길을 활짝 여는 것이란 점에서 서로 평행으로 만나야 하는 것이다.

(13) 물두멍(출 30:17-21)

　　이제 바깥뜰에 위치한 또 다른 기물인 물두멍을 만들라는 지시에 도착했다. 물두멍은 제사장이 여호와 앞에서 거룩하고 정결함을 유지하기 위해 회막에 들어가기 전에 물로 수족을 씻기 위함이다. 그리고 제단에서 화제를 드리기 전에도 그렇게 행해야 한다. 이렇게 씻어서 죽기를 면하라고 한다. 이는 곧 거룩하신 하나님의 존전에서 사역을 한다는 것은 늘 거룩의 위험 앞에 노출되어 있다는 것이며, 그 하나님 앞에서 정결함을 유지해야 함을 의미하는 것이다.

　　물두멍은 놋으로 만들어야 하며, 그 받침도 역시 놋으로 만들어야 한다. 그러나 규격에 대해서는 언급이 없다는 점에서 모세가 모양을 본 대로 직접 지시했을 것이라 여겨진다. 성막건축 실행에서 유일하게 재료의 출처를 정확하게 지시하고 있는 기물이 바로 물두멍이다.

　그가 놋으로 물두멍을 만들고 그 받침도 놋으로 하였으니 곧 회막 문에서 수종드는 여인들의 거울로 만들었더라(출 38:8).

이 때에는 거울이 금속으로 만들어졌고, 물두멍을 여인들의 거울로 만들었다는 것은 곧 물두멍은 모습을 비쳐보고 씻고, 옷을 정갈하게 고쳐 입게 하는 역할을 했을 것을 짐작케 한다. 이렇게 물두멍을 끝으로 하여 성막 건물과 기물들에 대한 제작지시는 마감된다. 그 다음은 이 기물들을 거룩하게 구별하는 물품과 향기롭게 하는 물품을 만드는 것만 남아있다.

(14) 관유와 향품 만드는 법(출 30:22-38)

　　성막과 그에 딸린 모든 기구는 물론, 그 안에서 사역하는 제사장들까지 거룩하게 구별하는 용도로 쓰일 관유와 성막에서 쓰일 향을 만드는 법에 대하여 지시가 내려진다. 그리고 이렇게 만들어진 관유와 향은 결코 일반적인 용도를 위해 제조되어서는 안 된다는 강력한 금지명령이 주어진다. 오직 하나님을 섬기는 성막과 연계해서만 사용되어야 한다는 것이다.

먼저 관유를 만드는 법은 상등 향품들을 사용해야 한다(30:22-33). '상등'이란 단어가 최고라는 의미의 '머리'(ראש 로쉬)라는 단어를 사용하고 있다는 점에서 최고의 품질을 자랑하는 재료들을 모아야 하는 것이다. 성소의 세겔(10g)로 액체 몰약(מר־דרור 마르-데로르) 오백 세겔(5kg), 향기로운 육계(קנמן 퀸만) 이백오십 세겔(2.5kg), 향기로운 창포(קנה 퀘네) 이백오십 세겔(2.5kg), 계피(קדה 퀴다) 오백 세겔(5kg) 그리고 감람기름 한 힌(3.8리터)을 섞어서 거룩한 관유를 만든다. 섞는 순서와 방법은 향을 제조하는 법대로 하라는 것을 보면 일반적인 원칙이 있었을 것을 유추해 볼 수 있다.

몰약(מר־דרור 마르-데로르)은 몰약나무의 껍질에 상처를 내면 분비되는 수지 20%, 정유 9%, 고무 65%가 합성된 흰색의 수액을 말려서 얻어진다. 처음엔 흰색이지만 점점 노란빛을 띤 갈색으로 변하다 딱딱하게 굳어진다. '마르'(מר)라는 단어가 '쓰다'라는 의미를 가지고 있는 것을 보면 맛은 쓴 맛을 낸 것을 알 수 있다.[256] 태우면 강렬한 향이 나기에 향료나 방부제로 주로 사용된다. 육계(קנמן 퀸만)는 높이가 10m 정도까지 자라는 녹나뭇과의 열대 상록수로 고상한 향이 있어서 씹으면 상쾌한 맛과 단맛이 있고, 나무껍질뿐만 아니라 잎, 꽃, 열매, 뿌리에서도 향유를 채취할 수 있다. 창포(קנה 퀘네)는 먼 곳에서 온 것이며(렘 6:20), 워단과 야완의 무역품에 포함되어 있다(겔 27:19)는 점에서 레몬그라스일 것으로 추정한다. 그 잎이 갈대 잎을 닮아 창포와 비슷하기에 그렇게 번역한 것으로 보인다. 계피(קדה 퀴다)는 수정과의 재료로도 잘 알려져 있고, 육계와 비슷하게 생겼지만 육계와 달리 계피는 매운맛이 강하고 약간의 단맛과 떫은맛도 동시에 느낄 수 있다. 또한 주로 껍질을 말려서 향신료로 사용한다.[257] 감람기름은 올리브유로 이미 잘 알려져 있으며, 등잔 기름으로도 사용된다. 이와 같은 재료들을 혼합하여 만든 관유는 성막과 기물들 그리고 제사장들에게 발라 거룩하게 구별하여 하나님의 거룩을 닮게 하는 역할을 한다.

그 다음은 향을 만드는 방식으로 소합향, 나감향, 풍자향의 향품을 가져다가 유향과 함께 모두 같은 분량으로 섞어서 향을 만드는 방식으로 제조한다(30:34-38). 이러한 향품들이 정확하게 어디서, 어떻게 얻는 것인지는 불분명하지만 대략 소합향은 발삼 나무의 진액으로 여겨지고, 나감향은 홍해의 해안에서 자라는 조개 종류에서 채취한 것일 수 있고, 풍자향은 지중해 등지에 자라는 회향풀과의 나무에서 채취한 것으로 보이고, 유향은 남아라비아와 소말리아 지역에서 자라는 나무에서 얻은 것으로 알려져 있다.[258] 거기에다 소금을 쳐서 성결하게(טָהוֹר קֹדֶשׁ 타호르 콰도쉬/정결과 거룩) 한다. 소금은 특히 변질을 막는 방부효과가 크기에 향의 거룩성을 유지케 하는 역할을 할 것이다. 이렇게 만든 향의 일부는 찧어서 지성소 증거궤 앞에 두어야 한다. 그리고 이 향은 관유와 마찬가지로 오직 성막에서만 사용해야 하며, 백성들이 일반적인 용도로 만들어 사용해서는 안 된다는 경고를 준다. 고고학적인 발굴을 통해 밝혀진 바로는 25-40cm 정도의 높이를 가진 돌로 만든 분향단들이 팔레스타인 지역의 개인 가정집은 물론 가내수공업 시설들이 있는 곳에서 많이 발견되었다.[259] 이는 가나안 땅에서 개인적인 용도로 향을 사르는 것이 일반화 되었다는 것을 의미한다. 비록 미래적인 것이기는 하지만 하나님을 위해 만든 향의 일반적인 용도를 금지하는 것은 이스라엘의 가나안에서의 삶에 대한 것이라 할 수 있으며, 거룩의 남용에 대한 규제라 할 수 있다.

3) 성막건축 결론: 이스라엘 대표 장인들을 세우심(출 31:1-11)

성막건축 지시의 서론이 이스라엘 백성 전체가 동참하는 기쁨으로 자원하는 예물로 하나님께서 보이신 모양대로 만들어야 한다는 것을 강조했다면, 이제 결론에 와서는 이스라엘이 드린 예물을 가지고 하나님께서 보이신 모양대로 만들 대표자들을 구별하여 세우실 것을 선언하시는 내용이다. 이들을 통하여 단지 재료였던 물품들이 성막이라는 하나님께서 거하시는 건축물이 되는 것이다. 그 인물들의 이름이 구체적으로 주어지는데 유다 지파의 브살렐과 단 지파의 오홀리압이며 또한 지혜로운 마음이 있는 모든 자들이 동참할 수 있다. 브살렐(בְּצַלְאֵל)의 이름이 '하나님의 그늘(보호) 안에'라는 뜻이며, 오홀리압(אָהֳלִיאָב)의 이름이 '아버지의 장막'이라는 뜻을 가지고 있다는 것도 우연은 아닐 것이다. 브사렐과 오홀리압의 연합은 하나님의 보호 안에 거하기 위하여 아버지의 장막을 세우는 연합인 것이다.

브살렐이 유다 지파이며 오홀리압이 단 지파라는 사실은 미래에 제시될 이스라엘의 지도를 미리 예상해 봄으로 의미를 파악해 볼 수 있다. 유다에서 단까지라는 지도를 통해 이 두 사람은 이스라엘 전체의 대표자들이라는 의미가 들어가 있다. 이 두 사람이 하나님의 영으로 가득 차 지혜와 총명과 지식과 여러 가지 재주로 성막을 건축한다는 것은 이스라엘 전체가 하나님의 영으로 가득 차 지혜, 총명, 지식과 재능으로 하나님의 나라를 만들어가는 미래를 꿈꾸고 있는 것이다. 이 두 사람의 사명이 성막을 만드는 기초가 되었다면, 이스라엘의 사명감당으로 세계의 기초가 새롭게 놓일 미래를 기대하고 있는 것이다.

4) 여호와께서 성막건축을 통해 이루시려는 목표

애굽은 열 가지 재앙으로 인해 나라의 존립 자체가 심각하게 뒤흔들리는 역창조의 길을 걸었다. 그러나 성막건축 지시를 통해 이스라엘은 하나님을 삶의 중심에 모시고 말씀대로 그대로 이루어감으로 창조의 새 역사를 살아갈 길을 제공받는다. 바로의 통치하에서 그렇게 질서 있게 세상이 움직인다고 믿어졌던 애굽은 무질서의 혼돈으로 변해버렸고, 이제 "광야와 혼돈의 한복판에 있는 이 조그마하고 쓸쓸한 곳에서 하나님의 새로운 창조가 이루어진다. 무질서의 한 복판에서 질서가 이루어지는 것이다. 성막은 하나님께서 이스라엘을 위해 계획하신 소규모의 세계질서를 상징한다." [260]

그 세계질서의 시작은 성막건축 지시의 중심에 위치한 제사장들로부터 시작된다. 이들의 사명이 온전하게 이루어져야 이스라엘이 정결하고 거룩하게 하나님 앞에 설 수 있는 존재들이 될 수 있기 때문이다. 이렇게 아론 가문의 제사장들로부터 이스라엘 백성이 제사장 나라로 거듭남으로 열방을 하나님께로 이끄는 역할을 하게 되는 것이다. 성막은 계속해서 이스라엘을 향하여 이와 같은 하나님의 뜻을 분출시키며 동참을 촉구하는 거룩한 외침이 된다.

이러한 사명의 완성은 곧 인류가 잃어버린 것을 되찾고, 다시 그곳으로 돌아가 새로운 완성을 이루는 길로 나아가는 것이다. 성막은 세계의 창조질서이면서 또한 인간 삶을 복되게 하는 완전한 동산의 모형이 된다.

에덴동산은 이 세상에 세워진 하늘나라(heaven on earth)의 원형이었다. 죄를 범한 인간은 완벽했던 에덴동산에서 쫓겨났다(창 3장). 하나님은 다시 한 번의 창조 사역을 통해 타락 이전의 영광과 화려함으로 가득한 성막을 세우신 것이다. 그래서 성막은 구속적인 상징들로 가득하다. 성막에는 죄 문제를 해결하는 여러 가지 제사가 있으며, 길을 잃고 방황하는 세상에서 거룩한 공간과 방향성을 제시하고 있다.[261]

이것을 성취하기 위해 성막건축 지시는 마지막으로 모든 총력을 모아 이스라엘 백성 전체를 한 시점으로 모은다. 인간의 삶 속에서 잃어버린 시간 그러나 반드시 되찾아야 할 삶의 거룩한 주기, 그것은 다름 아닌 안식일의 회복이다. 6일이라는 날들이 일주일을 지배하는 거대한 분량을 이루지만 6일이 지배하는 일주일이 아니라, 안식일 하루를 중심으로 6일이 돌아가는 시간표를 만들어야 하는 것이다. 결국 일주일의 6일이 안식일로 나아가는 시간의 과정이 되게 하는 것이다. 그러한 시간의 성별이 성취될 때 성막은 거룩한 공간으로 이스라엘 삶 속에 지속될 것이다.

5) 광야에서 창조의 완성을 향하여: 안식일과 증거판 주심(출 31:12-18)

출애굽기의 전반부는 애굽에 내린 재앙 사건으로 집중되며 애굽이 창조의 철저한 파괴를 경험하는 내용으로 가득하다. 그 마지막은 홍해 사건으로 애굽이 끝에 이르고 이스라엘은 광야에서 만나를 통해 안식일과 율법 준수의 의미를 배우며 창조의 완성을 향한다. 이제 출애굽기의 후반부에서 이스라엘은 성막 건축과 더불어 새 창조의 길로 나서는 명령을 받는다. 성막건축 지시의 서론과 본론 그리고 결론들은 모두 안식일 예배로 초점이 모아지며 동일한 창조의 완성에 이르는 구체적인 길로 나선다.

성막건축 지시를 통해 성막이라는 공간이 확보되고, 거룩하게 구별되어야 함을 인식하게 되었다. 하지만 그것이 끝이 아님을 알아야 한다. 공간의 거룩은 마침내 시간의 거룩으로 이어져야 한다는 것이다. 성막건축 지시가 성막을 만드는 것으로 끝나는 것이 아니라, 안식일을 구별하여 거룩하게 지키는 것으로 마감된다는 것은 공간의 정복은 곧 시간을 성화하는 것으로 그 결론에 이르러야 한다는 것을 드러내는 것이다.[262] 공간은 어떤 장소에 제한되지만, 시간은 결코 그 범위에 있어서 제한이 없다. 성막은 한 곳에 위치하며 특정한 공간에 머물러 있지만, 성막을 통한 안식일의 거룩은 그 어떤 장소에도 제약을 받지 않는다. 이것이 성막의 거룩함이 안식일의 거룩함으로 마감되어야 하는 이유이다. 진영 안 중심에 위치한 성막의 거룩함이 이스라엘 전체가 지키는 안식일의 거룩함으로 퍼져나가며 온 세상을 향해 하나님의 거룩한 영향력을 미칠 날을 기대하고 있는 것이다.

그 거룩한 영향력은 모든 것을 멈추라는 명령과 함께 시작하고 있다는 것은 신비 그 자체이다. 지금까지 성막건축 지시에서 계속해서 드러나는 것은 행하라는 명령이었다. 즉 단 한 번의 예외도 없이 '하라'는 지시가 쏟아졌다. 그런데 '하라'의 최종적인 결론이 '하지 말라'는 안식일 명령인 것이다. 이 '하지 말라'는 명령 속에 모든 것을 할 수 있는 능력이 들어 있음을 깨닫는다면 안식일은 결코 수동적인 멈춤의 날이 아님을 알 수 있게 된다. 멈춤이라는 수동 속에 들어 있는 거대한 움직임, 즉 사람들의 삶 속에 '조용한 혁명'이 일어나는 시간이 되는 것이다. 아무것도 하지 않는 것 같은 조용함이 있지만 그것을 위해 삶의 결단과 실천이 절대적으로 요구된다. 심지어는 세상이 추구하는 휴식 없는 노동과 재물의 축적이라는 삶의 방식에 강력하게 저항하는 삶으로의 초대라는 점에서 가히 혁명적이라 할 수 있다. [263]

안식일은 삶의 최소 주기인 7일에서 모든 것을 멈추고 하나님을 바라보는 한 날을 이루는 것이다. 이를 통해 인간 삶의 주권자와 유지자가 인간 자신이 아님을 깨닫고, 다시 전능하신 하나님께로 눈을 돌리고 진정한 우주의 주인께 마땅히 드려야 할 경배를 올리는 것이다. 그러므로 일을 하지 말라는 안식일이 단지 백성들의 사회, 경제적인 면을 다루는 것이 아니라, 본질적으로 신앙의 가장 고양된 면을 다룸을 알 수 있다. 헤셸의 말처럼 "이 세계가 이미 창조되었으며 인간의 도움이 없이도 살아남으리라는 것을 알아야 한다"[264]는 것을 통해 인간의 위력에서 하나님의 전능으로의 전환을 이루는 것이다. 안식일마다 이것이 이루어지면 눈에 보이는 것에 의존하는 삶이 아니라, 하나님의 말씀으로 사는 법을 배우는 것이며, 마침내 기꺼이 이웃을 향하여 자비의 마음을 펼칠 수 있는 결단을 이룬다. 이것을 제사장들이 배우고, 이스라엘이 배우고 마침내 열방이 배울 때 세상은 인간중심에서 하나님 중심으로의 극적인 전환이 가능해 질 것이다.

십계명 제 1-3계명	제 4 계명(중심)	제 5-10계명
1. 다른 신을 두지 말라 2. 우상을 만들지 말라 3. 여호와의 이름 멸시 말라	4. 안식일을 거룩히 지키라	5. 부모공경 6. 살인 말라 7. 간음 말라 8. 도둑질 말라 9. 거짓 증거 말라 10. 탐내지 말라
오직 하나님만 전폭적으로 신뢰하고, 사랑하라	안식일은 ◀◀ 이 양쪽을 ▶▶ 조화시키는 결단의 날이다	이웃을 사랑하라

안식일을 잃으면 하나님과 이웃이라는 삶의 좌우 균형이 무너지며, 개인부터 공동체까지 붕괴되는 것이다. 안식일을 범하는 자를 죽이라는 명령이 가혹하게 들릴 수도 있지만 이스라엘이 안식일을 잃을 때 결국 자멸의 길로 간다는 것을 안다면 그 싹이 자라 꽃이 피고 열매를 맺기 전에 자르는 것이 민족이 사는 길이기 때문이다. 에스겔은 이스라엘의 출애굽 구세대의 멸망이 안식일 언약을 어긴 것 때문이라 하고(겔 20:10-17), 예레미야는 유다의 멸망이 궁극적으로는 안식일 언약을 어겼기 때문이라고 하는 것을 보면(렘 17:19-27) 안식일의 준수 유무가 민족의 흥망과 직결되어 있음을 느끼게 한다. 그 이유는 하나님의 말씀인 율법이 안식일 준수 유무를 통해 가장 분명하게 가시화되기 때문이라 할 수 있다.

그러므로 이스라엘은 안식일을 지켜서 그것으로 대대로 영원한 언약을 삼아야 한다. 그렇게 하여 부단히 하나님께로 향하고, 그 하나님의 말씀을 생명처럼 소중히 여기며 하나님의 창조역사를 완성에 이르게 하여야 하는 것이다. 이러한 목표로 인하여 구조적으로 살펴보면 성막건축지시의 최종점에 증거판 둘, 즉 십계명 두 돌판을 주시는 것이 자리 잡게 되는 것이다.

여호와께서 시내산 위에서 모세에게 이르시기를 마치신 때에 증거판 둘을 모세에게 주시니 이는 돌판이요 하나님이 친히 쓰신 것이더라(출 31:18).

천지창조가 말씀대로 이루어짐으로 가능해졌듯이 성막 건축과 유지도 결국은 하나님의 말씀대로 살아갈 때 존립이 가능하다는 것이다. 증거판 두 개에 대한 내용으로 성막건축 지시가 감싸인다는 것은 하나님의 말씀을 떠나서는 하나님과 함께하는 성막은 존재 자체가 불가능하다는 것이다.

A. 출 24:12-14 율법과 규례 친히 기록한 돌판을 주리라
B. 출 24:15-18 하나님의 영광 시내산에 나타남
B'. 출 25:1-31:17 하나님의 영광이 거할 성막건축 지시
A'. 출 31:18 하나님께서 손가락으로 쓰신 두 증거의 돌판 주심

이처럼 성막의 존폐여부는 돌판에 기록된 말씀의 실행 유무에 따라 운명이 갈릴 것을 증거하는 것이다. 그것은 두 돌판이 깨어질 때 사실 여부가 판명될 것이다. 이제 곧 벌어질 금송아지 사건을 의도적으로 성막건축 지시와 성막건축 실행 사이에 위치하게 한 것은 우상숭배는 말씀의 돌판이 깨지며, 성막건축 실행을 막아서고 있다는 것을 뜻하는 것이라 할 수 있다.

IX. 이방인과 같은 우상숭배로 인해 이스라엘이 심판을 겪음(출 32-34장)

1. 이야기 전체를 한 눈에 읽기

시내산자락에서 이스라엘의 존폐를 가름 지을 수 있는 위기의 사건이 발생한다. 사건의 발단은 모세의 빈자리로부터 시작된다. 모세가 시내산에 올라가 하나님께로부터 성막건축에 대한 상세한 지침을 받고 십계명 두 돌판까지 받게 되는 40일 동안에 이스라엘 백성들은 불안감에 휩싸인다. 자신들을 이끌어줄 존재가 사라져 버린 것으로 인식하게 된 것이다. 이에 백성들이 아론에게 나아와 모세 대신에 자신들을 인도할 신을 만들라고 지시하며 아론은 이에 순순히 응답하여 금송아지를 만들게 된다. 그리고 백성들은 그 송아지 앞에 제단을 쌓고 제사를 드리며 먹고 마시는 종교 축제를 벌인다. 이스라엘 대표자들이 하나님 앞에서 먹고 마시며 하나님과 한 가족이 되는 언약을 맺은 것이 불과 한 달 전쯤이었다(출

24:11). 그런데 이제 금송아지 앞에서 먹고 마신다는 것은 명백하게 하나님과 시내산에서 맺은 언약을 우상에게로 옮기는 행위라는 점에서 그 심각성을 느껴볼 수 있다.

시내산자락에서 이스라엘이 만든 금송아지는 이렇게 언약 파기와 더불어 한 가지 사건을 더 포함하고 있다는 점에서 극적인 위험성을 안고 있다. 그것은 또다시 창세기의 사건으로 돌아갈 때 더욱 명확하게 그려볼 수 있다. 창세기의 창조사건과 출애굽기의 구원사건을 비교해 보면 그 진행의 유사성에 놀라게 된다. 먼저 하나님의 천지창조와 이스라엘의 구속이라는 대과업(창 1:1-2:4; 출 1-19장)이 이루어진 후에 하나님께서는 삶을 충만하게 누릴 수 있게 하기 위해 지켜야 할 조건, 즉 법을 부여해 주신다. 아담에게는 선악과를 따먹지 말 것을 명령하셨고, 이스라엘에게는 시내산에서 율법을 부여해 주셨다(창 2:16-17; 출 20:1-31:18). 이러한 관계성의 결론은 부끄러움과 두려움과는 거리가 먼 친밀한 교제로 아담과 하와가 하나님과 함께 동산에서 거니는 것이며 또한 이스라엘 대표자들이 하나님 앞에서 먹고 마시는 것이었다(창 2:25; 3:8-9; 출 24:9-11). 그러나 그 다음에 나타나는 것은 하나님의 명령을 어기는 낯선 예배이다. 아담과 하와가 하나님의 명령이 아닌 뱀의 말을 따르고, 이스라엘이 하나님께서 주신 율법이 아닌 금송아지를 만들어 숭배하며 다른 신을 따라간다. 그 결과 창조와 구원으로 맺어진 언약은 파기되고, 신앙의 순수를 잃었고, 이제 아담이라는 개인과 이스라엘이라는 공동체는 하나님의 회복하시는 긍휼에 의지하여 그 생존을 바랄 수밖에 없게 되었다. 이처럼 창세기의 타락 이야기나, 금송아지 숭배 이야기나 하나님의 명령에 대한 불순종과 언약을 깨뜨리는 결과를 야기시켰다는 점에서 동일하다.
[265] 그러므로 금송아지 사건은 어느 모로 보나 창세기 3장과 유사한 타락 이야기라는 점에 그 심각성이 있다. 그 과정을 살펴보아도 역시 동일한 흐름을 보여주고 있다는 것을 쉽게 파악해 볼 수 있다.

	7일간의 말씀으로 하나님께서 천지창조 - 아담(인류)에게	7번 말씀하여 하나님께서 성막건축 지시 - 이스라엘 백성에게
1	창 1:3 첫째 날	출 25:1 첫째 여호와께서 모세에게 말씀하여 이르시되
2	창 1:8 둘째 날	출 30:11 둘째 여호와께서 모세에게 말씀하여 이르시되
3	창 1:13 셋째 날	출 30:17 셋째 여호와께서 모세에게 말씀하여 이르시되
4	창 1:19 넷째 날	출 30:22 넷째 여호와께서 모세에게 말씀하여 이르시되
5	창 1:23 다섯째 날	출 30:34 다섯째 여호와께서 모세에게 말씀하여 이르시되
6	창 1:31 여섯째 날	출 31:1 여섯째 여호와께서 모세에게 말씀하여 이르시되
7	창 2:1-3 일곱째 날 ---------------------- 안식일 지키라	출 31:12 일곱째 여호와께서 모세에게 말씀하여 이르시되 ---------------------- 안식일 지키라
사명 시작	안식일 후 8일째 에덴에서(경작하며 지키는 것 기대)	안식일 후 8일째 광야에서(에덴의 회복 기대)
결과	그러나 뱀의 말을 따름 - 다른 말	그러나 금송아지 숭배 - 다른 신

아담과 하와의 실패와 이스라엘의 실패는 두 가지 교훈을 제시해 주고 있다. 첫째, 창세기의 이야기는 결코 태초에 벌어진 일회성 사건이 아니라는 것이다. 이것은 어느 때나 개인이든 공동체든 가리지 않고 발생할 수 있다는 것을 보이고 있다. 둘째, 이러한 타락에 대한 경고는 누구도 자신의 타락에 핑계를 댈 수 없다는 사실이다. 설사 강력한 유혹이 있다 해도 결국 그것을 취하는 것은 자신이기에 "악마의 꾐에 넘어갔다"라고 떠넘길 수 없다는 것이다. 이미 이러한 반복적인 역사를 통해 수많은 경고가 주어졌기 때문에 우리에게 극복의 책임이 주어져 있는 것이다.[266]

이렇게 금송아지 사건은 치명적인 독소를 내 뿜는다. 이 사건이 벌어지자마자 하나님께서는 모세에게 이스라엘이 부패하였다고 선언하시며, 이들을 진멸하고 모세를 통하여 큰 나라를 세우시겠다고 하신다(출 32:10). '부패하다'(שָׁחַת 샤하트)는 사람들이 하나님을 버리고 다른 것을 따라갈 때 쓰는 단어라는 점에서 이는 곧 하나님과의 관계가 끝났다는 것을 의미한다(창 6:11; 신 4:16; 삿 2:19). 이로 인한 진멸은 곧 가나안 땅으로 데려가지 않으시겠다는 것이며 약속의 땅에서 제외되는 것이다. 흡사 아담과 하와가 에덴에서 쫓겨나 광야 같은 세상에서 죽음의 길을 가듯이 그렇게 이들도 광야에서 죽음의 징계 앞에 놓이는 것이다. 그러나 이스라엘에게는 감사하게도 이들의 죄 된 삶에서 돌이킬 모세라는 지도자가 있다. 무너져 가는 하나님의 창조물인 이스라엘을 회복의 길로 나아가게 할 수 있는 사람이 있다는 것은 광야 속에서 발견한 오아시스와 같은 것이다.

이스라엘을 멸망시킬 하나님의 결정에 대해 모세는 하나님 앞에서 이스라엘의 생존을 위해 중재를 시작한다. 자신을 통해 큰 나라를 세우겠다는 것은 영광스러운 일이지만 그것이 하나님께서 수천 년의 세월 동안 공을 들여세우신 이스라엘을 전멸시키고 이루어지는 일이라는 점에서 모세는 하나님의 진정한 갈망이 아님을 간파한다. 그리고 세상 열방들 앞에서의 하나님의 영광스러운 이름과 아브라함과 이삭과 야곱에게 세우신 언약을 기억해 주실 것을 탄원한다. 이 말을 들으시고 하나님께서 진멸에 대한 화를 거두신다. 그러나 이것이 모든 것을 용서한다는 의미는 아닌 것이다. 용서는 일을 저지른 사람이 잘못을 깨닫고 자복하고 회개하며 용서를 구할 때 일어나는 것이며 그에 상응하는 징벌까지 감수하는 과정을 통해 이루어지는 것이다. 그러나 금송아지 숭배에 빠져 있는 이스라엘은 아직 자신들이 저지른 것이 무엇인지조차 모르고 있고, 단지 모세의 간언을 듣고 하나님께서 진멸하시겠다는 선언을 거두신 것이다.

금송아지 사건이 치명적인 이유는 하나님께서 모세에게 주신 십계명 두 돌판이 깨져버린다는 것이다(출 32:19). 모세가 인간적으로 분을 못 이겨 과도하게 행동 하는 것이 아니라, 우상이 서는 그곳에는 말씀이 사라진다는 것을 알려주고 있는 것이다. 즉 우상과 하나님의 말씀은 공존이 불가능하다는 것이다. 이는 곳 우상과 하나님의 말씀이 주어지는 장소인 성막 또한 공존할 수 없다는 것을 의미하는 것이다. 이것을 잘 아는 모세는 하나님 앞에서 백성들이 마땅히 행해야 할 회개를 시작케 한다. 먼저 금송아지를 불살라 부수어 가루로 만들어 시내에 뿌려 백성들이 마시게 하여 흔적도 없이 사라지게 한다(출 32:20). 여기서 금으로 만든 송아지 상을 불사르면 녹을 것인데 그것을 또 가루로 만들 수 있는 것인가에 대한 진의를 따지는 것은 의미 없는 발상일 뿐이다. 단지 녹여 버리는 것으로도 흔적은 남는 다는 것이며, 그것을 철저하게 분쇄하여 아예 마셔버림으로 자취도 없이 만들어 버리고, 나아가서는 배변을 통해 더 이상 쳐다보고 싶지도 않은 오물로 만들어 버리는 것이다. 진정한 회개는 이렇게 죄를 짓게 하는 근본까지 다 제거하여 더 이상 그곳으로 돌아가지 않는 것이기에 이러한 철저함이 필요하다. 그 다음에는 자신의 편에 있는 자들은 모두 나아오게 하여 칼을 차게 하고 우상숭배로 뛰노는 자들을 처단하게 한다. 이때 레위지파가 구별되어 나오고 그들이 그 날에 약 삼천 명 가량을 죽이며 심판을 단행한다. 이 속에는 이들의 아들과 형제들(출 32:29) 그리고 부모까지도(신 33:9) 포함되어 있다고 한다. 이렇게 회개의 몸짓은 처절함이 담겨 있다.

이와 같이 백성들을 비장하게 준비시킨 후에 모세는 홀로 하나님께로 올라간다. 금송아지를 만들고 숭배한 죄에 대한 백성들의 회개의 자세를 바르게 한 후에야 그 죄에 대한 용서를 구하기 위함인 것이다. 모세의 중재 또한 비장하다. 이스라엘의 죄를 물으시려거든 자신에게도 동일하게 묻고 자신도 제해 달라는 것이다. 이는 자신의 생명을 걸고 백성들을 용서해 달라는 간절한 청원이다. 이에 대해 하나님께서는 죄지은 자에게 죄를 물을 것이라 하시고, 여호와께서 백성들을 치신다(출 32:35). 이 징계가 어느 정도의 타격을 입혔는지는 알 수 없다. 하지만 한 가지 분명한 것은 회개는 하나님께서 내리시는 어떤 징계도 달게 받는 것까지 포함되어 있다는 것이다. 여기까지는 모세의 중재를 통해 이스라엘의 회개와 하나님의 징계와 용서가 이루어진 것이다. 그러나 용서가 이루어졌지만 금송아지 사건은 이스라엘이 어떤 속성을 가진 민족인지가 분명하게 드러나는 사건이었다. 하나님의 그 놀라운 은혜의 사건들과 시간들을 순식간에 잊어버리고 교만하고 오만방자해지는 목이 곧은 백성이라는 것이다(출 33:3).

　　이로 인해 용서를 받았음에도 이스라엘의 미래에 어떤 변수가 생길 수 있는지를 살펴볼 필요가 있다. 그 변수는 곧 이스라엘의 삶에 위기를 조성할 수 있다는 점에서 심각하다. 이스라엘 삶의 위기는 하나님께서 자신은 가나안 땅으로 이스라엘과 같이 가시지 않겠다는 선언에 있다(출 33:1-3). 하나님의 임재는 이스라엘 백성의 앞에서 가나안 땅으로 먼저 들어가는 법궤로 드러나고 이스라엘 중심에 위치한 성막으로 보증되는 것이었다. 성막의 존재가 곧 하나님께서 자신의 백성들 가운데서 거니신다는 의미를 가지고 있으므로 함께 가지 않으시겠다는 것은 출애굽기 25-31장에 주어진 성막 건축과 관련된 모든 것을 철회하시겠다는 것과 동일하다. 성막이 존재하지 않는다면, 새 창조와 에덴동산의 실현이라는 미래의 기대는 물거품처럼 사라질 것이 분명하다. 설사 성막을 세운다 할지라도 하나님이 거하시지 않는 텅 빈 신전은 아무런 의미도 없기 때문이다.[267] 이스라엘은 지금 이런 위기 앞에 놓여 있는 것이다. 이스라엘이 이 소리를 듣고 슬퍼하며, 한 사람도 자기 몸을 단장하지 않는다. 하나님께서 그리하면 어떻게 하실 것인지를 결정하겠다는 말에 동참하는 것이다(출 33:4-6).

　　모세가 하나님께 나아가 아뢴다. 하나님의 은총에 호소하며 함께 하실 것에 대한 간구인 것이다. 모세의 이 끈질긴 간청에 하나님께서 친히 가시겠다고 응답하시자 모세는 그 증표로 하나님의 영광을 다시 보여주실 것을 간구한다. 하나님께서 이에 응답하셔서 모세에게 하나님의 영광이 지나갈 때 모세가 등을 볼 수 있도록 하여 주신다(출 33:12-23).

이렇게 여호와의 은총과 영광까지 다시 회복된 후에 하나님께서 모세에게 돌판 둘을 만들어서 시내산으로 올라오라 하신다. 이는 곧 우상이 아닌 다시 하나님의 말씀이 함께하는 백성으로 세우시겠다는 것을 의미하는 것이다(34:1-2). 모세가 시내산에 오르자 하나님의 성품을 계시하시고(출 34:6), 언약을 회복해 주시고(34:10) 그리고 법을 주시는데 주로 우상숭배 금지(출 34:11-17)와 하나님께서 원하시는 예배에 관한 법인 하나님의 절기를 바르게 지킬 것을 명령한다(출 34:18-26). 이러한 과정은 곧 시내산에서 했던 것을 요약적으로 반복하는 것으로 예배 법만 반복하는 이유는 이 반복이 우상숭배로 인한 것이기에 이를 철저하게 차단하기 위해 그 부분만을 다시 한 번 강조하기 위한 것이라 할 수 있다.

그리고 이 회복된 언약의 확증으로 하나님께서 두 돌판에 십계명을 기록하여 모세에게 주신다(출 34:27-28). 깨어진 두 돌판이 이렇게 회복된 것이다. 그리고 모세는 얼굴에 하나님의 영광의 광채와 함께 산을 내려오고 백성들이 그 광채를 본다(출 34:29-35). 마침내 우상숭배에 빠진 백성에서 하나님의 영광의 광채가 함께 하는 백성으로 이스라엘이 거듭나는 것이다.

이처럼 금송아지 사건은 단순하지 않다. 우상숭배라는 이스라엘의 죄 때문에 이와 같은 사건들을 겪게 되는 것이다. 즉 경험하지 않아도 되는 위기상황을 경험하게 되는 것이다. 예를 들면 "축복들 및 언약에 대한 심판, 여호와의 임재와 부재 사이의 긴장, 임재하시는 여호와의 본성에 대한 또 다른 정의, 여호와께서 자비를 베푸심, 그리고 여호와의 대변자로서의 모세의 권위가 재확인 됨" 등을 들 수 있다.[268] 이러한 사항들은 대부분 잘못 갔던 방향에서 돌아서서 다시 원래의 자리로 돌아온 것일 뿐이라는 점에서 안타까운 반복이다. 곧 죄는 가야 할 마땅할 길로의 전진을 막아 세우고 뒤로 퇴보했다 다시 돌아오는 과정만 다시 반복하게 한다는 것이다. 그럼에도 이 반복은 이스라엘의 삶 속에 강력한 교훈을 남기게 된다. 그것은 우상숭배가 불러오는 의미 없는 과정에 대한 인식인 것이다. 수많은 생명이 무의미하게 죽어감에도, 아무것도 변하는 것도 없고, 전진하는 것도 없이 퇴보를 이룰 뿐이며, 회복이라는 것은 다름 아닌 전에 서 있었던 자리로 다시 돌아오는 것일 뿐이라는 깨달음을 갖는 것이다. 물론 이와 같은 치명적인 경험은 한 번이면 족하고 더 이상은 만들지 않는 것이 지혜로운 삶의 길이 될 것이라는 점을 깨달은 것도 중요한 소득이라고 할 수 있을 것이다. 그러나 그에 비해 잃는 것이 너무 많다는 점을 통해 할 수 있는 한 죄로 인한 그러한 퇴보는 더 이상은 없어야 함은 분명하다.

그에 덧붙여 금송아지 사건으로 인해 발생하는 치명적인 사건 한 가지를 더 부연 설명해야 할 필요가 있다. 그것은 다름 아닌 이 사건의 중심에 위치한 회막의 존재에 대한 언급이다. 의도적으로 하나님께서 함께하지 않으시겠다는 선언(출 33:3)과 또다시 친히 함께 가시겠다는 선언(출 33:14) 사이에 의문스럽게도 회막에 대한 언급이 들어있다(출 33:7-11). 이제 막 성막건축 지시가 끝난 상태이기에 아직 회막, 즉 성막이 세워지지 않았다는 점에서 이 회막은 무엇인가? 그리고 그 회막이 백성들을 떠나 진 밖에 처지게 되고 여호와를 앙모하는 자들만이 진 바깥 회막으로 나아갔다는 것은 어떤 의미인가? 이는 분명 이스라엘이 우상숭배에 빠질 때 하나님께서 거하시는 회막 혹은 성전은 어떻게 될 것인가에 대한 그림을 미리 보여주는 것이란 점에서 깊이 있게 살펴볼 필요가 있다. 회막이 선 후의 미래상을 미리 보여준다는 점에서 예기적(proleptic)이라 할 수 있다. 여기서는 이 정도로 다루고, 문학적인 구조 따라 읽기와 세부적인 주제 따라 읽기에서 더 다루기로 한다.

2. 이야기의 문학적인 구조 따라 읽기

금송아지 숭배 사건은 단순히 이스라엘이 광야에서 우상을 만들어 숭배하였다는 이야기가 아니라는 점에서 그 심각성을 살펴보아야 한다. 이스라엘의 주인이 달라지며, 정체성이 뒤바뀌는 사건인 것이다. 이것은 언약의 대상이 달라지고 있다는 점에서 명백해진다. 시내산에서 이스라엘은 하나님의 백성이 되겠다는 언약식을 치렀다. 그 동일한 산, 동일한 장소에서 이스라엘은 여호와 하나님을 배신하고 금송아지와 언약을 맺는다. 이를 통해 금송아지 숭배는 곧 하나님과의 언약의 파기를 나타내고, 금송아지가 파기되고 이스라엘의 회개와 하나님의 용서를 얻은 것은 다시 새롭게 언약이 회복되는 것을 알 수 있다. 이렇게 언약 파기와 언약 회복의 과정을 사이에 두고 그 중심에는 회막의 이동에 대해서 다루고 있다는 것은 곧 우상숭배와 회막의 공존할 수 없는 상관관계를 드러내고 있다는 점에서 중요성이 있다. 이러한 내용들이 조합되어 금송아지 사건의 구조를 이룬다. 먼저 출애굽기의 후반부를 이루고 있는 25-40장은 성막과 금송아지의 관계를 보여주는 거대구조가 있다.

출 25-31장	출 32-34장	출 35-40장
성막건축 지시	금송아지 사건	성막건축 실행

금송아지 사건이 이처럼 성막건축 지시와 실행 사이를 가로막고 끊어내는 역할을 한다. 즉 금송아지라는 우상숭배가 성막의 존폐를 가르는 분기점이 되고 있다는 것이다. 금송아지가 존재하는 한 성막건축 지시는 실행으로 연결될 수 없다. 금송아지가 완전히 사라질 때에야 끊어졌던 연결이 이어지게 되고 하나님의 현존과 함께하게 될 수 있다는 것이다. 이런 관계성을 살펴볼 때 금송아지 사건의 중심에 회막에 대한 내용이 자리하고 있다는 것은 당연한 귀결이라 여겨진다. 이는 곧 언약의 파기와 회복에 따라 달라질 회막의 위치를 보여주는 것이란 점에서도 중요하다.

A. 출 32:1-33:6 금송아지 숭배로 인한 언약의 파기와 그 결과

　B. 출 33:7-11 회막이 진 밖으로 이동함

A'. 출 33:12-34:35 금송아지 파기와 언약의 회복과 그 결과

이와 같이 금송아지 사건은 성막건축지시와 실행의 중심에 위치하여 성막건축을 가로막고 또한 성막(회막)은 금송아지 사건의 중심에 위치하여

금송아지 숭배를 차단시키며 성막과 금송아지 우상의 양립 불가능성을 강력하게 시사하고 있다.

A는 모세가 보이지 않음으로 벌어지는 우상숭배에서 징계까지를 다루며, 그 징계의 끝은 하나님의 영광이라는 임재의 상실이 된다. B는 중심으로 그 결과 하나님께서 그 거처를 이스라엘 진영에서 진영 밖으로 옮기시는 것이다. A'은 우상숭배의 징계로부터 회복의 과정을 다룬다. 그 과정은 A의 마지막 부분을 반전시키는 잃어버린 하나님의 영광이라는 임재의 회복부터 모세의 권위의 회복까지 나아간다. 그리고 모세의 권위의 회복이 하나님의 영광의 광채가 그의 얼굴에 가득한 것으로 인해 가능해진다. 이로 인해 이스라엘이 금송아지를 만들었던 원인이 제거되는 것이다. 이스라엘이 우상을 만들라며 내 뱉었던 "이 모세 곧 애굽 땅에서 우리를 인도하여 낸 사람은 어찌 되었는지 알지 못함이니라"(출 32:1)는 시작의 선언이 마지막에 가서는 얼굴이 여호와의 영광의 광채로 가득한 모세를 보는 반전으로 끝나고 있는 것이다(출 34:30). 여호와의 영광이 모세를 이끌고 있음이 이 부분을 통해 분명하게 드러나고 있기 때문이다.

이와 같은 간략한 구조는 세세하게 다음과 같은 교차대칭구조를 이루고 있다는 것을 알 수 있다.

A와 A'은 금송아지로 시작하고 모세로 마감한다. 그 이유는 금송아지를 만든 이유가 "이 모세는 어떻게 되었는지 모르기 때문이라"는 백성들의 말에 대해 "그 모세는 하나님의 영광이 함께하는 존재라는 것을 증거 하는 것으로 마감되는 구조인 것이다. 먼저 금송아지의 정체를 파악하는 것으로 시작하는 것이 바람직한 순서겠다. 하나님의 임재를 증거 했

A. 32:1-6 모세의 부재와 금송아지 만들고 언약을 맺음

B. 32:7-20 우상숭배와 두 돌판이 깨짐

C. 32:21-29 언약 파기한 우상숭배에 대한 징계 시작

D. 32:30-35 그들의 죄를 사하소서 - 죄를 보응하리라

E. 33:1-6 너희와 함께 올라가지 아니하리라

F. 33:7-11 **중심**: 회막이 진 밖으로 이동함

E'. 33:12-23 내가 친히 가리라 - 은총과 영광 회복

D'. 34:1-9 악, 과실, 죄 용서 - 벌은 삼사 대까지 보응하리라

C'. 34:10-26 언약 회복과 올바른 예배 지침 - 우상숭배 금지
　　　　　　　　　　　　　　　　　　　하나님의 절기 준수

B'. 34:27-28 올바른 예배 회복을 통한 두 돌판 주심

A'. 34:29-35 모세의 광채(קרן 콰란/뿔이 나다)와 하나님과 언약 회복의 확증

언약 파기와 그 결과

언약 회복과 그 결과

던 모세의 부재로 인해 두려움을 느낀 백성들이 다른 신을 만드는 일을 자행하는 것이란 점에서 그와 연관이 있을 것을 미리 짐작해 볼 수 있다.

지금까지 금송아지의 정체에 대한 수많은 논쟁이 있어왔으나 그 주장들은 다음과 같은 세 가지 정도로 축약될 수 있다.[269] 첫 번째는 가장 일반적인 주장으로 이스라엘적인 요소가 아닌 이방적인 신격체에 대한 숭배를 나타낸다는 것이다. 그 대표적인 것으로 애굽의 달 신인 '신'(Sin)

을 나타내거나 혹은 가나안의 바알을 의미한다고 본다. 두 번째는 이스라엘 내부에서 태동된 우상숭배의 일종인 것으로 보는 견해이다. 이미 오래전에 이븐 에즈라를 시작으로 많은 학자들이 금송아지가 신격체를 나타내는 것이 아니라 신적인 영광이 거주하는 하나님의 보좌라고 주장했다.[270] 이 두 번째 의견의 조금 확장된 견해로 금송아지에 붙여진 '우리를 인도할'(출 32:1)이라는 표현은 늘 '하나님의 사자'나 '구름기둥'의 기능(출 14:19; 23:23; 32:34)을 표현하는데 사용되므로 하나님의 임재를 상징하는 기능을 한다고 보는 것이다.[271] 물론 넓은 의미에서 이 두 번째 주장도 눈에 보이는 것을 만들어 숭배했다는 점에서 우상 숭배의 요소를 담고 있기에 그 기원이 내부적이라는 것만 제외하면 첫 번째의 주장과 유사함을 살펴볼 수 있다.[272] 마지막으로 세 번째 의견은 금송아지 상을 모세의 대체물로 보는 견해이다.[273] 이스라엘은 눈에 보이지 않는 하나님보다 눈에 보이는 모세가 자신들을 인도한다고 생각했을 수도 있다. 물론 모세를 통한 하나님의 역사는 분명히 인정하지만 그 역사가 결국 모세가 없이는 불가능하기에 모세가 눈에 보이지 않자 다급한 마음에 그를 대체하여 신의 현현을 가시적으로 드러낼 우상이 필요했다는 것이다. 이와 같은 주장은 금송아지 사건의 마지막 내용이 모세의 얼굴에서 광채가 났다는 것을 보고함으로 이스라엘의 오류를 바로잡는 다는 점에서 강화된다. 모세가 두 번째 돌 판을 가지고 내려올 때에는 "이스라엘 자손이 모세를 볼 때에 모세의 얼굴 피부에 '광채가 나는 것'(קָרַן 콰란)을 보고 그에게 가까이 하기를 두려워하더니"(출 34:29, 30, 35)라고 기록하고 있다. 여기서 사용된 '광채가 나다'를 뜻하는 동사 '콰란'(קָרַן)은 '뿔'을 뜻하는 단어인 '쿼렌'(קֶרֶן)

과 같은 어근을 가진다. 이것은 달리 "모세의 피부에 뿔이 났다"라고도 번역할 수 있다. 왜냐하면 이 동사는 구약성경 전체에서 시 69:31절에서 다시 한 번 더 사용되는데 '뿔이 난 황소'를 의미하는데 사용된다: "이것이 소 곧 뿔(קרן 콰란)과 굽이 있는 황소를 드림보다 여호와를 더욱 기쁘시게 함이 될 것이라." 그렇다면 구약성경에서 모세에 대한 이야기를 제외하고는 이 단어가 명사형으로는 항상 '뿔'을 지칭하며, 동사로도 '뿔이 나다'로만 사용되고, 단 한 번도 '광채가 난다'는 의미로 사용된 예가 없는 것이다. 모세의 얼굴에서 뿔이 돋아났다는 표현 속에는 어쩌면 이스라엘 백성이 모세를 대체하려 뿔과 연관이 있는 금송아지를 만들어 모세를 대신하는 신의 현현으로 세우려 했다는 것에 대해 일침을 가하는 것일 수 있다.[274] 토마스 만의 결론은 이것을 정리하는데 도움을 줄 수 있다.

> 이전에 모세가 오래도록 내려오지 않게 되자 백성들은 그가 신적인 모습과 비교될 수 있는 사람임에도 불구하고 그를 대체시킬 존재를 찾고 있었다: "일어나라 우리를 인도할 신을 우리를 위하여 만들라 이 모세 곧 우리를 애굽 땅에서 인도하여 낸 사람은 어찌 되었는지 알지 못함이니라"(32:1). 모세가 시내산에서 내려왔을 때, 그는 거의 신적으로 숭배 받을 정도로 변해 있었다. 물론 모세의 상승은 하나님과의 대화의 결과이며(34:29), 이제 그는 하나님께 받은 명령을 직접 전하는 중재자가 된다.[275]

이러한 금송아지의 정체에 대한 다양한 의견들을 통해 이제 필요한 것이 있다면 종합할 수 있는 길을 모색하는 것이다. 분명 금송아지는 눈에 보이지 않는 모세의 대용이다. 그리고 모세가 이스라엘 백성에게 지도자로 인정받을 수 있었던 것은 스스로의 능력이 아니라 하나님이 함께 하신다는 확증으로 인한 것이 분명하다. 그렇다면 이스라엘 백성은 모세를 잃으며 그를 통해 나타나는 하나님의 임재의 상실 또한 두려워했다는 것을 짐작케 한다. 금송아지는 바로 이와 같은 상실을 대체하는 목적을 가지고 있을 것이라 여겨진다. 신이면서 눈에 보이는 모세를 대신할 수 있는 인도자를 만드는 것이다. 그것이 특히 금송아지라는 점에서 이방적인 요소까지 조합된 것이 분명하다. 고대 근동에서 송아지나 황소에 대한 상징성을 살펴보면 그것을 쉽게 풀어갈 수 있을 것이다. 고대 근동지역에서 황소는 두 가지의 의미를 갖는데 다산의 상징이면서, 또한 힘, 강함과 전투적 능력을 상징한다.[276] 메소포타미아의 닌릴(Ninlil)은 그녀의 적들을 자신의 강한 뿔로 처부수었다고 한다. 가나안 만신전의 최고신인 '황소 엘'(Bull El)은 죽음의 신인 모트(Mot)의 보좌를 위협한다. 애굽에서도 황소상징은 다산과 더불어 강함 또한 나타낸다. 늙은 신 '몬투'(Montu)는 '전쟁의 주'와 '능력의 팔의 황소'로 불린다. 그리고 바로는 '승리의 황소' 혹은 '능력의 황소'로 불린다.[277] 민수기에 나타난 발람의 예언 선포 속에는 여호와 하나님의 능력이 '들소'와 같다고 표현하기도 한다: "하나님이 그들을 애굽에서 인도하여 내셨으니 그의 힘이 들소와 같도다"(민 23:22). 하지만 하나님은 결코 들소가 아니며, 하나님의 능력을 인간이 이해할 수 있는 언어로 표현할 뿐이다. 그러므로 이스라엘은 결코 하나님을 어떤 피조물과도 동일화 시켜서는 안 되는 것이며 어떤 형상도 만들어서는 안 된다. 하나님의 전능하심, 자비하심, 정의와 공의를 완벽하게 드러낼 형상이 결코 이 세상에는 존재하지 않기 때문이다. 이것을 망각하고 이스라엘 백성들은 모세를 통한 살아계신 여호와 하나님의 임재를 버리지 형상으로 탈바꿈 시켜버리는 오류를 범하고 있는 것이다. 이와 같은 실패에 대해 회복이 일어나며 마지막 부분인 A'(출 34:29-35)에서 시내산에서 모세가 백성들에게 내려올 때 그의 얼굴에서 광채(뿔)가 남으로 백성들이 그를 가까이 하기를 두려워하였다는 내용으로 결말에 이르는 것은 알맞은 반전이라 할 수 있다. 모세를 통하여 하나님의 영광의 임재가 회복되었다는 것을 뜻하기 때문이다.

    B와 B'은 금송아지를 만들면서 언약이 깨짐과 동시에 진멸될 뻔한 상황에서 겨우 모면하였으나 결국 하나님께서 친히 써서 주신 십계명 두 돌판이 산 아래로 내 던져서 깨져 버리고 만다(출 32:7-20). 이는 언약 파기는 곧 하나님의 말씀의 상실을 의미하는 안타까운 상황을 드러내는 것이다. 이를 극복하고 언약 회복의 과정을 거쳐 마침내 하나님께서 모세를 다시 시내산 꼭대기로 부르셔서 두 돌판에 언약의 말씀인 십계명을 기록하여 주시는 것으로 반전에 이른다(출 34:27-28).

    C와 C'은 우상숭배를 행하며 우상을 예배하는 의식으로 뛰놀며 방자하게 행하는 이스라엘을 향하여 모세가 징계를 내리는 장면이다. 여호와의 편에 있는 자들을 불러내자 레위 지파 사람들이 구별되어 나오고 모세는 그들에게 허리에 칼을 차라고 명령하고 우상숭배자들을 죽이라고 명령한다. 이렇게 하여 살육이 벌어지고 이 날에 레위 지파가 "여호와께 헌신하게 되었다"라고 한다(출 32:21-29). 여호와께 "헌신하다"(מִלְאוּ יָד 밀레 야드/손을 채우다)라는 표현은 흔치 않은 표현으로 오직 제사장 위

임식에만 쓰이는 표현이다(출 28:41; 29:9, 29, 33, 35; 레 8:33; 16:32; 민 3:3; 대하 13:9). 이는 곧 레위 지파가 우상숭배에서 구별됨으로 제사장 지파로 구별되어 위임되었다는 것을 의미한다. 이러한 내용과 평행이 되는 부분은 이제 이와 같은 우상숭배가 결코 있어서는 안 되기에 올바른 예배에 관한 내용이 주류를 이루고 있다. 그 구체적인 내용은 먼저 결코 가나안 땅의 이방인들이 섬기는 우상을 따라가서는 안 되며, 모든 우상들을 깨뜨리고, 찍어버려야 한다는 것이며, 신상을 부어 만들어서도 안 된다는 것을 강조한다(출 34:10-17). 그리고 그와 같은 우상숭배가 아닌 바른 예배를 이루어야 하는데 이를 위해 반드시 일 년에 세 번은 여호와의 전이 있는 장소에 와서 연합으로 예배를 드려야 한다는 것을 명령한다(출 34:18-26). 이것은 이방인들의 종교와 문화로부터 철저하게 분리된 예배의 시간과 공간을 최소한 일 년에 세 차례를 가져야 함을 의미하는 것이다. 물론 이와 같이 우상을 멀리하고 바른 예배를 이루기 위해 금송아지 숭배자들을 처단하는 것과 같은 신앙적 결단을 통해 제사장으로 위임된 레위 지파의 역할이 중요할 것임은 두 말할 필요도 없을 것이다.

      D와 D'은 공통적으로 모세가 하나님을 만나기 위하여 시내산으로 올라가는 내용이다. D는 모세가 하나님께 이스라엘의 죄악에 대해 용서를 구하기 위함의 목적을 가지고 시내산 위로 올라가고 있다면(출 32:30-35), D'은 용서받은 이스라엘을 위하여 언약의 회복을 선포하시기 위해 하나님께서 모세를 부르심으로 시내산 위로 올라가는 것이며, 이 속에는 앞으로 저지르게 될 죄악에 대하여 하나님께서 어떻게 하실 것인가에 대한 것도 알려 주신다(출 34:1-9). 모세는 먼저 금 신을 만듦으로 큰

죄를 범하였다는 것을 고하며 그 죄를 사해 주실 것을 간구한다. 사하지 않으시고 만약 이 백성을 죽일 생각이시라면 자신의 이름도 기록하신 책에서 지워 달라는 것을 통해 같이 죽여 달라고 호소한다. 하나님께서는 범죄한 자를 책에서 제하실 것이며, 보응하실 날에 그들의 죄를 '보응하리'(פָקַד 파콰드)라고 하신다(출 32:34). 그 평행되는 내용 속에는 하나님께서 자신의 성품을 알려 주시며 차후로 죄에 대하여 어떻게 다루실 것인가를 말씀해 주신다: "여호와께서 그의 앞으로 지나시며 선포하시되 여호와라 여호와라 자비롭고 은혜롭고 노하기를 더디하고 인자와 진실이 많은 하나님이라 인자를 천대까지 베풀며 악과 과실과 죄를 용서하리라 그러나 벌을 면제하지는 아니하고 아버지의 악행을 자손 삼사 대까지 보응하리라(פָקַד 파콰드)"(출 34:6-7). 분명하게 인식해야 할 것은 하나님의 성품에는 두 방향이 존재한다는 점이다. 자비, 은혜, 노하기를 더디하시며 인자와 진실함이 가득한 하나님이 한 면이라고 한다면, 악과 과실과 죄를 용서하시지만 결코 벌을 면제하지 않고 징벌하시는 하나님이 또 한 면이다. 사랑하시되 결코 무분별한 사랑이 아님을 알려주시는 것이다. 이처럼 죄악은 용서받을 수 있지만 벌은 자손의 삼사 대까지 내려갈 수 있으니 그 심각성을 인식케 하시는 것이다. 이를 통해 차후의 삶에서는 이와 같은 일이 없기를 바라시는 것이다.

E와 E'은 하나님의 반전된 결심으로 인해 절망에서 희망으로 회복되는 이스라엘의 상황이 나타난다. 이스라엘이 목이 뻣뻣하고 죄악으로 향하는 백성이라는 점에서 여호와께서 이들을 진멸할 수도 있다는 위기감을 느끼시고 이들과 함께 가나안 땅에 올라가지 않겠노라고 선언하

시는 것에서(출 33:1-6) 모세의 간절한 은총에 대한 간구를 들으시고 마침내 "내가 친히 가리라"는 반전의 선언으로 응답하시며 해결 국면으로 가는 출발선이 된다(출 33:12-23).

이와 같은 죄와 그에 대한 징벌(32:1-33:6)과 용서와 회복(33:12-34:35)이라는 반전의 드라마는 중심인 F를 가운데 두고 벌어진다. 성막 건축 지시와 실행의 가운데 금송아지 사건이 들어가 있다면, 회막의 위치에 대한 사항이 금송아지 사건의 가운데에 나타나고 있다는 것은 금송아지 우상과 회막의 관계를 날카롭게 비교, 대조하는 것이라 할 수 있다. 이곳에서는 회막의 존재 자체가 시대착오적인 경향이 분명하게 드러난다. 왜냐하면 지금은 성막건축 지시만 내려진 상태일 뿐이고, 금송아지로 인해 성막건축이 실행으로 이어지지 못하고 있기에 아직 성막이 존재하지 않은 상태이기 때문이다. 그래서 몇몇 학자들은 성막과 회막은 다른 것이고, '성소'(מִקְדָּשׁ 미크다쉬/거룩한 장소; 출 25:8) 혹은 '성막'(מִשְׁכָּן 미쉬칸/거하는 곳; 출 25:9)이 지어지기 전에 임시적인 '장막'(אֹהֶל 오헬/텐트), 즉 '회막'(אֹהֶל מוֹעֵד 오헬 모에드/만남의 텐트)이라 불리는 장소가 있었다고 주장하기도 한다(출 33:7, 8, 10). 하지만 성막이 동일하게 '장막'(출 36:37; 39:38)이나, '회막'(출 27:21; 28:43; 29:4) 으로도 불리고 있다는 점에서 이 모든 용어들은 다른 장소를 지칭하는 것이 아니라 동일한 장소를 뜻하는 것이라 할 수 있다. 그 증거는 성막이 완성되었을 때 부르는 명칭을 보면 알 수 있다: "여호와께서 모세에게 말씀하여 이르시되 너는 첫째 달 초하루에 성막(מִשְׁכָּן 미쉬칸/거하는 곳) 곧 회막(אֹהֶל מוֹעֵד 오헬 모에드/만남의 텐트)을 세우고 또 증거궤를 들여놓고 또 휘장으로 그 궤를 가리고"(출 40:1-3). 그리고 또 한 가지 회막이 이미 존재하고 있다는 것을 믿기 힘들게 만드는 것이 있다. 그것은 회막에 구름 기둥이 내려오고, 모세가 회막에 들어가서 여호와를 만나 대화한다는 것이다(출 33:9). 만약 회막이 이미 존재하고 있고, 그 회막에서 하나님께서 모세와 만나시고, 대화를 나누셨다면 왜 모세는 시내산 꼭대기로 계속해서 왕래를 해야만 하는가에 대한 의문을 해결할 수 없다. 이 회막에 대한 이야기 다음에도 모세는 또다시 하나님을 만나기 위해 시내산 정상으로 올라가야 한다(출 34:1-2). 그리고 회막에 구름이 내려와 덮이고 그것이 여호와의 임재의 상징이 되는 것은 항상 성막 건축 다음에 벌어지는 일이라는 점을 차후의 사건들을 통해서 확인할 수 있다(출 40:34-38; 민 9:15-23).

이러한 내용들을 종합해 볼 때 금송아지 사건의 회막에 대한 이야기는 회막의 존재자체에 의미가 있는 것이 아니라, 우상숭배가 나중에 서게 될 성막에 어떤 악영향을 미칠지를 미리 보여주는 신학적인 기능을 한다는 것이다. 성막이 만들어져 존재하게 된다 할지라도 이스라엘이 우상숭배에 빠지게 된다면 그 성막은 이스라엘 삶의 중심에서 떠나게 될 것을 암시하며 경고를 주고 있는 것이라 할 수 있다. 즉 하나님과의 교제와 하나님을 향한 예배가 무너진다는 것을 드러내고 있다. 이와 같은 중심은 곧 우상숭배에서 회복된 이스라엘이 결코 그러한 길로 다시는 들어서지 말아야 할 것을 가르치는 강력한 경고가 될 것이 분명하다.

이와 같이 금송아지 사건의 전반적인 구조는 우상숭배가 이스라엘의 삶에 어떤 폐해를 가져올 것인지와 더불어 그로부터의 회복이 결코 쉬운 길이 아니라는 점을 드러낸다. 이스라엘 전체가 진멸의 길로 갈 수 있다는 것을 드러내며 심각성을 전하고 있고, 회복되는 과정에서 징계는 필수적이며 그 안에 희생이 따른다는 것 그리고 우상숭배로 인해 깨진 것들을 또다시 역순으로 회복해 나가는 지난한 과정을 거쳐야 한다는 것을 보여준다. 이제 더욱 선명하고 세세하게 그 과정을 살피며 우상숭배가 가져오는 위협과 파급효과를 돌아볼 필요가 있다. 그 돌아봄이 미래를 더욱 바르게 할 수 있는 교훈을 제공해 준다면 그것만으로도 의미가 있는 작업이 될 것이기 때문이다.

3. 이야기의 세부적인 주제 따라 읽기

출애굽기 32-34장은 시내산에서 맺어진 언약의 파기에서 다시 언약이 회복되는 과정을 면밀하게 보여주고 있다는 점에서 중요성이 있다. 이와 같은 과정은 이스라엘 역사에서 단 일회성으로 끝나야만 하지만 인간의 삶이 결코 그렇게 단순하지만은 않다는데 문제가 있다. 인간이 하나님 앞에서 살아가노라면 동일한 죄를 반복하는 성향이 있다는 것이다. 금송아지 사건은 그러한 인간의 죄로 향하는 속성에 대해 일침을 가하는 내용이라 할 수 있다. 세상적인 유혹을 이겨내지 못함으로 벌어지는 사건의 연속은 모든 것을 잃는 길이 될 수 있다는 것을 직시하게 하며, 회복은 그러한 과정을 거친 후에나 경험할 수 있는 것이란 점을 새기게 한다. 이로 인해 금송아지 사건의 과정은 긍정적이든, 부정적이든 신앙인에게 교훈이 되는 것은 분명하다.

1) 여호와와 금송아지 그리고 모세와 아론(출 32-34장)

(1) 모세의 부재와 금송아지 만들고 언약을 맺음(출 32:1-6)

출애굽기 32:1절은 하나님의 음성이 사라지고, 인간의 음성이 시작되는 시점이다. 백성들이 아론에게 말하기를 "우리를 인도할 신(אֱלֹהִים 엘로힘/신들)을 만들라. 모세 곧 우리를 애굽 땅에서 인도하여 낸 사람은 어찌 되었는지 알지 못함이니라"고 한다. 이스라엘의 마음속에 하나님이 아닌 모세가 그들을 구원했다는 것으로 여겨진다면 여호와를 향한 믿음은 희석되고 말 것이다. 이것은 자연스레 그 다음 단계로 흘러갈 것이란 점에서 심각한 문제를 유발하게 된다. 그 다음 사항은 당연히 십계명의 제 1-2계명인 "다른 신이 있게 말라"와 "우상을 만들지 말라"에 대한 의미가 상실되는 것이다. 이는 곧 백성들이 모세가 자신들의 눈에 보였던 것처럼 가시적인 인도자를 만들고 말 것임을 짐작케 한다. 모세를 대신해서 자신들을 인도할 존재가 필요하기 때문이다.

이것은 단순히 우상을 만드는 것만을 의미하는 것이 아니라는 점에서 위험 수위가 높아진다. 이스라엘은 얼마 전에 동일한 시내산에서 여호와 하나님과 언약을 맺었다. 이제는 모세를 통해 자신을 계시하신 하나님만을 섬기고 예배하며, 하나님의 말씀대로만 살 것을 서약한 것이다. 하나님이 아닌 다른 신을 만드는 순간에 그 언약은 파기되고 마는 것이다. 그 증거는 금송아지를 만들고, 이스라엘이 그 앞에서 행하는 일들은 하나하나 하나님과의 언약을 파기하고, 금송아지 우상과 언약을 맺는 의식이란 점으로 입증된다. 시내산 언약식 과정과 금송아지 앞에서의 의식을 비교해 보면 이를 쉽게 확인해 볼 수 있다.

	하나님과의 시내산 언약 (출 19-31장)	금송아지 우상과의 언약 (출 32:1-19)
공통점	백성들이 (하나님 주도로) 모이고(קהל 콰할)(19:7-8; 35:1)	백성들이 (인간의 주도로) 모이고(קהל 콰할)(32:1)
	하나님께서 자신을 계시하심: "나는 너희를 애굽 땅 종 되었던 집에서 구원하여 낸 너의 하나님 여호와로라"(20:2)	인간이 자신들이 만든 신에 대해: "이스라엘아 이는 너희를 애굽 땅에서 인도하여 낸 너희의 신이로다"(32:4)
	산 아래에 제단을 쌓고(24:4)	그 앞에 제단을 쌓고(출 32:5)
	이른 아침에 일어나(24:4a)	일찍이 일어나(32:6a)
	번제와 화목제를 드리고(24:5)	번제와 화목제를 드리고(32:6b)
	먹고 마셨더라(24:11)	먹고 마시며 일어나 뛰놀더라(32:6c)
차이점	두 돌판을 주심(24:12; 31:18)	두 돌판이 깨짐(32:15-19)

이스라엘은 하나님의 주도로 시내산에서 하나님의 율법을 듣고 언약체결을 위해 이른 아침에 일어나 번제와 화목제를 드리고, 대표자들이 하나님 앞에서 먹고 마셨다(출 24:6, 11). 이스라엘은 자신들 스스로의 주도로 금송아지를 만들고 일찍이 일어나 그 앞에 번제와 화목제를 드리고 백성이 먹고 마시고 일어나 뛰놀았다(출 32:6). 이 두 사건은 동일하게 자신들을 애굽 땅 종 되었던 집에서 인도하여 낸 신 앞에서 행한 것이라는 점에서 '언약 체결식'이라고 할 수 있다. 하지만 이방인들은 가능할 수 있지만 이스라엘은 결코 여호와 외에 그 어떤 신과도 언약을 맺을 수 없다. 그것이 여호와 하나님과의 언약에서 가장 앞서는 조건인 것이다. 여호와 외에 다른 신이 있게 하지 말라는 것이 모든 법의 가장 선두에 서 있

다는 것이 그 증거이다. 모벌리는 이것을 "자신의 백성을 향한 하나님의 진심어린 의도에 대한 혐오스런 풍자"(a gross parody of Yahweh's true intentions for his people)라고 정의한다.[278] 그렇다면 이스라엘이 금송아지 우상에게로 언약을 옮겼다는 것은 이미 하나님과의 언약은 파기 되었다는 것을 전제하는 것이다. 특히 이들이 금송아지를 만든 금고리(출 32:3)는 분명 이스라엘이 애굽을 빠져나오며 하나님께서 약속하신 대로 애굽인들에게 요청하여 받은 것으로 하나님의 승리에 대한 전리품과도 같은 의미를 가지고 있다(출 3:22; 12:35-36). 그러한 하나님의 승리의 상징물로 그와 반대되는 우상을 만들었다는 것은 최고의 선을 가지고 최악을 만들었다는 것을 의미하는 것이다.

이렇게 동일한 언약식의 과정을 그대로 보여준다 할지라도 하나님이냐, 금송아지 우상이냐 라는 언약의 대상에 따라 현저하게 극을 향하는 결론적인 차이점으로 인해 문제가 발생한다. 그 극적인 차이점은 '두 돌판'이 주어지느냐, 깨지느냐의 상반성에 있다. 하나님과의 언약은 그 결론이 두 돌판이 주어지는 것이며, 금송아지와의 언약은 그 두 돌판이 산산이 깨지는 것이다. 언약이 서고, 무너지고에 따라서 달라지는 상황인 십계명 두 돌판이 있고, 없고의 차이가 무엇인지는 다음 부분에서 자세하게 언급할 것이다.

(2) 우상숭배와 두 돌판이 깨짐(출 32:7-20)

언약이 부서졌다는 것을 단적으로 보여주는 것은 금송아지 사건에 대한 하나님의 반응에서 신속하게 드러난다. 시내산에 머물고 있는 모세에게 하나님께서 "네가 애굽 땅에서 인도하여 낸 네 백성이 부패하였도다"(출 32:7)라는 말씀을 통해 '내 인도'가 아니라 '네 인도'이며 '내 백성'이 아니라 '네 백성'이라고 선언하신다. 이것은 구원의 주체마저 잃어버리고, 다른 것을 예배하고 있는 이스라엘을 향한 하나님의 상심의 표현이라 할 수 있다. 이에 대하여 단호하게 모세를 향하여 "그런즉 내가 하는 대로 두라"고 명령하신다. 이 말은 "어떤 행동을 하든 나를 말리지 말라"는 명령인 것이다.

　　　이상한 것은 왜 하나님께서 이런 명령을 모세에게 하셔야 할까라는 점이다. 이미 이스라엘은 짐승의 피를 흘려 맺은 언약을 어겼고 그 결론은 그것을 어긴 자가 생명으로 갚아야 한다는 원칙이 있다. 이것은 고대 근동에서 살아가고 있는 어느 누구나 알고 있는 철칙인 것이다. 그렇다면 이 원칙에 따라 이스라엘은 그에 합당한 벌을 받아야 하는 것이 마땅한 것이란 점에서 하나님께서 징벌을 내리심에 있어 누군가와 합의해야 할 일은 없는 것이다. 그런데 모세에게 자신을 말리지 말라고 하시는 것에는 오히려 "모세 너 만이 나를 말릴 수 있다"라는 신호를 주고 계시는 것인지도 모른다. 하나님의 정당한 분노에 대해 모세만이 중보할 수 있는 유일한 존재라는 것을 일깨우시며 금지의 형태로 오히려 더욱 강하게 중재의 사명으로 초대하고 있는 방식이라 할 수 있다.[279] 왜냐하면 모세만큼 하나님의 계획과 뜻을 분명하게 알고 있는 사람도 없기 때문이다. 위기의 이스라엘 앞에 모세의 역할이 삶과 죽음을 가를 수 있는 분기점이 될 수 있는 것이다.

　　　이렇게 모세에게 말씀하신 뒤 하나님께서는 자신의 계획을 말씀하신다. 먼저 이스라엘을 진멸할 것이고 그리고 모세를 통해 큰 나라를 이루시겠다는 것이다. 모세로 보아서는 나쁠 것도 없다. 한 나라의 시조가 된다는 것이고, 그것도 그가 체험한 전능하신 하나님의 나라의 시작점이 된다는 것은 영광스러운 것이기 때문이다. 그러나 모세는 이스라엘을 통한 하나님의 계획을 깊이 있게 알고 있는 사람이다. 이스라엘의 구원과 언약 그리고 율법을 받은 것은 곧 하나님의 백성으로서 세상을 향한 책임을 감당하기 위한 것이라는 점을 어느 누구보다 선명하게 깨닫고 있는 사람인 것이다. 모세는 이스라엘을 죽이려는 것이 하나님의 최선의 계획이 아니라는 점 또한 간파하고 있다. 자신에게 말리지 말라고 하셨을 때에는 누군가가 자신과 이스라엘 사이에서 중재하기를 바라고 계신다는 점을 인식한 것이다.

모세는 이런 하나님의 깊은 심중을 이해하고 하나님을 설득하기 위해 세 가지를 내 세운다. 첫째는 이스라엘은 여호와께서 큰 권능과 강한 손으로 구원하여 낸 '주의 백성'이라는 점을 부각시킨다(출 32:11). 이는 곧 어찌 되었든 여호와께서 책임지셔야 할 존재들이라는 것을 상기시키는 것이다. 둘째는 이방 민족의 대표라 할 수 있는 애굽인들이 이스라엘의 진멸 소식을 듣고 "저렇게 죽이려고 인도해 내었다"라고 하나님을 향하여 조롱을 퍼부을 수 있다는 것이다(출 32:12). 이는 곧 이로 인해 이스라엘은 노예였으니 잃을 것도 없지만 존귀하신 여호와의 이름이 세상에 멸시를 당할 수 있다는 것이다. 여호와의 이름을 위하여 다시 한 번 생각해 달라는 것이다. 셋째는 주의 종 아브라함과 이삭과 이스라엘과의 언약을 기억해 달라는 것이다. 그 언약에는 "주를 가리켜 맹세하기를 너희의 자손을 하늘의 별과 같이 많게 하고 허락한 땅을 너희의 자손에게 주어 영원한 기업이 되게 하겠다"라는 서약이 들어 있다는 것을 부연 설명하고 있다(출 32:13). 즉 이스라엘의 조상들에게 여호와의 이름으로 맹세해 주셨다는 것이다. 그런데 이스라엘이 진멸되면 하나님의 맹세는 곧 헛맹세가 되어 버리고 말씀의 신실성도 사라져 버린다는 것을 강조하고 있는 것이다. 결국은 인간을 위함이 아니라, 하나님을 위하여 모세는 나서고 있는 것이다. 지금도 이러한 내용은 하나님의 마음을 움직일 수 있는 요소가 될 수 있다: "주께서 구원하신 존재입니다. 저의 삶이 이지경이 되면 세상이 어찌 생각하겠습니까? 맹세하신 그 맹세를 기억하사 긍휼을 베푸소서."

하나님께서 모세의 이 간언을 듣고 뜻을 돌이키시고 말씀하신 화를 내리지 않기로 하신다. 여기서 많은 사람들이 혼선을 빚는 경우들이 있다. 하나님께서 이미 용서하셨는데 그 다음에 모세의 명령으로 삼천 명의 사람들이 죽고(출 32:28), 또 하나님께 올라가서 자신의 목숨을 담보로 용서를 구하고(출 32:32), 하나님께서 백성을 치시는 사건이 발생하고(출 32:35) 그리고 이스라엘과 더 이상 함께 행진하지 않겠으니 너희끼리 올라가라고 하시는 사건(출 33:3)이 연속으로 발생한다. 이미 뜻을 돌이키고 화를 내리지 않겠다고 하셨으면 다 끝난 것이 아닌가, 그렇다면 모세가 삼천 명을 살육한 것도 과도한 충성행위라 할 수 있고, 하나님께서 이렇게 치시고, 같이 안가겠다고 하시는 것도 말씀을 넘어서는 것이 아닌가 라는 의구심인 것이다. 이로 인해 어떤 이들은 금송아지 사건은 여러 가지 자료들이 뒤죽박죽으로 섞여 있어서 이런 문제가 발생한다고 주장하기도 한다. 하지만 그것은 용서에 대한 개념차이로 인한 것이 분명하다.

여기서 하나님께서 뜻을 돌이키사 화를 내리지 않기로 하셨다는 것은 먼저 이스라엘을 지금 당장 진멸하시겠다는 의도를 철회하신 것이지 죄를 사하는 용서의 개념이 들어가 있는 것은 아니다. 죄 사함의 용서는 지금부터 하나님과 이스라엘이 모세의 중재로 성취해야 할 내용인 것이다. 왜냐하면 용서는 결코 형벌의 사면만을 의미하는 것이 아니라 궁극적인 관계회복이기 때문이다.[280] 그러므로 죄 사함을 통한 관계의 회복은 하나님과 모세 사이에서 이루어지는 것이 아니라 죄를 저지른 당사자들인 이스라엘이 하나님께로부터 받아야 하는 것이다. 그 과정은 시내산 언약의 결론이라 할 수 있는 언약의 순종과 불순종에 따라 달라지는 결과를 보여주는 레위기 26장에 분명하게 주어져 있다. 거기에는 죄를 저지름으로 언약이 파괴되어 약속의 땅에서 쫓겨나는 상황에서 다시 언약을 회복하는 길로 향할 수 있는 것이 어디 있는지를 알려주고 있다.

그들이 나를 거스른 잘못으로 자기의 죄악과 그들의 조상의 죄악을 자복하고 또 그들이 내게 대항하므로 나도 그들에게 대항하여 내가 그들을 그들의 원수들의 땅으로 끌어 갔음을 깨닫고 그 할례 받지 아니한 그들의 마음이 낮아져서 그들의 죄악의 형벌을 기쁘게 받으면 내가 야곱과 맺은 내 언약과 이삭과 맺은 내 언약을 기억하며 아브라함과 맺은 내 언약을 기억하고 그 땅을 기억하리라(레 26:40-43).

먼저 죄악을 저지름으로 언약이 깨어져서 약속의 땅에서 쫓겨나는 징벌을 받는다. 그리고 그 징벌을 기꺼이 받는 자복하는 심령으로 서 나가야 한다. 그 다음에 하나님께서 불쌍히 여기시사 다시 과거의 언약을 기억하시고 새 언약의 길로 이끄실 수 있다는 것이다. 그리고 언약 회복은 전적인 하나님의 자비하심과 긍휼하심의 결과이지 회개 했으니 당연히 회복해 주셔야 한다는 원칙은 결코 아닌 것이다. 죄악으로 언약을 깼다는 것은 인간에게는 더 이상 주장할 아무것도 남아 있지 않으며, 하나님 편에서의 선처만이 유일한 살 길이기 때문이다. 이 과정이 금송아지 사건에도 그대로 적용되는 것이다. 언약을 깬 당사자들이 징벌을 받을 것이며, 그 징벌 속에서도 불평하지 않고 그것을 기꺼이 감수한다면 하나님께서 다시 언약 회복의 길로 이끄실 수 있다는 가능성이다. 그러므로 모세는 그 가능성이 현실이 되게 하기 위해 최선을 다하는 과정을 걸어갈 것이다.

그러한 회복의 과정으로 나아가기 전에 먼저 언약파기의 결과가 무엇인지를 뼈저리게 깨달아야 할 필요가 있다. 모세가 말씀이 기록된 두 돌판을 들고 시내산을 내려오며, 진중에서 노래하는 소리를 듣는다. 진에 가까이 오자 금송아지가 보이고 그것을 바라보며 백성들이 춤추며 축제 의식을 행하는 것을 보고 대노한다. 그리고 양 손에 들고 있던 두 돌판을 산 아래로 던져 깨뜨려 버린다. 하나님께서 심혈을 기울여 '만들어 주신 것'(עָשָׂה 아싸; 32:16)이 인간이 '만든 것'(עָשָׂה 아싸; 32:4)으로 인해 파기되는 안타까운 일이 벌어지는 순간이다.[281] 이는 하나님의 백성이 우상으로 향하는 순간에 하나님의 말씀이 삶 속에서 사라진다는 것을 드러내는 강조 장치이다. 우상을 택함은 다른 이념을 따라가는 것이기에 하나님의 말씀과는 다른 삶의 길을 택한다는 의미인 것이다. 이처럼 우상과 하나님의 말씀은 결코 공존할 수 없다. 하나님의 말씀이 세워져 그대로 살아가는 곳에는 우상이 설 자리가 없고, 우상이 서 있는 곳에는 하나님의 말씀이 들어갈 여지가 없는 것이다. 즉 삶의 기준이 달라진다는 것을 의미한다. 그것이 바로 우상숭배의 가장 심각한 폐해인 것이다. 만약 이스라엘이 금송아지 숭배로 계속해서 살아간다면 세상과 이스라엘을 구별하는 기준인 말씀이 사라지게 되고 곧이어 이스라엘은 세상이 가는 길로 가게 될 것이며 조만간 자신들이 빠져나온 애굽과 같은 나라로 변질되어 버릴 것이다. 어느 누군가는 가장 높은 자리로 올라가 군림하고, 섬김을 받게 될 것이며, 어느 누군가는 그들을 섬기기 위해 노예가 되어 신음하는 고통의 삶을 살아가야 할 것이다. 그러한 세상을 바꾸기 위해 이스라엘을 애굽에서 구원해 내셨고, 하나님의 백성으로 세우셔서 언약을 맺고 법을 주셨다. 그런데 우상숭배는 바로 이와 같은 이스라엘의 정체성을 모조리 파괴시켜 버리는 사악한 위력을 발휘하는 것이다. 올바른 정체성으로의 회복을 위해 모세가 신속하게 대처한다.

먼저 금송아지를 불살라 부수어서 가루로 만들어서 물에 뿌려 이스라엘 자손에게 마시게 한다. 이는 곧 금송아지를 흔적도 없이 사라지게 만드는 것이다. 이것이 출발이 되어 이제 회복을 향한 프로그램이 그 작동을 시작한다. 죄사함의 길은 그 죄에 대한 징계를 필수적으로 담고 있다는 점에서 그 과정이 주어질 것을 예상해 볼 수 있다.

(3) 언약 파기한 우상숭배에 대한 징계 시작(출 32:21-29)

먼저 모세는 금송아지 숭배에 대한 책임의 소재를 자신의 빈자리를 메우기 위한 소임이 맡겨진 아론에게 묻는다. 시내산에 올라가기 전에 문제가 발생하면 해결할 수 있는 창구로 아론과 훌을 세워놓았기 때문이다.

> 모세가 그의 부하 여호수아와 함께 일어나 모세가 하나님의 산으로 올라가며 장로들에게 이르되 너희는 여기서 우리가 너희에게로 돌아오기까지 기다리라 아론과 훌이 너희와 함께 하리니 무릇 일이 있는 자는 그들에게로 나아갈지니라 하고(출 24:13-14).

그러나 아론의 태도는 지도자로서의 무능성과 무책임으로 일관하고 있다는 점에서 무너진 지도자상을 여실히 드러내고 있다. 모세가 어떻게 하였기에 이렇게 백성들이 큰 죄에 빠지게 하였느냐고 질문하자 그의 대답은 모든 책임을 백성들에게로 돌리는 회피성 변명으로 일관한다. 첫째는 이 백성이 악해서 그랬다는 것이고(출 32:22), 둘째는 인도할 신을 만들라고 하여 금을 가져오라 했고 불에 던져 넣었더니 이렇게 금송아지가 나왔다는 것이다(출 32:24). 분명히 백성이 악한 일을 행한다는 것을 알면서도 그것을 묵과하는 나약함과 무관심 그리고 자신이 적극적으로 나서서 금고리들을 부어서 주조하여, 조각칼로 새겨서 만들었음에도(출 32:4) 기적적으로 만들어진 것처럼 자신의 책임을 회피한다. 요즘도 흔히 발견할 수 있는 다른 사람을 희생시켜 자신의 입지를 세우려는 안타까운 지도자상이다. 현재도 이런 지도자들로 인해 교회가 우상숭배에 빠져들고, 세상 속에서 제 역할을 못하는 무능한 교회가 되고 마는 것이다.

　이에 대해 모세는 적극적으로 나선다. 진문에 서서 고함치는 그의 외침은 온 백성이 다 자신에게 등을 돌리고 있을지라도 아랑곳 하지 않는 하나님의 전사의 모습이다. "누구든지 여호와의 편에 있는 자는 내게로 나아오라"(출 32:26)고 외친다. 이에 레위 지파 사람들이 다 모여 그에게로 나아온다. 그리고는 칼을 허리에 차라고 명령을 내리고, 우상숭배자들을 죽이라고 명령한다. 이것은 모세의 과도한 행동이 아니라, 회개를 향한 첫 번째 시작인 것이다. 죄를 그대로 품고 회개가 이루어질 수는 없다. 비록 고통이 밀고 들어올지라도 죄를 과감하게 도려내어야 회개의 길로 나아가며 하나님의 용서를 탄원해 볼 수 있는 가능성이 열리는 것이다. 모세는 지금 용서를 향한 출발선을 여는 것이다. 이러한 고통스런 결단은 하나님께서 내리시는 어떤 벌도 달게 받겠다는 마음의 표현이 되는 것이다. 이것이 없다면 하나님 앞에 나아갈 여지가 없는 것이다. 이에 레위 자손들이 자신들의 아들과 형제와 친구 그리고 이웃을 치고 여호와께 헌신의 길을 걷게 된다. 이와 같은 여호와만을 향한 열정으로 인해 이들에게 마침내 맡겨지는 것이 있다. 그것은 모세가 죽음을 눈앞에 두고 유언과도 같이 전하는 축복의 말 속에 담겨 있다. 레위 지파를 향한 모세의 축복을 살펴보면 이러한 과감한 결단의 신앙으로 인해 주어지는 것이 무엇인지를 분명히 보게 한다.

> 레위에 대하여는 일렀으되 주의 둠밈과 우림이 주의 경건한 자에게 있도다 주께서 그를 맛사에서 시험하시고 므리바 물 가에서 그와 다투셨도다 그는 그의 부모에게 대하여 이르기를 내가 그들을 보지 못하였다 하며 그의 형제들을 인정하지 아니하며 그의 자녀를 알지 아니한 것은 주의 말씀을 준행하고 주의 언약을 지킴으로 말미암음이로다 주의 법도를 야곱에게, 주의 율법을 이스라엘에게 가르치며 주 앞에 분향하고 온전한 번제를 주의 제단 위에 드리리로다(신 33:8-10).

금송아지 사건에서 자신들의 부모도, 형제들도, 자녀들도 개의치 않고 오직 주의 말씀과 언약을 지키기 위해 헌신의 길을 걸어간 이들에게 여호와께서 주의 법도와 율법을 이스라엘에게 가르치는 사명을 맡기셨다. 즉 레위 자손들에게 말씀을 맡기신 것이다. 결국 하나님의 말씀대로 살고, 말씀만을 전한다는 것은 때로 인간적인 가장 소중한 것과의 결별까지도 일어날 수 있다는 것을 증거하고 있는 것이다. 그리고 그런 사람들만이 하나님의 말씀을 굽히지 않고 가감 없이 살고, 전하는 길을 걸을 수 있을 것이다. 레위 자손은 바로 그와 같은 결단으로 언약 회복의 길에 모세와 함께하고 있는 것이다.

금송아지 사건에서 사람들에게 의문을 제공하는 것은 아론에 관한 사항이다. 비록 백성들의 위협에 의한 것이었다 할지라도 금송아지를 만든 것은 아론의 자의에 의한 것이다. 그는 백성들을 돌이키려고 하지 않았고, 그들의 요구에 순순히 응하여 백성들이 우상숭배에 빠지게 만든 주범이 된 것이다. 그런데 그 징계로 삼천 명 정도의 사람들이 죽임을 당할 때 아론은 아무런 해도 입지 않고 무사했다. 그가 모세의 형이며, 대제사장이기에 면죄부를 받은 것인가라는 의문이 든다. 죽임을 당하여도 가장 먼저 당해야 할 사람이 버젓이 살아서 대제사장으로 위임까지 되는 것이다. 아론의 생존에 대하여 모세의 고별설교인 신명기는 다음과 같이 대답하고 있다.

여호와께서 심히 분노하사 너희를 멸하려 하셨으므로 내가 두려워하였노라 그러나 여호와께서 그 때에도 내 말을 들으셨고 여호와께서 또 아론에게 진노하사 그를 멸하려 하셨으므로 내가 그 때에도 아론을 위하여

기도하고 너희의 죄 곧 너희가 만든 송아지를 가져다가 불살라 찧고 티 끌 같이 가늘게 갈아 그 가루를 산에서 흘러내리는 시냇물에 뿌렸느니라 (신 9:19-21).

모세의 중재로 물론 이스라엘 전체가 살고 아론이 살았다는 것은 이해할 수 있으나 역시 삼천 명의 죽음과 아론의 생존에 대하여는 하나님의 섭리로 남겨두어야 할 부분이다. 왜냐하면 칼을 차고 우상숭배자들을 죽이라는 명령을 모세가 내렸을 때 그 삼천 명 보다 아론이 죽어야 할 일 순위였기 때문이다. 이와 같은 정황을 살펴볼 때 아론의 마음속에 살아 있기에 축복이요, 기쁨이라는 의식이 컸을 것인가, 아니면 대제사장으로서 이렇게 수많은 형제, 자매들을 죽음의 길로 이끈 것에 대한 짐이 더 클 것인가? 누군가 한 사람만 자신의 잘못으로 죽음의 길로 가게 했을지라도 평생토록 짐으로 안고 참회하며 걸어야 할 터인데 아론은 대제사장이 될 사람으로서 그 수많은 생명의 죽음에 대해 참회하는 마음으로 그 직분을 감당해야 할 것이다. 이것은 결국 아론의 남은 생의 소명에 대한 경각심일 것이다. 레위기 8장에서 성막에서 모든 회중들이 보는 앞에서 제사장으로 위임될 때 아론이 마음에 새겨야 할 결단인 것이다. 그런 점에서 삼천 명 대신에 살아난 아론은 생명을 다하여 하나님의 뜻을 따르며 이스라엘을 하나님께로 이끄는 평생의 사명을 놓치지 말아야 할 것이다. 이제 다음 단계는 모세가 사생결단으로 하나님 앞으로 나아가 용서를 구하는 탄원을 올려야 할 때이다.

(4) 그들의 죄를 사하소서 - 죄를 보응하리라(출 32:30-35)

　　　　금송아지 사건에서 이곳만큼 죄라는 단어가 많이 등장하는 곳도 없다. 죄와 관련된 단어가 동사와 명사를 합하여 8번 사용된다. 죄라는 단어가 이렇게 밀집되어 나타나는 이유는 해결해야 할 것이 이것임을 드러내는 것이다. 드디어 모세가 하나님께서 베풀어주실 속죄를 탄원하기 위하여 시내산으로 올라간다. 모세는 올라가기 전에 백성들에게 다시 한 번 너희가 '큰 죄'를 범하였다고 일침을 가한다. 모세는 이스라엘이 금송아지를 만든 죄를 결코 가볍게 여기지 않고 계속해서 '큰 죄'(출 32:21, 30, 31)라고 명명한다. 이는 그 심각성을 알고 있다는 의미인 것이다. 그리고 모세는 이러한 죄에 대한 용서는 결코 인간의 태도에 달려 있는 것이 아님을 분명하게 알고 있다는 점에서 하나님의 주권에 대한 인식이 반듯하게 서 있는 사람임을 알 수 있다. 이것은 백성들을 향한 모세의 말 속에서도 드러난다.

　　　내가 이제 여호와께로 올라가노니 혹 너희를 위하여 속죄가 될까 하노라 하고(출 32:30).

　　　　여기서 초점을 맞추어야 할 것은 '혹'이라는 단어이다. 이것을 잘못 생각하면 하나님을 향한 믿음이 아닌 의심을 드러내는 것이라는 해석의 오류를 범할 수도 있다. 히브리어 '울라이'(אוּלַי)는 구약성경에서 11번 등장하는 용어이다(창 16:2; 출 32:30; 민 22:33; 수 9:7; 14:12; 왕상 18:5, 27; 왕하 19:4; 욥 1:5; 호 8:7 습 2:3). 그 중에 하나님과 관계된 것이 5번 인데 공통점은 될 수도 있고 안 될 수도 있다는 의심을 뜻하는 표현이 아니라, 되고 안 되고를 전폭적으로 하나님께 맡기는 주권의 인정에 대한 것임을 알 수 있다(창 16:2; 출 32:30; 수 14:12; 왕하 19:4; 습 2:3). 한 가지 예를 들면 가나안 정복의 명장이었던 갈렙의 말을 인용해 볼 수 있다. 개역개정 성경에는 '울라이'(אוּלַי)를 빼고 해석하였지만 과거 개역성경에는 제대로 번역되어 포함되었다는 점에서 개역성경을 인용하기로 한다.

> 그 날에 여호와께서 말씀하신 이 산지를 내게 주소서 당신도 그 날에 들으셨거니와 그곳에는 아낙 사람이 있고 그 성읍들은 크고 견고할찌라도 여호와께서 '혹시'(אוּלַי 울라이) 나와 함께 하시면 내가 필경 여호와의 말씀하신대로 그들을 쫓아내리이다(수 14:12).

여기서 가나안의 헤브론 정복의 주체가 갈렙 자신이 아니라, 하나님의 약속과 주권에 달렸다는 것을 적극적으로 인정하는 믿음의 표현이 바로 '혹시'라는 단어임을 알 수 있다.

모세가 여호와께로 올라가며 '혹시' 너희를 위하여 속죄가 될까 하노라는 표현을 쓴 것은 백성들의 회개의 몸짓이 죄사함의 근본이 아니라 오직 하나님의 절대적인 주권적 결정만이 유일한 길임을 밝히는 것이다. 결국 모든 것이 하나님의 뜻에 달렸다는 것을 의미하는 것이다. 그리고 여호와께 나아가 간곡하게 탄원한다. 이 백성이 자신들을 위해 금 신을 만드는 큰 죄를 범하였다는 것을 아뢰고, 이제 그들의 죄를 사해 주십사고 간구한다. 그리고 여기에 덧붙이기를 만약 사하지 않으시려거든 자기의 이름도 기록하신 책에서 지워달라고 간구한다. 이는 죽이시려거든 같이 죽여 달라는 것이다. 모세는 백성들과 함께 살고, 함께 죽을 각오로 하나님 앞에 나아간 것이다. 지도자의 모습은 바로 이와 같아야 한다. 모세는 양쪽을 대표하고 있다. 하나님 앞에서는 이스라엘을 대표하고 있고, 백성들 앞에서는 하나님을 대표하고 있는 것이다. 이것이 바로 그리스도인 지도자의 모습이며, 하나님께서 세우신 지도자의 모습이 되어야 할 것이다. 즉 아브라함 요수아 헤셸의 말처럼 하나님 앞에서는 백성들의 편이 되고, 사람들 앞에서는 하나님의 편이 되는 사람인 것이다.[282] 모세는 백성들 앞에서는 여호와의 편에 서 있는 자는 누구든지 나오라고 외쳤고, 하나님 앞에서는 백성들과 같이 죽겠다는 각오로 나아간다. 사람들 앞에서는 그들의 편이 되고, 하나님 앞에서는 하나님 편인척하는 아론의 태도와는 극적으로 상반되는 모습인 것이다.

하나님께서 모세의 이 간구를 들으시고 누구든지 하나님 앞에 범죄하는 자, 그 자를 책에서 지우실 것이라 하시며, 보응할 날에 그들의 죄를 보응할 것이라고 하신다. 그리고 여호와께서 백성을 치신다. 여기서 '치다'라는 단어는 히브리어 '나카프'(נגף)로 애굽에 내린 열 가지 재앙 사건에 사용된 단어로 개구리 재앙과 유월절 장자의 죽음에도 사용되었다(출 8:2; 12:23, 27)는 점에서 죽음까지도 유발할 수 있는 재앙임을 알 수 있다. 하나님의 말씀을 따라가면 애굽에 내리셨던 질병을 내리지 않을 것이라 하셨으나(출 15:26), 이스라엘의 불순종은 애굽의 재앙이 현실이 되게 만들어버린다. 이와 같이 회개는 하나님께서 내리시는 징계까지도 달게 받는 과정 또한 포함하고 있다는 것을 드러내고 있다. 이제 남은 것은 하나님께서 이스라엘과 계속 동행하실 것인가에 대한 의문이다. 이렇게 수시로 신의를 저버리는 백성이라면 언제 어느 때 진멸의 길로 갈지 모르

기 때문이다. 이는 하나님 편에서의 위험이 아니라, 이스라엘 편에서의
위험을 깊이 감지하셨기 때문이다.

(5) 너희와 함께 올라가지 아니하리라(출 33:1-6)

　　여호와께서 모세에게 이제 이스라엘 민족을 이끌고 약속된 땅으
로 올라가라고 하신다. 하나님의 사자를 앞서 보내서 가나안 족속들을 그
땅에서 쫓아내고 그 땅을 주시겠다는 것이다. 그리고 심각한 본론을 말씀
하신다. 하나님 자신은 이스라엘과 함께 올라가지 않으시겠다는 것이다.
이러한 결정은 이스라엘을 위한 결정으로 드러난다. 그 이유는 이스라엘
이 목이 곧은 거역하는 존재인지라 함께 동행하다 그 거듭되는 죄악으로
인해 진멸시키실까 염려되기 때문이다.

　　하지만 하나님께서 함께 하지 않으시고, 이스라엘만 그 땅에 도
착한다면 그 땅은 어떤 땅이 될 것인가? 하나님의 나라가 이루어지는 것
이 아니라, 또 다른 세상 제국이 하나 세워지게 될 것이다. 시급한 것은
하나님께서 함께하시는 언약의 회복인 것이다. 이스라엘은 하나님의 백
성이 되고, 하나님은 이스라엘의 하나님이 되시는 결속의 언약이 재확인
되어야만 한다는 것이 분명하다.

　　이러한 하나님의 선포 속에는 이스라엘이 철저하게 깨달아야 할
것이 있다. 다시 하나님께서 함께하시는 백성이 된다면 더 이상은 진멸이
라는 단어가 이스라엘 역사 속에 나타나지 않는 삶을 이루어야 한다는 것
이다. 이런 일이 반복된다면 하나님의 임재는 이스라엘의 삶에서 그 자취
를 감춰버리실 수 있다는 암시가 들어가 있기 때문이다. 하나님의 이 준엄

한 선포에 심각성을 느낀 백성들이 자신들의 몸에서 장신구를 제하고 하나님 앞에서 몸과 마음을 낮춘다. 이 행동의 시작은 하나님께서 이스라엘이 몸에서 장신구를 제하고 이렇게 자신을 낮추면 어떻게 하실 것인지 정할 것이라 하신 것에 대한 이스라엘의 적극적인 응답이라 할 수 있다. 이와 같이 하나님께서 이스라엘과 함께 하지 않겠다는 선포의 구체적인 예가 금송아지 사건의 중심이라 할 수 있는 다음의 내용 속에 나타난다. 바로 하나님의 회막이 이스라엘 진영을 벗어나 진밖에 위치하게 되는 것이다. 이것은 곧 하나님을 예배하는 삶이 힘겨워지는 것이며, 하나님을 찾아가는 여정이 험난할 수 있다는 것을 시사하는 구체적인 예라 할 수 있다.

(6) 중심: 회막이 진 밖으로 이동함(출 33:7-11)

시간적으로 아직 회막이 나타나야 할 시점이 아님에도 회막에 대한 이야기를 기록하고 있는 이유는 분명하다. 언약이 회복됨으로 성막건축 실행이 이루어지고, 성막이 완공된다면 이스라엘이 어떻게 살아야 하는가에 대한 강력한 교훈을 제공하기 위한 의도가 짙게 깔려 있다. 이스라엘이 우상숭배와 같은 죄악된 삶을 걸어간다면 그 죄로 오염된 진영 안에는 하나님께서 거하시는 거룩한 성막이 공존할 수 없기에 그 성막은 장소를 옮길 수밖에 없다는 것을 회막의 이동성으로 알려주고 있는 것이다.

갑작스런 회막의 출현으로 신학적인 당혹스러움을 제공하지만 이 내용이 하나의 잘 짜여진 삽입구처럼 금송아지 사건에서 역할을 하고 있다는 점을 인식해야 할 필요가 있다. 글의 문맥상 회막에 관한 이 부분이 없어도 줄거리를 이어 가는데 전혀 지장이 없다는 것은 이 내용이 의도성을 가지고 삽입되었다는 것을 짐작케 한다. "그 땅으로 올라가라 그러나 나는 함께 가지 않겠다"(출 33:1-6)는 것이 회막 내용 이전의 중심이고, 회막 내용 다음은 "모세가 하나님께 아뢰기를 이 백성을 인도하여 올라가라 하시면서 나와 함께 보낼 자를 지시하지 않으신다고 토로하고 하나님께서 직접 가시겠다"(출 33:12-16)고 응답하는 내용이다. 이와 같이 회막에 대한 내용이 빠져도 사건의 흐름은 결코 흐트러지지 않는다. 그런데 이 사이를 가르고 회막에 대한 내용을 넣었다는 것은 시대착오적인 요소가 분명 존재함에도 금송아지 사건에 대한 중요한 교훈을 중심에 두겠다는 의도일 것이다. 특히 회막 이야기를 다루는 출애굽기 33:7-11절의 히브리어 시제가 단순과거형으로 되어 있는 주변의 시제와 현저히 차이가 나는 '반복시제'(iterative)를 사용하고 있다는 점도 이 내용이 "주변 문맥과 연대기적으로 아무런 상관이 없음을 보여주고 있다"고 할 수 있다.[283]

그러므로 이 내용은 지금 현재만을 위한 것이 아니라, 미래의 어느 때에도 이와 같은 사건이 벌어질 수 있다는 것을 보여주기 위해 미래에 지어질 성막을 미리 가져와 우상숭배가 야기할 이스라엘 삶의 폐해를 설명하고 있는 것이다. 우상숭배는 미래에 지어질 성막이 이스라엘 진영의 중심에서 떠나 진영 밖으로 그 자리를 옮기게 만드는 원흉이라는 것이다. 그리고 하나님을 예배하기 원하는 사람들은 진 밖으로 나가야만 하나님을 뵐 수 있다는 것이다. 이는 곧 출애굽한 세대나 그 후의 광야 세대를 넘어서 미래에 가나안 땅에서 성전를 중심으로 살아가게 될 모든 이스라엘을 위한 교훈이 될 것이다. 그 뚜렷한 증거는 먼 미래에 있게 될 이스라엘의 멸망을 살펴보면 이와 같은 사건이 그대로 성취된 것임을 확인할 수 있다는 점에서 이 회막 내용의 교훈과 경고를 되새겨 볼 수 있다.

하나님의 백성 유다의 종말을 다루고 있는 에스겔서를 살펴보면 이 회막 내용과 동일한 사건을 확인할 수 있다. 유다가 우상숭배에 빠졌고, 예루살렘까지 우상으로 가득 찼으며, 심지어는 성전 안까지 우상숭배가 만연해 있다(겔 8장). 이러한 우상숭배로 인해 하나님께서 탄식하신다: "그들이 여기에서 크게 가증한 일을 행하여 나로 내 성소(מִקְדָּשׁ 미크다쉬/거룩한 장소)를 멀리 떠나게 하느니라"(겔 8:6). 결국 여호와께서 자신의 성소를 이스라엘 땅에서 옮기신다.

그런즉 너는 말하기를 주 여호와의 말씀에 내가 비록 그들을 멀리 이방인 가운데로 쫓아버려 여러 나라에 흩었으나 그들이 도달한 나라들에서 내가 잠깐 그들에게 성소(מִקְדָּשׁ 미크다쉬/거룩한 장소)가 되리라 하셨다 하고(겔 11:16).

'성소'(מִקְדָּשׁ 미크다쉬/거룩한 장소)라는 단어가 가장 먼저 나온 곳이 출애굽기에서 홍해를 건넌 다음의 찬양 속에서 미래에 가나안 땅에 지어질 예배처소를 지칭하는 곳(출 15:17)과 그 다음은 성막건축 지시의 출발선에서이다(출 25:8). 이와 같이 성막은 하나님께서 거하시는 거룩한 장소인 '성소'라는 점에서 결코 우상숭배와 같은 오염된 상황과 공존할 수 없다. 하나님께서는 우상숭배로 오염된 이스라엘 진영 안에 성소를 두실 수 없듯이, 예루살렘을 떠나서 이방 땅 갈대아에 잠시 성소를 세우시고 여호와를 앙모함으로 나아오는 자들의 예배를 받으신다. 이와 같은 결론은 금송아지 사건이 암시적으로 보여준 것에 대한 최악의 종국적

시나리오라 할 수 있다. 이러한 경각심을 중심에서 새겨둔다면 더 이상은 동일한 역사를 반복하는 일을 행하지 않을 것이라는 의미일 것이다. 그러나 "역사를 잊는 민족에게는 미래는 없다"는 신채호의 유명한 말처럼 결국 금송아지 사건이 보여주는 역사의 교훈을 잊었기에 에스겔 시대에 이스라엘은 미래를 잃은 것이다.[284] 이것은 지금 우리 그리스도인들에게도 생생한 교훈이 되어야 할 것이다. 십자가로 죄사함을 받음으로 성령께서 거하시는 전이 된 우리가 이 떠나심의 교훈을 잊는다면 동일한 역사를 또 반복할 수 있기 때문이다. 인간이 만들어낸 우상으로 가득 찬 현대 사회 속에서 하나님께서 거하시는 거룩한 장소인 '성도'의 길을 걸어야 할 것이다(고전 6:8-20).

    이와 같이 미래에 이루어질 일을 미리 당겨서 차후의 세대들을 위한 교훈을 제공하는 예가 이미 한 번 더 주어졌다. 바로 만나에 관해서이다. 홍해를 건넌 후에 애굽에서 가져온 음식이 다 소진되었을 때 이스라엘의 원망을 들으시고 하나님께서 만나를 내려주신다. 그리고 그 만나를 통해 하나님의 율법을 지키는 훈련을 시키셨다. 그리고 그 만나에 대한 결론은 다음과 같은 경고성 발언으로 마감된다.

    사람이 사는 땅에 이르기까지 이스라엘 자손이 사십 년 동안 만나를 먹었으니 곧 가나안 땅 접경에 이르기까지 그들이 만나를 먹었더라(출 16:35).

이스라엘 역사를 다 알고 있는 지금 우리에게는 이 내용이 별반 문제를 제기하지 않는다. 그러나 홍해를 막 건넜고, 하나님과 시내산에서 언약을 맺을 당사자인 이스라엘에게는 아직 시기상조적 언급이며 그로 인해 심각한 내용이 될 수 있다. 왜냐하면 이스라엘이 광야에서 만나를 열흘을 먹을지, 일 년을 먹을지, 십 년을 먹을지는 아직 아무도 모르기 때문이다. 이스라엘이 시내산에서 하나님의 명령대로 가나안 땅을 향하여 일사불란하게 행진하여 간다면 십일일 만에 가나안 땅 접경인 가데스바네아에 도착할 수 있다(신 1:2). 그리고 그 장소에서 정탐꾼들이 가나안을 둘러보고 돌아와 제대로 된 보고만 한다면 바로 진군하여 가나안 땅을 정복하면 되는 것이다(민 13장). 즉 출애굽기에서 주어진 만나의 교훈을 제대로 받아들이고 말씀대로 행한다면 하나님께서 계획하신 최상의 시나리오는 바로 가데스바네아까지 십일일 플러스 가나안 땅 정탐 사십일 동안만 만나를 먹으면 되는 것이다. 그리고 광야에서 사십년 동안 만나를 먹을 일이 없었을 것이다. 그렇다면 위 구절은 단순한 보고에 그치는 것이 아니라 만나를 통한 훈련을 어떻게 받느냐에 따라 이와 같이 최장의 긴 시간인 40년이 될 수도 있음을 경고하는 내용이라 할 수 있다. 미래를 미리 당겨서 갖다 놓지만 후대의 사람들에게는 귀중한 경각심을 제공하는 내용이 될 것이 분명하다. 이처럼 회막에 대한 내용도 비록 시기상조적인 언급이지만 이 내용을 읽는 어느 누군가에게는 강력한 경고가 되고, 교훈이 될 것이 분명하다.

지금까지 언약의 파기와 그 결과의 심각성을 살펴보았다면 이제부터는 언약의 회복과 그 결과를 향하여 나아가는 긍정의 역사를 이루어야 할 것이다. 그 첫째는 하나님의 동행인 임재의 회복이 되어야 할 것이다.

(7) 내가 친히 가리라 - 은총과 영광 회복(출 33:12-23)

이곳에서부터 구체적인 회복이 시작된다. 그 회복의 시작은 무엇으로 가능해 지는가? 이스라엘의 회개는 죄에 대한 당연한 태도이다. 그 태도가 물론 하나님의 마음을 움직일 수 있다는 것은 분명하다. 그럼에도 회개가 회복으로 당연하게 연결되는 것은 아니다. 회복은 오로지 하나님의 전폭적인 주권에 달려 있는 것이다. 그것을 모세는 분명하게 알고 있기에 백성들의 회개를 내세우는 것이 아니라 계속해서 하나님의'은총'에 호소한다(출 33:12, 13, 16, 17).'은총'이라 번역된 히브리어'헨'(חֵן)은'호의'로 해석될 수 있고 이는 행한 것에 대한 대가가 아니라, 자격이 되지 않음에도 부여 받는 은혜에 해당된다. 모세는 하나님께서 자신에게 은총을 베푸셔서 이스라엘을 주의 백성으로 여겨 달라고 간청한다(출 33:13). 이에 대해 여호와께서 "내가 친히 가리라 내가 너를 쉬게 하리라"고 응답하신다(출 33:14). 하나님의 은총은 모세의 말대로 하나님께서 이스라엘과 함께 행하심으로 천하만민 중에서 구별하시는 것에서 드러난다(출 33:16). 모세는 여호와의 은총 회복의 증거로 주의 영광을 보여주시기를 간구하고 하나님께서는 이도 응답해 주셔서 모세를 반석 틈에 두시고 주의 영광이 지날 때에 손으로 덮었다가 떼심으로 등을 보여주시겠다고 하신다. 이렇게 회복이 길이 활짝 열렸다. 이제 가야 할 길은 언약을 새롭게 세우는 과정일 것이다. 언약을 새롭게 세우기 위해서는 먼저 한 가지를 분명하게 해야 할 것이 있다. 그것은 다름 아닌 하나님이 어떤 분이신가에 대한 분명한 재교육이다. 죄에 대하여 어떻게 대처하시는 분인가를 분명하게 알아야 새롭게 맺어지는 언약에 대한 경각심을 가질 것이기 때문이다.

(8) 악, 과실, 죄 용서 - 벌은 삼사 대까지 보음하리라(출 34:1-9)

드디어 하나님께서 모세가 깨뜨린 돌판 대신으로 두 돌판을 만들어서 시내산으로 올라오라고 하신다. 바야흐로 언약이 회복될 것이라는 기대감을 갖게 한다. 그것을 입증하듯이 시내산에서 이스라엘이 하나님을 만나 언약을 맺을 때의 상황이 재현된다.

아침까지 준비하고 아침에 시내산에 올라와 산 꼭대기에서 내게 **보이되** 아무도 너와 함께 오르지 말며 온 산에 아무도 나타나지 못하게 하고 양과 **소도** 산 앞에서 **먹지** 못하게 하라(출 34:2-3).

출애굽기 19:16-25절에도 이와 같은 명령이 주어졌었다. 이는 이제 곧 그와 같은 사건이 벌어질 것이라는 암시를 제공해 주고 있는 것이다. 하나님께서 모세를 통해 다시 한 번 자신의 성품을 명확하게 계시하신다. 이렇게 성품을 명확하게 계시하시는 이유는 오해가 없도록 하기 위함이다. 자칫 하나님에 대하여 자신들이 선호하는 한 면만을 강조하고, 주장하게 되면 왜곡된 하나님 상을 전할 수 있고, 죄는 자신들이 저지르고 하나님을 향하여 불평과 원망을 할 수 있기 때문이다. 여호와는 자비롭고 은혜롭고 노하기를 더디하시며 인자와 진실이 풍성한 하나님이시다. 이와 함께 또한 하나님은 인자를 천대까지 베풀고, 악과 과실과 죄를 용서하시지만 벌은 결코 면제하지 않으신다는 것을 분명히 하신다. 심지어는 아버지의 악행을 자손의 삼사 대까지 보응하실 것이라고 하신다.

여기서 아버지의 죄가 자손의 삼사 대까지 보응으로 연결된다는 것은 하나님께서 아무 죄가 없는 자손들을 삼사 대까지 징벌하시겠다는 의도가 아니라, 아버지가 저지른 죄악이 자손의 삼사 대까지 그 영향력을 미친다는 것을 경고하고 있는 것이다. 그 구체적인 한 가지 예는 바로 이스라엘 포로기라 할 수 있다. 바벨론 70년의 포로기는 바벨론 땅에서 삼사 대가 태어나는 기간과 맞물리게 된다. 아버지 대에 죄를 저질러서 포로로 끌려와 고생하게 되었는데 그 땅에서 아들이 태어나고, 손주들이 태어나는 것이다. 이렇게 후대에 태어난 사람들은 이방 땅에서 떠돌며 고생해야만 하는 죄를 저지르지 않았다. 그러나 조상들이 저지른 죄의 징계로 인해 이들에게까지 영향이 미치는 삶을 살아가고 있는 것이다. 그러므로 자손의 삼사 대까지 보응을 받는 다는 것은 부모의 죄가 자식에게 연결되는 연좌제를 의미하는 것이 아니라 죄와 징계의 악영향이 그렇게 길게 고통을 가할 수 있다는 것을 의미하는 것이다. 신명기 법도 연좌제에 대하여 거부하고 있다는 점에서 죄악의 영향력이라고 해석하는 것이 합당할 것이다.

아버지는 그 자식들로 말미암아 죽임을 당하지 않을 것이요 자식들은 그 아버지로 말미암아 죽임을 당하지 않을 것이니 각 사람은 자기 죄로 말미암아 죽임을 당할 것이라(신 24:16).

이러한 하나님의 성품에 대한 계시를 듣자마자 모세가 엎드려 경배하고 여호와께서 동행해 주시기를 간구한다. 이는 곧 계시해 주신 하나님의 성품을 그대로 수용하고 받는다는 의미가 들어가 있다. 그 성품의 수용은 곧 하나님의 자비와 긍휼이라는 부드러움과 정의와 공의라는 날카로움까지도 모두 받드는 것이며 이것은 또한 그러한 하나님의 성품이 녹아져 있는 법을 지키겠다는 서약과도 같은 것이다. 하나님께서 주신 법을 통해 하나님의 자비하심과 긍휼하심을 느낄 수 있고(출 22:25-27), 하나님의 정의와 공의의 단호함을 또한 깨달을 수 있기 때문이다(출 22:22-24). 그리고 하나님의 법이 악과, 과실과 죄가 무엇인가를 구별할 수 있게 해 주는 유일한 시금석이라는 것도 이를 대변한다. 먼저 맺은 시내산 언약에서는 하나님의 성품이 담긴 언약의 율법을 낭독하고 이에 대해 모두 준행하겠다고 응답한 것과도 같은 의미를 갖는 것이 바로 이와 같은 하나님의 성품을 받드는 것이라 할 수 있다. 모세는 죄악에 빠진 민족의 대표로서 하나님 앞에서 언약의 회복을 향하고 있는 것이다. 모세는 다시 한 번 이스라엘의 악과 죄를 사해 주실 것을 간구하며 이 백성을 주의 기업으로 삼아 달라고 간구를 드린다(출 34:9). 이는 곧 언약의 실체인 이스라엘은 하나님의 백성이 되며, 하나님은 이스라엘의 하나님이 되어 달라는 간구인 것이다. 그 다음에 나타날 것은 하나님의 결정일 것이다.

(9) 언약 회복과 올바른 예배 지침 - 우상금지와 절기준수(출 34:10-26)

이러한 하나님의 성품의 수용에 대하여 마침내 언약 회복에 대한 선포가 하나님께로부터 떨어진다. 그리고 또다시 하나님의 이적과 기적이 회복될 것을 알려주신다.

여호와께서 이르시되 보라 내가 언약을 세우나니 곧 내가 아직 온 땅 아무 국인에게도 행하지 아니한 이적을 너희 전체 백성 앞에 행할 것이라 네가 머무는 나라 백성이 다 여호와의 행하심을 보리니 내가 너를 위하여 행할 일이 두려운 것임이니라(출 34:10).

이제 이스라엘은 언약 회복과 더불어 그 결과로 동일하신 하나님께서 역사하는 백성이 되는 것이다. 이 속에는 또한 이스라엘이 걸어야 할 책임적인 삶도 들어가 있다. 시내산에서 언약을 맺을 때 하나님께서는 이스라엘이 준행해야 할 법을 제시해 주시며 그 법에 대한 순종을 요구하셨다. 그 법의 핵심은 십계명에 농축되어 있고(출 20장), 십계명을 세세하게 삶에 적용하여 살아가야 할 구체적인 생활법을 연결시켜 주셨다(출 21-23장). 그렇다면 이 장소에 다시 한 번 부연 설명되어야 할 것이 십계명이라고 생각할 수 있다. 왜냐하면 가장 기본이며, 기초가 된다는 점에서 반복할 만한 충분한 가치가 있는 것이기 때문이다. 그리고 이후의 사건이 언약의 두 돌판을 받는 장면인데 그 곳에 하나님께서 '언약의 말씀 곧 십계명'을 기록하였다(출 34:28)는 점에서 이 곳에 십계명을 다시 한 번 거론하는 것이 알맞은 순서라 여겨지기 때문이다. 그러나 언약의 회복이 일어나고 있는 여기에서도 역시 지켜야 할 내용을 말씀해 주시는데 십계명이나, 시내산 법 전체를 반복하지 않으시고, 그 중의 결론만을 재 진술해 주신다. 결론만을 진술한다는 것은 두 가지 목표를 가지고 있는데 먼저는 전체가 다 연결되어 있다는 것을 의미하는 것이며, 그 다음은 그 결론이 지금 현재 금송아지 사건과 같은 길을 막을 수 있는 훌륭한 내용을 갖고 있기에 그 내용만을 재 진술 하는 것이라 할 수 있다. 제임스 브루크너(J. Bruckner)는 언약법전의 테두리가 전문(출 20:22-26)과 후기(출 23:20-33)라는 우상숭배에 대한 경고로 감싸여 있고, 언약을 새롭게 하기 위해 다시 이 부분에서 우상숭배 금지법(출 34:11-26)을 재거론 하는 것을 '압축된 언약서'라 명명한다.[285]

출애굽기 34:11-17절은 우상금지에 대한 것이며 이미 출애굽기 23:23-33절에 기술된 내용이며, 출애굽기 34:18-26절은 올바른 예배에 관한 규정으로 출애굽기 23:14-19절에 주어진 것을 재 반복하고 있다. 그 순서가 우상금지와 올바른 예배 규정이라는 점에서 금송아지 사건의 반복을 막기 위한 하나님의 의중을 느껴볼 수 있다. 하지만 십계명의 재 진술이 이곳에 있어야만 한다고 생각하는 학자들은 이러한 내용들을 궁여지책으로 '제의적 십계명(ritual Decalogue)'이라고 명명하기도 한다. 그로 인해 사람들은 이 곳에서 10가지의 계명을 찾으려고 노력했고, 그 흔적을 찾기도 하였다. 다음의 비교가 그 유사점을 보이고 있다.

	제의 십계명(출 34:11-26)	십계명(출 20:2-17)
전 문	애굽 땅에서 인도했다는 우상인 금송아지를 부수고, 아모리, 가나안, 헷, 브리스, 히위, 여부스 사람들을 쫓아내실 것을 약속하심(11절)	나는 너를 애굽 땅 종 되었던 집에서 인도하여 낸 네 하나님 여호와니라(2절)
제 1계명	다른 신(אֵל אַחֵר)에게 절하지 말라 (14절)	나 외에는 다른 신들(אֱלֹהִים אֲחֵרִים)을 네게 두지 말라(3절)
제 2계명	너는 신상들을 부어 만들지 말라(17절)	너를 위하여 새긴 우상을 만들지 말고 (4절)
제 3계명	무교절, 초태생의 규례를 지키고, 빈 손으로 내 얼굴을 보지 말지니라 (18-20절)	여호와의 이름을 망령되이 부르지 말라(7절)
제 4계명	너는 엿새 동안 일하고 일곱째 날에는 쉴지니 밭 갈 때에나 거둘 때에도 쉴지며(21절)	안식일을 기억하여 거룩하게 지키라 (8절)
	계속 제의에 대한 부분들이 뒤를 잇는다.	그 이후는 사람과 사람 사이에 대한 규례들이 등장한다.

이처럼 유사한 부분이 있지만 출애굽기 34장의 강조점은 출애굽기 20장의 십계명을 반복하기 보다는 오히려 언약이 더 이상 깨어지지 않기 위한 강조점으로 우상숭배 금지와 올바른 제의에 대한 것을 더 강조하고자 하는데 그 목적이 있다고 보는 것이 바를 것이다. 그러나 이 속에는 다른 신이나, 우상 그리고 여호와의 이름을 향한 바른 예배가 강조되고 있다는 점에서 십계명의 정신이 농축되어 있기에 그와 같은 명칭을 붙인다고 해서 문제될 것은 없을 것이다. 중요한 것은 언약이 회복되는 장이기에 십계명이든 그 적용법이든 그 어떤 법도 이스라엘이 더 이상 넘어가는 일이 없어야 함이 강조되어야 한다는 것이다. 이를 위해 시내산 법의 결론인 우상숭배 금지와 여호와를 향한 올바른 예배의 길이 회복된 언약의 결론으로 주어지는 것도 의미 있는 일이라 할 수 있다.

먼저 출애굽기 34:11-17절의 우상숭배 금지에 관한 내용을 살펴보면 그 내용이 작은 교차대칭 구조로 이루어져 있다는 것을 알 수 있다.

A. 출 34:11-12 가나안 땅 주민과 언약을 세우지 말라 – 그것이 올무가 된다

B. 출 34:13-14 그들의 제단 헐고 주상과 아세라 상 찍어버리라
– 여호와는 질투라 이름하는 질투의 하나님이다

A'. 출 34:15-17 가나안 땅 주민과 언약을 세우지 말라 – 결혼, 그들 신들 섬기게
되고 신상을 제조하게 된다

A와 A'의 테두리를 살펴보면 공통점은 가나안 땅 주민과 언약을 세우지 말라는 것이다. 언약은 하나님과 세운 것이니 언약의 대상을 결코 바꾸지

말라는 것이다. A에는 이에 덧붙여 언약의 맺지 말아야 할 이유로 그것이 올무가 된다는 점을 부연 설명하고 있다. 올무는 덫으로 짐승을 대상으로 주로 놓는 것으로 그 덫에 걸려들면 그 짐승은 생명을 잃는 길로 가는 것이다. 이와 같이 가나안 땅 주민과의 언약은 죽음의 길로 가는 선택이 된다는 것이다. 그 언약이 올무가 되어 생명에 위협을 가하는 구체적인 이유는 A'에서 제시하고 있다. 그 땅 주민과 언약을 세우면 결코 삶이 거기에서 멈추지 않는다는 것을 분명하게 드러내고 있다. 언약은 곧 그들과의 교제를 의미한다. 서로 교제하노라면 그들이 자신들의 신들을 음란하게 섬길 때 이스라엘을 초청하게 되고 그 제물을 먹게 되고, 그 결과 서로의 자식들이 결혼 관계로 얽히게 되며 친인척이 될 것이다. 이로 인해 자식들 대에 가서는 단지 제사 지낼 때 방문하고 교제의 차원에 머물던 것이 그 신들을 음란하게 섬기는 단계로 나아가게 되며 마침내는 그것들에 더하여 신상들을 제조하고 섬기는 극악으로 치닫게 된다는 것이다. 이렇게 되면 어떤 결론에 이르게 되는가?

중심의 B에서 분명하게 하나님께서 자신의 성품을 드러내고 있듯이 질투하시는 하나님으로서 이스라엘의 우상숭배를 결코 좌시할 수 없으시기에 죄와 악에 대하여 정의와 공의의 칼을 들고 결국 처절한 징계를 내리실 수밖에 없는 것이다. 왜냐하면 우상숭배 자체가 하나님의 백성을 언약의 백성답게 살지 못하게 하는 원흉이 될 것이기에 심판하실 수밖에 없는 것이다. 이러한 결론을 막는 길은 역시 중심에 주어져 있듯이 가나안 족속들의 우상이 발견되는 즉시 흙이나 돌, 금속으로 만든 것은 깨뜨려버리고, 나무로 만든 것은 찍어 버려서 형체조차 남지 않게 만들어

버리는 것이다. 이 길이 가나안 족속과 사귀지 않고, 언약을 맺지 않을 수 있는 길이다. 자신들의 신상을 모조리 깨뜨리고, 찍어버리는 이스라엘과 그들도 교제하지 않으려고 할 것이 분명하다. 그러나 이스라엘은 궁극적으로는 우상들을 없애버리는 이유를 삶으로 보여주고, 전능하신 하나님의 길을 반듯하게 걸어가며 이들이 이스라엘의 삶을 닮아가는 언약을 맺게 하여야 한다. 즉 영향을 받는 삶이 아니라, 영향을 주는 삶이 되어야 하는 것이다. 그렇지 않으면 질투하시는 하나님 앞에 서야 하는 것이다.

여기서 여호와의 '질투'(קָנָּא 콴나)라는 단어가 때로 부정적인 의미를 전달해 준다는 점에서 부연설명이 필요할 수 있다. 인간에게 있어서 '질투'는 사람 사이에 여러 가지 문제점을 일으키는 요인이 되기도 한다. 블레셋 사람들의 이삭을 향한 질투는 그를 쫓아내게 되고(창 26:14), 아들을 못 낳는 라헬의 언니 레아를 향한 질투는 집안의 불화를 조장하며(창 30:1) 그리고 요셉을 향한 그의 형들의 질투는 또한 형제를 팔아치우는 악행으로 전이된다(창 37:11). 요즘도 인간의 질투로 인한 분노는 데이트 폭력으로 헤어진 연인에 대한 살인이라는 비극을 조장하기도 한다. 이와 같은 인간의 질투와 부정적인 결과로 인해 '질투하시는 하나님'이란 표현에 대해 반감을 갖는 사람들도 꽤 있다. 성경 번역 속에도 동일한 단어에 대하여 이보다 더 나은 표현이 있다는 점에서 새로운 변형이 필요한 듯하다.

사울이 가나안 정복 때 여호수아와 이스라엘과 함께 언약을 맺어 생존한 기브온 주민을 이스라엘과 유다 족속을 향한 '열심'이 지나쳐서 그들을 죽였다고 한다(삼하 21:2). 여기서 '열심'(קָנָּא 콴나)이라고 번역된 단어가 '질투'와 같은 어근을 가진 단어이다. 그리고 엘리사가 자신은 여호와를 향한 '열심'이 유별하여 다른 사람들은 다 바알에게로 변절하였지만 자신만은 홀로 남았다고 탄식하는 내용 속에도 역시 질투가 아닌 열심이란 뜻으로 번역되었다(왕상 19:10, 14). 이처럼 하나님을 향한 신앙의 열정을 보여줄 때는 '질투'라는 단어보다는 '열심'이란 단어가 더 나은 선택이 될 수 있다. 이에 대한 좋은 예가 이사야서라 할 수 있다. 이사야서의 번역에서는 하나님과 연관된 질투라는 단어를 모두 열심으로 번역해 놓았다.

> 그 정사와 평강의 더함이 무궁하며 또 다윗의 왕좌와 그의 나라에 군림하여 그 나라를 굳게 세우고 지금 이후로 영원히 정의와 공의로 그것을 보존하실 것이라 만군의 여호와의 열심(קִנְאַת 킨아/질투)이 이를 이루시리라(사 9:7).

> 이는 남은 자가 예루살렘에서 나오며 피하는 자가 시온 산에서 나올 것임이라 만군의 여호와의 열심(קִנְאַת 킨아/질투)이 이를 이루시리이다(사 37:32).

> 공의를 갑옷으로 삼으시며 구원을 자기의 머리에 써서 투구로 삼으시며 보복을 속옷으로 삼으시며 열심(קִנְאַת 킨아/질투)을 입어 겉옷으로 삼으시고(사 59:17).

이처럼 질투와 열심은 서로 호환될 수 있는 용어일 수 있다. 어떤 대상을 향한 깊은 애정이 그 발로일 수 있다는 점에서 공통점이 있기 때문이다. 그러나 질투라는 단어가 갖고 있는 인간적인 한계성으로 인하여 하나님을 향해서는 그보다는 좀 더 긍정적인 '열심'이란 단어를 쓰는 것이 더 나을 것이다. 우리를 향한 하나님의 열심이 유별하셔서 우리의 안전을 위협하는 그 어떤 대상도 결코 용납하지 않으시기에 우상의 존재를 모조리 타파할 것을 명령하시는 것이다.

여기까지는 이스라엘이 따라가지 말아야 할 이방인들의 신앙의 모습이며, 지금부터는 이스라엘이 마땅히 따라야 할 예배를 위한 중요한 연중 절기를 제시하고 있다. 유월절(무교절), 칠칠절(오순절) 그리고 수장절(초막절, 장막절) 축제 절기들에는 이스라엘 남자들은 반드시 여호와 앞에 보여야 한다고 명령한다. 이 모든 절기들의 기준은 하나님께서 창조하신 칠일의 주기에 바탕을 두는 것이다(출 34:21). 이 때 토지의 처음 익은 소산도 여호와의 전에 가져와야 한다(출 34:25). 이 말은 가나안 땅에 세워질 성소에 일 년에 세 번은 방문하여 예배하여야 한다는 것을 뜻하고, 이러한 세 번의 절기는 모두 자신의 삶의 터전에서 하나님의 시간표를 따라 살아가는 일주일에 바탕을 두어야 하며, 그렇게 일하고 쉬는 삶속에서 하나님께서 은혜로 주신 선물에 대한 감사를 드려야 함을 의미한다. 그리고 이렇게 집을 비우고 중앙 성소로 남자들이 다 나아올 때 그 틈을 타서 외부의 침입이 있을 것이라 염려하는 것에 대해서도 하나님께서 주변의 나라들이 결코 침범할 수 없게 해 주시겠다고 약속하신다(출 34:24). 하나님을 향한 순례의 길이 삶에 걸림돌이 되지 않게 해 주시겠다는 것이다. 하나님께서 명령하시는 이 올바른 예배의 길 속에는 가나안 족속의 종교로부터 시간적으로나, 공간적으로 철저하게 구별하는 의미도 포함되어 있다는 점에서 중요하다. 이에 대한 크뤼제만의 언급은 참고할 만하다.

농업주기에서 비롯된 축제들이 그와는 전혀 무관한 일주 주기와 결합됨으로써 가나안 신들의 축제들과 야훼의 축제들이 시간적으로 불가피하게 분리되었다. 그리고 맏물을 야훼의 집에 가져오고(26절), 거기서만 세 번의 명절을 쇠라는 지시로 인해 공간적인 분리가 추가로 이루어졌다.[286)

이는 곧 이와 같은 하나님의 명령만 잘 따른다면 더 이상 금송아지와 같은 사건에 휘말려 민족의 존폐를 놓고 고뇌하는 일은 없을 것이라는 사실을 알려주고 있는 것이다. 하나님과 함께 하는 예배 속에 세상을 이기는 힘이 들어 있는 것이다. 이제 이렇게 하나님과 함께 언약이 회복되었으니 깨어진 돌판이 주어져야 할 시점이 되었다.

(10) 올바른 예배 회복을 통한 두 돌판 주심(출 34:27-28)

여호와께서는 먼저 모세에게 지금까지 한 말들을 기록하라고 하신다. 이 말들을 바탕으로 언약을 세웠다는 것이다. 그리고 여호와께서는 언약 말씀의 핵심이라 할 수 있는 십계명을 두 돌판에 기록하여 주신다. 이로써 이스라엘은 다시 하나님의 말씀이 회복된 공동체가 되는 것이다.

결국 금송아지 사건의 결론은 이렇게 새로운 것을 제시하는 것이 아닌, 하나님께서 이미 말씀 하신 것을 다시 주시는 것에 의해 이루어진다. 이것은 우리의 신앙이 새로운 것을 이루는 것에 있지 않고, 하나님의 원래의 뜻을 성취해 내는 것이라는 사실을 잘 보여주고 있다 하겠다. 금송아지 사건은 이 점에서 '창조-타락-새 창조'라는 도식과 다르지 않다. 그렇다면 새 시작을 위하여 강조되는 것은 분명 다시 주어진 이 말씀으로 돌아가 결코 돌이키지 않는 삶일 것이다. 이러한 삶을 강화하기 위해 또 한 가지 필요한 것이 있다면 하나님을 향한 경외 즉 두려움의 회복일 것이다.

(11) 모세의 광채(קָרַן 콰란/뿔이 나다)와 하나님과 언약 회복의 확증(출 34:29-35)

모세가 언약 회복의 확증인 증거의 두 돌판을 들고 시내산에서 내려온다. 언약 회복의 확증이 모세에게는 분명하지만 이스라엘에게는 가시적으로 보여지는 무엇인가가 더 필요하다. 이스라엘은 자신들이 또 다시 하나님의 영광이 함께하는 백성이 될 수 있을 것인가와 하나님께서 그 증거로 모세를 통하여 이적과 기적으로 역사하실 것인가에 대한 의문과 두려움이 자리하고 있을 것이다. 이에 대한 정확한 답변이 바로 모세의 얼굴에서 나타나는 광채(뿔)이다. 여기서 분명하게 "모세의 광채나는 얼굴이 신앙공동체에게 제시될 수 있는 하나님의 얼굴을 대신하는 것이라고 말할 수 있을 것이다."[287]

이와 같은 여호와의 영광의 회복은 비록 모세의 얼굴에 비치는 미약한 것이지만 이것이 희망의 끈이 된다는 점에 그 중요성이 있다. 여호와의 현현이 제시하는 영광의 공포스러움과 두려움을 이스라엘은 이미 생생하게 목격하였다(출 19:16-25). 그런데 어느 순간 그 영광이 이스라엘의 삶 속에서 사라져 버렸다. 하지만 두려움까지 유발하던 영광이 사라짐으로 나아진 것은 아무것도 없다. 단지 척박한 삶을 하나님 없이 개척해야 하는 고통만이 남겨져 있는 것이다. 그러나 이제 언약이 회복되며 모든 것이 다시 제 자리를 찾았다. 잃었던 하나님의 영광의 광채가 모세를 통해 미약하게나마 연결되고 있는 것이다. 모세의 얼굴에 나타난 광채를 보고 이스라엘의 가슴 속에 다시 하나님을 향한 두려움이 나타난다(출 34:30). 꼭 필요한 두려움(경외)은 신앙의 삶을 위해 잃지 말아야 할 필수적인 것이다. 두려움 즉 경외는 곧 말씀에 대한 순종을 가능케 하기 때문이다. 그리고 모세가 여호와께서 시내산에서 자기에게 이르신 말씀을 다 그들에게 명령한다(출 34:32).

이제 이스라엘이 명령하신 말씀을 따라 살아간다면 모세의 얼굴에 나타난 광채는 이스라엘 민족 전체를 향하여 환하게 비치게 될 것이다. 왜냐하면 그 명령 속에는 성막건축 지시가 포함되어 있고, 성막이 이스라엘 백성의 순종으로 이 땅에 서게 되면 시내산에 임재했던 여호와의 영광이 그곳으로 거처를 옮길 것이기 때문이다. 그러므로 모세의 얼굴에 나타난 광채는 곧 임하게 될 여호와의 영광으로 대체되어 이스라엘을 이끌게 될 것이다. 그 과정을 도표화 하면 다음과 같다.[288]

출 24:15-18	출 34:29-35	출 40:34-38
하나님의 영광이 시내산 위에 있음	하나님의 영광이 모세에 의해 산에서 내려옴	하나님의 영광이 성막에 거함

이제 이스라엘이 해야 할 사명은 이렇게 하나님께서 거하실 성막을 짓는 것이다. 이를 통해 끊어졌던 역사가 연결되고, 이스라엘은 마땅히 가야 할 길을 하나님과 함께 행하는 백성이 되는 것이다.

2) 금송아지 사건의 결과로 인한 신학적인 변동

하나님의 은혜와 자비로 인하여 용서가 선포되었고 언약이 회복되었다. 금송아지 사건은 하나님과 이스라엘의 관계에 수많은 변화를 가져올 수 있다는 것을 드러냈다. 다행인 것은 그 중의 대부분은 회복이 이루어졌다는 것이다. 관계의 변형이 될 뻔한 사항들은 다음과 같은 예를 들 수 있다: "하나님께서 금송아지 사건 전에는 이스라엘을 '내 백성'이라고 칭하던 것이, 이 사건이 벌어지면서 모세를 향하여 '네 백성'이라고 명명하는 것으로(출 5:1 vs 32:7), 이스라엘을 세계의 중심으로 세우려던 의도에서 모세를 통해 큰 민족을 새롭게 세우려던 생각으로(출 19:5 vs 32:10), 자신이 직접 내려가서 이스라엘을 인도하여 가나안 땅에 데려가시겠다는 것에서 자신의 사자를 보내시고 여호와께서 이스라엘과 함께 가지 않겠다는 것으로(출 3:8 vs 33:3), 성막(회막)을 세워 이스라엘 가운데 성소로 삼으시겠다는 것에서 이스라엘 진영 바깥으로 회막을 옮기는 것으로(출 25:8 vs 33:7) 그리고 시내산의 그 놀라운 영광의 현현에서 모세의 얼굴에 나타난 광채로(출 24:17 vs 34:30)." 이러한 관계의 변형들은 언약이 회복되며 모두 회복의 길을 간다.

그러나 한 가지 이스라엘을 향한 하나님의 계획의 중요한 요소는 변형된 채로 남는다. 그것은 이스라엘을 제사장 나라로 삼으시겠다는 계획이다.

세계가 다 내게 속하였나니 너희가 내 말을 잘 듣고 내 언약을 지키면 너희는 모든 민족 중에서 내 **소유**가 되겠고 <u>너희가 내게 대하여 제사장</u>

<u>(들) 나라가 되며</u> 거룩한 백성이 되리라 너는 이 말을 이스라엘 자손에게 전할지니라(출 19:5-6).

하나님께서 이스라엘을 통해 계획하신 것은 이스라엘 전체가 제사장 나라가 되는 것이다. 이들이 하나님의 음성에 순종하며 걸어갈 때 제사장들의 역할을 감당하며 세계를 하나님께로 이끄는 사명을 이루게 하시려는 것이다. 그런데 시내산에서 금송아지 우상숭배 사건이 벌어지면서 12지파 제사장 계획에서 레위 지파 한 지파로 계획이 축소되는 일이 벌어진 것이다. 우상숭배는 이와 같이 사명의 길에서 벗어나게 만든다는 점에서 위협적인 것이다. 본연의 구원의 목적을 실현하지 못하게 장애를 가하는 것이다.

결국 레위 지파가 제사장 지파로 위임되고 이스라엘은 이들을 통해 모두가 제사장 나라가 되는 미래를 기약할 수밖에 없게 되었다. 금송아지 우상숭배는 모세의 중재와 이스라엘의 회개와 징계의 과정을 통하여 대부분의 관계 파괴의 요소를 회복하는 길로 결론에 이르렀지만 이스라엘 민족 전체의 제사장 권에는 상당한 타격이 가해진 것이다. 이제 이것을 회복하는 것이 이스라엘의 삶에 중요한 요소가 된다. 이를 위해 하나님께서 함께하시는 성막의 존재는 아무리 강조해도 지나치지 않다. 성막이 이스라엘 삶의 중심에 위치하고 그 주위에서 레위 지파 사람들이 제사장으로서의 역할이 무엇인가를 계속해서 이스라엘 백성에게 증거한다면 이스라엘 또한 제사장으로서의 사명으로 돌이킬 날이 올 것을 기대해 볼 수 있다. 그리고 대제사장으로 서게 될 아론 또한 이스라엘에게는 희망의 아이콘이 될 수 있다. 이스라엘이 금송아지 숭배로 빠지는데 아론의 부정적인 기여도는 죽어 마땅할 정도라 해도 과언이 아닐 것이다. 그런 그가 대제사장 복장을 입고 하나님 앞에서 봉직할 수 있다는 것은 이스라엘 백성이 회복해야 할 삶의 모습일 것이기 때문이다. 이제 이스라엘이 회복해야 할 이 마땅한 제사장적 사명을 위해 하나님께서 이스라엘 중심에 거하실 성막은 필요조건이 아니라, 필수조건이 된다. 그리고 반드시 기억해야 할 것은 금송아지 우상으로 인한 언약의 파괴에서 회복으로의 여정이 이렇게 지난한 과정을 거쳐야 한다는 사실이다. 이것은 더 이상 이와 같은 언약이 파기되는 죄로 나아가지 말아야 할 것임을 교훈하는 것이다. 금송아지와 같은 우상을 선택하는 곳에는 하나님께서 거하시는 성막이 공존할 수 없기 때문이다.

성막과 금송아지의 차이점을 비교해 보면 그 선택의 의미가 무엇인지를 분명하게 알 수 있다. [289]

	성 막	금송아지
1	하나님께서 주도하심 - 전적인 하나님의 명령(출 25:1)	이스라엘 백성이 주도함 - 전적인 인간의 명령(출 32:1)
2	자원 예물이 요청됨	아론이 금을 모을 것을 명령함
3	힘겨운 준비가 뒤따름	아무런 계획 없이 진행됨
4	오랜 건축기간이 소요됨(약 9개월) - 시내산 도착 3째 달부터 만들고, 봉헌은 다음해 1월1일(출 19:1; 출 40:2)	신속하게 만들어짐 (순식간에 부어서 만듦)
5	하나님의 거룩하심을 강조함 - 거룩하신 하나님을 만나는 준비 필요	즉각적으로 사용할 수 있음 - 언제나 원할 때면 그 앞에 나갈 수 있음
6	눈에 보이지 않는 하나님	눈에 보이는 신
7	인격적이고 활동적인 하나님 - 하나님의 함께하심의 상징(돌판 주심)	비인격적인 물체 - 하나님의 멀어지심의 상징(돌판 부서짐)

이렇게 금송아지가 존재하는 곳에는 성막이 사라지고, 성막이 서는 곳에는 우상이 공존할 수 없다. 이제 이스라엘에게 시급한 것은 하나님을 자신들의 삶의 중심에 모실 성막을 하나님의 명령 따라 세움으로 올바른 예배를 이루는 것이다. 즉 거룩하시고 인격적인 하나님 앞에 설 수 있는 삶을 일상에서 이루는 것이다. 그 예배가 가나안의 모든 우상들을 제거하는 최고의 길이 될 것이다.

X. 이스라엘을 잘 아시는 여호와와 이스라엘의 예배: 성막건축 실행
(출 35:1-40:33)

1. 이야기 전체를 한 눈에 읽기

드디어 금송아지로 인하여 끊어졌던 성막건축이 그 실행에 들어
간다. 애굽의 우상들과 같은 의미를 가지고 있는 금송아지를 끊어내자마
자 곧 이어 성막건축으로 들어가는 것이다. 이처럼 이스라엘은 한 순간에
애굽이라는 과거로 돌아갈 뻔한 오류에 빠진 것이다. 그러나 그것을 끊어
냈다는 것은 곧 또다시 하나님을 향한 여정을 이어간다는 것을 의미한다.
그 구체적인 예는 애굽의 바로를 위하여 궁전을 건축하던 삶에서 마침내
하나님을 위한 궁전인 성막을 건축하는 삶으로의 전이가 일어났다는 것
이다. 그리고 성막건축 실행은 단순히 하나님께서 거하실 궁전이라는 물
리적인 용도의 차원에 머무는 것이 아니라 그곳을 중심으로 하나님의 천
지창조가 새 창조의 길로 향하는 신앙적인 시발점이 된다는 점에서 그 중

요성이 크다 하겠다. 성막건축 실행이 천지창조의 대 역사가 마감되었던 칠일 째의 안식일을 지키는 것으로부터 시작하고 있다는 것은 성막이 바로 멈추었던 안식의 역사를 온 땅에 이르게 할 진원지임을 의미하는 것이다. 이러한 전환은 멀리 있는 것이 아니라, 이스라엘이 '명령하던 존재'(출 32:1)에서 '명령을 듣는 존재'(출 35:1)로 변화될 때 가능한 것이다.

백성이 모세가 산에서 내려옴이 더딤을 보고 모여 백성이 아론에게 이르러 말하되 일어나라 우리를 위하여 우리를 인도할 신을 만들라 이 모세 곧 우리를 애굽 땅에서 인도하여 낸 사람은 어찌 되었는지 알지 못함이니라(출 32:1)	➡➡➡	모세가 이스라엘 자손의 온 회중을 모으고 그들에게 이르되 여호와께서 너희에게 명령하사 행하게 하신 말씀이 이러하니라(출 35:1)

하나님의 명령을 따라 이스라엘은 안식일을 준수하는 것을 시작으로 성막건축 실행에 돌입한다(출 35:1-3). 안식일 준수는 하나님의 뜻이 이 땅에 이루어지는 출발선이 된다. 그러나 그 안식일 준수가 무너지면 하나님의 역사가 인간의 역사로 전이되는 길이 막히는 것이다. 성막건축은 이러한 구조를 명확하게 보여주고 있다. 하나님의 성막건축지시가 안식일을 지키라는 명령으로 마감하고 있다면(출 31:12-17), 이스라엘의 성막건축실행은 그것을 그대로 이어받아 안식일을 지키는 것으로 시작하고 있다는 점이다(출 35:1-3). 성막건축 지시가 금송아지 우상숭배로 인해 끊어짐으로 실행으로 이어지지 못했다. 이제 하나님의 백성이 안식일을 준수한다는 것은 새로운 회복의 길을 향한 가장 빠른 길을 보이는 것이란 점에서 희망적이다. 이렇게 성막을 건축하는 것을 통해 잃어버린 것

을 회복하는 대 역사가 새롭게 진행된다. 그러므로 성막건축은 굽어진 역사를 다시 회복시키고자 하시는 하나님의 은혜의 선물이 된다. 그 출발선이 안식일 준수라는 것은 오직 하나님의 명령대로 이루어지는 창조의 칠일을 그대로 살겠다는 결단이 살아나는 순간이 되는 것이다. 이로 인해 안식일은 창조질서와 조화를 이루는 결론이면서, 늘 지켜야 할 삶의 길이 되고, 동시에 이것은 시간의 성별과 더불어 마침내 이를 준수하는 사람들이 모여 하나님만 예배하는 한 거룩한 장소의 성별로 이어지게 한다는 점에서 중요하다. 그러나 이 안식일이 무너지면 삶 속에 또다시 창조와 구원의 주이신 여호와를 잃어버리게 되고 우상숭배가 침투하게 되며, 그 결론은 망국이 되고 말 것이다. 안식일 계명을 어긴 자를 죽음으로 처벌하는 이유가 바로 거기에 있는 것이다(출 31:15; 35:2; 민 15:32-41). 하나님의 백성 이스라엘의 존폐가 거기에 달려있다면 안식일 준수에 생명을 바치는 이유로 충분할 것이다(렘 17:19-27; 겔 20:10-17).

성막건축 실행(출 35-40장)은 그 내용에 있어서는 성막건축 지시사항(출 25-31장)과 동일하지만, 그 순서에 있어서는 다른 길을 걸어간다. 그렇다면 성막건축 지시사항들은 만들어야 할 순서대로 주어진 것이 아니라는 것을 알 수 있다. 간단히 축약하면 성막건축 지시가 하나님의 말씀의 중요성을 강조하기 위하여 법궤와 그 궤 속에 들어가야 할 증거판을 이야기하는 것으로 시작하고 있다면(출 25:10-22), 이제 실행은 이스라엘 민족 전체가 이러한 하나님의 말씀에 순종하여 일치된 모습으로 성막을 건축하는 것으로 시작하고 있다는 것이다(출 35:4-36:7). 삶의 최소단위라 할 수 있는 일주일 단위를 예배하는 삶으로 만드는 것을 의미하는 안식일 준수를 시작으로 모든 백성이 동참하는 성막건축 역사는 성막의 재료를 드리고, 또 그 재료를 만드는 것에서부터 시작한다(출 35:4-29). 여기서는 단순히 브살렐과 오홀리압만이 만드는 것을 말하지 않는다. 무릇 마음이 지혜로운 자는 모두 와서 동참할 수 있는 것이 하나님의 집을 만드는 일이다. 이를 통해 브살렐과 오홀리압은 각각 유다 지파와 단 지파 사람이라는 것이 상징하듯이 유다부터 단까지의 이스라엘 모두의 동참을 의미하는 것이라 할 수 있다.

무릇 너희 중 마음이 지혜로운 자는 와서 여호와께서 명하신 것을 다 만들지니(출 35:10).

모세가 브살렐과 오홀리압과 및 마음이 지혜로운 사람 곧 그 마음에 여호와께로부터 지혜를 얻고 와서 그 일을 하려고 마음에 원하는 모든 자를 부르매(출 36:2).

일하는 사람 중에 마음이 지혜로운 모든 사람이 열 폭 휘장으로 성막을 지었으니 곧 가늘게 꼰 베 실과 청색 자색 홍색 실로 그룹들을 무늬 놓아 짜서 지은 것이라(출 36:8).

이렇게 모든 백성들이 함께 할 수 있는 것부터 만든다는 것은 연합된 힘과 예배의 길을 보여주기에 충분하다. 하나님의 집은 특정 소수만이 참여하는 특권주의를 결코 용인하지 않는다. 성막건축 지시가 하나님께서 거하시며 말씀이 주어지는 장소라는 성막의 신학적의 의미를 강조하는 순서를 가지고 있다면, 성막건축 실행은 이 건축이 바로 그 말씀에 순종하는 이스라엘의 연합된 예배라는 것을 강조하고 있는 것이다.

그리고 성막건축 순서에도 혼선을 빚지 않게 하시려고 성막건축 실행에 돌입하기 전에 모세를 통하여 순서를 지시해 주신다(출 35:10-19). 그 순서는 성막 포장과 뼈대인 기둥을 만들고, 그 뒤를 이어 지성소, 성소 그리고 바깥 뜰에 관련된 기물들을 제작하고, 마지막으로 제사장 복장의 순으로 만들라는 것이다. 그리고 이 명령을 따라 동일한 순서대로 성막과 기물들을 만드는 이야기가 상세하게 나열된다(출 36:8-39:31). 구약성경 속에서 오직 성막을 건축하는 이 부분에서만 똑 같은 이야기를 내용의 큰 변화 없이 순서만 조금 바꾸어 반복하고 있다. 하나님께서 모세에게 일곱 장에 걸쳐서 세세하게 지시하시고(출 25-31장), 또한 동일한 것을 여섯 장에 걸쳐서 반복하며 만들었다고 보고 한다(출 35-40장). 한 장이 줄어든 것은 성막건축 실행에서 제사장 위임식이 이루어지지 않고, 레위기에서 성취될 것이기에 그 한 장이 빠짐으로 인한 것이다(출 29장). 그럼에도 이렇게 대대적인 반복을 피하고 그냥 간단하게 "하나님께서 그렇게 명령하셨고 백성들이 명령하신 대로 만들었더라"라고 하면 출애굽기는 지금보다 현저하게 짧아질 수 있다. 그러나 동일한 내용을 질서정연하게 차근차근 반복하여 나열하고 있다.

먼저 성막 전체를 덮는 포장 막 네 겹을 만드는 것으로 시작하고(출 36:8-19) 그 포장 막이 제 역할을 할 수 있도록 지탱해 주는 뼈대인 기둥들을 남쪽, 북쪽, 서쪽을 위하여 만들고 그에 따른 받침들과 두를 띠를 만든다(출 36:20-34). 성소와 지성소를 가르는 기둥과 휘장을 만들고, 성막 입구를 가릴 기둥과 휘장을 만든다(출 36:35-38). 이렇게 성막의 외형이 만들어진다. 그리고 지성소, 성소와 바깥뜰의 순서로 거기에 있어야할 기물들을 만든다. 먼저 지성소를 위하여 조각목으로 궤를 만들고 금으로 두르고(출 37:1-5), 속죄소와 그 위의 두 그룹을 만들어 붙이고 궤 위에 얹어 뚜껑으로 씌운다(출 37:6-9). 그 다음은 성소의 기물로 나아가는데 조각목으로 상을 만들고 금으로 덮고 그에 부속되는 기물들인 대접, 숟가락, 잔과 따르는 병을 만든다(출 37:10-16). 그리고 정금등대와 부속기물들인 등잔 일곱과 불 집게와 불 똥 그릇을 순금 한 달란트로 만든다(출 37:17-24). 성소의 마지막 기물은 분향단으로 역시 조각목으로 만들어 금으로 입히고 거기에서 태울 향을 만든다(출 37:25-29). 이렇게 지성소와 성소의 기물이 마감되며 바깥뜰에 있어야 할 기물들을 만드는데 먼저는 조각목으로 번제단을 만들어 놋으로 씌우고 그에 부속된 기구들인 통과 부삽과 대야와 고기 갈고리와 불 옮기는 그릇을 다 놋으로 만든다(출 38:1-7). 다음은 물두멍을 놋으로 만들고 그 받침도 놋으로 만든다(출 38:8). 또 남쪽, 북쪽, 서쪽 그리고 동쪽으로 뜰을 만들고 그 뜰의 구분을 기둥을 만들어 세우고 포장을 만들어 달아서 성막을 이스라엘 진영에서 구별한다(출 38:9-20). 그리고 성막 즉 증거막을 만드는데 사용한 모든 재료들의 합이 얼마인지를 계산하여 제시한다(출 38:21-31). 이는 하나님의 집을 건축함에 있어 결코 소홀함이 없이 그리고 인간적인 낭비함이 없이 규모 있고 질서 있게 진행된 것임을 입증하는 것이 된다. 이것으로 끝나는 것이 아니라 한 가지 더 만들어야 할 것이 있다. 바로 이 성막에서 하나님을 향한 예배를 인도할 제사장 복장이다. 대제사장 아론과 그의 아들들을 위한 옷을 만든다(출 39장). 이 모든 것이 다 완성되었을 때 드디어 성막을 조립하고, 각 기구들을 있어야 할 자리에 배치하고 기름 부어 거룩하게 구별하고, 제사장들도 또한 기름 부어 구별하여 세우고 이렇게 대역사가 마감된다(출 40:1-33).

이와 같이 순서에 있어서 차이가 날 뿐 그 내용에 있어서는 성막 건축 지시와 크게 차이 나지 않는 것을 이렇게까지 반복할 이유가 있을까? 그 분명한 이유가 성막 건축의 결론부에 반복적으로 나타나고 있다. 그것은 바로 출애굽기 39장과 40장에 18번이나 반복되어 나타나는 이스라엘이 성막 건축을 "여호와께서 모세에게 명하신 대로 하였더라"는 넘치는 표현을 통해 드러난다(출 39:1, 5, 7, 21, 26, 29, 31, 42, 43; 40:16, 19, 21, 23, 25, 27, 29, 32, 33). 이것은 하나님을 향한 온전한 예배는 바로 하나님께서 지시하신 그대로 행하는 것임을 강력하게 인식시키고 있는 것이다. 이 반복이 지루한 듯 하지만 예배의 본질을 회복하는데 있어서는 더한 반복도 지나치지 않다. 그러므로 안식일을 지키는 것으로 시작한 성막건축은 그 안식일 예배의 순종이 삶이 되어 있는 한 공동체가 성막을 중심으로 마침내 서는 것이다. 안식일의 올바른 적용은 단지 일을 하지 않는다는 수동적인 의미의 법이 아닌 하나님의 일을 적극적인 순종으로 행하는 능동적인 참여 속에서 누리는 진정한 안식이라 하겠다. 하나님께서 지시하신 대로 어김없이 행하는 삶에 그 무엇도 방해할 수 없는 쉼이 있는 것이다. 그곳에는 영광스러운 하나님의 임재가 함께하는 장소가 된다. 그러므로 진정한 영혼의 안식은 하나님과 일치된 예배에서만 찾을 수 있다.

태초의 천지창조 후에 아담과 하와가 예배에 실패한 것을 보면 출애굽기의 이러한 반복적인 강조를 이해할 만하다. 아담과 하와가 선악의 열매를 먹은 후에는 하나님의 심판은 "내가 네게 먹지 말라 명한 그 나무의 과실을 먹었느냐"라는 질문으로 시작한다(창 3:11). 강조되는 것은 '선악을 알게 하는 나무'라는 명칭이 아니라 '하나님의 명령'이다.[290] '명령하다'의 히브리어 동사는 '짜바'(צָוָה)라는 단어를 사용하는데 이것은 출애굽기의 마지막에 후렴구처럼 나타나는 "여호와께서 모세에게 명하신 대로"의 그 '명하신'(צָוָה 짜바)과 동일한 단어이다. 예배는 하나님의 음성을 듣는 것이고, 들은 대로 그대로 실행하는 것에서 성취된다. 이것은 사울 왕의 실패에서도 분명하게 드러난다. 사울 왕은 사무엘의 질책에 대해 "하나님 여호와께 제사하려고 양과 소를 취하였나이다"(삼상 15:21)라고 변명한다. 좋은 제물들로 제사, 즉 하나님께 예배를 드리려 했다는 것이다. 그러나 사무엘의 대답은 예배의 본질을 그대로 드러낸다: "여호와께서 번제와 다른 제사를 그 목소리를 청종하는 것을 좋아하심 같이 좋아하시겠나이까 순종이 제사보다 낫고 듣는 것이 수양의 기름보다 나으니"(삼상 15:22). 그렇다. 예배의 진정한 본질은 하나님의 음성을 듣고 그대로 실행하는 것이다. 이것이 또한 창조의 완성이며 진정한 안식의 실현인 것이다. 시편 95:7-8절은 하나님께서 우리에게 주시는 이런 안식을 위한 지침을 제시하고 있다. 중요한 것은 "너희가 오늘 그 음성 듣거든 너희는 므리바에서와 같이 또 광야의 맛사에서 지냈던 날과 같이 너희 마음을 완악하게 하지 말지어다"(시 75:7-8)라는 권면에 대한 응답이다. 이를 거역하는 자들은 여호와의 "안식에 들어오지 못하리라"(시 95:11)는 선언으로 시를 마감하고 있다. 즉, 구원체험은 순종이라는 예배로 향해야 하는 것을 강조하고 있으며 그것이 곧 진정한 안식의 길임을 제시하고 있는 것이다. [291] 이렇게 이스라엘은 창조를 향한 새 출발선에 서 있는 것이다.

2. 이야기의 문학적인 구조 따라 읽기

성막건축 실행의 구조는 안식일 준행 명령(출 35:1-3)으로 시작하여 그 안식일의 구체적인 실행이라 할 수 있는 성막을 세우는 것으로 마감된다(출 40:1-33). 성막을 기름 부어 거룩하게 구별하는 것, 성막을 세우는 것이 일곱 번의 "여호와께서 모세에게 명령하신대로 되니라"(출 40:19, 21, 23, 25, 27, 29, 32)로 구성된 것 그리고 "모세가 이같이 역사(하던 일)를 마쳤다"(출 40:33)는 언급은 천지창조 사건의 안식일에 나타난 이념을 그대로 포괄하고 있는 것이란 점에서 의미가 깊다. 그리고 이 언급 바로 직전의 내용 또한 이스라엘 자손이 모든 역사를 마치매 모세가 여호와께서 명령하신 대로 되었음을 보고 그들에게 축복하는 장면이었다(출 39:42-43). 역사(하던 일)를 마치고, 축복하였다는 것이 곧 천지창조 때의 안식일로의 방향을 설정하고 있는 것이라 할 수 있다. 이처럼 성막건축 실행의 마지막 부분은 천지창조의 마지막 날인 안식일의 실행이 이루어진 것으로 드러난다. 천치창조의 마지막 날인 일곱 째 날에 하나님께서 '하시던 일을 마치시고'(역사를 마치고), 그 날을 축복하시고, 거룩하게 하셨다는 것(창 2:1-3)과 일맥상통하는 것이다. 차이점이 있다면 천지창조의 안식일에는 여호와께서 하시던 일을 모세가 이스라엘과 함께 순종으로 행했다는 점이다. 이는 곧 이스라엘에 의해 안식일의 구체적인 실행이 이루어지고 있다는 것을 보여주는 것이다. 이처럼 성막건축 실행의 구조는 하나님의 안식일 준수 명령으로 시작하고 이스라엘 백성의 순종인 안식일의 구체적인 실행으로 그 마감에 이른다는 점에서 시작과 끝이 평행되는 고리 구조(ring structure)를 이루고 있다.

이에서 한 걸음 더 나아가 이 고리 구조의 안쪽도 서로 구조적인 평행을 이루고 있다. 한쪽 편에는 성막건축 실행을 위한 하나님의 명령이 주어지는데 성막을 위해 자원하는 심령으로 재료들을 가져오라는 것이다. 그리고 그 재료들을 가지고 주어진 순서를 따라 만들라는 것이다(출 35:4-19). 그 순서는 첫째는 성막을 위한 포장막과 널판과 그 받침들이고, 둘째는 지성소에 위치할 법궤와 속죄소 그리고 가리는 휘장이며, 셋째는 성소를 위한 기물들로 상과 진설병, 등잔대와 등유, 분향단과 향품 그리고 입구의 휘장이고, 넷째는 바깥 뜰의 기물로 번제단과 물두멍과 뜰 기둥과 포장이며 그리고 다섯째는 제사장 아론과 그 아들들의 옷을 만들라는 것이다(출 35:10-19). 이와 대칭되는 부분인 출 39:32-43절에는 이와 동일한 순서대로 성막을 만들었다는 보고가 간략한 형태로 주어져 있다.

그리고 중심 부분에는 이런 순서를 따라 성막이 건축되었다는 것을 상세하게 나열하는 부분이 자리하고 있다(출 35:20-39:31). 이러한 구조를 따라가노라면 성막건축 실행 또한 다음과 같은 교차대칭 구조를 이루고 있다는 것을 알 수 있다.

A. 출 35:1-3 안식일을 지키라는 하나님의 명령

B. 출 35:4-19 성막건축 실행 순서에 대한 명령
 ① 성막을 위한 포장막과 널판과 그 받침들
 ② 지성소 - 법궤와 속죄소, 가리는 휘장
 ③ 성소 - 상과 진설병, 등잔대와 등유, 분향단과 향품, 입구의 휘장
 ④ 바깥 뜰 - 번제단과 물두멍과 뜰 기둥과 포장
 ⑤ 제사장 아론과 그 아들들의 옷

  C. 출 35:20-39:31 명령에 따라 성막건축 실행
   * 성막건축을 위한 재료를 가져옴(35:20-36:7)
   ① 성막을 위한 포장막과 널판과 그 받침들(36:8-38)
   ② 지성소 - 법궤와 속죄소(37:1-9)
   ③ 성소 - 상과 진설병, 등잔대와 등유, 분향단과 향품(37:10-29)
   ④ 바깥 뜰 - 번제단과 물두멍과 뜰 기둥과 포장(38:1-20)
   * 재료들의 양과 사용처 목록(38:21-31)
   ⑤ 제사장 아론과 그 아들들의 옷(39:1-31)

B'. 출 39:32-43 성막건축 실행 순서에 대한 명령 이행의 간략한 보고
 ① 성막을 위한 포장막과 널판과 그 받침들
 ② 지성소 - 법궤와 속죄소, 가리는 휘장
 ③ 성소 - 상과 진설병, 등잔대와 등유, 분향단과 향품, 입구의 휘장
 ④ 바깥 뜰 - 번제단과 물두멍과 뜰 기둥과 포장
 ⑤ 제사장 아론과 그 아들들의 옷

A'. 출 40:1-33 이스라엘을 통한 안식일 준수의 구체적인 실행
 ① 성막과 기물들과 제사장들 기름 부어 거룩하게 함(40:1-16)
 ② 일곱 번의 "여호와께서 모세에게 명하신 대로 되니라"(40:17-32)
 ③ 모세가 이같이 역사를 마침(하던 일을 마침)(40:33)

중심에 위치한 성막건축 실행의 내용은 하나님께서 명령하신 그 순서를 따라서 이루어지고 있다는 점을 분명히 하고 있다. 그 구체적인 순서는 B에서 주어지고 있고, B'에서는 다시 한 번 간략하게 그 순서대로 되었음을 확증한다. 물론 중심인 C에서는 명령하신 순서대로 제작되었음을 상세하게 나열하고 있다. 이와 같은 순종의 실행이 곧 A에서 안식일 명령으로 시작된 성막건축 실행이 마침내 A'에서 안식일 명령을 온전하게 이루어낸 성취가 되었음을 입증한다. 그 구체적인 증거는 성막의 부품들을 조립하고, 기물들을 배치하는 내용이 일곱 번의 "여호와께서 명하신 대로 되었더라"라는 점에서 안식일 준수 명령에서 시작하여 철저하게 안식일 순종의 신앙으로 역사가 마감되었다는 것을 증거 하고 있는 것이다. 이를 통해 성막건축이 곧 새 창조의 완성임을 의미하는 것이다. 그 완성의 끝에는 하나님의 형상을 전해야 할 아론 제사장 가문이 이스라엘의 대표자로서서 이스라엘을 안식일을 준수하는 예배 공동체로 이끌어 갈 것이다.

3. 이야기의 세부적인 주제 따라 읽기

1) 성막건축 실행 순서에 대한 명령(출 35:1-19)

안식일 준수 명령이 주어지고(출 35:1-3) 곧이어 성막 건축을 위한 재료들을 받으라고 말씀하신다. 그 종류는 금속, 실, 가죽, 나무, 기름과 향품 그리고 다양한 보석류들이다(출 35:4-9). 그 다음은 성막을 만드는 순서에 대한 명령이 주어진다(출 35:10-19). 하나님께서 성막건축을 지시하는 내용에 나타난 순서(출 25-31장)와 이스라엘이 성막건축을 실행하는 부분에서 주어진 건축 순서에서 큰 차이점이 드러난다. 하지만 분명히 기억해야 할 것은 하나님께서 모세에게 성막건축을 지시하실 때 그 지시 순서가 곧 만드는 순서라고 말씀하신 적은 없다는 것이다. 지시하실 때는 보여주신 모양대로 장막과 기구를 지을 것에 대한 강조점만이 주어져 있다는 것이 그 증거이다.

내가 그들 중에 거할 성소를 그들이 나를 위하여 짓되 무릇 내가 네게 **보이는** 모양대로 장막을 짓고 기구들도 그 모양을 따라 지을지니라(출 25:8-9).

이처럼 성막건축 지시는 하나님께서 보이신 모양에 강조점이 들어가 있고, 그리고 주어진 순서는 제작 순서가 아니라 신학적인 중요도에 따른 순서라 할 수 있다. 즉 성막의 의미가 무엇인지를 분명하게 알려주고자 하는 목적이 강조되는 순서인 것이다. 그 구체적인 예는 가장 먼저 만들어야 하는 것이 법궤와 두 그룹이 붙은 속죄소라는 점을 들 수 있다. 이는 성막이 하나님께서 거하시며 말씀하시는 장소라는 신앙적인 중요도를 강조하는 순서인 것이다. 이와는 다르게 성막건축 실행에 있어서는 안식일 준수부터 시작하여 성막의 재료를 자원하여 내고, 그렇게 자원한 예물을 가지고 브살렐와 오홀리압과 더불어 이스라엘의 지혜로운 모든 자가 동참하여 성막의 포장부터 만들기를 시작하고 있다는 것은 곧 성막건축이 말씀에 순종하는 이스라엘의 예배라는 것을 강조하는 것이라 할 수 있다. 성막건축 지시가 하나님의 말씀의 정수라 할 수 있는 증거판이 보관된 법궤로 시작하며 성막이 말씀이 주어지는 장소임을 드러냈다면, 성막건축 실행은 그 말씀대로 행하는 연합 이스라엘의 예배에 대한 강조가 질서정연하게 주어지고 있는 것이다.

여기 성막건축 지시의 순서와 실행의 순서를 비교해 보면 이스라엘이 성막건축을 실행하며 이루어야 할 질서정연한 세상이 무엇인지를 가늠케 한다. 하나님의 말씀이 이와 같은 질서로운 삶을 가능케 한다는 것은 분명한 사실이다.

하나님 - 성막건축 지시 순서 (출 25-31장)	이스라엘 - 성막건축 실행 순서 (출 35-40장)
1) 자원하는 예물을 받으라(25:1-9)	1) 안식일을 지키라(35:1-3)
2) 지성소	2) 자원하는 예물을 받으라(35:4-9)
① 법궤(25:10-16)	3) 성막건축 순서 명령(35:10-19)
② 속죄소(25:17-22)	4) 예물을 가져옴(35:20-29)
3) 성소	5) 브살렐과 오홀리압과 지혜로운 자들의
① 진설병 상(25:23-30)	소임(35:30-36:7)
② 등잔대(25:31-40)	* 성막건축 순서 명령대로 지음(35:10-19)
5) 성막 구조물	6) 성막 포장과 구조물
① 4중 포장(26:1-14)	① 4중 포장(36:8-19)
② 기둥들과 띠(26:15-30)	② 기둥들과 띠(36:20-34)
③ 휘장들(26:31-37)	③ 휘장들(36:35-38)
6) 바깥뜰	7) 지성소
① 번제단(27:1-8)	① 법궤(37:1-5)
② 사면 뜰과 포장(27:9-19)	② 속죄소(37:6-9)
7) 성소	8) 성소
① 등불 기름(27:20-21)	① 진설병 상(37:10-16)
8) 제사장 복장(28:1-43)	② 등잔대(37:17-24)
9) 제사장 위임식과 사명	③ 분향단과 향(37:25-29)
① 제사장 위임식(29:1-37)	9) 바깥뜰
② 제사장의 사명(29:38-46)	① 번제단(38:1-7)
10) 성소	② 물두멍(38:8)
① 분향단(30:1-10)	③ 사면 뜰과 포장(38:9-20)
11) 백성들의 속전(30:11-16)	● 성막건축에 소요된 물품 목록(38:21-31)
12) 바깥뜰	10) 제사장 복장(39:1-31)
① 물두멍(30:19-21)	11) 성막기물 완성 보고(39:32-43)
13) 관유와 향을 만드는 법(30:22-38)	12) 성막 기물과 제사장 기름부음(40:1-16)
14) 브살렐과 오홀리압의 소임(31:1-11)	13) 성막을 세움(40:17-33)
15) 안식일을 지키라(31:12-17)	- 일곱 번의 명령대로 하였다는 언급

어느 쪽이 더 질서정연한 모습을 보이고 있는가? 성막건축 지시
는 특히 성소와 바깥뜰의 기물들이 한꺼번에 거론되는 것이 아니라, 따로
떨어져 있다. 그러한 이유에 대해서는 성막건축 지시의 구조를 살필 때
설명하였다. 이와는 다르게 성막건축 실행에서는 흩어져 있던 기물들이
같은 공간에 위치하게 될 때는 그 기물들을 떨어뜨리지 않고 연속하여 만
드는 것으로 나타난다는 점에서 오히려 순차적이며 질서로운 모습을 띠
고 있는 것을 알 수 있다. 이제 그 질서정연한 순서에 따른 성막건축 실행
을 살펴볼 때이다.

2) 이스라엘이 명령 따라 성막건축 실행하여 완성함(출 35:20-40:33)

성막건축 실행은 대부분 성막건축 지시에 나와 있는 내용을 그
대로 옮겨 놓았다. 차이점이라고 한다면 시작에서 "…을 만들었으니"라는
실행을 먼저 언급하고 있다는 점이다.

	성경 구절	내 용
1	36:8	열 폭 휘장으로 성막을 지었으니(עשׂה 아싸)
2	36:20	널판들을 만들었으니(עשׂה 아싸)
3	36:31	조각목으로 띠를 만들었으니(עשׂה 아싸)
4	37:1	조각목으로 궤를 만들었으니(עשׂה 아싸)
5	37:10	조각목으로 상을 만들었으니(עשׂה 아싸)
6	37:17	순금으로 등잔대를 만들되(עשׂה 아싸)
7	37:25	조각목으로 분향할 제단을 만들었으니(עשׂה 아싸)
8	38:1	조각목으로 번제단을 만들었으니(עשׂה 아싸)
9	38:8	놋으로 물두멍을 만들고(עשׂה 아싸)
10	38:9	뜰을 만들었으니(עשׂה 아싸)
11	39:1	성소에서 섬길 때 입을 정교한 옷을 만들고(עשׂה 아싸)

이러한 차이점과 더불어 때때로 첨가된 내용들이 곳곳에 등장한다. 여기서는 성막건축 지시에 없는 내용들이나, 첨가된 내용들을 주로 다루며 설명하기로 한다.

(1) 성막 재료 준비와 기술자 준비(출 35:20-36:7)

성막을 짓는 것은 명실상부 이스라엘 전체의 공동참여로 이루어지는 공동예배가 된다. 마음이 감동된 자와 자원하는 모든 자가 와서 회막과 그 기구들을 짓기 위한 예물을 가져왔다. 그리고 구체적으로 마음에 원하는 남녀가 귀금속과 여러 다양한 색깔의 실들 그리고 가죽들을 헌납하였다(출 35:21-22). 하나님을 섬기는 일에 남녀의 구별이 없다는 것을 분명하게 알려주고 있다. 그리고 마음이 슬기롭고, 감동된 여인들은 여러 재료들을 사용하여 다양한 색깔의 실들을 손수 만들어서 가져왔다고 한다(출 35:25-26). 청색, 자색, 홍색 실과 가늘게 꼰 베실들이 이렇게 해서 만들어졌고, 예물로 주어졌다. 남자들의 대표들인 이스라엘의 모든 족장들도 보석류와 기름과 향품들을 가져왔다(출 35:27-28). 이 속에는 마음에 감동과 자원이라는 표현이 차고 넘친다. 이렇게 하나님의 집은 구원의 기쁨으로 감동과 자원하는 헌신을 통해 이 땅에 서게 되는 것이다. 현대의 교회가 서는 것도 이와 같아야 할 것이 분명하다.

그리고 이 모든 재료들을 가지고 성막과 기구들을 만들 중추적인 두 인물을 지명하여 부르신다. 유다 지파의 브살렐(בְּצַלְאֵל 하나님의 그늘에)과 단 지파의 오홀리압(אׇהׇלִיאׇב 아버지의 텐트)을 부르시고, 그들에게 하나님의 영을 충만케 하고, 지혜와 총명 그리고 감동을 주셔서 여러 가지 일을 하게 하시고 정교한 일을 이루게 하셨다(출 35:30-35). 그리고 성막건축이 결코 이 두 사람만의 일이 아님을 알리시며 이들을 도와 함께 성막을 지을 '지혜로운 사람들' 또한 세우신다(출 36:1). 이들은 여호와께서 지혜와 총명을 부으사 성소에 쓸 모든 일을 할 줄 알게 하신 사람들이다. 하나님께서는 이렇게 그 마음에 여호와께로부터 지혜를 얻고 그 일을 하려고 마음에 원하는 모든 자를 부르신다(출 36:2). 이처럼 하나님의 집은 모두가 동참하여 만들 수 있지만 조건은 분명하다. 여호와께서 주시는 지혜와 자원하는 감동이다. 여호와의 지혜가 아니면 분명 다른 방향으로 나갈 것이며, 분열과 다툼이 벌어질 것이다. 그러므로 함께 하나님의 일을 진행할 때 하나님의 지혜인지 세상의 지혜인지를 분명하게 구별해야 할 필요가 있다. 하나님께서 부여해 주시는 지혜와 감동은 모든 분열과 다툼을 극복하고 하나님의 집을 완성하는 길로 나아가게 할 것이다.

이렇게 성막을 지을 사람들까지 준비가 되었다. 이제 하나님의 명령대로 순서에 따라 제작을 해 나가면 된다. 그런데 일을 진행하는 사람들이 한 가지 문제에 봉착한다. 그것은 다름 아닌 백성들의 헌신의 도가 넘쳐서 끊임없이 예물을 가져오는 것이다. 아침마다 자원하는 예물을 연하여 가져옴으로 그것을 받고 정리하느냐 일을 진행할 수 가 없었다(출 36:3-4). 이것을 모세에게 보고하고 모세는 백성들에게 명령하여 더 이상 재료를 만들지 말고 가져오지 말라고 공표한다. 이미 있는 재료로도 모든 일을 하기에 차고 넘치기 때문이다(출 36:6-7). 우리 시대에도 필요한 것이 바로 이러한 기쁨의 헌신이다. 어느 누구도 강압하거나, 강압 받지 않고 하나님의 은혜가 삶 속에 차고 넘쳐 이루어지는 헌신이 회복될 때 예배가 살아나고, 하나님의 교회가 든든히 서 나갈 것이다. 성막은 이렇게 이 땅에 서게 되는 것이다. 이제 본격적으로 성막을 건축할 모든 준비가 갖추어졌다. 이제 가야 할 길은 순서대로 제작에 들어가는 것이다.

(2) 성막건축 실행(출 36:8-39:43)

성막건축 실행은 동시다발적으로 이루어졌을 수도 있었을 것이라 사려 된다. 예를 들면 포장막을 만드는 사람들은 그 작업에 전념하고, 금속과 나무로 세공하는 작업을 하는 사람들은 그 일에 전념하여 진행되었을 것이라 유추해 볼 수 있다. 그러나 그 과정들은 분명 브살렐과 오홀리압과 같은 총괄하는 사람들에 의해 질서 있게 진행되었을 것이 분명하다. 그렇지만 우리는 각각 물품들이 어떤 시간대에 어떻게 함께 만들어졌는지에 대한 내용은 결코 알 수 없고, 다만 현재 출애굽기에 기록된 순서 밖에는 알 수 있는 것이 없다는 점에서 기록된 순서에 따라 체계 있게 진행 되었다는 것을 전제하고 서술하기로 한다.

가장 먼저 성막의 포장막부터 제작이 시작된다. 포장막은 네 겹으로 이루어지며 가장 안쪽에는 가늘게 꼰 베실과 청색, 자색, 홍색 실로 그룹들을 무늬 놓아 짜서 만들고, 그 다음 겹은 염소 털로 만들고, 그 다음은 붉은 물들인 수양의 가죽으로 만들고 가장 바깥쪽은 해달의 가죽으로 만들어 덮는다(출 36:8-19). 이렇게 포장 만드는 작업이 끝나면 조각목으로 남쪽, 북쪽, 서쪽을 지탱할 성막 기둥 널판과 띠들 그리고 받침들을 만들었다(출 36:20-30). 그리고 성소와 지성소를 가르는 휘장과 장막 문을 위한 휘장을 만들었다(출 36:35-38).

이렇게 성막 포장과 기둥에 관한 작업이 끝난 후에는 지성소와 성소, 바깥뜰의 순서로 각각의 공간에 위치할 기물들을 만드는 일이 차례로 진행된다. 먼저 지성소 안에 위치할 것으로 조각목으로 법궤를 만들고 그리고 그 법궤 위에 얹어 하나님의 임재의 장소가 될 속죄소가 만들어진다. 속죄소에는 금으로 두 그룹을 만들어 붙인다. 성소에 들어갈 품목으로 세 가지가 차례로 만들어 지는데 상과 등잔대와 분향단이 만들어진다. 그리고 바깥뜰에 위치할 기물인 번제단과 물두멍이 만들어지는데 물두멍에는 부가적인 설명이 붙어 있다는 점이 차이점이다. 성막건축 지시에서는 물두멍을 만드는 재료와 그 두는 위치와 용도만을 언급하였다면(출 30:19-21), 이곳 실행에서는 그 재료를 어디에서 얻어야 하는지를 구체적으로 밝히고 있다는 점이다. 물두멍을 만드는 놋을 회막문에서 수종드는 여인들의 거울로 만들었다는 것이 언급된다(출 38:8). 이는 거울의 용도가 자신을 비추어 보고 단정하게 고치는 것이듯이 물두멍 또한 자신을 비추어 씻고 정결하게 하기 위함이라는 의미를 전해주는 것이다. 이렇게 확실히 자신을 비추어서 수족을 깨끗이 씻을 때 죽음을 면할 수 있다고 한다(출 31:20-21). 그리고 이어서 성막 뜰을 구분하기 위해 동서남북 사방으로 세워야 할 기둥과 거기에 달 포장들이다. 이렇게 기둥을 세우고, 포장을 달아서 벽을 만들어 이스라엘 진영과 성막을 구별하는 기능을 한다(출 38:9-20).

이렇게 성막과 그에 관련된 기물들을 만드는 작업이 끝이 난다. 이러한 제작의 끝을 알리기 위해 브살렐과 오홀리압의 지휘 아래 다 만들었고, 그들이 사용한 재료의 관리는 제사장 아론의 아들 이다말이 모세의 명령대로 출납을 계산하였다고 한다(출 38:21). 그리고 이다말이 정리한 결산서가 제시된다. 금이 성소의 세겔로 29달란트와 730세겔이고, 은이 성소의 세겔로 100달란트와 1775세겔로 계수된 회중에게서 얻었고, 놋이 70달란트와 2400세겔이 소요되었다고 보고하고 있다(출 38:24-31). 일반에서 사용되는 한 세겔은 약 11.7g 정도이고, 성전에서만 사용되는 세겔은 무게가 10g 정도로 조금 덜 했고, 궁중 세겔 혹은 무거운 세겔이 13g으로 조금 더 나갔다.[292)]

성막과 기물들을 다 만들고 결산보고가 이 곳에서 이루어지고 있지만 성막과 관련한 한 가지 중요한 물품이 한 가지 더 남아있다. 그것은 성막에서 직임을 수행할 제사장 복장이다. 제사장 복장이 제일 마지막으로 만드는 품목이 되고 있다는 것은 그 위치상 성막의 관리는 물론 예배를 인도하고, 하나님의 말씀을 듣고, 전하는 소명자들이 바로 제사장들이라는 점에서 마지막을 장식하는 것이라 할 수 있다.

제사장들은 이 복장을 입고 하나님 앞에서 섬기며, 이스라엘을 동일한 신앙의 길로 이끌 것이다. 그리고 신앙의 삶의 정점이라 할 수 있는 삶의 최소단위인 일주일의 끝 날인 안식의 예배를 이루는 길로 향할 것이다. 성막건축 실행에서 안식일을 지키라는 명령으로 시작하고 있다는 것은 곧 성막을 중심으로 안식일의 예배가 회복되는 삶이 되어야 함을 의미하는 것이다. 그리고 진정한 안식일의 회복은 곧 창조질서의 회복으로 연결된다는 점에서 그 회복을 위하여 제사장들은 최선의 노력으로 사명을 수행해야 함을 뜻한다. 이러한 창조의 회복과 완성을 향한 제사장의 사명은 제사장 복장을 만드는 것에서도 드러나고 있다. 제사장이 성막에서 예배를 인도하는 주축이라는 점에서 백성의 대표자임에 틀림없다. 그러므로 제사장이 입는 복장이 완성되는 과정은 곧 백성들의 삶이 완성으로 향하는 것과 같은 의미를 가지고 있는 것이다. 성막건축 지시 때 제사장 복장을 만들라는 지시는 이음매 없이 매끄럽게 금실과 청색, 자색, 홍색 실과 가늘게 꼰 베실을 사용해, 에봇과 그 어깨에 붙이는 호마노 두개, 판결흉패, 에봇 받침 겉옷, 순금으로 패를 관에 붙이고, 반포 속옷을 만들라는 내용이 전개된다. 그런데 제사장 복장을 만드는 것에서는 각각의 물품들을 만들 때마다 후렴구가 따라붙는다.

1	39:1	**청색, 자색, 홍색 실로** 그들은 여호와께서 모세에게 명령하신 대로 (하였더라)… 만들었더라 (כַּאֲשֶׁר צִוָּה יהוה אֶת־מֹשֶׁה׃ 카아세르 찌와 야훼 에트-모세)
2	39:5	**에봇** 여호와께서 모세에게 명령하신 대로 하였더라 (כַּאֲשֶׁר צִוָּה יהוה אֶת־מֹשֶׁה׃ 카아세르 찌와 야훼 에트-모세)
3	39:7	**에봇에 붙이는 두 호마노** 여호와께서 모세에게 명령하신 대로 하였더라 (כַּאֲשֶׁר צִוָּה יהוה אֶת־מֹשֶׁה׃ 카아세르 찌와 야훼 에트-모세)
4	39:21	**판결흉패** 여호와께서 모세에게 명령하신 대로 하였더라 (כַּאֲשֶׁר צִוָּה יהוה אֶת־מֹשֶׁה׃ 카아세르 찌와 야훼 에트-모세)
5	39:26	**에봇 받침 겉옷** 여호와께서 모세에게 명령하신 대로 하였더라 (כַּאֲשֶׁר צִוָּה יהוה אֶת־מֹשֶׁה׃ 카아세르 찌와 야훼 에트-모세)
6	39:29	**반포 속옷** 여호와께서 모세에게 명령하신 대로 하였더라 (כַּאֲשֶׁר צִוָּה יהוה אֶת־מֹשֶׁה׃ 카아세르 찌와 야훼 에트-모세)
7	39:31	**순금으로 거룩한 패** 여호와께서 모세에게 명령하신 대로 하였더라 (כַּאֲשֶׁר צִוָּה יהוה אֶת־מֹשֶׁה׃ 카아세르 찌와 야훼 에트-모세)

그 내용은 모두 "여호와께서 모세에게 명령하신 대로 하였다"는 것으로 각각의 끝을 이루고 있다는 것이다. 그리고 그 숫자 또한 정확하게 7번 등장한다는 점에서 창조의 완성은 물론이거니와 안식일의 회복을 향하고 있다는 점을 강하게 시사하고 있는 것이라 할 수 있다. 이 속에는 제사장들이 이 복장을 입고 행해야 할 소명이 무엇인가를 정확하게 보여주고 있는 것이다. 백성들을 창조의 완성으로 이끌고, 안식의 예배를 성취하는 것이다.

이렇게 제사장 복장까지 끝이 난 후에 모세에게 만든 모든 것을 가져온다. 이 때 성막을 어떤 특정한 대표자들이 만들어서 마쳤다고 하지 않는다는 점이 중요하다.

> 이스라엘 자손이 이와 같이 성막 곧 회막의 모든 역사를 마치되 여호와께서 모세에게 명령하신대로 다 행하고 그들이 성막을 모세에게 가져왔으니(출 39:32-33a).

분명히 성막을 건축하는 실행은 몇몇 대표자들만의 일이 아니었음을 알 수 있게 하는 대목이다. 이스라엘 전체가 동참하는 일이었으며, 모두의 연합으로 이루어낸 역사인 것이다. 이스라엘이 함께 모세에게 만든 모든 기물들을 가져온다. 그 순서가 여기 또다시 나열된다. 첫째로 성막을 위한 포장막과 널판과 그 받침들, 둘째로 지성소의 법궤와 속죄소와 가리는 휘장, 셋째로 성소의 상, 등잔대와 등유, 분향단과 향품 그리고 입구의 휘장, 넷째로 바깥뜰의 번제단과 물두멍과 뜰 기둥과 포장 그리고 다섯째로 제사장 아론과 그 아들들의 옷의 순서이다(출 39:33-41). 이는 곧 명령하신 순서대로 이루었다는 것을 다시 한 번 입증하는 것이다(비교, 출 35:11-19). 이렇게 나열된 후에 또다시 여호와께서 모세에게 명령하신 대로 이스라엘 자손이 모든 역사를 마쳤다는 언급으로 끝을 맺는다. 이것은 성막건축 실행이 하나님의 명령대로 하였다는 것으로 시작하고, 명령대로 끝났다는 것을 거듭 강조하는 것으로 끝을 맺음으로 중심에 들어 있는 모든 기물들이 오직 하나님의 뜻대로 이루어졌다는 것을 강조하는 구조를 이루고 있다.

A. 출 39:32 이스라엘이 역사를 마치되 여호와께서 모세에게 명령하신 대로 행하고

 B. 출 39:33-41 성막의 포장과 모든 기물들 제작 완성

A'. 출 39:42 여호와께서 모세에게 명령하신 대로 이스라엘 자손이 모든 역사를 마치매

↓

축복의 선포(출 39:43)

그리고 결론은 모세가 그 마친 모든 것을 점검해 보고 여호와께서 명령하신 대로 되었으므로 이스라엘을 축복하는 장면이다(출 39:43).

이제 남은 것은 이스라엘이 모세 앞에 가져온 모든 기물들을 조립하고 있어야 할 위치에 두는 작업이 남았다. 출애굽기 40:1-33절은 두 단계로 나누어지며 이 작업을 설명하고 있다. 전반부(40:1-16)는 조립의 순서와 해야 할 일에 대한 하나님의 명령이 주어지고, 후반부(40:17-33)는 그 명령이 어떻게 순차적으로 이루어졌는가에 대한 상세도가 주어지고

있다. 먼저 성막조립 날짜가 주어진다. 첫째 달 초 하루 즉 1월 1일에 세우라는 것이다. 이는 곧 새로운 시작을 의미하는 것으로 성막이 세워짐과 동시에 이스라엘의 새 출발이 시작됨을 뜻하는 것이라 할 수 있다. 그 순서는 성막을 세우고, 지성소의 증거궤를 들여놓고, 휘장으로 가리고, 성소의 상과 그 위의 물품들을 진열하고, 등잔대를 들여 놓고 불을 켜고, 금 향단을 증거궤 앞 부분에 두고 성막 문 휘장을 달고, 바깥뜰에 번제단을 회막 문 앞에 놓고 물두멍은 회막과 제단 사이에 놓고 그 속에 물을 담고 끝으로 뜰 주위에 포장을 치고, 뜰 문에 휘장을 다는 것이다(출 40:2-8).

이렇게 모든 것이 다 제 위치를 찾은 듯 하지만 하나님의 명령은 한 단계 더 나아간다. 그것은 다름 아닌 성막과 그 성막에서 봉직할 제사장들에게 기름을 부어 거룩하게 구별하는 것이다(출 40:9-15). 기름 부어 거룩하게 하는 것은 곧 특별한 목적을 위하여 성별되었다는 것을 의미한다. 이는 곧 하나님만을 위하여 구별되었다는 것을 뜻하는 것이다. 특히 성막과 제사장들을 동일한 관유로 거룩하게 기름 부어 구별한다는 것은 하나님께서 거하시는 성막이 거룩함 같이 제사장들 또한 하나님의 임재를 전하는 자들로서 그와 같은 동일한 거룩함을 이루어야 한다는 것을 뜻하는 것이다. 제사장 복장의 재료가 성막의 재료와 일치한다는 것과 같은 의미일 것이다.

성막과 제사장에게 기름 부어 구별하는 의식에 대한 명령은 여기서 주어지고 있지만 그 실행은 레위기의 제사장 위임식이 이루어지는 곳에서 실행된다(레 8:5-13). 이는 곧 성막의 완성은 레위기로도 연결되어야 한다는 것을 뜻하는 것이다. 이렇게 레위기까지 진행되어 완성되는 기름 부음이 있음에도 불구하고 성막을 세우라는 명령이 주어지고 난 후 "모세가 그같이 행하되 곧 여호와께서 자기에게 명령하신 대로 다 행하였더라"(출 40:16)고 언급함으로 그 때 모든 것이 다 이루어진 것처럼 마감한다. 이것은 지금 당장 다 이루어졌다는 것을 의미하는 것이 아니라, 차후에 이루어질 것까지 염두에 두고 기록한 것이기 때문이다. 출애굽기의 차후의 방향은 이러한 명령이 하나하나 어떻게 이루어졌는가를 보고하는 것이 될 것이다. 출애굽기에서는 성막을 세우고 물품들을 있어야 할 장소에 두는 것으로 실행이 마감되고, 나머지 기름 부음은 제사장 위임식이 있는 레위기에서 그 성취에 이를 것이다. 그러므로 "모세가 명령하신 대로 다 행하였다"는 것은 차후에 이루어질 것에 대한 확증을 미리 제시해주고 있는 것이며, 그 성취로 입증될 것이다.

이제 여호와께서 모세에게 명령하신 대로 행하였다는 것이 어떻게 이루어졌는가를 상세하게 설명하는 내용을 살펴볼 차례이다. 먼저 성막을 세우는 시점이 주어지고 있는데 명령하신 동일한 시점이란 점에서 시작부터 명령이 성취되고 있다는 것을 알게 한다. 둘째 해 첫째 달 초하루에 성막 세우기가 이루어진다(출 40:17). 성막 세우기의 실행 또한 일곱 단계를 거쳐가는 구조를 이루고 있다는 점에서 성막건축이 창조의 완성이며, 안식일의 회복이라는 점을 분명히 한다.

| 1 | 40:18-19 | 성막을 세우되 받침들 놓고 널판들 세우고 띠를 띠우고 기둥을 세우고, 성막 위에 막을 펴고 그 위에 덮개를 덮음
여호와께서 모세에게 명령하신 대로 되니라
(כַּאֲשֶׁר צִוָּה יְהוָה אֶת־מֹשֶׁה׃ 카아세르 찌와 야훼 에트-모세) |

2	40:20-21	증거판을 궤 속에 넣고 채를 궤에 꿰고 속죄소를 궤 위에 두고 그 궤를 성막에 들여 놓고 가리개 휘장을 늘어뜨림 **여호와께서 모세에게 명령하신 대로 되니라** (כַּאֲשֶׁר צִוָּה יְהוָה אֶת־מֹשֶׁה׃ 카아세르 찌와 야훼 에트-모세)
3	40:22-23	회막 안 휘장 밖 북쪽에 상을 놓고 그 상 위에 떡을 진설함 **여호와께서 모세에게 명령하신 대로 되니라** (כַּאֲשֶׁר צִוָּה יְהוָה אֶת־מֹשֶׁה׃ 카아세르 찌와 야훼 에트-모세)
4	40:24-25	회막 안 휘장 밖 남쪽에 등잔대 놓아 상과 마주보게 하고 등잔불을 켬 **여호와께서 모세에게 명령하신 대로 되니라** (כַּאֲשֶׁר צִוָּה יְהוָה אֶת־מֹשֶׁה׃ 카아세르 찌와 야훼 에트-모세)
5	40:26-27	금 향단을 회막 안 휘장 앞에 두고 향기로운 향을 사름 **여호와께서 모세에게 명령하신 대로 되니라** (כַּאֲשֶׁר צִוָּה יְהוָה אֶת־מֹשֶׁה׃ 카아세르 찌와 야훼 에트-모세)
6	40:28-29	성막 문에 휘장을 달고 성막 문 앞에 번제단을 두고 번제와 소제 드림 **여호와께서 모세에게 명령하신 대로 되니라** (כַּאֲשֶׁר צִוָּה יְהוָה אֶת־מֹשֶׁה׃ 카아세르 찌와 야훼 에트-모세)
7	40:30-32	물두멍을 회막과 제단 사이에 두고 씻을 물을 담고, 모세와 아론과 그 아들들이 회막에 들어갈 때와 제단에 가까이 갈 때 씻음 **여호와께서 모세에게 명령하신 대로 되니라** (כַּאֲשֶׁר צִוָּה יְהוָה אֶת־מֹשֶׁה׃ 카아세르 찌와 야훼 에트-모세)
	40:33	성막과 제단 주위 뜰에 포장을 치고 뜰 문에 휘장을 닮 모세가 이같이 역사를 마치니

일곱 번 동일하게 "여호와께서 모세에게 명령하신 대로 되니라"가 나타나며 그 마지막은 모세가 이같이 역사(하던 일)를 마치니로 마감된다. 이스라엘이 하나님의 창조의 역사를 이어가는 역사가 시작되었음을 의미하는 것이다.

3) 이스라엘의 소명 - 성막과 율법준수의 관계

하나님의 율법을 지키는 삶과 성막건축은 뗄 수 없는 불가분리의 관계에 있다. 성막건축 실행에서 "여호와께서 모세에게 명하신 대로 되었더라"는 후렴구가 18번이나 반복되며 성막이 완성된다는 것이 곧 성막의 본질이 하나님의 말씀에 대한 순종이라는 것을 강조하기 위함인 것이다. 이것은 다음과 같은 여러 가지 정황으로 더욱 분명해진다.

천지창조 (창1:1-2:3)	* 하나님의 말씀으로 이루어 가는 창조질서 * 이 창조질서의 유지와 확장은 또한 하나님의 말씀에 대한 순종으로 가능할 것이다.	율법수여 (출 20-24장)	* 하나님의 말씀으로 이루어 가는 삶의 질서 * 이 질서의 유지와 확장은 또한 하나님의 말씀에 대한 순종으로 가능할 것이다.
에덴동산 (창 2:4-3장)	* 하나님과 함께 이루어 가는 예배하는 삶 * 하나님을 중심에 모신 삶 * 뱀의 말 또한 존재	성막 (출 25-40장)	* 하나님과 함께 이루어 가는 예배하는 삶 * 하나님을 중심에 모신 삶 * 금송아지 숭배가 존재

그러므로 시내산에서 율법수여와 성막건축은 별개의 것이 아닌 하나의 이념으로 연결되어야 한다. 이것을 입증하듯이 하나님의 말씀의 정수인 증거판이 성막의 가장 중요한 기물인 증거궤 안에 보관된다는 것이다.

이와 같이 출애굽기의 가장 마지막 부분은 전반부의 구원사에 이어서 출애굽기의 후반부를 장식하고 있는 '율법과 성막'의 관계를 가장 단적으로 보여주는 그림을 제시하고 있다. 율법과 성막은 독립적인 것이 아닌 공존의 관계에 있다. 율법에 대한 순종이 전제되지 않고서는 결단코 성막은 존재할 수 없다. 하나님의 백성이 그 중심에 거하시는 하나님의 뜻을 거역하고야 어찌 하나님과 함께 할 수 있을 것인가? 금송아지 숭배 사건은 이것을 분명하게 제시해 주고 있다. 금송아지 숭배는 단순한 우상숭배를 말하자는 것이 아니라 하나님의 율법을 어기는 행위의 대표적인 것으로 말씀에 대한 불순종을 상징한다. 결국 두 돌판이 깨어진다. 그것으로 끝나는 것이 아니라, 하나님께서는 모세에게 자신은 함께 가지 않을 것이니 백성들을 이끌고 그 땅으로 가라고 명령하신다(출 33:1). 두 돌판이 깨어졌고, 그 여파로 여호와의 동행이 사라지며 그 결론은 성막건축 계획이 폐기되는 것이었다. 율법도 없고, 성막도 없이 이스라엘을 이끌고 가나안으로 들어가라는 명령이 내려진 것이다. 이스라엘의 운명은 명약관화한 것이다. 약속의 땅에 들어가 기준도 없이(율법), 중심도 없이(성막) 그렇게 살다가 가나안 원주민들에게 동화되고, 결국은 하나님의 징계 없이도 하나님의 백성은 흔적도 없이 사라져버리게 되는 운명이 되고 말 것이다. 이를 막기 위해 마침내 성막이 이스라엘 중심에 세워진 것이다. 율법은 성막이 이스라엘 중심에 자리 잡을 수 있는 길을 열고, 성막은 또한 이스라엘이 율법을 지킬 수 있는 정신을 가능케 할 것이다.

4) 사명의 완료가 아닌 진행으로서의 성막

하나님의 창조세계는 죄악으로 인해 파괴를 경험했고, 그 안타까운 파괴가 계속되고 있다. 그러나 여기 성막의 존재로 인해 파괴를 경험한 창조세계가 회복의 길로 가는 길이 열렸다는 점에서 회복의 과정 중에 있는 것이다. 출애굽기 35-40장에 나타난 성막의 완성은 실제로 완성체 자체를 말하고 있는 것이 아니라, 완성되어 가고 있는 것을 말하고 있는 것이라고 표현하는 것이 맞을 것이다.[293] 이것은 성막이 완성되었을 때 중요한 강조점이 완성되었다는 것에 있는 것이 아니라, 지루하리만치 반복되고 있는 "여호와께서 모세에게 명령하신 대로 되었더라"는 언급에서처럼 말씀대로 되었다는 점이다(출 39-40장).

성막에 대한 핵심은 아름다운 건축물에 대한 감상이 아니라 그것을 만드는데 필요한 순종의 행동이다.[294] 성막은 또한 이동하는 특징이 있으며, 그 이동은 결코 인간의 주권에 의해서 이루어지지 않고 오로지 하나님의 뜻에 의해서만 이루어진다는 점에서 이스라엘의 미래를 새롭게 할 수 있다. 이것은 또한 이스라엘의 미래만 새롭게 하는 것이 아니라, 하나님의 창조세계를 새롭게 할 수 있는 위력이 있다. 프레다임은 이러한 성막의 특징이 곧 창조세계의 회복과 완성을 향한 길이 될 수 있다고 단언한다.

성막이 거두어졌다가 다시 쳐지는 순간마다 성막을 만들고 연결시키는 과정은 늘 새롭게 되풀이 된다. 성막은 날마다 철거하고 다시 결합시키는 과정 속에서 하나님의 창조세계는 늘 새롭게 만들어진다. 성막이 예루살렘에 안식할 곳을 발견할지라도(왕상 8:4) 운반용 손잡이는 여전히 분리되지 않은 채로 남아 있으며(왕상 8:7-8), 성막 언어는 성전 자체를 묘사하는 데 그대로 사용된다(시 26:8; 43:3; 46:7; 74:7; 84:1). 이것은 성전신학에서조차 계속해서 그 문제에 관심을 갖고 있음을 보여준다.[295]

하나님의 주권에 전폭적인 의지를 두고 움직이는 것은 결코 쉬운 일이 아니다. 극히 자주 하나님의 뜻과 인간의 뜻이 충돌하게 될 것이다. 때로는 징벌도 감수해야 할 것이며, 회복을 통해 순종의 의미를 배우게 될 것이다. 그러한 과정을 통과하며 마침내 하나님의 뜻이 이루어지는 것이 이스라엘 자신을 위해서도 그리고 세상을 위해서도 가장 유익한 것임을 발견하는 순간에 성막의 존재의미를 은혜로 고백하게 될 것이다. 그리고 성막에 자신의 영광을 두신 하나님의 뜻을 따라 순종으로 온전함을 향한 길을 걸을 것이다.

이와 같은 진행은 신약성경으로 연결되는데 성막은 신약성경에서 "말씀이 육신이 되어 우리 가운데 거하시니 우리가 그 영광을 보았다"(요 1:14)라고 고백하는 구문에서 예수 그리스도의 성육신으로 전환된다. 히브리서는 성막에서 행해지는 짐승으로 드리는 제사 의식은 모든 면에서 그리스도의 구원 사역을 내다보는 창의 구실을 한다고 본다(히 9:1-28). 그리고 마침내 성막은 성령의 거하실 처소인 신자의 몸으로도 전환하고 있는 것이다(고전 6:19).[296]

그러므로 출애굽기의 마지막 결론적인 구절들이 이미 완성된 이스라엘을 의미하는 것이 아니라 미래에 완성될 하나님의 백성을 기대하는 것이 된다는 것은 합당한 결론이라 할 수 있다. 그것은 바로 하나님의 인도 따라 살아가는 한 백성의 창조이다(출 40:34-38). 성막건축은 바로 이러한 하나님의 백성을 창조하려는 하나님의 계획 가운데 있는 것이며, 그 속에 이러한 순종의 이스라엘을 통하여 이루시려는 하나님의 창조의 이상과 에덴의 이상이 숨어 있는 것이다.

XI. 결론: 이스라엘 민족의 여정 (약속의 땅으로)(출 40:34-38)

1. 이야기 전체를 한 눈에 읽기

이렇게 모든 것이 명령하신 대로 그대로 이루어지는 역사가 마감되며 놀라운 일이 벌어진다. 그것은 바로 구름이 회막에 덮이고 여호와의 영광이 성막에 충만하게 임하는 것이다. 심지어는 모세도 회막에 들어갈 수 없을 정도로 여호와의 영광이 성막에 충만했다고 전한다(출 40:34-35). 이것은 곧 시내산에 임하였던 하나님의 영광이 이스라엘과 함께 하기 위하여 성막으로 그 자리를 옮긴 것을 의미하며, 성막에 임한 하나님의 영광이 더욱더 강력하다는 것을 실증하는 것이다. 그리고 하나님께서 거하시는 장소로써의 성막의 중요성을 더욱 강화시키는 것이라 할 수 있다.[297]

여호와의 영광은 곧 여호와의 임재를 의미하는 것이라는 점에서 이스라엘 역사의 획기적인 전환점이며 분기점이 되는 것이다. 이제는 모세나 이스라엘의 대표자만이 올라갔던 그 산으로 더 이상 올라갈 필요가 없다는 것이며, 어느 누구나 하나님을 예배하기 위해서는 성막으로 나아오면 된다는 것이다. 이로써 마침내 출애굽기의 시작에서 주어진 구원의 목표였던 '예배를 위한 해방(liberation for worship; 출 4:23; 7:16; 8:1)'이 그 본격적인 성취를 향한다. [298]

시내산과 성막의 유비 관계는 다음의 도표를 통해 분명하게 드러날 것이다.

시내산 언약 시작 (출 19장)	중심 (20-23장)	시내산 언약 결론 (24장)	성막건축의 지시 (25-31장)	중심 (32-34장)	성막건축 완성 (35-40장)
(19:24) 산 정상 - 모세와 아론		(24:12-14) 산 정상 - 모세	(25:10-22) 지성소	(32-34장) 금송아지 끊고 언약을 회복 하고 두 돌판을 받음 오직 말씀 (법)으로 돌아갈 때 성막의 목적이 성취된다.	(40:20-21) 지성소
(19:21-23) 산 중턱 - 제사장	(20-23장) 십계명 - 세세한 법	(24:9-11) 산 중턱 - 제사장, 대표	(25:23-40) 성소		(40:22-28) 성소
(19:16-18) 산 기슭 - 백성들		(24:1-8) 산 기슭 - 백성들	(27:1-19) 바깥 뜰		(40:29-33) 바깥 뜰
		(24:15-18) 산 정상 구름 산 가리고 여호와의 영광			(40:34-35) 성막 구름이 회막을 덮고 (가리고) 여호와의 영광

이러한 도표를 통해 드러나는 것은 성막은 곧 움직이는 시내산이라는 사실이며, 이스라엘은 그 시내산을 진영의 중심에 두고 함께 이동하는 백성이 되었다는 것을 의미하는 것이다. 시내산과 성막의 연합은 예배의 본질을 밝혀주고 있는 것이다. 이것은 시내산에 임재하셔서 이스라엘에게 율법을 수여하신 여호와께서 이제 이스라엘의 삶의 중심인 성막으로 자신의 거처를 옮기셨다는 것에서 더욱 분명해진다. 그것은 구름(עָנָן 아난)이 시내산을 가리며(כָּסָה 카싸) 여호와의 영광이 충만했다면(출 24:15-16) 동일하게 구름(עָנָן 아난/가리고)이 성막을 덮고(כָּסָה 카싸) 여호와의 영광이 충만하게 임했다(출 40:34-35)는 것에서 입증된다.

시내산과 성막의 동질성은 거룩의 정도에서 동일하게 삼 단계로 나누어진다는 점에서도 드러난다.[299]

시내산	거룩 정도	성막
산기슭 - 제단을 쌓고 번제와 화목제를 드리고 피를 뿌림(출 24:4-8) 백성들이 모두 거하는 곳	놋	바깥뜰 - 번제단과 물 두멍이 있음 백성들이 모두 거함
산 중턱 - 청옥을 편 듯 하고 하늘의 청명, 백성의 대표들이 하나님 앞에서 먹고, 마심 (24:9-11)	은	성소 - 등대와 떡 상이 있고, 분향단이 있음. 제사장과 대표들이 들어갈 수 있음
산 정상 - 모세만이 올라감. 하나님과 직접 대면하여 말을 나눔. 십계명 두 증거 판을 받음 (24:12-18) - 이곳에서만 말씀이 선포됨	금	지성소 - 오직 대 제사장만 일년에 한 차례 대 속죄일이 들어감. 증거궤, 증거판, 하나님의 임재와 말씀 나눔이 존재. - 이곳에서만 말씀이 선포됨

이러한 동질성은 이스라엘 백성의 삶에 하나의 위기를 조성하기도 한다. 시내산에 임재하신 하나님을 만나기 위해 이스라엘이 이루었던 것은 삼일 동안의 정결, 즉 거룩이었다. 이스라엘의 시간과 공간과 삶을 성별하는 과정을 통해 시내산에 임재하시는 하나님 앞에 서는 백성이 되는 것이다(출 19:10-15). 시내산에 임재하신 하나님을 한 번 만나기 위해 이러한 정결례를 행해야 했다면, 그 시내산이 이스라엘의 중심으로 옮긴 것과 같은 성막과 함께 이스라엘이 살아야 한다면 어떤 삶을 이루어야 하는 것인가라는 질문이 생기는 것이다. 그 답은 시내산에서 있었던 정결례들이 이스라엘의 삶 속에 계속해서 살아나야 함을 의미하는 것이다. 단지 삼일 동안의 성결이 아니라 계속적인 시간, 공간, 삶의 성별이 요구된다. 그렇다면 평생을 어떻게 살아가야 하는가라는 질문이 생긴다. 이에 대한 대답은 "내가 거룩하니 너희도 거룩할지어다"(레 11:45; 19:2; 20:26)라는 핵심 주제를 다루고 있는 레위기에서 분명하게 제시될 것을 기대해 볼 수 있다. 그리고 그 거룩은 곧 하나님의 말씀대로 사는 삶이라는 점에서 분명 출애굽기의 중심에 제시된 하나님의 말씀인 율법을 따라 사는 삶이어야 함을 의미한다. 그러므로 성막의 현존은 곧 그 중심에서 주어지는 말씀을 향한 삶이어야 한다는 소명의 각인으로 항상 남아야 할 것이다. 성막은 말씀 성취의 끝이 아니라, 시작점이기 때문이다.

이처럼 성막건축의 완성은 끝이 아니라, 새로운 시작을 의미한다. 성막이 완성되고, 여호와의 영광이 성막에 충만하게 임한 것(출 40:34-35)은 출애굽한 이스라엘의 시점에서 현재형일 것이다. 그리고 이스라엘의 이야기는 결코 여기서 마감되지 않는다. 마땅히 가야 할 길이 있기 때문이다. 이를 입증하듯 그 이후의 기록은 미래에 벌어질 일을 미리 당겨서 보여주는 형태로 되어 있다. 이스라엘 민족이 성막에 임재하신 하나님의 인도를 의미하는 구름기둥과 불기둥의 인도를 따라서 가기도 하고, 서기도 하는 백성이 되어야 함을 의미하는 것이다(출 40:36-38).

성막이 만들어지고, 그 곳에 여호와의 영광이 임하는 그 순간부터 모든 삶의 주권과 의지는 오로지 하나님께 있고, 이스라엘은 그 뜻을 받들며 인도하시는 대로 나아가는 삶을 살아가는 것이다. 흡사 수동적이고, 기계적인 무의지, 무감각을 의미하는 듯 하지만 결코 그렇지 않다. 이스라엘은 하나님과 함께 최고의 순종을 배우는 길을 나서는 것이다. 인간은 결코 무감각하지도 않고, 무의지하지도 않다. 스스로의 감정이 넘치고, 자아가 강해서 문제이지 그것이 없어서 문제였던 적은 거의 없다. 이렇게 과할정도로 인간적인 것에 충만한 인간이 하나님께 모든 것을 내어드리고, 그 뒤를 순종하며 따라간다는 것은 결코 만만치 않은 여정이 될 것을 예상해 볼 수 있다.

하지만 시내산까지도 구름기둥과 불기둥으로 인도하셨고(출 13:21-22), 이제는 성막이라는 이스라엘의 중심에 자신의 거처를 두시고 이스라엘을 떠나지 않으시는 하나님으로 인해 마침내 이 여정은 완수될 것이다. 행진하는 길에서 낮에는 구름기둥으로 사막의 뜨거운 열기를 식혀주시고, 밤이면 죽음의 냉기를 불기둥으로 따스하게 해 주시는 하나님의 은혜가 함께하는 한 이스라엘은 두려워할 것이 없다. 이와 같이 출애굽기의 결론은 두 부분으로 나누어지며 첫 번째 부분은 여호와의 영광의 임재를 통하여 성막건축이라는 역사의 한 단락을 마감하는 정점이 되고

(출 40:34-35), 그 다음 부분은 성막에 임재하신 하나님과 함께 이루어야
할 순종의 미래상을 전하며 마감하고 있다(출 40:36-38).

2. 이야기의 문학적인 구조 따라 읽기

출애굽기의 결론은 두 부분으로 나누어지며 이스라엘 역사에 한
전환점을 마련해 주고 있다. 출애굽기는 사건의 정점마다 전환점이 존재
한다. 특히 시내산 언약을 중심에 두고 양쪽으로 전환점들이 존재한다.
출애굽기 18장은 애굽에서의 구원사건에서 시내산 언약과 율법수여로의
전환을 다루고, 출애굽기 24:12-18절은 시내산 언약과 율법수여에서 성
막건축으로의 전환을 이룬다.

출 18장	출 19:1-24:11	출 24:12-18
A. 애굽에서의 구원에서 (18:1-12) B. 시내산 언약과 율법수여 로(18:13-27)	시내산 언약과 율법수여	B. 시내산 언약과 율법수여 에서(24:12-14) C. 여호와의 영광의 임재 위한 성막으로(24:15-18)

이제 출애굽기의 마지막 전환은 당연히 성막건축 완성을 통한
여호와의 영광의 임재 성취와 여호와의 임재와 함께하는 미래를 향한 순
종의 길일 것이다.

출 24:12-18	출 25:1-40:33	출 40:34-38
B. 시내산 언약과 율법수여 에서(24:12-14) C. 여호와의 영광의 임재 위한 성막으로(24:15-18)	성막건축 지시와 완성	C. 여호와의 영광의 임재 성취에서 (40:34-35) D. 여호와의 임재와 함께하는 순종의 미래기대(40:36-38)

이러한 결론의 전환점은 또한 출애굽기의 시작에서 보여준 전환점에 신앙적인 깊은 의미를 채색하고 있다는 점에서 중요성이 있다. 출애굽기의 시작은 창세기의 결론 부분에서 애굽 땅에 들어간 야곱의 70명의 자손들이 생육하고 번성하여 온 땅에 가득하게 되었다는 것을 보고하는 내용이었다. 그러나 출애굽기의 결론은 그 백성이 하나님과 언약을 맺고 하나님의 뜻만 따르겠다는 백성으로 거듭나 하나님께서 거하시는 성막을 완성하여 영광의 임재를 체험하고 미래의 순종을 기대하는 내용으로 전진한다. 온 땅에 가득한 애굽의 노예에서 하나님의 뜻을 따르는 백성으로의 전환인 것이다. 오합지졸에서 정예화된 신앙의 군사화가 이루어진 것이다.

출 1:1-7	출 1:8-40:33	출 40:34-38
A. 요셉과 그의 모든 형제들 그 시대 사람들 죽음(1:1-6) - 조상 세대에서 B. 이스라엘 자손들 생육, 번성, 온 땅에 가득함(1:7) - 노예에서	구원의 성취와 하나님의 영광이 함께하는 삶	A. 여호와의 영광의 임재 성취에서 (40:34-35) - 출애굽 세대로 B. 여호와의 임재와 함께하는 순종의 미래기대(40:36-38) - 순종의 백성으로
창세기에서 출애굽기로의 전환		출애굽기에서 레위기, 민수기로의 전환

삶의 원리는 지극히 단순하다. 하나님의 영광이 함께하는 성막을 중심으로 하나님의 인도를 뜻하는 성막 위에 머물고 있는 구름의 향방에 따라 가느냐, 멈추느냐가 결정되는 삶이다. 명령은 단순하지만 실천은 결코 쉽지 않다는 것이 삶의 어려움이다.

	성경구절	상태	행동
명령	출 40:36	구름이 성막에서 떠오를 때	행진하여 앞으로 나아감
	출 40:37	구름이 성막에서 떠오르지 않을 때	떠오를 때까지 나아가지 않음
순종의 길	출 40:38	낮에는 구름기둥, 밤에는 불기둥	모든 행진하는 길에서 눈으로 봄

인간은 누구나 각자의 생각을 가지고 있다. 열 명이면 열 명의 생각, 백 명이면 백 명의 생각이 있고, 몇 백만 명이면 몇 백만의 생각이 있는 것이다. 그리고 모든 사람들의 몸의 건강 상태 또한 다양하다는 것도 인식해야 할 필요가 있다. 사막을 견뎌낼 수 있는 건강한 사람, 그에 반해 사막이 두려운 사람들인 약한 사람들, 즉 노인들, 임산부들 그리고 어린 아이들 등이 하나로 연합되어 있다. 그러한 다양한 의견들, 연령의 벽, 건강과 신체 상태들을 하나로 조율할 수 있는 최고의 길은 결국 눈으로 확인하며 가는 것이다. 하나님의 임재를 놓칠 때 공동체는 분열과 흐트러짐으로 고통 가운데 거할 수 있고, 하나님의 임재를 눈으로 확인하며 나아간다면 든든한 믿음의 확신으로 서로를 격려하고 도우며 함께 이 여정을 마무리할 수 있을 것이다.

　　인간의 생각과 약함이 문제가 되지 않는 세상을 만드는 길이 곧 시내산에서 주신 삶의 기준이 되는 하나님의 법일 것이다. 그 속에는 하나님의 은혜를 누린 사람 들 중에 강한 자들이 먼저 솔선수범하여 약한 자들을 배려하고 돌보는 세상을 이루어야 함을 명령하셨다. 구름기둥과 불기둥을 통하여 하나님의 임재를 눈으로 본다는 것은 곧 하나님의 법 또한 보는 눈을 열 수 있게 할 것이다. 지도자들이 먼저 솔선수범하여 이와 같은 여호와의 임재를 잃지 않으려 애써야 할 것은 두말할 필요도 없다.

3. 이야기의 세부적인 주제 따라 읽기

1) 창세기 1:28절과 출애굽기 1:7절 그리고 출애굽기 40:34-38절의 관계

출애굽기의 결론은 마침내 하나님의 백성 이스라엘이 갖추어야 할 삶의 자세를 전하는 것으로 마감한다. 즉 성막에 임재하시는 하나님의 뜻을 따라 살아가는 백성으로의 철저한 전향인 것이다. 이것은 천지창조의 또 하나의 완성을 향한 발돋움이라는 점에서 획기적이다. 천지창조 때 인간을 향한 하나님의 축복의 명령을 살펴보면 그 속에 소명이 들어가 있음을 알 수 있다.

하나님이 그들에게 복을 주시며 하나님이 그들에게 이르시되 생육하고 번성하여 땅에 충만하라 땅을 정복하라 바다의 물고기와 하늘의 새와 땅에 움직이는 모든 생물을 다스리라 하시니라(창 1:28).

그 과정은 크게 '생육, 번성, 땅에 충만, 땅을 정복 그리고 다스림'이라는 다섯 단계로 나눌 수 있다. 이러한 하나님의 인류를 향한 축복의 명령이 아담과 하와를 대표로 하는 인간의 불순종으로 무너져 내리고, 그 계획이 뒤로 밀려나는 안타까운 역사를 보내고 마침내 그 누구도 아닌 이스라엘을 통하여 다시 새롭게 회복된다. 그것을 분명하게 보여주고 있는 것이 바로 출애굽기의 시작이었다.

이스라엘 자손은 생육하고 불어나 번성하고 매우 강하여 온 땅에 가득하게 되었더라(출 1:7).

여기서 나타난 성취는 '생육, 번성 그리고 온 땅에 가득함(충만)' 까지이다. 이러한 성취가 말하고 있는 것은 바로 이스라엘이 인간의 죄로 인해 무너져버린 하나님의 창조의 역사를 새롭게 이어가야 할 선택된 존재들이라는 것이다. 이스라엘이 먼저 이러한 하나님의 뜻을 회복하여 성취하고, 나아가서는 온 인류가 이를 회복할 수 있도록 선도하는 역할인 것이다. 이를 위해 더 전진해야 할 단계가 있다. 성취해야 할 것이 다섯 단계의 회복이라면, 출애굽기의 시작에서는 아직 삼 단계까지 밖에는 성취하지 못한 것이다. 가야 할 길은 '땅을 정복하고 모든 것을 다스리는 것'이다. 출애굽기의 전체 내용은 바로 이것을 완수하기 위한 준비를 갖추는 것으로 가득하다.

먼저 땅을 정복하기 위해서는 반드시 애굽을 떠나야 한다. 이스라엘은 하나님의 도우심으로 바로의 손아귀를 벗어나 홍해를 건너며 마침내 애굽의 손아귀에서 벗어나며 약속의 땅을 향한 대장정을 본격적으로 시작한다. 그리고 그 땅을 정복한 후에는 하나님의 뜻을 받들어 피조세계 전체에 미치는 가장 올바른 다스림으로 하나님 나라를 이루어야 하기에 이를 위해 시내산에서 하나님의 법을 부여받았다. 하나님의 법은 올바른 다스림을 위해서는 필수적인 요소인 것이다. 그 법의 구체화로 하나님의 임재와 말씀을 뜻하는 법궤와 속죄소가 함께하는 성막이 주어진다. 즉 하나님이 함께하시는 백성이 되는 것이다. 이제 이스라엘에게 남은 것은 하나님의 말씀에 대한 절대적인 순종의 길을 걷는 것이다. 그것이 이루어질 때 가나안 땅은 멀리 있는 것이 아니라, 이미 손 안에 들어오는 것이며, 다스림이 실체가 되는 것이다.

출애굽기의 마지막은 바로 이와 같은 백성으로의 전환을 기대하고 있는 것이다. 법이 주어지고, 그 법의 구체적인 실체를 의미하는 하나님의 임재가 함께하는 성막이 이스라엘 중심에 서 있다. 그 성막에 여호와의 영광이 충만하게 임했다는 것은 하나님께서 함께 동행하시는 백성이 되었다는 것을 의미한다. 이제 이스라엘 백성들의 구체적인 실천의 삶이 필요한 것이다. 그 삶은 하나님의 뜻대로 살아가며 세상을 하나님 나라로 만드는 것이다. 그것을 훈련하는 것이 바로 성막에 구름이 떠오르면 행진하고, 구름이 머물면 함께 머무는 삶이다. 이를 통하여 하나님의 다스리심이 이스라엘을 통하여 세상에 그대로 이루어지는 것을 기대할 수 있다. 그러므로 생육하고, 번성하여, 온 땅에 충만한 이스라엘은 수적으로만이 아니라 질적으로도 하나님의 백성이 되어서 땅을 바르게 정복하고, 온전하게 다스릴 수 있는 백성으로 거듭나게 하는 장소가 바로 출애굽기인 것이다. 그리고 출애굽기는 순종해야 할 하나님의 말씀이 무엇이며, 어떻게 순종해야 하는가에 대한 청사진을 제시하고 있는 것이다. 애굽 땅에서 불어나 온 땅에 가득하게 된 시작에서(출 1:1-7) 마침내 여호와의 영광이 함께하는 백성이 되어, 구름기둥과 불기둥의 인도 따라 움직이는 백성이 되는 결말인 것이다(출 40:34-38). 그리고 그 중심에 시내산 율법이 있다는 것은 구체적으로 그 말씀을 따라 움직이는 백성이 되어야 함을 의미하는 것이다(출 19-24장).

하지만 말씀을 듣고, 받고 그리고 순종하겠다고 결단하는 것은 쉬울지라도 그것을 삶으로 그대로 실천한다는 것을 결코 쉽지 않다. 그것은 구름기둥과 불기둥의 인도를 받으며 시내산을 출발하는 민수기를 통해 분명하게 알 수 있다.

2) 출애굽기 40:36-38절과 민수기 9:15-23절의 비교

성막까지 완성된 후 이스라엘이 가야 할 길은 하나님과 함께 하는 동행이다. 그 동행이 어떠해야 하는가를 간략하게 보여주는 것이 바로 출애굽기의 결론인 40:36-38절까지의 내용이다. 이스라엘은 이제 함께하시는 하나님의 인도를 따라 신앙의 길을 걷는 백성이 되어야 한다는 것이다. 이렇게 출애굽기에서 간략하게 주어진 이스라엘의 길은 정작 이스라엘이 시내산을 떠나 가나안으로의 여정을 시작하는 민수기에는 길게 확대되어 하나님의 인도 따라 사는 것이 어떤 의미를 가진 것인지를 분명하게 각인시킨다(민9:15-23). 그리고 그 속에는 하나님과 함께 동행하며 그 뜻대로 살아가는 것이 결코 쉽지만은 않다는 것을 미리 주지시키며 교훈하고 있으며, 그 어려움들을 극복하고 온전히 그 길을 완주하기를 소망하고 있다. 이 두 부분을 비교해 보면 그 의미가 더 강하게 부각될 것이다.

민수기는 출애굽기에서 구름이 떠오르면 움직이고, 구름이 내려앉으면 머무르는 삶이 어떤 것인지를 동일한 구문의 반복으로 설명하고 있다. 그것은 다름 아닌 오직 '여호와의 명령'을 따라 움직이는 삶을 의미하는 것이다. '여호와의 명령'이란 구문의 히브리어 본래의 뜻은 '피-야훼'(פי־יהוה)로 '여호와의 입'이라는 뜻이다. 이는 신명기 8:3절의 말씀처럼 이스라엘이 광야 여정을 통하여 배워야 할 것이 "사람이 떡으로만 사는 것이 아니라 '여호와의 입'(פי־יהוה 피-야훼)에서 나오는 모든 말씀으로 산다"에서와 같이 여호와의 입은 곧 말씀의 근원지라는 의미에서 입과 말씀은 동일한 것을 뜻하는 것이 분명하다. 특히 '여호와의 명령'이라는 구문이 7번 등장한다는 것 또한 의도성이 짙은 것이라 할 수 있다. 창조가 하

출 40:36-38	구름이 성막 위에서 떠오를 때에는 이스라엘 자손이 그 모든 행진하는 길에 앞으로 나아갔고 구름이 떠오르지 않을 때에는 떠오르는 날까지 나아가지 아니하였으며 낮에는 여호와의 구름이 성막 위에 있고 밤에는 불이 그 구름 가운데에 있음을 이스라엘의 온 족속이 그 모든 행진하는 길에서 그들의 눈으로 보았더라
민 9:15-23	성막을 세운 날에 구름이 성막 곧 증거의 성막을 덮었고 저녁이 되면 성막 위에 불 모양 같은 것이 나타나서 아침까지 이르렀으되 항상 그러하여 낮에는 구름이 그것을 덮었고 밤이면 불 모양이 있었는데 구름이 성막에서 떠오르는 때에는 이스라엘 자손이 곧 행진하였고 구름이 머무는 곳에 이스라엘 자손이 진을 쳤으니 이스라엘 자손이 ①'**여호와의 명령**'(פִּי־יהוה 피-야훼/여호와의 입)을 따라 행진하였고 ②'**여호와의 명령**'(פִּי־יהוה 피-야훼/여호와의 입)을 따라 진을 쳤으며 구름이 성막 위에 머무는 동안에는 그들이 진영에 머물렀고 구름이 성막 위에 머무는 날이 오랠 때에는 이스라엘 자손이 '여호와의 명령'(מִשְׁמֶרֶת יהוה 미쉬메레트 야훼/여호와의 규례)을 지켜 행진하지 아니하였으며 혹시 구름이 성막 위에 머무는 날이 적을 때에도 그들이 다만 ③'**여호와의 명령**'(פִּי־יהוה 피-야훼/여호와의 입)을 따라 진영에 머물고 ④'**여호와의 명령**'(פִּי־יהוה 피-야훼/여호와의 입)을 따라 행진하였으며 혹시 구름이 저녁부터 아침까지 있다가 아침에 그 구름이 떠오를 때에는 그들이 행진하였고 구름이 밤낮 있다가 떠오르면 곧 행진하였으며 이틀이든지 한 달이든지 일 년이든지 구름이 성막 위에 머물러 있을 동안에는 이스라엘 자손이 진영에 머물고 행진하지 아니하다가 떠오르면 행진하였으니 곧 그들이 ⑤'**여호와의 명령**'(פִּי־יהוה 피-야훼/여호와의 입)을 따라 진을 치며 ⑥'**여호와의 명령**'(פִּי־יהוה 피-야훼/여호와의 입)을 따라 행진하고 또 모세를 통하여 이르신 ⑦'**여호와의 명령**'(פִּי־יהוה 피-야훼/여호와의 입)을 따라 '여호와의 직임'(מִשְׁמֶרֶת יהוה 미쉬메레트 야훼/여호와의 규례)을 지켰더라

나님의 말씀으로 7일 동안 이루어졌다면 이제 여호와의 명령이 7번 나타나며 그 명령대로 사는 백성으로 선다는 것은 곧 창조의 완성을 향해 나아가는 백성이 되어야 함을 뜻하는 것임을 알 수 있게 한다.

민수기는 이러한 삶이 결코 쉽지 않다는 것 또한 숨김없이 분명하게 드러내고 있다. 예를 들어 구름이 성막에 머무는 날 수가 적을 때와 오랠 때 두 가지 상황에 대하여 설명하며 그럼에도 그대로 순종하며 나아가야 함을 전하고 있다. 이것이 어려운 것은 먼저 구름이 머무르는 날 수가 짧을 때의 상황을 가정해 보면 이렇다. 이스라엘 백성 공동체는 어린 아이들과 노인들, 여성과 임산부들 그리고 짐승들과 함께 광야 여정을 걷는다. 몇 일간 구름이 성막에 내려앉지 않아서 계속해서 사막 길을 걷는다. 그렇게 지친 몸을 이끌고 어린아이들의 칭얼거림을 달래며 나아가는데 늦은 밤이 되어서 감사하게도 구름이 내려앉았다. 서둘러서 텐트를 치고 아이들을 눕히고, 주변을 정리하고 잠자리에 들려고 하는 순간 구름이 성막에서 떠오른다면 어떻게 할 것인가? 순종이고, 뭐고 다 팽개치고 인간의 육체의 욕구부터 채우고 싶을 것이다. 그것이 인생의 연약함이니까. 그러나 이 행진 속에는 구름이 저녁부터 아침까지 있다가 아침에 떠오르는 짧은 시간의 휴식에도 불구하고 행진하였다고 한다. 이것은 그래야만 한다는 당위성을 보여주는 미래상이다. 인간의 눈이란 한 치 앞도 내다보지 못하는 근시안일 때가 대부분이지만 하나님께서는 어디에 대적이 도사리고 있고, 그들이 어떤 음모를 꾸미고 있는지, 어디에 더 알맞은 안식처가 있는지를 분명하게 알고 계신다. 짧은 휴식 속에는 죽이시려는 것이 아닌, 살리시려는 하나님의 뜻이 들어 있는 것이다. 그러므로 인간의 눈을 믿는 것보다 하나님의 뜻을 믿는 것이 지혜일 것이다.

또 다른 경우는 구름이 성막 위에 머무르는 날 수가 길 때이다. 적당히 길면 괜찮은데 한 달, 일 년까지도 머물러 있는 것이다. 인간은 제

자리에 머물러 있는 것을 못견뎌하는 특징이 있다. 늘 발전, 진보라는 이름으로 계속해서 앞으로 나아가야 살아있다는 안도감과 무언가 하고 있다는 성취감을 느끼는 존재이다. 이렇게 농사도, 생산도 할 수 없는 광야라는 장소에서 아무것도 하지 못하는 상태로 머물러 있는 것 자체는 무언가를 보여주고, 과시하고 싶어 하는 인간에게는 곧 무능의 상징이 되는 것이다. 이러할 때에도 자신의 죄로 인해 머물러 있는 것이 아니라, 하나님의 명령에 의한 것이라면 언제까지라도 그 자리에 앉아 있는 백성이 되어 가는 것이 바로 구름기둥과 불기둥의 인도를 받는 삶인 것이다.

이렇게 구름이 머무는 날 수가 적든지, 길든지에 상관없이 그 인도에 철저하게 맞추어 살아간다는 것은 곧 삶의 주권이 인간에게 있지 않고, 하나님께만 있음을 실증하는 삶이라 할 수 있다. 즉 이스라엘의 생존의 길이 결코 자신들의 손에 있는 것이 아니며, 오직 하나님의 손에 있음을 믿는 삶인 것이다. 이러한 백성으로 탈바꿈 시키는 것이 바로 구름기둥과 불기둥의 인도를 통한 훈련일 것이다. 사람이 떡으로만 사는 것이 아니라 하나님의 입에서 나오는 모든 명령으로 살아가는 것을 배우는 훈련인 것이다. 이와 같이 구름기둥과 불기둥의 인도를 받는 미래상을 다루고 있는 출애굽기의 결론은 민수기의 광야여정을 미리 내다보며 나아갈 길을 예시하고 있다.

3) 출애굽기 속에서 출애굽기 40:34-38장의 역할

이 모든 정황들을 종합해 볼 때 여호와의 임재와 인도를 보여주는 구름기둥과 불기둥의 인도 따라 살아간다는 것은 오직 삶의 절대 주권이 인간에게 있는 것이 아니라 하나님께만 있다는 것을 고백하는 삶이다. "계속해서 유랑하는 나그네의 방식은 쉬운 일이 아니다. 그러나 하나님의 백성이 가는 길은 항상 그러한 방식이 될 것이다. 그리고 하나님은 그 길에서 그들과 항상 함께 하실 것이다."300) 이렇게 하나님의 명령 따라 살아가는 백성으로 선다는 것은 인간의 육신의 정욕과 안목의 정욕과 이생의 자랑을 다 끊어내고, 하나님의 뜻을 가슴에 새기고 살아가는 순종과 예배의 백성인 것이다. 이와 같이 출애굽기의 결론은 출애굽하여 하나님과 언약을 맺고 하나님의 임재 가운데 살아가는 백성이 바로 이스라엘이며, 구름기둥과 불기둥의 인도를 따라 살아가는 것은 이스라엘의 정체성인 예배자의 삶을 성취하는 것임을 알려주고 있다.

이렇게 출애굽기의 결론이 되는 여호와의 영광의 임재와 구름기둥과 불기둥에 대한 간략한 언급은 이스라엘이 애굽을 탈출하는 목표인 예배자를 이루는 길을 제시하고 있다. 하나님의 영광이 함께하는 것은 그 하나님의 명령 따라 움직이는 백성이 되어야 함을 의미하는 것이다. 이 사건은 분명 민수기 이후에 이루어질 미래상을 제시하고 있으며 반드시 이루어야 할 삶의 길인 것이다. 그러나 출애굽기의 이 결론은 민수기로 곧바로 이어지기 전에 한 권의 책을 더 지나가야 한다. 그것은 다름 아닌 레위기로 이스라엘이 성막에 좌정하신 하나님과 동행하기 위하여 반드시 필요한 준비를 갖추게 하는 책이다. 이스라엘은 시내산에 임재하신 하나님을 만나기 위하여 삼일 동안 거룩한 정결의식을 치렀다. 그런데 그 하나님께서 이제 성막에 임재하시어 이스라엘과 함께 동행하신다는 점에서 이스라엘의 거룩은 일회성이 아닌 지속성이 요구된다. 그 거룩을 이루기 위하여 레위기가 주어진다. 레위기의 핵심 주제가 "내가 거룩하니 너희도 거룩할지어다"(레 11:45; 19:2; 20:26)라는 점이 이를 대변한다. 그러므로 함께하시는 거룩하신 하나님과 동행하기 위해 이스라엘은 레위기를 통하여 거룩의 길을 평생의 삶을 통해 이루고, 그 하나님과 함께 민수기에서 광야를 통과하여 가나안 땅에 안착하여 하나님의 뜻을 받드는 백성이 되어야 하는 것이다.

[2부 주석]

162) 이성훈, 『새롭게 보는 이스라엘 절기』 (서울: 대한기독교서회, 2007), 118쪽.

163) 장석정, 『출애굽의 법』 (서울: 대한기독교서회, 2002), 12쪽.

164) Stephen A. Kaufman, "The Structure of the Deuteronomic Law," Maarav 1/2 (1978-79), 105-58쪽; Calum M. Carmichael, *Law and Narrative in the Bible: The Evidence of the Deuteronomic Laws and the Decalogue* (Ithaca: Cornell University Press, 1985); 왕대일, 『다시 듣는 토라: 설교를 위한 신명기 연구』 (서울; 한국성서학연구고, 1998); *idem*, 『왕대일 교수의 신명기 강의: 신명기, 약속의 땅으로 가는 길』 (서울: 대한기독교서회, 2011), 159쪽.

165) 박철현, 『출애굽기 산책』 (서울: 솔로몬, 2014), 174쪽.

166) 박철현, 『출애굽기 산책』, 171쪽.

167) 박철현, 『출애굽기 산책』, 171-72쪽.

168) 변순복, 『변순복 교수와 함께하는 탈무드 이야기』 (서울: 도서출판로고스, 2003), 56-62쪽.

169) 프레다임, 『출애굽기』, 332-33쪽.

170) 한상수, 『왜 함무라비 법전을 만들었을까?: 함무라비 vs 무르실리스』 (서울: 자음과 모음, 2010), 33-41쪽.

171) S. Greengus, "Law in the OT," In *The Interpreter's Dictionary of the Bible: Supplementary Volume*, ed. K. Crim et al. (Nashville: Abingdon, 1976), 533-34쪽; Childs, *The Book of Exodus*, 462-63쪽; B. M. Levinson, "*The Right Chorale*": *Studies in Biblical Law and Interpretation* (Forschungen zum Alten Testament 54; Tübingen: Mohr Siebeck, 2008), 298쪽.

172) 프랑크 크뤼제만(Frank Crüsemann), 『토라: 구약성서 법전의 신학과 사회사 1(*Die Tora: Theologie und Sozialgeschichte des alttestamentlichen Gesetzes*)』 (김상기 역) (서울: 한국신학연구소, 1995), 38-40쪽.

173) http://blog.naver.com/PostView.nhn?blogId=ellenyang512&logNo=60210800272

174) 해밀턴, 『출애굽기』, 584쪽.

175) 크뤼제만, 『토라: 구약성서 법전의 신학과 사회사』, 40쪽.

176) 시내산의 위치를 시내 광야가 아니라, 미디안 광야로 보아야 한다는 설들이 대두되고 있으며, 요 근래에는 이를 논증하려는 한 의사(16년 동안 메카 주지사인 마지드 왕자의 주치의로 활동)의 기행문적인 책도 출현하였다. 김승학, 『떨기나무: 미디안 땅의 시내산을 찾아, 그 7년의 기록』 (서울: 두란노, 2007).

177) 크뤼제만, 『토라: 구약성서 법전의 신학과 사회사』, 121.

178) 크뤼제만, 『토라: 구약성서 법전의 신학과 사회사』, 121-22쪽.

179) 해밀턴, 『출애굽기』, 584-85쪽.

180) 프레다임, 『출애굽기』, 318쪽.

181) 프레다임, 『출애굽기』, 317-26쪽.

182) 시너지즘(synergism)은 어원적으로는 독립적인 기능을 가진 두 가지 부문이든지, 종류 든지가 한데 결합했을 때 발휘되는 상승작용을 가리키는 말이다. 이것이 기독교적인 의미에서는 하나님과 인간의 연합적인 동역을 의미하는 것이 되고, 보통 '신인협동설'이라고 해석한다.

183) 십계명에 관한 내용은 다음의 책들에서 도움을 받았다. J. Douma, *The Ten Commandments: Manual for the Christian Life*, tran. N. D. Kloosterman (Phillipsburg, NJ: P & R Publishing Company, 1996); 차준희, 『교회 다니면서 십계명도 몰라』 (서울: 국제제자훈련원, 2012); 박요한, 『십계명: 출액 20,1-17; 신명 5,6-21의 삶의 자리와 적용범위』 (서울: 가톨릭대학교출판부, 2001).

184) 박요한, 『십계명』, 14-16쪽.

185) 송병현, 『출애굽기』, 314쪽.

186) D. J. A. Clines, "The Ten Commandments, Reading from Left to Right," In *Words Remembered, Texts Renewed: Essays in Honour of John F. A. Sawyer*, ed. J. Davies et al (JSOTSup. 195; Sheffield: Sheffield Academic Press, 1995), 102쪽.

187) 프레다임, 『출애굽기』, 345-47쪽.

188) 기드온이 만든 '에봇'은 하나님의 뜻을 묻기 위한 도구가 아니라 섬김의 대상이었다는 점에서 문제이다.

189) 그레고리 K. 비일(Gregory K. Beale), 『예배자인가, 우상숭배자인가?(*We Become What We Worship: A Biblical Theology of Idolatry*)』 (서울: 새물결플러스, 2014), 28-29쪽.

190) C. J. H. Wright, *The Mission of God* (Downers Grove, Ill.: InterVarsity Press, 2006), 187-88쪽.

191) 랍비 조셉 텔루슈킨(Joseph Telushkin), 『승자의 율법(*Jewish Wisdom*)』 (김무겸 역) (서울: 북스넛, 2010), 365-66쪽.

192) 프레다임, 『출애굽기』, 357쪽.

193) 해밀턴, 『출애굽기』, 553-54쪽.

194) 패트릭 밀러(Patrick D. Miller), 『신명기(*Deuteronomy*)』 (김회권 역) (Interpretation; 서울: 한국장로교출판사, 2000), 130쪽.

195) 고든 웬함, 『모세오경』, 118쪽.

196) 강성열, "출 19-24장: 시내산에서 언약을 맺으시고 언약법을 주심," 『출애굽기 어떻게 설교할 것인가』, 334쪽.

197) 강성열, "출 19-24장: 시내산에서 언약을 맺으시고 언약법을 주심," 335쪽.

198) 윌리엄 바클레이(W. Barclay), 『마태복음 상(*The Gospel of Matthew*)』(바클레이 성경 주석 개정판; 서울: 기독교문사, 2009), 182쪽.

199) *Antiquities*, IV. viii. 23.

200) 강성열, "출 19-24장: 시내산에서 언약을 맺으시고 언약법을 주심," 337쪽.

201) 고든 웬함, 『모세오경』, 119쪽.

202) J. Goldingay, *Israel's Life: Vol. 3 of Old Testament Theology* (Downers Grove, IL: Intervarsity, 2009), 79쪽.

203) 프레다임, 『출애굽기』, 372쪽.

204) D. Patrick, *Old Testament Law* (Atlanta: John Knox Press, 1984), 190, 198쪽.

205) 크뤼제만, 『토라: 구약성서 법전의 신학과 사회사』, 222, 343쪽. 크뤼제만은 이와 같은 구조화를 정확하게 보여주지는 않지만 설명 형태로 구조적인 뼈대를 제시해 주고 있다.

206) 최창모, 『금기의 수수께끼: 성서속의 금기와 인간의 지혜』(서울: 한길사, 2003), 86쪽에서 중인. 레이먼드 브라운(R. Brown), 『신명기 강해: 사람이 떡으로만 살 것 아니요(*The Message of Deuteronomy: Not by Bread Alone*)』(정옥배 역) (서울: IVP, 1997), 241쪽.

207) 최창모, 『금기의 수수께끼: 성서속의 금기와 인간의 지혜』, 85-86쪽.

208) J. H. Tigay, *Deuteronomy* (JPS Torah Commentary; Philadelphia: Jewish Publication Society, 1996), 149쪽.

209) E. Gerstenberger, "'…He/They Shall Be Put to Death': Life-Preserving Divine Threats in the Old Testament," *Ex auditu* 11 (1995), 47, 49쪽.

210) Roland de Vaux, *Ancient Israel: Its Life and Institutions* (translated by John McHugh) (London: Longman & Todd, 1962), 26-29쪽; R. 드보(R. de Vaux), 『구약시대의 생활풍속(*Das Alte Testament und seine Lebensordnungen*)』(이양구 역) (서울: 대한기독교출판사, 1983), 58-64쪽.

211) 존 J. 필치 & 브루스 J. 말리나(J. J. Pilch & B. J. Malina), 『성서 언어의 사회적 의미(*Handbook of Biblical Social Values*)』(이달 역) (서울: 한국장로교출판사, 1998), 58쪽.

212) R. Maloney, "Usury and Restriction on Interest Taking in the Ancient Near East," *CBQ* 36 (1974), 1-20쪽.

213) 프레다임, 『출애굽기』, 383쪽.

214) 해밀턴, 『출애굽기』, 664쪽.

215) http://www.wikitree.co.kr/main/news_view.php?id=122145 이곳에는 그 태권도 관장의 유서 전문이 공개되어 있다. 그리고 다른 사이트에서는 그 관장의 아들이 경기하는 장면을 동영상으로 볼 수도 있다.

216) 더햄, 『출애굽기』, 538쪽.

217) 헤로도토스(Herodotos), 『역사 상(*Historiai*)』(박광순 역)(서울: 범우사, 1995), 185-86쪽.

218) Thomas W. Mann, *The Book of the Torah: The Narrative Integrity of the Pentateuch* (Atlanta: John Knox Press, 1988), 106쪽.

219) *Janzen, Exodus*, 229-30쪽.

220) 다른 신과 우상숭배와 여호와 신앙의 극명한 차이점은 다음의 책에 상세하게 서술되어 있다. 김재구, 『리더모세: 하나님의 종』, 130-60쪽.

221) 남병식, 『바이블 문화코드』(서울: 생명의말씀사, 2006), 67-68쪽.

222) William Barclay, *The Gospel of Matthew*, vol. 2(Revised Edition)(DSB; Philadelphia: Westminster Press, 1975), 21-23쪽; 양용의, 『예수님과 안식일 그리고 주일: 마태복음 및 구약, 유대교, 사도교부에 나타난 안식일 연구와 한국교회에 적용』(서울: 이레서원, 2011).

223) 남병식, 『바이블 문화코드』, 68-69쪽.

224) 장석정, 『출애굽의 법』, 31-32쪽.

225) 프레다임, 『출애굽기』, 395쪽.

226) 프레다임, 『출애굽기』, 321쪽.

227) 다음의 학자들은 이 두 이야기는 원래 아무런 연관이 없던 이야기들이라고 본다: S. R. Drive, *The Book of Genesis with Introduction and Notes* (London: Methuen, 1926), 63, 71-74쪽; T. H. Gaster, *Myth, Legend, and Custom in the Old Testament* (New York: Harper, 1975), 51-75쪽; J. Wellhausen, *Prolegomena to the History of Ancient Israel* (Cleveland and New York: Meridan Books, 1965), 308-309, 324쪽; G. von Rad, *Genesis: A Commentary* (OTL; Philadelphia: Westminster Press, 1972), 99-105쪽.

228) 송병현, 『출애굽기』, 385쪽.

229) 프레다임, 『출애굽기』, 401쪽.

230) Wenham, *Genesis 1-15*, 214쪽; J. M. Sasson, "The Tower of Babel as a Clue to the Redactional Structuring of the Primeval History(Gen. 1-11)," G. Rendsburg(ed.), *The Bible World: Essays in Honor of Cyrus H. Gordon*, (New York: KTAV Publishing House, 1980), 212쪽, n. 2.

231) 프레다임, 『출애굽기』, 414쪽.

232) P. J. Kearney, "Creation and Liturgy: The P Redaction of Exod. 25-40," *ZAW* 89(1977), 380쪽 이하.

233) 세일해머, 『서술로서의 모세오경 하』, 142쪽.

234) Moshe Weinfeld, "Sabbath, Temple and the Enthronement of the Lord-The Problem

of the Sitz im Leben of Genesis 1:1−2:3," in *Mélanges bibliques et orientaux en l'honneur de M. Henri Cazelles*, eds. A. Caquot & M. Delcor (Neukirchen: Neukirchener Verlag, 1981), 501쪽; J. Blenkinsopp, "The Structure of P," *Biblica* 38 (1976), 275−92쪽; G. Josipovici, *The Book of God: A Response to the Bible* (New Haven: Yale University Press, 1988), 90−107쪽.

235) Brian Peckham, "Writing and Editing," in *Fortunate the Eyes that See: Essays in Honor of David Noel Freedman in Celebration of His Seventieth Birthday*, eds. A. B. Beck, A. H. Bartelt, P. R. Raabe and C. A. Franke (Grand Rapids, Michigan: W. B. Eerdmans Publishing Co., 1995), 367쪽.

236) 세일해머, 『서술로서의 모세오경 하』, 145쪽.

237) G. J. Wenham, "Sanctuary Symbolism in the Garden of Eden Story," R. S. Hess & D. T. Tsumura(eds.), *I Studied Inscriptions from before the Flood: Ancient Near Eastern, Literary and Linguistic Approaches to Genesis 1−11*, (Winona Lake, Indiana: Eisenbrauns, 1994), 399−404쪽; 김재구, 『창세기 로드맵』, 63−65쪽.

238) 프레다임, 『출애굽기』, 412−13쪽. 프레다임은 노아의 방주와 성막의 유사성에 대하여 논하고 있다. 먼저 노아의 방주가 메소포타미아에서 발견된 신전 구조물과 유사한 구조를 가진 건축물이라는 점을 지적하고 시작하는 것이 필요하다. 이것은 방주가 상?중?하의 삼층 구조로 되어 있듯이, 솔로몬 성전 또한 상?중?하 삼층 구조로 되어 있다(왕상 6:8). ① 하나님의 지시에 의해 만들어 지며, ② 구체적인 지시사항이 인간 지도자에게 전달되며, ③ 그 지도자는 지시사항을 정확하게 실행에 옮기고, ④ 그 지도자들인 모세와 노아는 하나님께로부터 은혜를 입고(출 33:12−17; 창 6:8), ⑤ 방주와 성막이 완성될 무렵 본문은 그들이 하나님께서 명하신 대로 다 행했다고 말한다. ⑥ 방주가 떠 있는 홍수나 성막이 건축되는 광야는 공히 구약성경에서 혼돈을 상징하는 두 가지 대표적인 상징물이다. ⑦ 홍수의 물이 줄어들고 방주의 뚜껑이 열린 때는 새해의 첫날로써(창 8:13), 성막이 세워지고 봉헌된 때와 일치한다(출 40:2). 이러한 비교를 통해 학자들은 성막의 건축을 재창조의 시각에서 해석한다. 즉, 하나님께서 반역 행동의 뒤편에서 세상/이스라엘과 더불어 다시 새로 시작하신다는 시각에서 볼 수 있게 되는 것이다.

239) 김재구, "성막의 부속 시설 제작에 대한 명령: 분향단, 물두멍, 관유와 향 등," 「그말씀」 5월 (2016), 68−69쪽; "지성소와 성소의 기구들 제작: 법궤, 상, 등잔대와 분향단," 「그말씀」 7월 (2016), 22−24쪽.

240) 프레다임, 『출애굽기』, 79−80쪽.

241) U. Cassuto, *A Commentary on the Book of Exodus* (The Magnes Press: Jerusalem, 1967), 30쪽.

242) 송병현, 『출애굽기』, 397쪽.

243) W. L. Holladay, *A Concise Hebrew and Aramaic Lexicon of the Old Testament*

(Grand Rapids, Michigan: Eerdmans, 1971), 389쪽. 홀러데이 또한 그의 사전에서 'porpoise(안락돌고래),' 'dolphin(돌고래)'으로 번역한다.

244) 정정숙, 『성서식물』(서울: 크리스챤뮤지엄, 2007), 237-39쪽.

245) 정정숙, 『성서식물』, 185쪽.

246) Carol Meyers, "Lampstand," In *ABD*, vol. 4 (New York: Doubleday, 1992), 142쪽.

247) Yohanan Aharoni, "Arad: Its Inscriptions and Temple," *BA* 31 (1968), 2-32쪽; idem, "The Horned Altar of Beer-sheba," *BA* 37 (1974), 2-6쪽.

248) 더햄, 『출애굽기』, 611쪽.

249) 더햄, 『출애굽기』, 617-18쪽.

250) 안지연 & 전경옥, "가면 뒤에 숨은 인류의 역사," 『생각쟁이』 175 (2013), 30-51쪽; 정병훈, 『사람들은 왜 가면 뒤에 숨는가?』(서울: 씨엘북스, 2013); 김선희, 『마야와 고야의 세계 가면 여행』(서울: 상, 2005).

251) 양용의, 『히브리서 어떻게 읽을 것인가』(서울: 성서유니온, 2016), 221-22쪽.

252) 박철현, 『출애굽기 산책』, 223쪽, 각주 143번.

253) 더햄, 『출애굽기』, 654쪽.

254) 박철현, 『출애굽기 산책』, 223-26쪽.

255) 더햄, 『출애굽기』, 654쪽.

256) J. Hausman, "מֹר mōr," In *TDOT*, vol. VII eds. G. J. Botterweck, H, Ringgren & H-J. Fabry (Grand Rapids, MI: Eerdmans, 1999), 557-60쪽.

257) 정정숙, 『성서식물』, 46-50, 108-111, 318-21쪽.

258) 송병현, 『출애굽기』, 448쪽.

259) D. A. 나이트(Knight), P. J. 킹(King) & L. E. 스테거(Stager), 『고대 이스라엘 문화(*Life in Biblical Israel*)』(임미영 역)(서울: CLC, 2014), 451-55쪽.

260) 프레다임, 『출애굽기』, 416쪽.

261) 송병현, 『출애굽기』, 411쪽.

262) 아브라함 헤셸(A. J. Heschel), 『안식(*The Sabbath*)』(서울: 복있는사람, 2007), 182쪽.

263) 브루그만, 『안식일은 저항이다』, 55-75쪽.

264) 헤셸, 『안식』, 57쪽.

265) 세일해머, 『서술로서의 모세오경 하』, 142쪽; Janzen, *Exodus*, 226쪽.

266) Janzen, *Exodus*, 226-27쪽.

267) 웬함, 『모세오경』, 129쪽.

268) 더햄, 『출애굽기』, 681쪽.

269) John R. Spencer, "Golden Calf," in *ABD*, vol. II (New York: Doubleday, 1992), 1068-1069쪽. 금송아지의 정체에 대해 다양한 견해를 제시하고 있다.

270) David E. Fass, "The Molten Calf: Judgement, Motive, and Meaning," *Judaism* 39

(1990), 171-75쪽; William F. Albright, *From the Stone Age to Christianity* (Garden City, NY: Doubleday Anchor, 2nd ed., 1957), 266쪽; idem, *Yahweh and the Gods of Canaan: A Historical Analysis of Two Contrasting Faith* (Garden City, NY: Doubleday Anchor, 1968), 151쪽; Sarna, *Exploring Exodus*, 218-89쪽.

271) 프레다임, 『출애굽기』, 432-33쪽.

272) Spencer, "Golden Calf," 1068쪽.

273) R. W. L. Moberly, *At the Mountain of God: Story and Theology in Exodus 32-34* (JSOTSup, 22; Sheffield: JSOT Press, 1983), 281쪽; H. C. Brichto, "The Worship of the Golden Calf: A Literary Analysis of a Fable on Idolatry," *HUCA* 54 (1983), 41-44쪽.

274) G. W. Coats, "The King's Loyal Opposition: Obedience and Authority in the Moses Tradition," in *Canon and Authority in the Old Testament*, eds. G. W. Coats & B. O. Long (Philadelphia: Fortress, 1977), 91-109쪽.

275) Mann, *The Book of the Torah*, 111쪽.

276) Patrick D. Miller, "El the Warrior," *HTR* 60 (1967), p. 419.

277) J. Gerald Janzen, "The Character of the Calf and Its Cult in Exodus 32," *CBQ* 52 (1990), 598쪽.

278) Moberly, *At the Mountain of God: Story and Theology in Exodus 32-34*, 109쪽,

279) D. F. Kinlaw, *Lectures in Old Testament Theology: Yahweh Is God Alone* (Wilmore, KY: Francis Asbury Society, 2010), 374쪽; S. E. Balentine, "Prayers for Justice in the Old Testament: Theodicy and Theology," *CBQ 51* (1989), 606쪽.

280) 윌리엄 바클레이(W. Barclay), 『누가복음(*The Gospel of Luke*)』 (서울: 기독교문사, 2009), 44쪽.

281) Moberly, *At the Mountain of God: Story and Theology in Exodus 32-34*, 53쪽.

282) 아브라함 요수아 헤셸(A. J. Heschel), 『예언자들 상권(*The Prophets*, vol. I)』 (이현주 역) (서울: 종로서적, 1987), 35쪽.

283) 박철현, "출 32-34장: 시내산의 은혜 언약," 『출애굽기 어떻게 설교할 것인가』 (서울: 두란노, 2009), 394쪽.

284) 신채호의 "독사신론"과 "역사와 애국심의 관계"라는 글들에 이 정신이 새겨져 있다(한국독립운동사 정보시스템- http://search.i815.or.kr/Main/Main.jsp)

285) 제임스 브루크너(J. K. Bruckner), 『출애굽기(*Exodus*)』 (김귀탁 역) (UBC; 서울: 성서유니온, 2015), 313쪽.

286) 크뤼제만, 『토라: 구약성서 법전의 신학과 사회사 1』, 261쪽.

287) 프레다임, 『출애굽기』, 475쪽.

288) 송병현, 『출애굽기』, 493쪽.

289) 프레다임, 『출애굽기』, 410쪽.

290) B. S. Childs, "Tree of Knowledge, Tree of Life," in *IDB*, vol. IV (New York: Abingdon, 1962), 697쪽; Wenham, *Genesis 1-15*, 62-64쪽.

291) J. 클린튼 매칸(J. C. McCann), 『새로운 시편여행(*A Theological Introduction to the Book of Psalms: The Psalms as Torah*)』 (김영일 역)(서울: 은성, 2000), 57-58쪽.

292) 박철현, 『출애굽기 산책』, 223쪽, 각주 143번.

293) Josipovici, *The Book of God*, 103쪽.

294) 프레다임, 『출애굽기』, 481.

295) 프레다임, 『출애굽기』, 420.

296) 웬함, 『모세오경』, 131쪽.

297) 해밀턴, 『출애굽기』, 700,

298) G. I. Davies, "The Theology of Exodus." In *In Search of True Wisdom: Essays in Old Testament Interpretation in Honor of R. E. Clements,* ed. Edward Ball (JSOTSup. 300; Sheffield: Sheffield Academic Press, 1999), 149쪽.

299) 웬함, 『모세오경』, 117쪽.

300) 프레다임, 『출애굽기』, 421쪽.

제 3 부

출애굽기의 구조와 메시지는 무엇인가?

출애굽기의 구조는 교차대칭 구조를 이루고 있다고 시작에서 거론한 바가 있다. 여기서는 간략하게 교차되는 각 부분의 공통점이 어떤 내용들인지를 일목요연하게 전개하도록 한다.

A. 1:1-7 서론: 이스라엘 민족의 번성(애굽에서)

   ① 애굽에서 큰 민족의 약속 성취(과거➡현재)(창 46:3절의 약속 성취)

   ② 생육, 번성, 땅에 가득함은 그 다음 단계인 땅을 정복함과 다스림 필요

   ③ 창세기에서 출애굽기로의 전환

B. 1:8-4:31 요셉을 모르는 바로와 이스라엘의 노동: 국고성 비돔과 라암셋 건축

   ① 이스라엘이 바로를 위해 국고성 비돔과 라암셋 건축(1:11)

   ② 이스라엘의 고통과 신음 가운데 고역의 노동(1:14; 2:23)

   ③ 바로의 명령대로 이루어지는 삶(1:22)

   ④ 혼돈과 무질서가 지배하는 세상

   ⑤ 호렙 산(시내산)에서 모세가 여호와의 영광 가운데 소명 받음

     (반드시 함께 하실 것을 약속)(3:12)

   ⑥ 이 산에서 하나님을 섬기리니 그것이 증거가 되리라(3:12)

C. 5:1-7:7 여호와를 모르는 우상화된 바로로 인해 이스라엘 노동으로 고통

   ① 여호와의 말씀 무시하는 우상숭배자 바로(5:1-2)

    - 여호와께서 이스라엘 구원위해 모세를 바로 앞에 중재자로 세움

   ② 우상화된 바로의 폭정으로 인해 고통 받는 이스라엘(5:10-14)

   ③ 모세를 배척하는 이스라엘(5:20-21)

   ④ 모세의 탄식(왜 구원하지 않으시나이까?)(5:22-23)

   ⑤ 애굽을 치실 것(7:3-5)

   ⑥ 모세가 소명에 흔들리고, 다시 재소명, 재위임된다(6장)

   ⑦ 아론을 동역자로 세우심(7:1)

D. 7:8-17:16 바로는 창조의 파괴, 이스라엘 새 창조(안식일 준수)

   ① 하나님께서 말씀대로 행하심

   ② 애굽이 역창조를 경험함

   ③ 여호와의 동산 에덴 같은 애굽(창 13:10)이 철저한 파괴

E. 18장 전환점: 애굽에서 시내산으로
- 구원에서 율법수여로

F. 19:1-24:11 시내산 언약(율법수여)
(바로의 종에서 여호와의 백성으로)

E'. 24:12-18 전환점: 시내산에서 성막으로
- 율법수여에서 여호와의 영광의 임재(성막)로

D'. 25-31장 성막건축, 이스라엘의 새 창조(안식일 준수까지)
① 하나님께서 말씀하심(십계명 두 돌판을 주심)
② 이스라엘이 새 창조의 시작인 성막건축 지시
③ 에덴의 모형인 성막건축 지시

C'. 32-34장 이방인과 같은 우상숭배로 인해 이스라엘이 심판을 겪음
① 여호와의 말씀 무시하는 우상숭배자 이스라엘(돌판 깨짐)(32:19)
- 모세가 이스라엘 구원위해 여호와 앞에 중재자로 섬
② 이스라엘이 우상숭배로 고통 속에 빠짐(32장)
③ 모세를 잊어버린 이스라엘(32:1)
④ 모세의 호소(그들의 죄를 사하소서)(32:32)
⑤ 우상숭배에 빠진 이스라엘을 치심(32:28, 35)
⑥ 이스라엘이 소명에 흔들리고, 다시 재소명, 재위임된다(34장)
⑦ 아론의 동역 실패와 레위 지파가 동역자로 섬(32:26)

B'. 35:1-40:33 이스라엘을 잘 아시는 여호와와 이스라엘의 예배: 성막건축 실행
① 여호와를 위한 성막건축(35-40장)
② 기뻐하며 자원하여 내는 예물이 넘침(36:5-7)
③ 여호와께서 모세에게 명령하신 대로 이루는 삶(39-40장)
④ 창조의 아름다운 질서가 이루어짐
⑤ 시내산(호렙 산)의 여호와의 영광이 임할 성막의 완성
(반드시 함께 하심의 약속 성취)(40:33)
⑥ 시내산에서 하나님을 섬길 장소가 완성됨(40:33)

A'. 40:34-38 결론: 이스라엘 민족의 여정(약속의 땅으로)
① 성막을 중심으로 살아가는 예배하는 백성으로(현재 ➡ 미래)
② 법궤를 앞세우고 구름기둥, 불기둥의 인도로 약속의 땅을 향하여
③ 출애굽기에서 레위기와 민수기로의 전환

출애굽기는 이스라엘의 정체성에 대한 분명한 지침을 제공해 주고 있다. 이스라엘은 노동하는 존재가 아니라, 예배하는 존재라는 것이다. 전반부는 바로의 치하에서 강제 노동을 하는 존재로 탄식과 신음 속에 살아가지만 후반부는 하나님의 백성으로 전환되어 기쁨과 자원의 예물을 드리며 예배하는 존재가 된다. 예배의 핵심은 하나님께서 말씀하신 대로 그대로 이루는 것이며, 그 구체적인 말씀이 출애굽기의 중심인 19-24장에 주어진다. 시내산에서 주신 이 율법의 말씀이 예배의 길을 열고, 예배를 지속하는 삶을 이루게 하며 또한 구원된 삶의 기쁨을 더욱 충만케 하는 길로 인도한다. 이를 통해 이스라엘은 온 땅을 가득 채울 정도로 생육하고 번성한 바로의 종에서, 하나님의 인도 따라 살아가는 하나님의 종이 된다. 세상은 이들을 통해 새 창조의 역사와 하나님 나라의 성취를 맛볼 것이다.

제 4 부

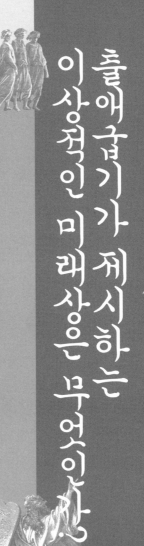

출애굽기가 제시하는 이상적인 미래상은 무엇인가?

    신약성경의 시작과 끝은 출애굽기로 시작해서 출애굽기로 마감하는 내용을 포함하고 있다. 신약성경이 출애굽기로 시작하고 있다는 것은 곧 구약성경에서 시작된 구원사가 계속해서 그 성취를 향해 나아가고 있음을 의미하는 것이다. 이것은 인류의 구원사가 구약시대에 결코 그 완성에 이르지 못했다는 것을 뜻하는 것이며, 완성에 대한 고대가 계속해서 이어지고 있다는 것을 의미한다.

1. 출애굽(Exodus)과 재-출애굽(Re-Exodus) 그리고 애굽으로의 귀환

출애굽은 이스라엘이 민족과 나라라는 독립된 개체로서 하나님의 백성이 되게 하는 가장 기초가 되는 은혜의 출발선이며, 건국의 이념을 제공하는 전형적인 역사의 범례(paradigm)가 된다. 범례가 사전적인 의미로 "한 시대의 사람들의 견해나 사고를 근본적으로 규정하고 있는 인식의 체계"[301]라면, 이스라엘에게 출애굽 이야기는 한 시대를 넘어 모든 세대를 통해 역사와 삶의 범례가 된다는 점에서 거대한 차이점이 있다. 이는 출애굽의 기억은 하나님의 백성 이스라엘에게 잊지 말아야 할 모범이 된다는 것이며, 그런 점에서 애굽 탈출의 이미지는 이스라엘 민족에게 끊임없이 삶의 긍정적인 부분을 부각시키는 역할을 한다. 반면에 이와는 반대되는 이미지로 '애굽으로의 귀환의 이미지'와 '애굽에 내려진 10가지 재앙이 하나님의 백성에게 쏟아지는 것'은 이스라엘이 하나님과의 계약을 위반하고 극악의 불순종과 죄악으로 그 어떠한 회개의 외침에도 귀 기울이지 못하는 상황 속에서 심판의 경고로 사용되고 있다는 것은 음울한 반전이다. 신명기 28:27절에서는 이스라엘이 불순종할 때의 경고로 "여호와께서 애굽의 종기와 치질과 괴혈병과 피부병으로 너를 치시리니 네가 치료함을 얻지 못할 것이며…"라는 표현을 통해 애굽에 재앙이 내려질 때 이스라엘 민족은 그 재앙으로부터 철저히 구별되고 제외되었음에도 불구하고 이제 그들의 불순종과 죄악이 그러한 구별을 없애버릴 것이라는 심각한 경고를 내리고 있는 것이다. 이러한 경고가 실제가 되어버린 안타까운 역사가 있다.

북이스라엘의 멸망 직전에 나타난 호세아 선지자는 이스라엘이 계속해서 여호와의 계약을 어기고 바알을 섬기는 불순종의 죄악을 저지를 때 여호와께서 "너희를 애굽으로 돌려보낼 것"이라는 경고를 한다(호 9:6; 11:5). 결국 북이스라엘은 앗시리아에 의해 망하고 그 주민들은 사방으로 흩어지며, 애굽으로까지 남하는 경우들이 생기며, 예언의 성취가 이루어졌다. 남유다 멸망을 눈으로 목격한 예레미야 선지자는 계약위반의 불순종과 죄악으로 가득 찬 유다를 향해서 그들을 징벌하기 위해 사용되는 도구인 바벨론을 여호와께서 도우실 것이며 오히려 출애굽 때 이스라엘을 도와 애굽을 친 '든 손과 강한 팔'로 도리어 유다를 칠 것이라는 말씀을 전한다.

내가 내 손을 들어 애굽 중에 여러 가지 이적으로 그 나라를 친 후에야 그가 너희를 보내리라(출 3:20); 주께서 오른손을 드신즉 땅이 그들을 삼켰나이다(출 15:12).

예레미야가 그들에게 대답하되 너희는 시드기야에게 이같이 말하라 이스라엘의 하나님 여호와께서 이와 같이 말씀하시되 보라 너희가 성 밖에서 바벨론의 왕과 또 너희를 에워싼 갈대아인과 싸우는 데 쓰는 너희 손의 무기를 내가 뒤로 돌릴 것이요 그것들을 이 성 가운데 모아들이리라 내가 든 손과 강한 팔 곧 진노와 분노와 대노로 친히 너희를 칠 것이며(렘 21:3-5).

그리고 결국 유다는 하나님의 손에 의해 멸망에 이르고, 많은 숫자가 바벨론으로 끌려가고, 바벨론 포로 후 남은 잔류민들은 애굽으로 절대로 돌아가지 말라는 예레미야의 경고를 무시하고 그들 스스로 피난처를 찾아 애굽으로 내려가는 오류를 범한다(렘 42:11-17; 43:1-44:30). 이렇게 이스라엘의 역사는 나왔던 곳으로 다시 회귀하며 원점으로 돌아가 버렸다.

그러나 하나님께서는 이렇게 이스라엘의 역사를 끝내지 않으신다는 점에서 희망적이다. 또다시 출애굽이라는 과거의 역사를 재현하시는 하나님의 자비와 긍휼로 인해 새 역사가 시작되는 것이다. 이렇게 과거 애굽으로부터의 탈출 이야기는 이스라엘 민족의 역사 속에서 그들의 삶의 전형적인 모범으로 존재하며 어떠한 억압의 현실 속에서도 그들로 희망을 잃지 않게 하는 힘을 제공해 주는 역할을 한다. 그 구체적인 예는 이스라엘이 바벨론의 포로에서 풀려날 때 그들은 이 역사적 사실을 '새 출애굽'으로 인식하며 예언자들의 입술을 통해 하나님의 놀라운 구원역사를 출애굽기 15장에 보이는 것과 같이 세상에 다시금 선포하는 계기로 삼는다(사 27:1; 43:1-3; 렘 23:7-8; 31:1-40 등). 특히 출애굽기에서 여호와와 바로 왕 사이의 대결의 주제인 "너희가 내가 여호와인줄 알리라"(출

6: 2, 6, 7, 8, 29; 7:5, 17; 8:10, 22; 9:14; 10:2; 12:13; 14:4, 18)라는 표현이 포로기를 다루는 에스겔서 전체를 통해 약 58번에 걸쳐서(1-24장에 24번 그리고 25-39장에 34번) 사용되며 바벨론 포로로부터 회복될 이스라엘이 새롭게 회복된 땅에서 새 성전을 짓고 새 법과 함께 지내게 될 미래에 대한 환상을 본다.

이것은 '애굽 탈출'이라는 역사적, 신앙적 사건이 이스라엘에게는 자신들이 하나님의 백성으로 탄생하는 유일한 길을 제공해 주고 있는 사건임을 인식하고 있는 것이다. 그리고 시대적 상황과 지리적 제약을 모두 극복하고 언제나 극심한 고통이 닥칠 때면 어김없이 이스라엘을 새로운 희망 앞에 서게 하는 새 출발선으로서의 역할을 하고 있음을 보여주는 좋은 예이다. 하지만 그들이 하나님의 백성으로서의 정체성을 상실하는 계약위반의 경우에는 역시 이방 민족으로부터 극심한 압제를 당하는 굴욕을 또다시 당해야 함 또한 끊임없는 경고로 남아있기도 하다.

이와 같이 애굽에서의 탈출이라는 역사의 전형적인 범례는 계속적인 적용의 역사를 거듭하여 신약의 출발선인 마태복음에서는 새 시대의 시작을 울리는 종소리가 되고, 요한계시록에서는 종말의 상징으로 사용되며 마지막 나팔소리가 된다. 마태복음은 애굽이라는 물리적인 제국으로부터의 탈출을 넘어서 그 제국까지도 사용하여 인간을 죄의 노예로 삼아 고통가운데 거하게 하는 악의 원흉인 사탄의 손아귀에서의 영원한 탈출을 이루는 역사를 전한다. 그리고 요한계시록에 나타나는 재앙들은 애굽에 내려진 재앙들의 재적용으로(계 8:1-12; 16:1-16) 사탄의 왕국을 무너뜨리며 마침내 마태복음에서 시작된 죄악으로부터의 구원을 완성하는 역사가 일어나는 미래를 기대한다(계 20:1-10).

11. 출애굽기와 마태복음

　　마태복음에서 출애굽의 역사가 재현되고 있다. 그러나 이것은 결코 단순한 반복이 아니다. 구약성경 속에서 모세와 같은 선지자의 출현은 계속적인 하나님의 백성의 소망 속에 들어 있다. 그러나 이제 마지막 때에 하나님께서 이 땅에 오셨다. 옛 것을 반복하기 위하여 오신 것이 아니라, 지금까지 어느 누구도 이루지 못한 하나님의 뜻을 완성하고 성취하기 위해 오신 것이다. 예수님의 삶이 모세의 패턴을 따라가는 듯이 보이지만 결코 동일한 것을 행하시기 위함이 아니라, 모세도 이루지 못한 성취를 실현하기 위함이다. 모세가 하나님의 법을 전하는 사명이었다면, 예수님은 모세를 통해 주신 하나님의 법을 완전케 하신다. 법을 고치는 권위는 오직 하나님께만 부여된 주권이다. 모세는 하나님의 능력으로 홍해를 가르지만 예수님은 파도를 잠잠케 하시고 거친 바다 위를 걸으신다. 모세는 하나님의 영광을 봄으로 얼굴에 사라질 광채가 임하지만, 예수님은 그 분 안에서 영광의 빛이 뿜어져 나오신다. 이것이 인간과 하나님의 차이이며, 불완전과 완전의 차이인 것이다. 이제 드디어 인간의 죄로 인해 불완전했던 모든 것이 완전케 되는 때가 되었다는 것이다. 이와 같은 비교를 도표로 나타내면 다음과 같다.[302]

	모세(하나님께서 하신 일) (토라: 창세기-신명기)	예수 그리스도(예수께서 하신 일) (토라의 완성: 마태복음)
1	(창세기-출애굽기) 이스라엘 민족의 족보 (아담-아브라함-야곱------모세)	(마 1:1-17) 예수님의 족보 (아브라함------다윗-----예수 그리스도)
2	(출 1:1-2:9) 바로에 의한 사내 아이 살해 명령과 모세의 탄생, 구원	(마 2:1-18) 헤롯에 의한 사내 아이 살해 명령과 예수님의 탄생, 구원
3	(출 2:10) 바로의 왕궁에서 보호 하에 자람	(마 2:19-23) 애굽으로 피신하여 보호 하에 자라심 * 2:20 돌아가라 아기의 목숨을 찾던 자들이 다 죽었느니라
4	(출 2:11-3:22)광야로 나감 - 소명(40년)	(마 4:1-11) 광야에서 시험 받으심(40일)
5	(출 4-13장) 돌아와 12지파를 인도함 * 4:19 돌아가라 목숨을 찾던 자들 다 죽음	(마 4:17-22) 돌아와 12제자를 인도하심
6	(출 14-15장) 홍해를 건너서	(마 3:13-17) 세례를 통하여
7	(출 19-24장) 시내산에서 율법수여	(마 5-7장) 산상수훈을 선포하심 *** 산상수훈은 구약 시내산의 율법을 완성하며, 대체하는 기능을 한다. 그렇다면 시내산의 언약을 어기는 것은 죽음이라면 산상수훈 또한 지키느냐 어기느냐에 따라 생명과 죽음의 갈림길이 있을 것을 느껴볼 수 있다. *** 그러나 사탄의 간악한 속임수는 산상수훈을 훈계정도로 만들어서 그 중요성을 희석시켜 버린다. 마치 에덴동산에서 뱀의 말과 같이 "너희가 결코 죽지 아니하리라. 눈이 밝아져 하나님처럼 된다." 이 말을 들은 하와가 그 희석에 넘어가듯이(만지지도 말라, 죽을까 하노라).

8	(출 16-17장) 광야(만나, 메추라기)	(마 14:13-21; 14:22-33; 15:32-39) 광야(오병이어의 기적)- 바다정복 - 칠병이어(광야)
9	(출 34장) 시내산에 올라가서 모세의 얼굴에 광채가 남	(마 17:1-8) 변화 산에서 예수님의 모습이 빛과 같이 변함
10	(출 12-13장; 민 9장) 유월절 - 구원	(마 26:1-2, 26-29) 성만찬-구원
11	(신 34장) 모세가 느보 산 꼭대기에서 이스라엘 가나안 땅을 굽어보며 죽음 - 가나안 땅을 보여줌 - 그 땅으로 들어가 차지하라 - 율법을 지켜 행하라 (하나님께서 주신 법이 삶의 기준이 됨)	(마 28:16-19) 예수께서 갈릴리 명하시던 산으로 제자들을 부르셔서 - 온 세상을 보여주시며 -가서 모든 족속으로 제자를 삼으라 하심 - 분부한 모든 것을 가르쳐 지키게 하라 (예수님께서 주신 법이 삶의 기준이 됨)
12	(신 34:9) 모세가 눈의 아들 여호수아(헬라어-예수)에게 안수하였으므로 그에게 지혜의 영이 충만하니 이스라엘 자손이 여호와께서 모세에게 명령하신 대로 여호수아의 말에 순종하였더라 - 네가 어디로 가든지 네 하나님 여호와가 함께하시느니라(수 1:9) - 모세는 무덤을 하나님께서 숨기신다.	(마 28:20) 예수께서 "내가 세상 끝 날까지 너희와 항상 함께 있으리라" 약속하심 - 임마누엘의 약속 - 예수님은 무덤 속에 머물지 않으시고 부활의 주가 되신다.

마태복음에서는 여기까지 이루어졌음을 보인다. 이는 곧 인류의 죄로부터의 구원이 성취되었음을 선포하는 것이다. 더 이상 죄에게 종노릇하지 않고 주 예수 그리스도의 십자가 보혈의 공로로 하나님의 자녀로서의 자유를 누리는 삶으로의 해방인 것이다. 하지만 이것이 끝은 아니다. 아직도 하나님과 화해하지 못하고 죄에게 종노릇 하는 수많은 사람들이 있다. 그리고 피조세계는 아직도 하나님의 아들을 기다리며 신음하고 있다. 예수님께서 모든 것을 회복하시고, 우리에게 명령하신다.

가서 모든 민족을 제자로 삼아 아버지와 아들과 성령의 이름으로 세례를 베풀고 내가 너희에게 분부한 모든 것을 가르쳐 지키게 하라 볼지어다 내가 세상 끝 날까지 너희와 항상 함께 있으리라"(마 28:20.)

그리고 이 사명감당을 통해 하나님께서 태초에 꿈꾸셨던 천지창조의 완전한 이상을 실현하는 길이 열리는 것이다. 바로 거기에 하나님께서 세우시기를 바라시는 하나님 나라 즉 에덴의 회복과 완성이 있다. 요한계시록은 악의 세력으로부터 완전하게 해방되어 새 하늘과 새 땅을 바라보는 그 날을 기대하며 갈망하고 있다.

111. 출애굽기와 요한계시록

　　계시록은 분명한 목표가 있다. 미래를 미리 예시함으로 그리스도인들을 이기는 존재들로 세워서 이루고자 하는 목표가 있다는 것이다. 이는 이기는 교회가 끝이 아니라, 오히려 그 이기는 교회를 통해 이루어질 궁극적인 나라를 목표로 하고 있다는 것이다. 그 이김의 끝인 궁극적인 목적은 무엇인가? 그것은 이스라엘의 민족과 나라로서의 시작을 보여주는 출애굽기와의 비교를 통해서 추적해 볼 수 있다.

	출애굽기	계시록
1	출 19:5-6 이스라엘 백성들 　　　들고, 지키면 　　소유, 제사장 나라, 거룩한 백성 　　（유월절 양을 통하여）	계 1:3, 6 그리스도인들 　　　읽고, 듣고, 지키면 　　　나라와 제사장 　　（어린 양 예수 그리스를 통해）
2	주권국은? - 애굽치하	주권국은? - 로마치하

3	이스라엘의 상태: 바로를 섬길 것(노동의 예배) - 애굽의 신들 포함(주권자)	교회의 상태: 로마 황제를 섬길 것(노동의 예배) - 로마 신들 포함(주권자)
4	바로는? - 이 세상 창조자, 신	로마 황제는? - 이 세상 주권자, 신
5	하나님의 뜻은? - 하나님 예배로의 전환	예수님의 뜻은? - 하나님과 어린 양 예배로의 전환
6	출 1-4장 하나님의 계시 (모세에서 - 이스라엘 백성에게)	계 1장 예수 그리스도의 계시 (요한에서 - 그리스도인들에게)
7	출 5-6장 이스라엘의 신음, 저항, 타협의 공존 (고통도 당하지만, 바로 치하에서 타협하 고 살려는 태도도 강하게 등장 - 노동만 줄 여준다면)	계 2-3장 교회의 신음, 저항, 타협의 공존 (로마 치하에서 고통도 당하지만 그 문화 에 젖어서 타협하며 살려는 태도도 많음)
8	출 5:1 노동이 아닌 예배로 (창조목적으로)	계 4-5장 노동이 아닌 천상 예배의 회복으로 (창조목적으로)
9	출 7-14장 10가지 재앙 * 바로와 애굽이 세상의 주권자 아니며 결 코 예배의 대상이 아님을 증명 (거짓 예배 대상 폭로) * 하나님만이 창조주이시며 전능자이심을 드러냄 - 능력의 주 * 3재앙+3재앙+3재앙 - 1 세 번의 점층적 효과와 그 결과는↓	계 6-16장 시리즈 재앙 * 로마 황제와 로마가 세상의 주권자 아니 며 결코 예배의 대상이 아님을 증명(거짓 예배 대상 폭로) * 하나님만이 창조주이시며 전능자이심을 드러냄 - 능력의 주 * 7인+7나팔+7대접 - 완전과 철저 세 번의 점층적 효과와 그 결과는↓
10	출 15-24장 애굽과 바로 사라지고 하나님의 왕권과 예 배 확립 내가 여호와인줄 알리라 - 제국인 애굽의 파괴 (악의 하수인인 바로를 공격) - 홍해 바다를 건너는 사건 후 바닷 가에서 왕으로 찬양됨(15:18)	계 17-20장 로마 황제나 이를 조종하는 사탄이 사라지 고 하나님과 어린 양의 왕권과 예배 확립 하나님과 어린 양이 주권자인줄 알 것 - 제국인 로마의 파괴와 사탄의 보좌까지 파괴(여기는 악의 실체까지 한 단계 더 공 격-계시록은 이 끝까지 간다는 점에서 완 성이다) - 왕 되심(11:15; 15:2-3 바닷가; 19:6)

11	출 25-40장 성막 건축 가나안 정복	계 21-22장 성전 없음 - 하나님과 어린양이 성전 새 예루살렘 도래　　　(21:22)
12	결론: 이스라엘 건져내심 (하나님만 예배할 것 결단)	결론: 그리스도인의 교회를 건져내심 (하나님, 어린양만 예배할 것 결단)
공통점	이러한 비교를 통해 하나님과 어린 양 예수 그리스도만이 세상의 창조주이시며, 절대 주권자이시며, 예배 받으시기에 합당하신 분임을 깨닫는다. 이런 하나님을 알 때 다르게 살 수 있다. 세상의 말이 아닌, 하나님의 말씀으로, 세상의 길이 아닌, 하나님의 길을 따를 수 있다. 이처럼 출애굽기의 주제를 알면 계시록의 주제가 보인다. 그것은 곧 이 땅에 영원토록 실현되어야 할 예배이다.	
완성	* 출 14:4 세상 제국을 치실 것 내가 바로의 마음을 완악하게 한즉 바로가 그들의 뒤를 따르리니 내가 그와 그의 온 군대로 말미암아 영광을 얻어 애굽 사람들이 나를 여호와인 줄 알게 하리라 하시매 무리가 그대로 행하니라	* 계 19:19-21 세상 제국들을 치실 것 또 내가 보매 그 짐승과 땅의 임금들과 그들의 군대들이 모여 그 말 탄 자와 그의 군대와 더불어 전쟁을 일으키다가 짐승이 잡히고 그 앞에서 표적을 행하던 거짓 선지자도 함께 잡혔으니 이는 짐승의 표를 받고 그의 우상에게 경배하던 자들을 표적으로 미혹하던 자라 이 둘이 산 채로 유황불 붙는 못에 던져지고 그 나머지는 말 탄 자의 입으로부터 나오는 검에 죽으매 모든 새가 그들의 살로 배불리더라
	* 출 14:13 세상 제국을 끝내심 모세가 백성에게 이르되 너희는 두려워하지 말고 가만히 서서 여호와께서 오늘 너희를 위하여 행하시는 구원을 보라 너희가 오늘 본 애굽 사람을 영원히 다시 보지 아니하리라	* 계 20:7-10 세상 제국을 움직이는 사탄을 끝내심 천 년이 차매 사탄이 그 옥에서 놓여 나와서 땅의 사방 백성 곧 곡과 마곡을 미혹하고 모아 싸움을 붙이리니 그 수가 바다의 모래 같으리라 그들이 지면에 널리 퍼져 성도들의 진과 사랑하시는 성을 두르매 하늘에서 불이 내려와 그들을 태워버리고 또 그들을 미혹하는 마귀가 불과 유황 못에 던져지니 거기는 그 짐승과 거짓 선지자도 있어 세세토록 밤낮 괴로움을 받으리라

출애굽기와 계시록의 비교에서 차이점이 있다면 하나님의 백성의 구원과 예배라는 측면에서는 동일하지만 그 백성이 이스라엘에서 전세계의 그리스도인으로 확장되고 있다는 점에서 최종적인 완성을 향하고 있다고 할 수 있다. 그리고 그 최종의 완성을 위해 파멸되는 대적의 범위 또한 확장된다. 출애굽기는 애굽과 바로라는 눈에 보이는 악의 세력과의 싸움이었다면, 계시록은 눈에 보이는 제국을 조종하고 있는 눈에 보이지 않는 악의 실체인 사탄의 파멸까지 다루고 있다는 점에서 최종적인 종착지까지 나아간다. 즉 역사의 끝을 바라보고 있는 것이다. 그리고 그 끝은 또한 영원한 소명의 시작점이 된다. 그것은 다름 아닌 '거룩하다, 거룩하다, 거룩하다'를 외치는 영원한 예배인 것이다(계4:8). 이 예배를 이루기 위해 먼저 하나님의 백성이 약속의 땅을 정복해야 할 것이다.

이렇게 신약의 시작인 마태복음은 구원의 출발선과 구원받은 자의 사명을 보여주고 있다면, 마지막 책인 요한계시록은 구원받은 자의 이기는 삶을 통하여 이루어질 최종적인 미래상을 기대하고 있다. 이렇게 출애굽기에서 시작된 구원사는 신약시대에 그 완성에 이르게 될 것이며, 지금 우리 그리스도인들은 출애굽의 대역사를 완성시켜야 하는 궁극적인 소명을 지고 있는 것이다.

나가는 말

"이스라엘은 애굽에서 노예였다." 이것이 출애굽기의 시작이다. 아무것도 아닌 사람들, 아무것도 없는 사람들이 바로 이스라엘의 시작인 것이다. 하지만 출애굽기의 결론은 전능하신 하나님께서 함께하시는 가장 부요한 이스라엘로 변화되어 있다. 출애굽기는 바로 이러한 변화와 전환의 책이다. 바로의 노예에서 하나님의 장자로 거듭나는 획기적인 탈바꿈을 전하는 책인 것이다. 탄식이 노래가 되고, 고통이 기쁨이 되며, 슬픔이 춤이 되었다. 노예에게는 일이라는 노동이 주어지지만 하나님의 백성에게는 예배라는 소임이 주어진다.

예배는 이스라엘의 삶이면서 또한 그 삶을 풍요롭게 하는 유일한 길이다. 성막건축 지시와 실행을 통해서 분명하게 드러나는 것은 예배의 정의에 대한 확고한 가르침이다. 예배는 "하나님께서 명령하신 대로 한 치의 어김도 없이 그대로 이루는 것이다." 출애굽기는 이 예배가 수단이 아닌 목표인 백성을 세운다. 하나님의 백성이 이와 같은 하나님의 말씀에 뿌리내린 예배를 삶 속에서 성취해 낸다면 하나님께서는 이 예배를 통해 이 땅에 하나님 나라를 세우실 것이다.

예배는 결코 추상적이지 않다. 하나님의 말씀도 결코 추상적이지 않다. 출애굽기는 하나님의 말씀을 구체적으로 삶에 적용할 수 있는 방식을 제공해 주고 있다. 그 시작은 십계명이며(출 20장) 그 십계명을 삶 속에 구체화시킬 수 있는 언약법이라 불리는 세세한 조항들인 규례와 법도가 그 뒤를 잇는다(출 21-23장). 이 말씀들은 첫째 하나님의 성품인 자비와 긍휼 그리고 정의와 공의를 드러낸다는 점에서 중요하고, 그 다음은 하나님의 성품들이 이스라엘 백성의 삶으로 분출되어 드러날 때 이루어질 세상을 기대하고 있다는 점에서 아무리 강조해도 지나침이 없다. 말씀의 실행을 통해 하나님의 자비와 긍휼하신 성품이 드러나면 세상은 따뜻하게 변해갈 것이며, 하나님의 정의와 공의가 드러나면 세상은 조금 더 깨끗하고 정결해지는 길로 나아갈 것이다. 하나님의 백성이 이렇게 예배자가 되어 살아간다면 죄악으로 가득 찬 세상이 정화되어 하나님 나라가 이 땅에 임하는 역사를 기대해 볼 수 있다.

이것이 바로 이스라엘을 부르신 하나님의 목적이며 뜻이라 할 수 있다. 비록 쓰디쓴 고통의 삶으로 시작했지만 하나님의 은혜로 인해 달콤한 인생으로 거듭난 것이다. 이스라엘의 예배는 여기서 시작된다. 애굽 땅 종 되었던 집에서 구원함을 받은 그 은혜가 예배하는 존재를 가능케 하는 것이다. 자신의 인생을 바꿔주신 그 하나님의 말씀에 순종하며 살아가는 예배하는 삶으로 세상을 사람들이 기쁘게 살만한 장소로 바꾸는 것이다. 그러므로 예배는 달콤한 인생으로 변화된 한 사람이 살맛나는 공동체와 세상을 만드는 강력한 길이 된다. 출애굽기는 이러한 예배자를 세워 먼저 죄악으로 가득한 땅 가나안을 젖과 꿀이 흐르는 땅으로 바꾸고, 나아가서 세상을 하나님의 나라로 세우시려는 하나님의 야심찬 계획을 보여주는 청사진인 것이다.

이와 같은 출애굽기의 정신을 우리 그리스도인들 또한 가슴에 새겨야 할 필요가 있다. 이스라엘의 출발과 우리의 출발이 결코 다르지 않다는 점에서 그들의 소명이 곧 우리의 소명이기 때문이다. 이스라엘이 애굽의 노예였다면, "우리는 세상에서 죄와 사망의 노예였다." 그러나 이제는 예수 그리스도의 십자가 보혈로 죄와 사망의 법에서 해방되었다. 이스라엘의 해방이 목표가 아니라 과정이었듯이, 우리의 해방 또한 결론이 아니라 과정이다. 이스라엘을 통하여 시작된 세상을 향한 소명이 이제 우리에게로 연결된 것이다. 순종을 통한 예배의 완성과 하나님 나라의 회복과 완성인 것이다. 그러므로 우리 그리스도인들이 이 시대에 출애굽기에 자신의 뜻을 계시하신 하나님의 로드맵을 따라 동행한다면 우리는 궁극적으로 예배를 완전하게 성취하신 예수 그리스도를 만나게 될 것이며, 주님과 함께 이 땅에 천국을 이루는 길로 나아가게 될 것이다.

[4부 주석]

301) 다음 어학 사전(http://dic.daum.net/search.do)

302) John Dominic Crossan, "From Moses to Jesus: Parallel Themes," *BibRev* 2 (1986), 18-27쪽; 김득중, 『복음서 신학』 (서울: 컨콜디아사, 1991), 17-32쪽.

참고문헌

강병도, 『창세기-출애굽기』 (QA 시스템 성경연구 시리즈 1; 서울: 기독지혜사, 1986).

강성열, 『고대 근동 세계와 이스라엘 종교』 (서울: 한들출판사, 2003).

_____, "출 19-24장: 시내산에서 언약을 맺으시고 언약법을 주심," 『출애굽기 어떻게 설교할 것 인가』 (두란노 HOW 주석; 서울: 두란노, 2009), 323-372쪽.

개토, 존 테일러(Gatto, J. Taylor), 『바보 만들기: 왜 우리는 교육을 받을수록 멍청해 지는 가?(Dumbing Us Down)』 (김기협 역) (서울: 민들레, 2005).

군네벡, 안토니우스 H. J.(Gunneweg, A. H. J.), 『이스라엘 역사: 고대부터 바 코흐바까지 (Geschichte Israels: Von den Anfnägen bis Bar Kochba)』 (문희석 역) (서울: 한국신학연구 소, 1996).

김득중, 『복음서 신학』 (서울: 컨콜디아사, 1991).

김선희, 『마야와 고야의 세계 가면 여행』 (서울: 상, 2005).

김승학, 『떨기나무: 미디안 땅의 시내산을 찾아, 그 7년의 기록』 (서울: 두란노, 2007).

김재구, 『리더 모세: 하나님의 종』 (서울: 홍림, 2016).

_____, "성막의 부속 시설 제작에 대한 명령: 분향단, 물두멍, 관유와 향 등," 「그말씀」 5월 (2016), 64-87쪽.

_____, "지성소와 성소의 기구들 제작: 법궤, 상, 등잔대와 분향단," 「그말씀」 7월 (2016), 6-27 쪽.

_____, 『창세기 로드맵』 (하임바이블아카데미 시리즈 2; 서울: 홍림, 2018).

김윤희, "출애굽기의 역사적 배경," 『출애굽기 어떻게 설교할 것인가』 (두란노 HOW 주석; 서울: 두란노, 2009), 41-50쪽.

나이트, D. A.(Knight, D. A.), 킹, P. J.(King, P. J.) & 스테거, L. E.(Stager, L. E.), 『고대 이스라 엘 문화(Life in Biblical Israel)』 (임미영 역) (서울: CLC, 2014).

남병식, 『바이블 문화코드』 (서울: 생명의말씀사, 2006).

노트, 마르틴(Noth, M.), 『이스라엘 역사(History of Israel)』 (박문재 역) (서울: 크리스챤다이제 스트, 1996).

더햄, 존. I.(Durham, John I.), 『출애굽기(Exodus)』 (손석태 & 채천석 역) (WBC; 서울: 솔로몬, 2000).

드보, 롤랑(De Vaux, R.), 『구약시대의 생활풍속(Das Alte Testament und seine Lebensordnungen)』 (이양구 역) (서울: 대한기독교출판사, 1983).

듀웰, 웨슬리(Duewel, Wesley L.), 『열정적인 지도자(Ablaze for God)』 (정중은 역)(서울: 생명 의말씀사, 1992).

류호준, "출1-4장: 누가 우리의 왕인가? 여호와인가 바로인가?" 『출애굽기 어떻게 설교할 것인 가』 (두란노 HOW 주석; 서울: 두란노, 2009), 131-79쪽.

매칸, J. 클린튼(McCann, J. C.), 『새로운 시편여행(A Theological Introduction to the Book of Psalms: The Psalms as Torah)』 (김영일 역)(서울: 은성, 2000).

밀러, 패트릭(Miller, Patrick D.), 『신명기(Deuteronomy)』(김회권 역)(Interpretation; 서울: 한국장로교출판사, 2000).

바클레이, 윌리엄(Barclay, W.), 『마태복음 상(The Gospel of Matthew)』(바클레이 성경주석 개정판; 서울: 기독교문사, 2009).

_____, 『누가복음(The Gospel of Luke)』(바클레이 성경주석 개정판; 서울: 기독교문사, 2009).

_____, 『요한복음 상(The Gospel of John vol. 1)』(바클레이 성경 주석 개정판; 서울: 기독교문사, 2009).

박요한, 『십계명: 출액 20,1-17; 신명 5,6-21의 삶의 자리와 적용범위』(서울: 가톨릭대학교출판부, 2001).

박준서, 『구약세계의 이해』(서울: 한들출판사, 2001).

박철현, "출 32-34장: 시내산의 은혜 언약," 『출애굽기 어떻게 설교할 것인가』(두란노 HOW 주석; 서울: 두란노, 2009), 373-403쪽.

___, 『출애굽기 산책』(서울: 솔로몬, 2014).

비일, 그레고리 K.(Beale, Gregory K.), 『예배자인가, 우상숭배자인가?(We Become What We Worship: A Biblical Theology of Idolatry)』(서울: 새물결플러스, 2014).

브라이트, 존(Bright, J.), 『이스라엘의 역사(A History of Israel)』(엄성옥 역)(제4판; 서울: 은성, 2002).

브라운, 레이먼드(Brown, R.), 『신명기 강해: 사람이 떡으로만 살 것 아니요(The Message of Deuteronomy: Not by Bread Alone)』(정옥배 역)(서울: IVP, 1997).

브리스코, 토마스 V.(Brisco, T. V.), 『두란노 성서지도(Holman Bible Atlas: A Complete Guide to the Expansive Geography of Bibllical History)』(강사문 외 역)(서울: 두란노, 2008).

브루지만, 월터(Brueggemann, W.), 『예언자적 상상력(The Prophetic Imagination)』(김쾌상역)(서울: 대한기독교출판사, 1981).

_____, 안식일은 저항이다(Sabbath as Resistance)』(서울: 복있는 사람, 2015).

브루크너, 제임스 K.(Bruckner, J. K), 『출애굽기(Exodus)』(김귀탁 역)(UBC; 서울: 성서유니온, 2015).

블랙커비, 헨리(Blackaby, Henry), 『영적 리더십(Spiritual Leadership)』(윤종석 역)(서울: 두란노, 2002).

변순복, 『변순복 교수와 함께하는 탈무드 이야기』(서울: 도서출판로고스, 2003).

성서와 함께 편집부, 『어서 가거라: 성서 가족을 위한 출애굽기 해설서』(서울: 성서와 함께, 1992).

스토트, 존(Stott, John R. W.), 『로마서 강해: 온 세상을 향한 하나님의 복음(The Message of Romans: God's good news for the world)』(정옥배 역)(BST; 서울: IVP, 1996).

손석태, "출애굽기에 나타난 열 가지 재앙의 의미(출 5-11장)," 『출애굽기 어떻게 설교할 것인가』(두란노 HOW 주석; 서울: 두란노, 2009), 69-76쪽.

송병현, 『출애굽기』 (엑스포지멘터리; 서울: 국제제자훈련원, 2011).

쉴러, 로날드, "성서의 출애굽기는 사실인가?"『리더스 다이제스트』 6월호 (1983년), 25-30쪽.

세일해머, J. H.(Sailhamer, J. H.), 『'서술'로서의 모세오경 하(The Pentateuch As Narrative)』 (김동진 & 정충하 역)(서울: 크리스챤서적, 2005).

안지연 & 전경욱, "가면 뒤에 숨은 인류의 역사,"『생각쟁이』 175 (2013), 30-51쪽.

알베르츠, 라이너(Albertz, Rainer), 『이스라엘 종교사 I(Religionsgeschichte Israels in alttestamentlicher Zeit 1)』 (강성열 역)(서울: 크리스챤다이제스트, 2003).

이성훈, 『새롭게 보는 이스라엘 절기』 (서울: 대한기독교서회, 2007).

얀시, 필립(Yancey, Philip), 『하나님 당신께 실망했습니다(Disappointment With God)』 (최병채 역)(서울: 좋은씨앗, 2007).

양용의, 『예수님과 안식일 그리고 주일: 마태복음 및 구약, 유대교, 사도교부에 나타난 안식일 연구와 한국교회에 적용』 (서울: 이레서원, 2011).

_____, 『히브리서 어떻게 읽을 것인가』 (서울: 성서유니온, 2016).

연구원자료, "성경지리: 이집트 제국과 출애굽; B. C. 1275년경(참고본문: 출애굽기 1장-15장)," 교회교육 175 (1990), 62-66쪽.

에그너, 데이브(Egner, Dave), "시급하고 중대한 문제(Burning Questions),"『오늘의 양식(Our Daily Bread)』 (성남: 소망, 2015), 26-27쪽.

엘룰, 자끄(Ellul, Jacques), 『존재의 이유(La Raison D'être)』 (박건택 역) (서울: 규장, 2005).

왕대일, 『다시 듣는 토라: 설교를 위한 신명기 연구』 (서울; 한국성서학연구고, 1998).

_____, 『왕대일 교수의 신명기 강의: 신명기, 약속의 땅으로 가는 길』 (서울: 대한기독교서회, 2011).

웬함, 고든(Wenham, G. J.), 『모세오경(The Pentateuch)』 (박대영 역) (Exploring the Old Testament vol 1; 서울: 성서유니온선교회, 2007).

자크, 크리스티앙(Jacq, Christian), 『람세스 1-5권(Ramsès)』 (서울: 문학동네, 1997).

장석정, 『출애굽의 법』 (서울: 대한기독교서회, 2002).

_____, 『재앙의 신학: 열 가지 재앙의 연구』 (서울: 대한기독교서회, 2012).

장일선, 『구약세계의 문학』 (서울: 대한기독교출판사, 1981).

정병훈, 『사람들은 왜 가면 뒤에 숨는가?』 (서울: 씨엘북스, 2013).

정석규, "출 16-18장: 공급하시는 하나님,"『출애굽기 어떻게 설교할 것인가』 (두란노 HOW 주석; 서울: 두란노, 2009), 322-322쪽.

정정숙, 『성서식물』 (서울: 크리스챤뮤지엄, 2007).

주원준, 『구약성경과 신들: 고대 근동 신화와 고대 이스라엘의 영성』 (서울: 한님성서연구소, 2012).

차준희, 『교회 다니면서 십계명도 몰라』 (서울: 국제제자훈련원, 2012).

최창모, 『금기의 수수께끼: 성서속의 금기와 인간의 지혜』 (서울: 한길사, 2003).

카터-스콧, 셰리(Carter-Scott, Chérie), 『성공의 법칙(If Success is a Game, These are the Rules)』 (이창식역)(서울: 도서출판창해, 2001).

크뤼제만, 프랑크(Crüsemann, Frank), 『토라: 구약성서 법전의 신학과 사회사 1(Die Tora: Theologie und Sozialgeschichte des alttestamentlichen Gesetzes)』 (김상기 역) (서울: 한국 신학연구소, 1995).

코우츠, G. W.(Coats, George W.), 『모세: 영웅적 인간, 하나님의 사람(Heroic Man, Man of God)』 (박호용 역) (서울: 성지, 2000).

텔루슈킨, 조셉(Telushkin, Joseph), 『승자의 율법(Jewish Wisdom)』 (김무겸 역) (서울: 북스넛, 2010).

필치, 존 J. & 말리나, 브루스 J.(Pilch, J. J. & Malina, B. J.), 『성서 언어의 사회적 의미(Handbook of Biblical Social Values)』 (이달 역) (서울: 한국장로교출판사, 1998).

프리처드, 제임스 B.(편집), 『고대 근동 문학 선집(The Ancient Near East: An Anthology of Texts & Pictures)』 (강승일 외) (서울: CLC, 2016).

프레다임, 테렌스 E.(Fretheim, T. E.), 『출애굽기(Exodus)』 (현대성서주석; 서울: 한국장로교출판사, 2001).

한동구, "10가지 재앙: 출애굽기 5-11장 주해와 적용," 『출애굽기 어떻게 설교할 것인가』 (두란노 HOW 주석; 서울: 두란노, 2009), 181-249쪽.

한상수, 『왜 함무라비 법전을 만들었을까?: 함무라비 vs 무르실리스』 (서울: 자음과 모음, 2010).

해밀턴, 빅터 P.(Hamilton, V. P.), 『출애굽기(Exodus: An Exegetical Commentary)』 (박영호 역) (서울: 솔로몬, 2017).

헤로도토스(Herodotos), 『역사 상(Historiai)』 (박광순 역) (서울: 범우사, 1995).

헤셸, 아브라함(Heschel, A. J.), 『예언자들 상권(The Prophets, vol. I)』 (이현주 역) (서울: 종로서적, 1987).

─────────────, 『안식(The Sabbath)』 (김순현 역) (서울: 복있는사람, 2007).

Aharoni, Yohanan, "Arad: Its Inscriptions and Temple," BA 31 (1968), 2-32쪽.

─────────────, "The Horned Altar of Beer-sheba," BA 37 (1974), 2-6쪽.

Albright, William F., From the Stone Age to Christianity (Garden City, NY: Doubleday Anchor, 2nd ed., 1957).

─────────────, Yahweh and the Gods of Canaan: A Historical Analysis of Two Contrasting Faith (Garden City, NY: Doubleday Anchor, 1968).

Alter, R., "Exodus," In The Five Books of Moses: A Translation with Commentary (New York and London: Norton, 2004), 297-535쪽.

Auld, A. Graeme, Joshua Retold: Synoptic Perspectives (Edinburgh: T&T Clark, 1998).

Balentine, S. E., "Prayers for Justice in the Old Testament: Theodicy and Theology," CBQ 51 (1989), 597-616쪽.

Barclay, William, The Gospel of Matthew, vol. 2(Revised Edition) (DSB; Philadelphia: Westminster Press, 1975).

Barr, James, "An Aspect of Salvation in the Old Testament", in E. J. Sharpe and J. R. Hinnells (eds), Man and His Salvation: Studies in Memory of D. G. F. Brandon (Manchester

University Press: Manchester, 1973), 39-52쪽.

Batto, B. F., "The Reed Sea: Requiescat in Pace," JBL 102 (1983), 27-35쪽.

_____, Slaying the Dragon: Mythmaking in the Biblical Tradition (Westminster Bible Com.; Louisville, Kentucky: Westminster John Knox Press, 1992).

Beegle, Dewey M., Moses: The Servant of Yahweh (Grand Rapids: Eerdmans, 1972).

Blenkinsopp, Joseph, "The Structure of P," Biblica 38 (1976), 275-292쪽.

Brichto, H. C., "The Worship of the Golden Calf: A Literary Analysis of a Fable on Idolatry," HUCA 54 (1983), 41-44쪽.

_____, The Names of God: Poetic Readings in Biblical Beginnings (New York: Oxford University Press, 1998).

Brueggemann, Walter, "The Kerygma of the Priestly Writers," in The Vitality of Old Testament Traditions (Atlanta: John Knox Press, 1975).

Burns, Rita, "The Book of Exodus," In Exodus - A Lasting Paradigm, ed. by B. Iersel & A. Weiler (Edinburgh, Scot.: T.&T. Clark, 1987), 11-21쪽.

Carmichael, Calum M., Law and Narrative in the Bible: The Evidence of the Deuteronomic Laws and the Decalogue (Ithaca: Cornell University Press, 1985).

Cartun, Ari Mark, "'Who Knows Ten?' The Structural and Symbolic Use of Numbers in the Ten Plagues: Exodus 7:14-13:16," USQR 45(1991), 65-119쪽.

Cassuto, U. A., Commentary on the Book of Exodus (trans. I. Abrahams) (Jerusalem; Magnes, 1967).

Childs, B. S., "Tree of Knowledge, Tree of Life," In IDB, vol. IV (Nashville: Abingdon, 1962): 695-697쪽.

_____, "The Birth of Moses," JBL 84 (1965), 109-22쪽.

_____, The Book of Exodus: A Critical, Theological Commentary (The   Westminster Press: Philadelphia, 1974).

_____, Introduction to The Old Testament as Scripture (Fortress Press: Philadelphia, 1979).

Clines, D. J. A., "The Ten Commandments, Reading from Left to Right," In Words Remembered, Texts Renewed: Essays in Honour of John F. A. Sawyer, ed. J. Davies et al (JSOTSup. 195; Sheffield: Sheffield Academic Press, 1995), 97-112쪽.

Coats, G. W., "The King's Loyal Opposition: Obedience and Authority in the Moses Tradition," In Canon and Authority in the Old Testament, eds. G. W. Coats & B. O. Long (Philadelphia: Fortress, 1977), 91-109쪽.

Crossan, John Dominic, "From Moses to Jesus: Parallel Themes," BibRev 2 (1986), 18-27 쪽. Davies, G. I. "The Theology of Exodus." In In Search of True Wisdom: Essays in Old Testament Interpretation in Honor of R. E. Clements, ed. Edward Ball (JSOTSup. 300; Sheffield: Sheffield Academic Press, 1999), 137-152쪽.

DeNeff, S., More Than Forgiveness: A Contemporary Call to Holiness Based on the Life of Jesus Christ (Indianapolis: Wesleyan Publishing House, 2002).

De Vaux, Roland, Ancient Israel: Its Life and Institutions (translated by John McHugh) (London: Longman & Todd, 1962).

Dorsey, David A., The Literary Structure of The Old Testament: A Commentary on Genesis– Malachi (Grand Papids: Michigan, 1999).

Douma, J., The Ten Commandments: Manual for the Christian Life, tran. N. D. Kloosterman (Phillipsburg, NJ: P & R Publishing Company, 1996).

Drive, S. R., The Book of Genesis with Introduction and Notes (London: Methuen, 1926).

Durham, J. I., Exodus (WBC; Waco, Texas: Word Books, 1987).

Fass, David E., "The Molten Calf: Judgement, Motive, and Meaning," Judaism 39 (1990), 171–75쪽.

Flanders, H. J. Jr., R. W. Crapps and D. A. Smith, People of the Covenant: An Introduction to the Hebrew Bible, 4th ed. (Oxford University Press: New York, 1996).

Frankfort, Henri, Kingship and the Gods: A Study of Ancient Near Eastern Religion as the Integration of Society & Nature (Chicago: University of Chicago Press, 1948).

Fretheim, Terence E., "The Plagues as Ecological Signs of Historical Disaster," JBL 110 (1991), 385–396쪽.

_____, Exodus (Interpretation; Louisville: John Knox Press, 1991).

Gaster, T. H., Myth, Legend, and Custom in the Old Testament (New York: Harper, 1975).

Gerstenberger, E., "'···He/They Shall Be Put to Death': Life–Preserving Divine Threats in the Old Testament," Ex auditu 11 (1995), 43–61쪽.

Goldingay, J., Israel's Gospel: Vol. 1 of Old Testament Theology (Downers Grove, IL: Intervarsity, 2003).

_____, Israel's Life: Vol. 3 of Old Testament Theology (Downers Grove, IL: Intervarsity, 2009).

Greenberg, M., Ezekiel 1–20: A New Translation with Introduction and Commentary (AB; Garden City, NY: Doubleday, 1983).

Greengus, S., "Law in the OT," In The Interpreter's Dictionary of the Bible: Supplementary Volume, ed. K. Crim et al. (Nashville: Abingdon, 1976), 532–37쪽.

Greenstein, E. L., "The Firstborn Plague and the Reading Process," In Pomegranates and Golden Bells: Studies in Biblical, Jewish, and Near Eastern Ritual, Law and Literature in Honor of Jacob Milgrom, ed. D. P. Wright et al (Winona Lake, IN: Eisenbrauns, 1995), 555–68쪽.

Gruber, M. I., The Motherhood of God and Other Studies (South Florida Studies in the History of Judaism 57; Atlanta: Scholars Press, 1992).

Gutierrez, G., A Theology of Liberation, tran. Maryknoll (Orbis Books: New York, 1973).

Hausman, J., "מֹר mōr," In TDOT, vol. VII eds. G. J. Botterweck, H, Ringgren & H–J. Fabry

(Grand Rapids, MI: Eerdmans, 1999), 557−60쪽.

Holladay, William L., A Concise Hebrew and Aramaic Lexicon of the Old Testament (Leiden: E. J. Brill, 1971).

Hoffmeier, J. K. F., "Egypt, Plagues In," in ABD, vol. 2 (New York: Doubleday, 1992), 376−377쪽.

_____, Israel in Egypt: The Evidence for the Authenticity of the Exodus Tradition (New York: Oxford University Press, 1997).

Janzen, J. Gerald, "The Character of the Calf and Its Cult in Exodus 32," CBQ 52 (1990), 597−607쪽.

_____, Exodus (WBCom; Louisville, Kentuckey: John Knox Press, 1997).

Josipovici, G., The Book of God: A Response to the Bible (New Haven: Yale University Press, 1988).

Kaufman, Stephen A., "The Structure of the Deuteronomic Law," Maarav 1/2 (1978−79), 105−58쪽.

Kearney, P. J., "Creation and Liturgy: The P Redaction of Exod. 25−40," ZAW 89 (1977), 375−387쪽.

Keel, Othmar, The Symbolism of the Biblical World: Ancient Near Eastern Iconography and the Book of Psalms (Winona Lake, Indiana: Eisenbrauns, 1997).

Kinlaw, D. F., Lectures in Old Testament Theology: Yahweh Is God Alone (Wilmore, KY: Francis Asbury Society, 2010).

Kitchen, K. A., On the Reliability of the Old Testament (Grand Rapids: Eerdmans, 2003).

Koehler, Ludwig and Walter Baumgartner, The Hebrew and Aramaic Lexicon of the Old Testament, vol. 1 (Leiden: Brill, 2001).

Levenson, Jon D., Creation and the Persistence of Evil: The Jewish Drama of Divine Omnipotence (New Jersey: Princeton University Press, 1988).

Levinson, B. M., "The Right Chorale": Studies in Biblical Law and Interpretation (Forschungen zum Alten Testament 54; Tübingen: Mohr Siebeck, 2008).

Levy, D. & Milgrom, J., "עֵדָה 'ēdâ," TDOT, vol. X, eds. G. J. Botterweck, H, Ringgren & H−J. Fabry (Grand Rapids, MI: Eerdmans, 1999), 468−480쪽.

Lundbom, J. R., Jeremiah vol. 2 (AB; New York: Doubleday, 2004).

Magonet, J., The Subversive Bible (London: SCM Press, 1997).

Maloney, R., "Usury and Restriction on Interest Taking in the Ancient Near East," CBQ 36 (1974), 1−20쪽.

Mann, Thomas W., The Book of the Torah: The Narrative Integrity of the Pentateuch (Atlanta: John Knox Press, 1988).

Meyers, Carol, "Lampstand," In ABD, vol. 4 (New York: Doubleday, 1992), 141−43쪽.

Miller, Patrick D., "El the Warrior," HTR 60 (1967).

Moberly, R. W. L., At the Mountain of God: Story and Theology in Exodus 32−34 (JSOTSup, 22; Sheffield: JSOT Press, 1983).

Morris, Leon, The Epistle to the Romans (Eerdmans and Inter−Varsity Press, 1988).

Nohrnberg, James, Like Unto Moses: The Constituting of an Interpretation (Bloomington & Indianapolis: Indiana University Press, 1995).

North, Robert, S.J., "Theology of the Chronicler," JBL 82 (1963), 369−381쪽.

Patrick, D., Old Testament Law (Atlanta: John Knox Press, 1984).

Peckham, Brian, "Writing and Editing," In Fortunate the Eyes that See: Essays in Honor of David Noel Freedman in Celebration of His Seventieth Birthday, eds. A. B. Beck, A. H. Bartelt, P. R. Raabe and C. A. Franke (Grand Rapids, Michigan: W. B. Eerdmans Publishing Co., 1995), 364−83쪽.

Pritchard, J. B., Ancient Near Eastern Texts Relating to the Old Testament. 3rd. ed. (Princeton, 1969).

Propp, William H. C., Exodus 1−18: A New Translation with Introduction and Commentary (ABC; New York: Doubleday & Company, Inc., 1999).

Proten, B. & Ruppaport, U., "Poetic Structure in Genesis ix," VT 21 (1971), 363−369쪽.

Radday, Yehuda T., "Chiasmus in Hebrew Biblical Narrative," Chiasmus in Antiquity: Structures, Analyses, Exegesis, ed. by John W. Welch (Gerstenberg Verlag: Hildesheim, 1981), 90−91 쪽.

Redford, D. B., "Exodus I 11," VT 13 (1963), 401−18쪽.

Ringgren, H., "רשע rāša'; רשע rāša'; רשע reša'; רשעה riš'â," in TDOT, vol. XIV, eds. G. J. Botterweck, H. Ringgren and H−J. Fabry, (Grand Rapids, Michigan: Eerdmans Publishing Company, 2004), 1−9쪽.

Sailhamer, J. H., The Meaning of the Pentateuch: Revelation, Composition and Interpretation (Downers Grove, IL: Intervarsity, 2009).

Sarna, Nahum M., Exploring Exodus: The Heritage of Biblical Israel (New York: Schocken Books, 1987).

──────────────, Genesis (The JPS Torah Commentary; Philadelphia: Jewish Publication Society, 1989).

──────────────, Exodus (The JPS Torah Commentary; Philadelphia: Jewish Publication Society, 1991).

Sasson, J. M., "The Tower of Babel as a Clue to the Redactional Structuring of the Primeval History(Gen. 1−11)," G. Rendsburg(ed.), The Bible World: Essays in Honor of Cyrus H. Gordon, (New York: KTAV Publishing House, 1980), 211−19쪽.

Spencer, John R., "Golden Calf," In ABD, vol. II (New York: Doubleday, 1992), 1068−1069 쪽. Tigay, J. H., Deuteronomy (JPS Torah Commentary; Philadelphia: Jewish Publication Society, 1996).

Trible, P., "Bringing Miriam out of the Shadows," BR 5 (1989), 14-25, 34쪽.

Uphill, E. P., "Pithom and Raamses: Their Location and Significance, Part 1," JNES 27 (1968), 291-316쪽.

_____, "Pithom and Raamses: Their Location and Significance, Part 2," JNES 28 (1969), 15-39쪽.

Von Rad, G., Genesis: A Commentary (OTL; Philadelphia: Westminster Press, 1972).

Vriezen, Th. C., "Exodus studien, Exodus I", VT 17 (1967), 334-53쪽.

Watts, J. W., Psalm and Story: Inset Hymns in Hebrew Narrative (JSOTSup. 139; Sheffield: Sheffield Academic Press, 1992).

Weinberg, W., "Language Consciousness in the Old Testament," ZAW 92 (1980), 185-204쪽.

Weinfeld, Moshe, "Sabbath, Temple and the Enthronement of the Lord-The Problem of the Sitz im Leben of Genesis 1:1-2:3," in Mélanges bibliques et orientaux en l'honneur de M. Henri Cazelles, eds. A. Caquot & M. Delcor (Neukirchen: Neukirchener Verlag, 1981).

Wellhausen, J., Prolegomena to the History of Ancient Israel (Cleveland and New York: Meridan Books, 1965).

Wenham, Gordon J., Genesis 1-15 (WBC; Waco, Texas: Word Books, 1987).

_____, Genesis 16-50: Word Biblical Commentary vo.2 (Word Books: Texas, 1994).

_____, "Sanctuary Symbolism in the Garden of Eden Story," in I Studied Inscriptions from before the Flood: Ancient Near Eastern, Literary and Linguistic Approaches to Genesis 1-11, eds. R. S. Hess & D. T. Tsumura (Winona Lake, Indiana: Eisenbrauns, 1994), 399-404쪽.

Westermann, Claus, Praise and Lament in the Psalms, trans. Keith R. Crim & R. N. Soulen (Atlanta: John Knox Press, 1981).

Wright, C. J. H., The Mission of God (Downers Grove, Ill.: InterVarsity Press, 2006).

하임 바이블 아카데미 로드맵 시리즈 출간 일정
Heim Bible Academy

[구약 전 22권]

구약 출간 순서	
개 관	『구약성경 로드맵』
모 세 오 경	『창세기 로드맵』 『출애굽기 로드맵Ⅰ』, ✔『출애굽기 로드맵Ⅱ』 『레위기 로드맵』, 『민수기 로드맵』 『신명기 로드맵』
전기 예언서	『여호수아 로드맵』 『사사기 로드맵』 『사무엘상.하 로드맵』 『열왕기상.하 로드맵』
후기 예언서	『이사야서 로드맵』 『예레미야서 로드맵』 『에스겔서 로드맵』 『열두 소 예언서 로드맵 _ 호세아, 요엘, 아모스, 오바댜, 요나, 미가, 　　　　　　　　　나훔, 하박국, 스바냐, 학개, 스가랴, 말라기』
성 문 서	『시편 로드맵』 『욥기 로드맵』 『잠언 로드맵』 『다섯 두루마리 로드맵 _ 룻, 아가, 전도서, 애가, 에스더』 『다니엘서 로드맵』 『에스라-느헤미야서 로드맵』 『역대기상.하 로드맵』